———— 山东文化世家研究书系 ————

主 编

王志民

副主编

丁 鼎 王钧林 石 玲

王洲明 刘爱敏

教育部人文社会科学重点研究基地

山东师范大学齐鲁文化研究中心「十二五」规划重大项目

中共山东省委宣传部重点资助项目

中国孔子基金会资助项目

山东文化世家研究书系

王志民 主编

嘉祥曾氏家族文化研究

周海生 著

中华书局

图书在版编目(CIP)数据

嘉祥曾氏家族文化研究/周海生著.—北京:中华书局,
2013.12
(山东文化世家研究书系/王志民主编)
ISBN 978-7-101-09849-5

Ⅰ.嘉… Ⅱ.周… Ⅲ.家族-文化研究-嘉祥县-
古代 Ⅳ.K820.9

中国版本图书馆 CIP 数据核字(2013)第 277097 号

书　　名	嘉祥曾氏家族文化研究
著　　者	周海生
丛 书 名	山东文化世家研究书系
主　　编	王志民
责任编辑	阎海文
出版发行	中华书局
	(北京市丰台区太平桥西里 38 号　100073)
	http://www.zhbc.com.cn
	E-mail:zhbc@zhbc.com.cn
印　　刷	北京市白帆印务有限公司
版　　次	2013 年 12 月北京第 1 版
	2013 年 12 月北京第 1 次印刷
规　　格	开本/710×1000 毫米　1/16
	印张 26¼　插页 5　字数 378 千字
印　　数	1-1500 册
国际书号	ISBN 978-7-101-09849-5
定　　价	131.00 元

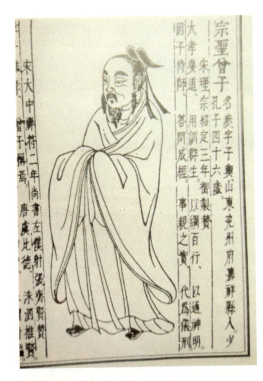

曾参像
选自吕维祺《圣贤像赞》，
明崇祯五年（1632）刻本

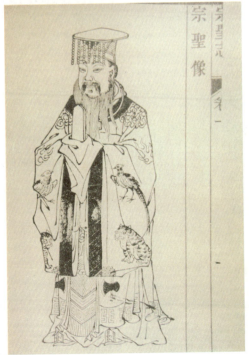

宗圣曾子
选自王定安《宗圣志》，清
光绪十六年（1890）刻本

道传一贯

清雍正帝御书曾庙匾额

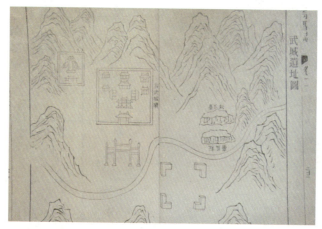

武城遗址图

选自王定安《宗圣志》，清光绪十六年（1890）刻本

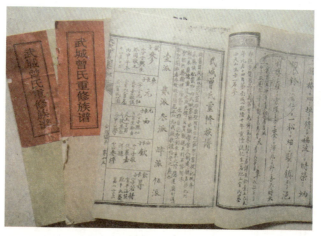

《武城曾氏重修族谱》书影

山东嘉祥曾氏宗亲联合总会收藏本

授受孝经图
选自王定安《宗圣志》，清光绪十六年（1890）
刻本

孝事后母图
选自王定安《宗圣志》，清光绪十六年（1890）
刻本

易簀图
选自王定安《宗圣志》，清光绪十六年（1890）
刻本

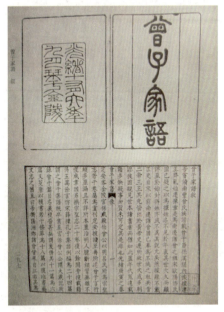

《曾子家语》书影
清光绪十六年（1890）金陵刻本

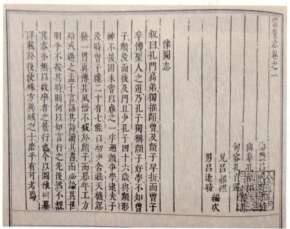

吕兆祥《宗圣志》书影　　　　　　　　王定安《宗圣志》书影
明崇祯刻，清康熙增修本　　　　　　清光绪十六年（1890）刻本

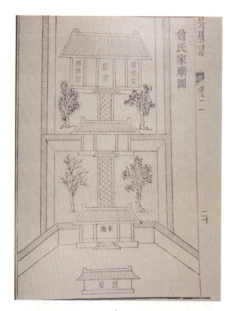

曾氏家庙图　　　　　　　　　　　南武山地形图
选自王定安《宗圣志》，清光绪十六年（1890）　　选自明万历《兖州府志》
刻本

宗圣殿

乾隆御碑亭

一贯心传坊

涌泉井

宗圣曾子墓

（以上图片均由作者提供）

总　序

　　《山东文化世家研究书系》(28 种)(以下简称《书系》),从 2010 年初正式启动,历经四个年头,终于面世。这在中国家族文化研究和齐鲁文化研究上都是一项较大的学术工程,其学术价值和影响自待学术界与广大读者的评析,我在这里仅就编纂《书系》的一点粗浅认识和工作过程,作一简述,以期得到读者更多的理解。

一

　　中国历史上是一个宗法制农业社会,建立在血缘、婚姻基础上的家族是社会构成的基本细胞,也是立国之本。《尚书·尧典》载:"克明俊德,以亲九族。九族既睦,平章百姓。百姓昭明,协和万邦。"说明大约从上古以来,家族就是政权存在的基础和支柱。

　　商周时期,世卿世禄的贵族世家既是政治主体,也是文化上的垄断者。春秋战国时期,世卿世禄制瓦解,出现了百亩之田、五口之家的核心家庭制,但秦汉以后,世家大族逐渐形成。汉代以经学作为晋身入仕的条件,而经学传授又多限于家学私门,"累世经学"与"累世公卿"融二为一,形成了文化家族世代相因的局面,文化世家既是国家政治的中坚,也是文化传承的主体。

　　魏晋时期,实行"九品中正制"选人用人,"中正"的评定内容,本身就有"家世"、"行状"、"人品"三项,选人要考察家族几代人的文化背景。人才的选举与士族家族制结合在了一起,这就为文化世家的发展提供了制度上的保障,保持了文化世家在政治上的特权和地位的延续,"故家大族,虽无世袭之名,而有世袭之实"①。

隋唐至清代实行科举考试选人用人制度。其破除了自魏晋以来"上品无寒门,下品无世族"的门阀世族文化垄断,为庶族士子开启了晋身仕途之门,这是一个以科举文化传承为主导的时期。在这个漫长的科举时代,新的文化世家的出现往往要经历由文化之兴到科举之荣,再到仕宦之显的发展奋斗过程。而仕宦之家的优越条件,家学、家风的传承影响,往往使世官、世科、世学有机结合在一起,形成科举文化世家。这在明清时期尤为明显。这种家族文化具有传承性和地域性:一个文化世家,在儒家伦理纲常主导下,以科仕为追求,历经数代发展,往往形成具有自身家族特色的家规、家训、家风。这既是一个家族内部的精神连线和传家珍宝,传递着先辈对后代的寄望和父祖对子孙的诫勉,也成为中国传统知识分子"修身、齐家、治国、平天下"人生价值观培育的重要先天环境和成长土壤。历史上诸多卓有成就的文化名人往往出身于数代显赫的文化世家,这是重要的文化基因。与此相应的是,一个科甲连第、人才辈出的文化世家,又往往成为一个县、州或更大区域内的文化地标,其显赫门第以及通过仕宦、联姻、交游、著述、教育等形成的文化传播力深深影响着一个地域的文化发展,提升了区域整体文化形象。正像陈寅恪先生所说:"盖自汉代学校制度废弛,博士传授之风气止息以后,学术中心移于家族,而家族复限于地域,故魏、晋、南北朝之学术宗教皆与家族、地域两点不可分离。"②陈先生在这里说的是六朝的事,但对隋唐科举制以后的情况而言,也颇中肯綮。可见,中华文明的发展传承,家族文化是一个重要载体。在中国幅员广大、地理环境复杂的文化背景下,要深入探求中国传统文化,不可不探求家族文化,亦不可不深入探求地域文化和家族文化的关系,这是我们组织撰写《山东文化世家研究书系》的重要学术动因之一。

---

① 钱穆:《国史大纲》,生活·读书·新知三联书店,1955年,第298页。
② 陈寅恪:《隋唐制度渊源略论稿·礼仪篇》,中华书局,1963年,第17页。

　　山东文化世家和省外其他文化世家有共同性。以农立家,以学兴家,以仕发家,是历朝历代文化世家的共性。农业社会决定了任何文化世家都必须以农业为基础,必须养成耕读家风。在士、农、工、商四民中,士往往来源于农,由农家子弟经由读书治学转变而来,这在隋唐实行科举制度以后尤其如此。以工立家,以商立家,固然有之,然而,工商以学兴家,以仕发家,由此而成为文化世家者,却微乎其微,几乎不见。文化世家本质属性在于学,无学不成其文化世家。耕读传家,诗书继世,是一切文化世家的共同特征。唯有令其子弟刻苦读书,勤奋治学,通过经世致用而建功立业,光大门第,才能推动一个家族迅速崛起。充满书香的门第,虽然崛起于乡野小农之间,却未必有足够的力量推动家族的发展更上一层楼,这就要求其子弟必须走上"学而优则仕"的道路,以从政谋取高官厚禄,为整个家族的高贵和后续发展提供强有力的支持。可见,农—学—仕,既是文化世家形成与发展的三个必要阶段,也是文化世家建设与构成的三个必要因素,三者缺一不可,而学居于核心地位。

　　在中华民族文化发展的进程中,齐鲁文化有着特殊地位和贡献。在中华文明的起源时期,这里发现了最早的新石器时代大汶口文化陶器上的文字和龙山文化时期的城市群以及金属器等,展示出山东是中华文明最早的发源地之一。而在被当代学者称为中华文明"轴心时代"的春秋战国时期,山东地区是中华文明的"重心"所在。傅斯年先生说:"自春秋至王莽时,最上层的文化只有一个重心,这一个重心便是齐鲁。"(《夷夏东西说》)秦汉以后,中国的文化重心或移居中原,或西入关中,或南迁江浙,齐鲁的文化地位时沉时浮,但作为孔孟的故乡和儒家文化的发源地,两千年来,齐鲁文化始终以"圣地"特有的文化影响力为民族文化的传承、儒家思想的传播以及中华民族精神家园的建设作出了其他地域文化难以替代的特殊贡献。齐鲁文化的这种丰厚底蕴和特殊历史贡献,使山东文化世家具有一种特殊的历史承担、文化面貌和家族文化内涵。总览《书系》,从齐鲁文化与中华文明关系的角度粗浅概析,至少有以下几个方面值得在这里赘述:

　　其一,山东文化世家的发展轨迹,反映了齐鲁文化在中华文明发展中历史地位的消长变迁。从历史纵向看,两千年来山东文化世家的发展,呈现出马鞍型"两峰一谷"的特点:汉魏六朝为一高峰,明清为一高峰,两峰之间的隋唐宋金元时期为平谷。这一变迁,反映出齐鲁文化在中华文明发展中的沧桑之旅。两汉时期文化以经学为主体,经学大师多为齐鲁之人,累世经学之家在齐鲁之地大量出现,这为魏晋之后,形成山东文化的高峰期奠定了厚实的基础。《书系》入选的 28 个文化世家中,六朝时期为 7 家,大多形成于魏晋之齐鲁,兴盛于随迁之江南,而且都是对当时的政治、经济、学术、文化产生重大影响的显赫家族,如琅邪王氏、兰陵萧氏等。唐宋时期,政治文化重心西移,域内文化世家总体零落式微,自隋至元,本《书系》入选者仅 4 家。明清时期是山东科举文化世家发展的又一个高峰,这与该时期山东文化的复兴繁荣不无关系。一是明、清两朝大力提倡"尊孔崇儒"。孔孟圣裔封官加爵,登峰造极;孔孟圣迹重修扩建,前所未有,山东的"圣地"气象空前显现。二是明清时代定都北京,山东地理位置优越。以山东为枢纽的大运河成为南北交通大动脉,促进了山东经济的发达,同时也推动了文化的繁荣昌盛。三是山东作为孔孟故乡,自古有崇文重教传统。明、清两朝,特重科举,士人晋身入仕,科考几乎为唯一之途。明代即有所谓"中外文武皆由科举而进,非科举者毋得为官"(《明会典》)的规定,在此背景下,山东域内涌现出众多科举文化世家。科甲连第、人才辈出家族各地多有;一家数代名宦,父子、兄弟文名并显者亦大有人在。一时硕学大儒,诗人名家,多出山东。到清初时,形成"本朝诗人,山左为盛"的局面。山东应为考察明清时代中国科举文化世家最有代表性、典型性的地区之一。这次选入《书系》的文化世家,明清时期有 16 家之多,占了多半,而且在编纂过程中我们发现,尽管经多方研讨论证,这次仍有较多明清时代显赫的文化家族没有入选,甚感遗憾。

其二,山东文化世家在儒家文化传承及中华民族文化交流融合中作出过特殊贡献。第一,以孔府为代表的圣裔家族是中国文化世家中特殊的文化资源。在两千余年的历史长河中,圣裔家族经沧桑变迁,流散各地,但他们大多发扬了圣裔家族文化传统,将血脉延续与文脉传承相结合,以尊先敬祖与传承儒家文化为己任,对以儒学为主干的中华民族文化传统的形成,对历代政治、文化的发展产生了其他家族无法比拟的巨大文化影响力。第二,山东文化世家的迁徙对儒家文化传播及各地文化的交流融合,乃至中华文化重心的转移,都产生过重大影响。历史上山东文化世家曾有过几次较大规模的迁徙:一是汉代大量山东经学世家迁居关中,助推汉代儒学、经学的西渐和关中文化中心的形成。限于资料缺乏等原因,本《书系》虽然没有入选迁居关中的山东世族,但从《汉书》中记载的以田氏为代表的齐鲁大族对关中文化的巨大影响中可见一斑。二是两晋时期齐鲁世族的南迁促进了南北文化交流。元嘉之后,大批山东世家大族随西晋政权迁往江浙,本《书系》中选入的琅邪王氏、兰陵萧氏、东海徐氏、鲁郡颜氏等都是这方面的代表。他们大多"本乎邹鲁……世以儒雅为业",大力推展儒学,积极融入并影响当地文化,成为数代名宦的世家大族,萧氏甚至成为南朝齐梁时代的皇族,对南北文化的融合及江南地区文化的提升发展,产生了巨大的影响。三是北宋末年,大批孔、孟、颜、曾等圣裔家族随宋室迁都临安而南迁江浙,不仅形成儒学史上著名的孔氏"南宗",而且在江南办教育,授儒学,为宋明理学的繁盛和文化重心的南移作出了贡献。

其三,山东文化世家主导了山东乡邦文化的特色——"礼义之邦"的形成。山东是儒学发源地,自古号称"礼义之邦"。读经崇儒,尤重礼义的区域文化特色代代传承,千年不衰。由于汉代以后儒学独尊地位的确立和孔孟故乡"圣地"文化的不断提升和突显,以及金元以后齐鲁之地又逐步成为山东的统一行政区划,"礼义之邦"即成为山东地域共有的文化特质。而这种区域文化共性在山东文化世家中从不同角度显现出来。从本《书系》所选文化世家文化精神的主体看,这些不同时代、经历各异的家族,崇德、重教、尊老、尚义等"礼义之邦"的文化特色,既展现在圣裔之家,也反映在自汉至清历代文化世家的家风、家规、家训之中。不仅世居山东之地的文化世家,而且由山东外迁江南等地的文化世家,数代之后依然以传承故乡之风、弘扬礼义为家族文化的追求。明清时期,从山西、云南等地迁入山东之地的流民后代,最终发展为科举文化世家者,也从多个方面展现出"礼义之邦"的文化特色。

其四，山东文化世家揭示出众多杰出人物成才与地域家族文化的关系。如果说，家庭是人才成长的第一环境，那么，文化世家则是时代人才的摇篮。历史上山东许多文化世家，杰出人才丛生辈出，曾影响了整个时代的政治文化发展，这种情况尤以六朝时期为显：泰山羊氏，羊祜、羊祉等"二十四史"有传记的即有34人，另有2人曾为皇后；王粲、王弼等彪炳史册的文学、思想大家皆出高平王氏；诸葛亮实出身于山东琅邪阳都（今沂南县）望族，成年后离乡；琅邪王氏既是西晋南迁后司马氏政权的主要政治支柱，号称"王马共天下"，也是王戎、王羲之、王肃、王褒、王融等文化名人的共有家族；兰陵萧氏自称为齐鲁"素族"出身，但南迁后，发展为人才辈出的显赫世家，齐、梁时代，荣登"两朝天子"的宝座。这在六朝时期由北南迁世族中，颇为少见。山东文化世家，大多注重家训的传承，而家训受儒家思想的影响，多将立德、立言、勤政、清廉等德才要求作为主旨，这对人才价值观念的养成影响甚大，山东历史上众多的文化名人中，政治上多出忠直清廉之士，文化上多出经学、文学大家，与此关系颇大。这次入选的明清时期各个文化世家，传世文献著述颇丰，都是这方面的反映。例如：明代临朐"冯氏五先生"都以文名著称；新城王氏家族共出30余名进士，不仅仕宦显赫，而且多有著述传世，王渔洋则为清初"诗坛领袖"，而且为官特重"清"、"慎"、"勤"。其他如诸城刘统勋、刘墉父子，清代彪炳文学史册的"南施北宋"之宋琬，以及田雯、赵执信、曹贞吉等，都展示出了山东文化世家特有的文化影响和传承力。

二

在《书系》即将出版之时，我们很有必要回顾一下较为曲折的编纂过程。

在项目酝酿策划之初，我们就一直力图将《书系》做成一套有统一组织、有学术方向、有研究规划、有明确要求的学术创新工程。我们主要做了以下两个方面的工作。

（一）制定编纂原则

其一，学术目标。试图通过《书系》的撰写，深入探求中国优秀文化传统在文化世家层面的传承轨迹，挖掘优秀的家学、家风、家训等家族优秀历史文化资源，为当代新型家庭文化建设提供借鉴；通过探讨齐鲁文化在各个时代文化世家中的文化特点、面貌、发展趋势及文化贡献，深化对各历史时期齐鲁文化的研究；通过探求齐鲁历史文化名人的成长与家族文化培育的关系，为新时期人才培养与家庭教育的关系提供历史的范例。

其二，选目标准。通过反复酝酿论证，我们提出入选的文化世家应为山东历史上在政治、社会、思想学术、文学、艺术等方面有代表性的文化家族；家族中应有在中国文化史上产生重大影响的代表人物；家族发展的兴盛时期，曾对时代社会和文化产生过重大影响；应是家族兴旺，功名显赫，人才辈出，延时较长之家族；文献丰富，资料可考，便于研究。

其三，内容设计。我们提出以下五个方面设计内容，作为拟定纲目、撰写内容的参考：一是家族发展源流。强调考察渊源脉络，探究发展演变，述其流风余韵，辨析兴衰之由。二是家族盛世研析。包括兴盛之因的探求，家族内部管理结构、婚姻关系、家庭伦理、生活方式等，亦包括对家族与时代政治、区域社会、社会交游、社会文化的关系影响等的研究。三是代表人物研究。包括成长、成才与家族文化，成就业绩与家族兴衰，著述文献与文化活动，时代贡献与社会地位等。四是家学家风研究。包括形成、特点、传承、影响及重点个案分析等。五是附录部分。包括家族大事年表、支系图表、文献书目、参考文献书目等。

其四，撰写要求。主要强调四点：一是突出学术性。强调研究深度，注重观点创新，严守学术规范，力求成为该课题学术领域的最新代表性成果。二是强调资料性。做到全面搜集，系统梳理，征引翔实，论必有据。强调注重旧家谱、旧方志、考古新发现及他人著述中新材料的发现、辨析和运用。三是显示乡土性。强调写出地方特色、家族个性、乡邦气象、社会风情。要求从齐鲁文化发展史的角度来考察探讨文化世家，从文化世家角度来透析齐鲁文化。四是关注可读性。强调用平实的学术语言写作，史论结合，文笔流畅,避免文白夹杂,资料堆砌。

(二)抓好编纂过程

《书系》完成大致经历了三个阶段。

其一,策划启动。早在 2005 年,我在主持完成《齐鲁历史文化丛书》(100 种)之后,旋即着手策划编纂《山东文化世家研究书系》30 种。2006 年秋天,起草了规划方案。后专门多次召开专家论证会广泛征求意见,2007 年春天,规划方案在蒙山召开的齐鲁文化研究基地第六届学术委员会会议上通过,并被列入齐鲁文化研究基地"十一五"规划标志性成果项目,但由于所需资金数额巨大,暂时搁置。2009 年春天,山东省华夏文化促进会恢复成立。在会长、省委原副书记王修智的支持下,该项目作为促进会与齐鲁文化研究基地合作的首项学术工程正式启动,并在当年 12 月底前完成了所有前期准备和选聘作者的工作。2010 年 2 月 1 日,召开了第一次作者签约暨《书系》编纂研讨会议,对整个编纂工作进行了部署,为圆满完成编纂任务打下了良好基础。

其二,提纲研讨。我们将各卷纲目的设计、研讨、确立作为落实编纂主旨的关键环节抓紧抓好,将启动后的六个月作为搜寻基本资料、掌握研究动态、确定编纂提纲的阶段。重点采取了以下措施:一是实行主编、副主编分工与作者联络、研讨、沟通制度。二是多次召开主编、副主编会议,就每位作者提交的编纂提纲(章、节、目)进行预审,逐一充分研讨、审查,提出修改意见。共性问题,则提出统一修改原则,指导修改。三是根据提纲编纂情况,于 2010 年 5 月 21 日至 23 日召开了全体作者编纂提纲研讨会。采取逐个汇报、深入交流、相互审议、共同研讨方式,就提纲拟定中把握特点、突出重点、强调创新、提炼观点等问题达成共识,并在会后作者充分修改的基础上,又先后两次召开纲目审定会议,与作者反复沟通,最后逐一确立。

其三,撰稿统稿。从 2010 年 6 月至 2012 年 8 月为主要撰稿和统稿时间。在此期间,我们定期召开主编会议,及时交流情况,解决有关问题。在保持与作者密切联系的情况下,采取了以下具体措施:一是召开样稿研审会议。就每卷提交的一章样稿中发现的布局谋篇、行文表述、资料引用、政治把握等方面存在的 18 条共性问题和各卷个别问题进行了汇总研究,提出了修改意见。选取优秀样稿,印发每位作者参考,取得了很好的效果。二是适时召开作者会议,总结交流撰稿情况。2011 年 4 月 28 日至 30 日,在济南珍珠泉宾馆召开了全体作者参加的编纂中期研讨分析会。就写作进度不平衡、资料搜集单薄、如何辩证看待历史人物以及严守学术规范等问题,充分研讨,达成共识。提出各卷总体质量把握要求:资料要丰,论述要精,线索要清,行文要通。三是在大多数作者完成后,主编、副主编分工审稿与集中通审相结合。先由分管副主编审查提出意见,经作者修改后,由编委会集中统审稿件。其间先后五次召开主编会议,及时沟通解决书稿中存在的问题。2012 年 8 月上旬,在东营市召开统审书稿会议,邀请中华书局冯宝志副总编参会指导,并共同研究,就 22 部已交书稿中存在的体例、规模、图片、内容、附录、引文、宗教、学术争议等问题提出 8 条修改意见。

在 2012 年 9 月至 2013 年 6 月分批送中华书局审稿期间,我们协同中华书局采取了具体编纂规范问题由书局编辑与作者直接联系修改,学术问题和其他重要问题须经由主编会议研究审定修改的原则。其间,先后三次会同中华书局共同研究书稿修改和出版问题,三次召集部分作者研究书稿修改,千方百计保证书稿质量和编纂出版任务的顺利完成。

数易寒暑,在各位作者的辛勤付出和同仁、编辑的共同努力下,《书系》得以顺利出版。此时此刻,作为主持这项编纂工程的主编,我虽有如释重负之感,但仍有一种绵长的遗憾留在心底:由于我个人学术水平和学术领导能力的限制,该《书系》还存在诸多不足,原来制定的学术目标并没有完全实现;由于个别作者原因,清河崔氏、日照丁氏两个家族的研究没有如期完成,致使出版拖期,原设计 30 种而只出版了 28 种;由于作者学养、功力的参差不齐,审稿、统稿时间的仓促,有些稿件存在这样那样的问题,为此,还请学界同仁和广大读者批评指正。

当该《书系》即将出版面世之际,我回顾曲折的编纂过程,内心充满了感激、感动之情:

如果没有省委原副书记、山东省华夏文化促进会原会长王修智同志的鼓励支持,联手启动该《书系》工程很可能被推迟实施或者只是一种让人遗憾的愿景。然而,很痛惜,在《书系》启动不久,王修智同志因病去世,《书系》的编纂因此经历了诸多波折。

如果没有原省长姜大明同志和省委常委、宣传部长孙守刚同志的亲自关心支持,该《书系》就不可能现在顺利出版。

如果没有各位作者四年来的刻苦努力和精诚合作,该《书系》的编纂出版还会遇到更多困难!

我们应该向上述领导和同志们表示诚挚感谢!

衷心感谢中国孔子基金会及其理事长王大千先生的鼎力支持!感谢山东省华夏文化促进会的关注和支持!

当然,我们还应该衷心感谢我的同仁——各位副主编:山东师范大学齐鲁文化研究中心的丁鼎教授、王钧林教授、石玲教授、刘爱敏副教授和山东大学的王洲明教授。四年多来,他们与我夙兴夜寐,竭诚合作,共同努力,才保证了《书系》编纂工作的顺利进行。感谢中华书局副总编冯宝志先生和余佐赞等编辑以及齐鲁文化研究中心同仁们的支持与辛勤努力!感谢山东大学我的老师袁世硕先生、董治安先生和山东师范大学安作璋先生在酝酿策划之初对我的具体指导!感谢我的博士生刘宝春做了大量资料搜集工作!在这里我还要特别感谢省外学者田汉云教授、张其凤教授、谭洁教授、何成博士,他们积极热情地承担相应课题,并以严谨的治学态度,拿出了高质量的成果!感谢孔子研究院原副院长孔祥林研究员,在原作者承担撰稿任务两年后却突然告知无力承担的情况下,毅然接受重担,并以严谨、扎实的治学态度顺利完成了《孔府文化研究》这一最重要的书稿。感谢在该《书系》编纂、出版过程中作出贡献的所有人,例如,各文化世家的故乡及后裔们的大力支持和热情帮助。任何一项学术工程的完成都是众多相识不相识的人从多个方面支持的结果,在完成本《书系》的编纂、出版过程中,我们比任何时候都更深地体会到了这一点!

2012 年 12 月初稿
2013 年 10 月定稿

目录

导　言

家族作为以血缘关系为纽带而形成的基层社会组织,在中国传统社会结构中具有特殊而重要的地位。中国传统社会是宗法伦理型的农业社会,周代的宗法制度初步奠定了"家国同构"的基本政治体制格局,以孔子为代表的儒家所提倡的尊尊亲亲、忠孝仁爱思想,则构建起了传统社会宗法伦理的道德基础。在这种家国一体的社会模式中,延续数千年的家族组织对于社会经济的发展、政治制度的建构以及社会文化的传承等方面都有着明显的调节作用。因此,中国古代家族研究受到了国内外文史学者的普遍关注,发展为一个多学科的学术研究领域,尤其是对于那些享有崇高声誉和名望、影响深远的世家大族的研究,更是我们了解中国历史上的家族社会与家族文化的一把钥匙。

一　宗圣曾子家族研究的意义

山东尤其是鲁西南地区,是中国古代文化发达的地方。在古史传说中,这里曾是炎黄部族活动的区域。商代,这里还是商王朝的政治中心。西周建立后,将周公的儿子伯禽封于鲁,"大启尔宇,为周室辅"①。周初开始形成并完善起来的宗法礼乐制度,在鲁国生根发芽,铸就了鲁国根深蒂固的礼乐传统,因此,鲁国成为西周时期东方地区礼乐文化的中心。到了

---

① (汉)毛亨传,(汉)郑玄笺,(唐)孔颖达疏:《毛诗正义》,阮元:《十三经注疏》上册,1980年,中华书局,第615页。

春秋时期,鲁国成为周代礼乐保存最为完整的诸侯国。正如当代著名历史学家杨向奎先生所说,齐鲁文明"实为宗周文化之嫡传,而鲁为姬,齐为姜,后来结果,齐一变至于鲁,鲁一变乃至于道;周礼在鲁,遂为中心之中心"①。这种深厚的礼乐文明传统,使得鲁国成为儒家思想的摇篮,不仅孕育了伟大的思想家、教育家、儒家学派的创始人孔子,而且也造就了先秦儒家学派的重要学术传承者与发展者曾子。

宗圣曾子家族与孔、颜、孟三氏家族是中国历史上备受封建统治者眷顾和优渥的圣贤后裔。这一家族,从曾子开始,至今已有 2500 多年的发展历史。在这 2500 多年的历史长河中,曾子家族虽然并不像孔子家族那样声誉显赫,久荷优崇,也不如颜子家族、孟子家族那样早膺世职,荣享恩礼,但是在中国传统社会的历史舞台上,曾子家族同样占据了重要而显著的地位。曾子家族绵延相续,贯穿于中国整个封建时代,一直延续至今,在中国古代家族发展史上留下了一道亮丽的文化风景。

曾氏家族之所以能够在中国传统社会发展史上,具有重要的历史地位和文化价值,主要由两方面的因素所决定:

一是曾子继承了孔子的思想学说,并将其发扬光大,为儒学的发展传播作出了突出贡献,具有传道之功。尤其是曾子着力提倡的孝道理论深入到中国传统社会的各个领域,贯彻于社会各个阶层,成为全社会普遍遵守的道德伦理规范,对中国古代社会产生了深远影响。因此,汉代以来曾子就作为孔门大贤,受到历代统治者的褒扬和推重。自唐代总章元年(668)曾子始受封爵开始,宋代咸淳三年(1267)曾子升为四配享祀孔庙,元代至顺元年(1330)又封为郕国宗圣公,至明嘉靖九年(1530)定称"宗圣曾子",曾子的地位和影响日益扩大。这为曾子家族的发展奠定了厚实的文化根基和政治优势。嘉靖十二年(1533),明世宗下诏访求曾子后裔,奉祀曾子祠墓于嘉祥。嘉靖十八年(1539),由江西永丰回徙宗圣故里的曾质粹被授予翰林院五经博士,世代承袭,曾氏家族的地位也随之崛起,成为与孔、颜、孟三氏同享朝廷优遇的世袭贵族。

---

① 杨向奎:《宗周社会与礼乐文明》,人民出版社,1997 年,第 278 页。

　　二是曾子家族的发展虽然历经曲折，但曾子后裔却能自强不息，进德修业，涌现出了一大批出类拔萃的精英人物，不仅实现了自己的人生价值，也光大了家族的美名。曾氏家族的发展和崛起有一个历史过程。曾子师从孔子，得一贯之传。曾子之子曾申学《诗》于子夏，曾子之孙曾西又学《诗》于叔父曾申，都以经术著称于鲁国，应当说，春秋战国时代的曾氏家族属于经学世家。从战国到西汉，曾氏家族的后裔一直谨遵祖训，秉承忠孝观念，淡泊处世。王莽篡汉，曾子第十五代孙曾据耻事新莽，在始建国二年（10）挈族渡江南迁，定居庐陵吉阳乡。此后，曾氏后裔播迁于江南，千有余年，隐而不显，但其原有的文化积累却有如渊泉涌动，薪火相传。发展到宋明时期，曾氏家族精英迭出，不仅有雄列"唐宋八大家"的著名文学家曾巩，也有为世称颂的祖孙宰相曾公亮、曾怀，一门四进士的曾弼、曾懋、曾开、曾几，还有状元及第的曾从龙、曾棨、曾鹤龄等，可谓群星璀璨，竞相辉映。明代罗玘赞扬曾氏家族说："自南武城生大其学，绍孔颜，开思孟，使后世均公而祀之，而三氏子孙，或官其人，或复其身，曾氏独不与，往往能自奋起，为世名人，与彼三氏抗。"①尤其是曾子后裔回归嘉祥，承袭翰林院五经博士之后，嘉祥曾氏更加珍惜圣贤后裔的声名，恪守先祖遗教，以孝悌为传家之本。曾氏倡修曾氏族谱，以达敬宗睦族之效。又创修《宗圣志》，编辑《曾子》书，形成了颇具特色的家族文化，从而保证了曾氏家族根深叶茂，生生不息。

　　因此，对绵延千年、人才辈出的宗圣曾子家族进行具体的研究，不仅可以增进我们对曾氏家族文化内涵和意义的了解，同时，也可以使我们对中国家族史的发展与演进有更为深刻的认知。

二　宗圣曾子家族研究概况

　　就家族形式的演变而言，徐扬杰在《中国家族制度史》一书中提出，中国历史上的家族大致经历了四个不同阶段：原始社会末期的父家长制家族、殷周时期的宗法式家族、魏晋至唐代的世家大族式家族、宋以后的近代

---

① （明）罗玘：《长兴曾氏族谱序》，《圭峰集》卷十，《四库全书》第1259册，上海古籍出版社，1987年，第151页。

封建家族。① 从宗圣曾子家族的发展脉络来看,在先秦时期,曾参父子从学于孔子,曾子以孝闻名于世,其子曾元、曾申,其孙曾西皆为当时名儒。在孔门弟子中,东鲁曾氏可谓"四世著闻",但其家族的发达昌泰主要是从宋代开始的。

自曾子十五代孙曾据由武城故里南迁江右至唐末五代千余年间,尽管仕宦为官代不乏人,但总体上仍属庶族布衣之家。入宋之后,曾子家族才迈入世家大族的行列,得到空前的发展,声名远播。南宋王明清的《挥麈录》罗列了宋代二十五个世家大族,其中就有曾子家族的后裔南丰曾氏和晋江曾氏。该书云:"自祖宗以来,故家以真定韩氏为首,忠宪公(韩亿)家也。……在江南则两曾氏,宣靖(晋江曾公亮,谥'宣靖')与南丰是也。曾文清(章贡曾几,谥'文清')兄弟亦以儒学显,又二族矣。"②清代学者劳格的《宋人世系考》编制了宋代二十四个世家大族的世系表,其中也包括了南丰曾氏、晋江曾氏和章贡曾氏。③ 明代,宗圣曾子后裔曾质粹奉诏北归,被授以翰林院五经博士,在政治上和经济上给予特权和优遇。从此,嘉祥曾氏作为宗圣后裔,成为享有朝廷优遇的世袭贵族。清朝开国之初,顺治帝就下旨优崇圣裔,孔、颜、曾、孟四氏原享特权和礼遇,仍然相沿。清代咸同年间,湘乡曾氏因军功崛起,门第鼎盛,为清代200余年中所仅见,使得宗圣曾子家族的后裔更显尊荣。

如上所述,宗圣曾子家族地位的提升,与南丰曾氏、晋江曾氏、湘乡曾氏有着密切的联系,而曾巩、曾公亮、曾国藩等代表人物的重要性就越发凸显。因此在宗圣曾子家族的研究方面,南丰曾氏、湘乡曾氏颇受瞩目,曾巩、曾国藩等关键人物的思想或事功更是学者研究的热点,也取得了丰富而突出的成果。从家族史的角度对其进行研究的学术成果也较多,如李荣泰的《湘乡曾氏研究》④、刘鹏佛的《清代湘乡曾氏家族与经济社会》⑤、周俊

① 徐扬杰:《中国家族制度史》,人民出版社,1992 年,第 18 页。
② (南宋)王明清:《挥麈录》前录卷二,上海书店出版社,2001 年,第 15—16 页。
③ (清)劳格:《读书杂识》卷九,《续修四库全书》第 1163 册,上海古籍出版社,2002 年影印本,第 293—295 页。
④ 李荣泰:《湘乡曾氏研究》,"国立"台湾大学出版委员会,1989 年。
⑤ 刘鹏佛:《清代湘乡曾氏家族与经济社会》,博士学位论文,厦门大学,2003 年。

武的《激扬家声》①、刘永强的《宋朝南丰曾氏家族研究》②、包忠荣的《宋代南丰曾氏与文学》③等，从家族与文学的角度、经济与社会的角度，对湘乡曾氏、南丰曾氏的家世源流、家学家风、姻亲仕宦、家族文化以及各自在历史上的贡献作了深入探讨，在研究深度和广度方面都有长足进展。就家族文献的整理方面，也有《曾巩集》④、《曾巩文》⑤、《曾文正公全集》⑥、《曾国藩全集》⑦、《湘乡曾氏文献》⑧、《曾国藩家训》⑨等，为学界的进一步研究提供了坚实的史料支撑。

　　但学界对于明清时期嘉祥曾氏的研究，则多所忽视，不能不说是一大遗憾。实际上，在宗圣曾子家族的发展史上，嘉祥曾氏居于十分特殊的地位，其地位不受"一朝天子一朝臣"的限制，也不因朝代更迭而削弱。嘉祥曾氏作为有别于历史上的政治家族、文化家族、军功家族的圣裔家族，其家族文化本身亦是丰富多彩的。然而，就嘉祥曾氏的研究而言，目前学界的研究偏重在曾子的思想及其历史贡献方面，间或涉及曾子里籍、著述等问题，真正从家族史的角度对嘉祥曾氏发展和演变的基本脉络进行梳理，进而对其家族文化进行深入探讨的著作尚不多见，故而难以反映宗圣曾子家族发展史的多样性面貌。基于此，本书尝试着将关注点扩大到宗圣曾子家族的整体之上，以曾子家族发展的历史为背景，透过宗圣曾子家族的递嬗，来观照嘉祥曾氏在宗圣曾子家族史上所扮演的角色，以期展现嘉祥曾氏的家族文化以及嘉祥曾氏与明清时代政治、社会间的复杂关系。

三　史料搜集与研究方法

　　嘉祥曾氏家族的资料，就总的情况而言，比较稀少而又分散。正如明

① 周俊武：《激扬家声》，博士学位论文，湖南大学，2004年。
② 刘永强：《宋朝南丰曾氏家族研究》，硕士学位论文，北京大学，2002年。
③ 包忠荣：《宋代南丰曾氏与文学》，硕士学位论文，南昌大学，2006年。
④ （宋）曾巩撰，陈杏珍、晁继周点校：《曾巩集》，中华书局，1984年。
⑤ 曾枣庄、刘琳主编：《全宋文》，上海辞书出版社，2006年。
⑥ 《曾文正公全集》，《近代中国史料丛刊续编》，第一辑，文海出版社，1983年影印本。
⑦ 《曾国藩全集》，岳麓书社，2011年。
⑧ 吴相湘主编：《湘乡曾氏文献》，（台湾）学生书局，1965年影印本。
⑨ 《曾国藩家训》，岳麓书社，1999年。

代吕化舜在《宗圣志序》中所言,嘉祥曾氏"自南来东,形单孑矣。虽世其官,祭田之顷仅及四十,不敢以望三氏,家俭窭矣。况僻处嘉祥,仰谒轩盖,不若阜、邹,题咏寡矣"①。现今所见史料,主要散布于正史、地方志、曾氏族谱、孔府档案之中。就正史而言,《明史》《清史稿》对嘉祥曾氏家族中的主要人物的事迹及封爵、陪祀等事项有简略记载。地方志方面涉及嘉祥曾氏的主要有:明万历《兖州府志》、清乾隆《兖州府志》、道光《济宁直隶州志》等。明于慎行纂修的《兖州府志》52卷,包含沿革、建制、山川、风土、帝迹、圣里、国纪、天潢、职官、选举、田赋、户役、学校、兵戎、驿传、河渠、盐法、马政、古迹、陵墓、祠庙、寺观、宦基、人物、典籍、艺义、灾祥、丛谈等类,资料翔实,考证精确,对于了解明代兖州府及周边人文地理环境、社会经济状况有很大助益。徐宗幹、许翰纂修的道光《济宁直隶州志》记载的曾继祖《曾氏永思碑铭》、曾毓墫《家诫》等资料,为我们研究嘉祥曾氏的家族演变及家族文化传统提供了重要依据。

家谱作为记载同宗共祖的血缘集团世系人物和事迹等方面情况的历史图籍,蕴藏着大量有关人口学、社会学、经济学、历史学、民族学、教育学、人物传记等多方面的资料。流传至今的各时代重要的曾氏族谱,记载了与嘉祥曾氏相关的大量第一手资料,对于我们考证其家族源流、家学门风、家族婚姻以及曾氏东南两宗的关系等,具有极为重要的参考价值。由于封建时代嘉祥曾氏和孔府的密切关系,所以在孔府档案中也保存有和嘉祥曾氏相关的史料,诸如翰博承袭、优免差徭、族人纠纷等资料,对我们了解嘉祥曾氏政治、经济状况和社会地位有很大帮助。明吕兆祥《宗圣志》、清王定安《宗圣志》对宗圣曾子家族的世系源流、宗圣追崇之祀典、林墓祠庙之兴替,曾子后裔受官翰院之恩典、祭田户役之赐予,以及与曾子家族相关的艺文、记序、碑志、诗词等作了较为全面、系统的记载,是探讨宗圣曾子家族历史与文化不可或缺的重要文献,本书对此给予了充分的重视。

另外,还有今人的一些研究著作,如罗新慧《曾子研究》②,沈效敏、沈霞

①（明）吕兆祥:《宗圣志》,四川大学古籍整理研究所编:《儒藏》史部第8册,四川大学出版社,2005年,第268页。
②罗新慧:《曾子研究》,商务印书馆,2013年。

《曾子世家》①,王瑞功《曾子志》②,等等,不再一一列出。

目前,家族研究已成为社会学、历史学、文学等跨学科的研究领域,而家族文化研究更是一个复杂的命题。本书的研究方法,主要还是从历史学的角度出发,立足于传统史学的实证研究。首先对与宗圣曾子家族有关的文献资料作全面的梳理,力求探赜索隐,在史料考辨的基础上,厘清宗圣曾子家族的演变脉络和基本史实。同时,尝试借鉴社会学的理论与方法,以史料为基础,着重对嘉祥曾氏与明清时代的政治、社会互动关系进行考察,探讨其家族的社会地位、家学渊源以及家族文化传统,以求展现嘉祥曾氏的基本文化面貌,并借此了解时代变迁与当时中国历史大环境的演变。

---

① 沈效敏、沈霞:《曾子世家》,中国文史出版社,2005 年。
② 王瑞功:《曾子志》,山东人民出版社,2009 年。

第一章　圣贤遗泽

——曾氏家族的起源与发展

第一节 家 族 渊 源

曾氏之先祖出自上古圣君大禹。①

大禹为中华民族的人文始祖黄帝之后裔。黄帝四传至鲧,相传鲧的妻子梦见流星陨地变成薏苡,她吞食薏苡而生禹②,故帝舜赐禹姒姓。

据《尚书》、《史记》等古代文献记载,在我国古史的尧、舜、禹时期,天下洪水泛滥。一些弥漫着神话色彩的故事传说,以夸张的手法描述了洪水遍及天下的灾难景象,如《山海经》载:"滔滔洪水,无所止极。"《尚书·尧典》也记载:"汤汤洪水方割,荡荡怀山襄陵,浩浩滔天。"这次洪水持续时间很长,淹没的地域广大,在滔天洪水的危害之下,原始先民无所安居,面临着巨大的环境灾难和生存危机。

帝尧在征求"四岳"(官职名,总领四方之事)的意见后,决定接受他们推荐的人选,任用崇伯鲧治理洪水。鲧用筑堤围堵的办法,企图挡住洪水,结果愈堵愈涨,堤坝被洪水冲毁,造成了更大的水患。鲧治水九年,劳而无功,被帝尧(或说继承其位的帝舜)殛于羽山以死。鲧死后,帝舜委派鲧的儿子禹继

---

① 禹,又称夏禹、大禹、伯禹,夏王朝的建立者。欧阳修《吉阳曾氏旧谱序》云:曾氏"先世乃出于有夏之后"。(清)曾崇球纂修:《吉阳曾氏族谱》,上海图书馆藏清咸丰间抄本。吕兆祥《宗圣志·宗圣世家》亦曰:"曾子之先,出自夏禹。"吕兆祥:《宗圣志》卷二《宗圣世家》,四川大学古籍整理研究所编:《儒藏》史部第8册,第285页。

② 《史记·夏本纪》,张守节《正义》引《帝王纪》云:"父鲧妻脩己,见流星贯昴,梦接意感,又吞神珠薏苡,胸坼而生禹。"《史记》卷二《夏本纪》,中华书局,1982年第2版,第49页。

续治水。禹联合了许多部落，展开了大规模的治水行动。禹总结父亲治水失败的教训，改堵水为疏导，亲自率领群众，手拿橐耜耒臿，疏江决河，让洪水奔流入海。在治水过程中，禹手上的指甲磨去了，腿上的毫毛磨去了，虽得了偏枯之症，但是他仍然在大风暴雨中不停地工作①。禹历经十三年之艰辛，三过家门而不入，终于制服了长久肆虐的洪水，使得人民能够安居乐业。禹一心为民、大公无私的精神一直为后人所颂扬。孔子说："禹，吾无间然矣。菲饮食，而致孝乎鬼神；恶衣服，而致美乎黻冕；卑宫室，而尽力乎沟洫。禹，吾无间然矣。"②孔子认为禹是个为天下谋利的英雄，是个无可挑剔、无可非议的人。禹作为治水英雄，其功绩更是备受赞誉。《左传·昭公元年》称："美哉，禹功！明德远矣。微禹，吾其鱼乎！"司马迁也赞扬说："唯禹之功为大，披九山，通九泽，决九河，定九州，各以其职来贡，不失厥宜。"③禹凭借治水的辉煌功绩，"声教讫于四海"④，赢得了众多氏族部落首领的拥戴和支持，继舜位成为部落联盟的首领，立国号夏后，姓姒氏，建立了夏王朝。禹，也被后世尊称为"大禹"，成为黄帝族后裔中最显赫的人物之一。

禹死后，他的儿子启继承了夏王朝的王位，从此开始了夏王朝家天下的世袭制度。启死，其子太康继位。太康终日田猎嬉戏，沉溺于游乐而不理政事，弄得民怨沸腾，《尚书·五子之歌》说"太康尸位，以逸豫灭厥德，黎民咸贰"，最终导致了"太康失国"的结局。在此后数十年的时间内，夏王朝的统治权先后被东夷有穷氏首领后羿、寒浞两次篡夺。太康死后，其弟仲康立，为夏后氏部族的酋长。仲康生相，相生少康。少康因"能布其德"，得到了有仍氏和有虞氏的支持和拥戴，势力逐步强大起来。在夏臣伯靡的帮助下，少康积极集合夏族余众，亲自率军消灭了寒浞及其子浇、豷，重新建立了夏王朝的统

---

① 《韩非子·五蠹》："禹之王天下也，身执耒臿，以为民先；股无胈，胫不生毛：虽臣虏之劳不苦于此矣"。（清）王先慎：《韩非子集解》，中华书局，1998 年，第 443 页。《尸子》："手不爪，胫不毛，生偏枯之疾，步不相过，人曰禹步。"（周）尸佼著，黄曙辉点校：《尸子》卷下，华东师范大学出版社，2009 年，第 50 页。《庄子·天下篇》："禹亲自操橐耜而九（纠）杂天下之川；腓无胈，胫无毛，沐甚雨，栉疾风，置万国。"（清）郭庆藩：《庄子集释》第 4 册，中华书局，1961 年 1077 页。

② （清）刘宝楠：《论语正义》，中华书局，1990 年，第 313—315 页。

③ 《史记》卷一《五帝本纪》，第 43 页。

④ （汉）孔安国传，孔颖达疏：《尚书正义》，阮元：《十三经注疏》上册，中华书局，第 153 页。

治,恢复了夏禹的业绩,这就是历史上著名的"少康中兴"①。

据《世本》、《元和姓纂》记载,少康复国之后,为了巩固政权,分封族人到各地治理。少康的次子曲烈②(一作曲列)被封到一个叫"鄫"的地方,建立鄫国。《史记·夏本纪》云:"禹为姒姓,其后分封,用国为姓,故有夏后氏、有扈氏、有男氏、斟寻氏、彤城氏、褒氏、费氏、杞氏、缯氏③、辛氏、冥氏、斟戈氏。"传说,曲烈天生神异,聪慧过人,勤于思考,善于制作工具。他制作了木工用来求直角的矩尺,制造了以竹竿、木棒等为支架的方形渔网——罾,制作了拴着丝绳的用来射鸟的箭——矰,烧制了蒸饭盛菜用的陶器——甑,并教族人纺织出多彩图案的丝织品——缯。鄫国在曲烈的治理下,人民富足,力量逐步强大,历经夏商两代而不衰。周武王灭商建立周朝之后,封鄫国国君为子爵。春秋时期,鄫国为莒国所灭,鄫世子巫出奔鲁国,去鄫之"阝"(代表国土、食邑)而留"曾",其后世子孙遂以曾为姓。此后,曾氏一脉相承,世代沿袭,传流至今。

第二节　鄫　国　春　秋

曲烈始封时的鄫国,故址在何处,文献并无明确记载。鲁僖公十四年(前646),鄫国之名始见于《春秋》。《左传·僖公十四年》:"夏,六月,季姬

---

① 关于少康复国的事迹,《史记·吴太伯世家》有如下记载:"昔有过氏杀斟灌以伐斟寻,灭夏后帝相。帝相之妃后缗方娠,逃于有仍,而生少康。少康为有仍牧正。有过又欲杀少康,少康奔有虞。有虞思夏德,于是妻之以二女而邑之于纶,有田一成,有众一旅。后遂收夏众,抚其官职。使人诱之,遂灭有过氏,复禹之绩,祀夏配天,不失旧物。"《史记》卷三十一《吴太伯世家》,第1469 页。
② 《溧阳曾氏族谱·曾氏源流》作"少康次子曲烈始封于鄫"。湖南石门:《溧阳曾氏族谱》,上海图书馆藏清同治二年(1863)木活字本。林宝《元和姓纂》、郑樵《通志·氏族略》均作"夏少康封少子曲烈于鄫",见(唐)林宝:《元和姓纂》卷五,中华书局,1994 年,第 638 页;(宋)郑樵:《通志二十略》,中华书局,1995 年,第 61 页。
③ 杜预《春秋经传集解》僖公十四年经注谓:"鄫,似绫切,或本作缯。"《春秋·哀公七年》"夏,公会吴于鄫",《释文》"鄫作缯,一本作鄫"。鄫,《左传》、《公羊传》作"鄫",《谷梁传》、《国语》、《史记·吴世家》、《汉书·地理志》等并作"缯"。《荀子·尧问篇》"缯丘之封人",杨倞注云"缯与鄫同"。《通志·氏族略》"曾氏"条云"亦作'鄫',亦作'缯',姒姓,子爵"。由此可知,曾、鄫、缯三字通用。

及鄫子遇于防。”杜预注：“鄫国，今琅邪缯县。”[①]《史记·周本纪》正义引《括地志》载：“缯县在沂州承县，古侯国，禹后。”罗泌《路史》云：“缯，子爵。昭公取鄫也。曲列国，一曰缯衍，今沂之承县东八十故缯城。”[②]高士奇《春秋地名考略》载：“鄫故城在承县东北，今峄县东八十里有鄫城。”[③]江永《春秋地理考实》载：“今兖州府峄县东有鄫城。”[④]顾栋高《春秋大事表》云：“鄫，子爵，姒姓，今山东兖州府峄县东八十里有鄫城。”[⑤]汉置缯县，属东海郡，后汉属琅琊郡。隋开皇年间置鄫城县，后并入承县。唐代复置鄫城县，后为鄫州。因此，郭沫若、谭其骧、白寿彝等都认为，夏朝姒姓鄫国故址在今山东省苍山县西北、枣庄市东[⑥]。

但也有学者提出，曲烈始封之鄫地，在今河南方城县北。《国语·郑语》记载：“申、缯、西戎方强，王室方骚。”韦昭注：“缯，姒姓，申之与国也。”[⑦]此处所记载的缯国既然是申的“与国”，其地当与申国相近。申国在今河南南阳市北，而南阳北面的方城县有缯关。《左传·哀公四年》载：“楚人既克夷虎，乃谋北方……致方城之外于缯关。”[⑧]综合各种史料之记载，高士奇对鄫地“琅邪说”提出质疑，他说：“其初封姒不在琅琊……《史记》：‘申侯与缯、西夷犬戎攻幽王，杀王骊山下。’当是时，申伯初受改封之命国于谢，在楚方城之内。度缯国必与之相近，故得偕举兵。哀四年，楚致方城之外于缯关，岂其故墟乎？”[⑨]他认为方城之缯关可能就是鄫国之故墟，但鄫国何时迁徙到琅琊，则不可知。何光岳认为，鄫国初封在方城，商初东迁于

① （晋）杜预注，孔颖达疏：《春秋左传正义》，阮元：《十三经注疏》下册，第1803页。
② （宋）罗泌：《路史·国名记》卷丁，《四部备要》第44册，中华书局，1989年影印本第351页。
③ （清）高士奇：《春秋地名考略》卷十四，《四库全书》，1987年影印本，第176册，第662页。
④ （清）江永：《春秋地理考实》卷一，僖公十四年“鄫”条，《四库全书》第181册，第267页。
⑤ （清）顾栋高：《春秋大事表》卷五《列国爵姓及存灭表》，中华书局，193年，第584页。
⑥ 郭沫若主编：《中国史稿地图集》上册，中国地图出版社，1996年，第10页。谭其骧主编：《中国历史地图集》第1册，中国地图出版社，1982年，第10页。白寿彝等认为，夏朝分封之缯氏，“故城在今山东枣庄市东”。白寿彝主编：《中国通史》第三卷上，上海人民出版社，1999年，第91页。
⑦ 《国语》，《四部备要》第44册，中华书局，1989年影印本，第103页。
⑧ 杜预注，孔颖达疏：《春秋左传正义》，阮元：《十三经注疏》下册，第2158页。
⑨ 高士奇：《春秋地名考略》卷十四，《四库全书》第176册，第661页。

河南柘城和安徽亳县之间。约当周灭商时，被移于山东绎县[1]。不过，对于方城一带之缯国，《辞海》认为其应为姬姓之曾国，此曾国一直到战国初期，尚存于世[2]，与山东地区的缯国并非一国。

此外，根据《路史》"鄫，郑地。今荥阳有鄫水城。鄫水，溱也"的记载，有学者提出了另外一种观点：鄫国最初或在河南密县、新郑间的溍水流域。如丁山在《甲骨文所见氏族及其制度》一书中指出，河南方城之"缯关不如溍水名字较古，与其说鄫之初封在缯关，不如说在溍水流域，更为合理"[3]。郑杰祥也认为："早期曾地或在今河南密县、新郑间的溍水流域，而后南迁于方城县境内。"[4]但值得注意的是，《路史》并不认为郑地之鄫为姒姓鄫国[5]。

20世纪70年代以来，带有曾国铭文的铜器在湖北随县（今随州市）、枣阳一带屡有出土。1978年，在随县西郊发现的战国时期的曾侯乙大墓，因出土了曾侯乙编钟等精美的青铜礼器、乐器、玉器等一万五千余件珍贵文物而举世闻名[6]。这些器物所载之曾国，在先秦古籍中无丝毫记载。李学勤认为，湖北随县一带的曾国即文献中的随国，曾、随为一国两名[7]。随国为姬姓，此曾国自然为姬姓。舒之梅、刘彬徽曾专文论证汉东曾国就是土著姬姓随国[8]。但杨宽则提出，在春秋战国时代，湖北随枣平原及其附近区域的确有一个曾国存在，"曾、随不是一国两名，两者绝不可混同"[9]。吴郁

---

① 何光岳：《鄫国考》，《楚灭国考》，上海人民出版社，1990年，第159页。

② 《辞海》，上海辞书出版社，1999年，第857页。

③ 丁山：《甲骨文所见氏族及其制度》"殷商氏族方国志"，中华书局，1988年，第107页。

④ 郑杰祥：《夏史初探》，中州古籍出版社，1988年，第76—77页。

⑤ 罗泌：《路史·国名记》卷己，《四部备要》第44册，第387页。《路史·国名记》卷丁"缯条"，也说曲烈所封之鄫国"非郑鄫"，见罗泌：《路史·国名记》卷丁，《四部备要》第44册，第351页。

⑥ 参见随县擂鼓墩一号墓考古发掘队：《湖北随县曾侯乙墓发掘简报》，《文物》1979年第7期。湖北省博物馆：《曾侯乙墓》，文物出版社，1989年。

⑦ 李学勤：《曾国之谜》，《光明日报》1978年10月4日。其后，李先生在《论江淮间的青铜器二·再论曾国之谜》一文中又举大工尹季怡戈为例，对曾国即随国作了进一步论证。见《文物》1980年第1期。

⑧ 舒之梅、刘彬徽：《论汉东曾国为土著姬姓随国》，《江汉论坛》1982年第1期。

⑨ 杨宽、钱林书：《曾国之谜试探》，《复旦学报》1980年第3期。杨先生提出，古代有两个曾国，一为姒姓，一为姬姓。姬姓曾国在南阳盆地南部，与申国相邻。并以《荀子·尧问》"缯丘之封人见楚相孙叔敖"为证，认为缯丘当为缯国国都之所在。而曾国在西周时已与随国同时并存，不可能是一国。

芳也强调指出,"史籍中的随国与考古资料中的曾国是格格不入的"①。由于曾国铜器出土区域与文献记载中的随国区域无法对应,曾侯乙所在的"曾"与曲烈始封之鄫国关系如何,它究竟是否南迁之缯或鄫,以及其族姓是不是姬姓等诸多谜团都有待于新的考古发现来证实。

春秋时的鄫国,在山东苍山县西北鄫城。在列国纷争的春秋时代,鄫国因国力弱小,地位卑微,常常被鲁、邾和莒等诸侯国所欺凌,可谓是腹背受敌,每况愈下。为了改善与临邦的关系,鄫国与较为强大的鲁国建立了婚姻关系,希望通过政治联姻达到外依强国、保己生存的目的。但此时的鄫国国君也力图保持独立诸侯国的地位,并不愿以附庸国的身份朝见鲁国国君。《左传·僖公十四年》:"夏,六月,季姬及鄫子遇于防,使鄫子来朝。"②季姬,鲁僖公之女,鄫国国君夫人。季姬还鲁归宁省亲,僖公因鄫子不朝,非常恼怒,故将季姬留在鲁国,不让她回去。为了缓和两国间的矛盾,季姬与鄫子在防地(鲁地,今山东费县东南)见面。在季姬的劝说下,鄫国国君前往鲁国朝见。可见,弱小的鄫国为时势所逼,也不得不唯大国之命是听。一直到了第二年的九月,季姬才得以返回鄫国。僖公十六年(前464)夏四月,鄫季姬卒。十二月,因鄫常被淮夷所侵扰,鲁僖公与齐侯、宋公、陈侯、卫伯等在淮地盟会,商量挽救的办法。为抵御淮夷的侵袭,鲁僖公征发民役,修筑鄫国城池,并企图以此为据点攻打淮夷。但筑城百姓因遭遇疠气,很多人都病倒了,有人就趁夜间登上小山头大声喊叫说:"齐国发生动乱了!"筑城民众四散奔逃,诸侯也纷纷离淮回国,鄫国城墙没有能够修成。

鲁僖公十七年(前463),春秋前期的一代霸主齐桓公去世,诸子争立,引发齐国内讧,造成了齐国势力的急剧衰落。作为齐国忠实的支持者和追随者,宋国的宋襄公不负齐桓公临终嘱托,联合卫、曹、邾的军队伐

---

① 吴郁芳:《"曾侯乙"与"随国"考》,《江汉考古》1996年第4期。据最新考古发现,湖北随州文峰塔墓地出土的春秋青铜器上不仅可见曾、曾子、曾公子和曾孙的铭文,而且还首次发现了1件带有随国国名的青铜戈,这是1949年以来经科学发掘出的第一件随国铜器。此次随国铜器出土,对破解"曾随"之谜有重大的学术价值。见明海英:《湖北随州文峰塔墓地考古有重大收获:三个"首次"发现或破解"曾随之谜"》,《中国社会科学报》2013年1月23日。
② 杜预注,孔颖达疏:《春秋左传正义》,阮元:《十三经注疏》下册,第1803页。

齐,立公子昭为齐君(齐孝公),宋襄公因此声名鹊起。鲁僖公十九年(前461)夏六月,宋襄公召集曹、邾等国在曹国南部会盟,意图取代齐桓公的盟主地位,称霸中原。但曹国虽然参与盟会而心有不服,所以不肯按照诸侯会盟的惯例致饩,无地主之礼。同时,鄫国国君也未能及时到会,弄得会盟不欢而散,宋襄公大为恼火,当年秋天就出师围攻曹国。在这种情况下,没有抵达会盟地的鄫国国君便前往邾国,以表达结盟之意。但宋襄公却以鄫国国君失大国会盟之信为借口,指使邾文公拘禁了鄫子,并令"邾文公用鄫子于次睢之社,欲以属东夷"。"睢"指睢水,杜预注曰:"睢水受汴,东经陈留、梁、谯、沛、彭城县入泗,此水次有妖神,东夷皆社祠之,盖杀人而用祭。"①宋襄公指使邾文公以鄫子为牺牲来祭祀睢水的"妖神",目的是恫吓东夷,以达到使东夷聚众归己的目的。对于宋襄公的做法,宋国的司马子鱼极力反对,他说:"古者六畜不相为用,小事不用大牲,而况敢用人乎?"并且"一会而虐二国之君,又用诸淫昏之鬼,将以求霸,不亦难乎?"②然而,宋襄公对子鱼的劝告置若罔闻,依然一意孤行。无力自保的鄫国,只得眼睁睁地看着国君被杀害。在这一事件中,虽然邾文公是秉承宋襄公之命执鄫子,但却因此使邾、鄫两国结下血海深仇。尽管因国小势弱,无力出兵讨伐邾国,怒火在心的鄫国还是与邾国断绝了一切往来,以此来表达对邾国的憎恶。

不仅大国依仗霸力肆意凌虐鄫国,一些试图拓疆扩土的小国也在大国纷争的间隙中,借机侵陵鄫国。鲁宣公十八年(前591)秋七月,依附于晋国的邾国,在晋楚双雄争战中原之际,出兵攻伐鄫国。邾国的军队不仅在鄫国大肆掳掠,使鄫国百姓饱受战祸,还"戕鄫子于鄫"③,邾国在鄫国的土地上竟然又杀死了一位鄫国国君。鄫国前后二君,无罪而横遭杀身之祸。可见,春秋前期的鄫国国势之衰弱,已经到了"人为刀俎,我为鱼肉"的地步。

尤其严重的是,鄫国还面临着近邻鲁国、莒国的激烈争夺。鄫国国君

---

① 以上见杜预注,孔颖达疏:《春秋左传正义》,阮元:《十三经注疏》下册,第1810页。
② 杜预注,孔颖达疏:《春秋左传正义》,阮元:《十三经注疏》下册,第1810页。
③ 杜预注,孔颖达疏:《春秋左传正义》,阮元:《十三经注疏》下册,第1889—1890页。

时泰先娶鲁国公室之女（鲁襄公母之姐妹），生子巫，立为太子。而莒国为达到长期控制鄫国的目的，也采取了和鄫国联姻的方式，将女儿嫁给鄫国国君，所生之女又返嫁莒国国君，为莒国夫人。

在弱肉强食的乱局中，鄫国畏惧祸之将临，便请求作为鲁国的附庸以自保。鲁襄公四年（前569）冬季，"公如晋听政，晋侯享公，公请属鄫，晋侯不许"①。襄公到晋国商讨交纳贡赋的事情，晋侯设享礼招待襄公，襄公趁此机会，向晋侯转达了鄫国归属于鲁的意愿，并请求让鄫国像须句、颛臾等小国一样附属鲁国，来帮助鲁国交纳贡赋。但晋侯不同意。鲁国大夫孟献子就向晋侯解释说，鲁国虽然与晋国的敌国齐国相临界，但愿意坚决地侍奉晋国为霸主，从不耽误晋侯征发、供应的命令。鄫国对晋国没有贡赋之责，而晋国所需贡赋甚多，鲁国地少民贫，假如不能满足晋国的要求，就是大罪过啊，所以我们希望得到鄫国来帮助我们完成向晋国交纳的贡赋。最后，晋侯答应了鲁国的请求。

当得知鄫国要附庸于鲁的消息后，莒国非常恼火，当年十月，便联合邾国出兵讨伐鄫国。但此时的鄫国刚刚经过晋侯的允许归属于鲁，对于莒国和邾国的进攻，从道义上来说鲁国不能坐视不管，鲁襄公便派大夫臧纥率军救援鄫国。臧纥为解鄫国之危，率兵直接攻入邾国境内，逼迫邾国军队回救。两军战于狐骀（今山东滕州市东南），鲁帅大败，损失惨重。狐骀之战的失利，不仅使鲁国军力大伤元气，也削弱了鲁国保护鄫国的信心。

鲁襄公五年（前568）的春天，鲁国大夫叔孙豹带领鄫国太子巫前往晋国，正式完成了鄫国归属鲁国的手续。《春秋》记载此事说："叔孙豹、鄫世子巫如晋。"杜预注云："豹与巫俱受命于鲁，故不书及，比之鲁大夫。"②意思是说鄫太子巫赴晋，不是遵奉鄫国国君之命，而是秉承鲁国国君的命令，这就把鄫国的太子看作鲁国的大夫来对待了。按照《周礼》的规定，凡诸侯的嫡长子被天子命为太子，代理他的国君（朝聘天子时），就比国君的礼仪

---

① 杜预注，孔颖达疏：《春秋左传正义》，阮元：《十三经注疏》下册，第1932页。
② 杜预注，孔颖达疏：《春秋左传正义》，阮元：《十三经注疏》下册，第1936页。

降一等;未被天子所命,(朝聘天子时)就拿着用皮裹饰的束帛继子男之后行礼①。巫作为鄫国太子,与鲁国大夫叔孙豹一起到晋国,却位列鲁大夫之后,显然是不合礼制的。但在礼崩乐坏、弱肉强食的春秋时代,自然是"弱国无外交"。故汪克宽说:"诸侯之世子,未誓,以皮帛继子男。而亚于大夫之列,非礼也。然春秋时,较强弱之势,而无君臣之分,以大国之卿,当小国之君,故鄫国微弱,而其世子次于鲁大夫也。"②

九月,襄公、晋侯、宋公、陈侯、卫侯、郑伯、曹伯、莒子、邾子、滕子、薛伯、齐国世子光、吴人、鄫人在戚地(今河南濮阳)会盟,听取晋侯的命令,准备出兵戍守陈国,以联合抗楚。由于莒国对鄫国附属于鲁耿耿于怀,侵鄫意图明显。鲁国大夫穆叔(叔孙豹)忧惧邾、莒之强,担心鲁国如不能保护鄫国,将会招致其他诸侯的谴责,使鲁国处于不利局面,"故复乞还之","使鄫大夫听命于会"③,也就是说让鄫国仍然以独立诸侯国的身份参加会见,听取命令。但鄫国仗恃有贡赋之赂在鲁,怠慢莒国,最终引来亡国之祸。《春秋》载:鲁襄公六年(前567)秋,"莒人灭鄫"④。鲁国自知无力保护鄫国,在莒灭鄫之时,也不敢出兵相救,眼睁睁地看着鄫国灭亡。因为鄫国被灭,晋国派使者前来,责问鲁国为什么不致力于保护鄫国而听任其灭亡?鲁国万般无奈之下,只得派执政大夫季武子前往晋国,听候处置⑤。

关于莒人灭鄫之事,文献记载多有歧异。另一种说法见于《春秋穀梁传》:"莒人灭鄫,非灭也……家有既亡,国有既灭。灭而不自知,由别之而不别也。莒人灭鄫,非灭也。立异姓以莅祭祀,灭亡之道也。"为什么说"莒人灭鄫,非灭也"?范宁《集解》云:"莒是鄫甥,立以为后。非其族类,神不

---

① 《周礼·春官·典命》载:"凡诸侯之适子,誓于天子,摄其君,则下其君之礼一等;未誓,则以皮帛继子男。"(汉)郑玄注,(唐)贾公彦疏:《周礼注疏》卷二十一,阮元:《十三经注疏》上册,第780页。

② 汪克宽:《春秋胡传附录纂疏》卷二十一,《四库全书》经部第165册,第538页。

③ 杜预注,孔颖达疏:《春秋左传正义》,阮元:《十三经注疏》下册,第1937页。

④ 杜预注,孔颖达疏:《春秋左传正义》,阮元:《十三经注疏》下册,第1937页。

⑤ 《左传·襄公四年》载:"晋人以鄫故来讨曰:'何故亡鄫?'季武子如晋见,且听命。"见杜预注,孔颖达疏:《春秋左传正义》,阮元:《十三经注疏》下册,第1937页。

歆其祀,故言灭。"又云:"莒人灭缯,似陵反立其甥为后。异姓,故言灭也。"①由此可以看出,莒人灭鄫,并不是以兵灭国,而是改立异姓为鄫国国君,正所谓"家立异姓为后则亡,国立异姓为嗣则灭既尽也。"②

《春秋公羊传》也持此种观点,"莒人灭鄫"何休注曰:"莒称人者,莒公子,鄫外孙。称人者,从莒无大夫也。言灭者,以异姓为后,莒人当坐灭也。不月者,取后于莒,非兵灭。"③也就是说,莒灭鄫并不是通过战争攻灭鄫国,而是立鄫国之外甥、莒国之公子为鄫国新国君。当然,这是莒国控制鄫国内政的一种手段。而此种企图,也早有征象。鲁襄公五年(前566),叔孙豹、鄫世子巫如晋。《公羊传》曰:"叔孙豹则曷为率而与之俱?盖舅出也。莒将灭之,故相与往殆乎晋也。莒将灭之,则曷为相与往殆乎晋?取后乎莒也。取后乎莒,奈何?莒女有为鄫夫人者,盖欲立其出也。"何休注曰:"时莒女嫁为鄫后夫人,夫人无男有女,还嫁之于莒,有外甥。鄫子爱后夫人,而无子,欲立其外孙。"④可见,在继承人的问题上,不仅莒国欲借此控制鄫国,而且鄫国国君在外力压制下,也摇摆不定。故让世子巫与鲁国叔孙豹"相与往殆乎晋",一是"成属鄫之事",二来暂居大国以观变。但时至鲁襄公六年(前567),莒国还是通过改立新君的办法,取得了鄫国的控制权。

结合《穀梁传》、《公羊传》的记载来看,《春秋》所言"莒人灭鄫",实则贬斥莒国挟武力、蔑礼法,越俎代庖改立鄫国国君,迫使合法的继承人世子巫奔鲁流亡。揆诸时势,鄫国从此即名存而实亡。

莒灭鄫之后,鲁国也乘机侵吞鄫之西界。鲁襄公八年(前565)五月,莒人伐鲁"东鄙,以疆鄫田"⑤。莒国攻打鲁国东部边境,与鲁国划定了鄫地土田的疆界。大概在此时或此后不长的时间,莒国就将鄫国吞并,划入本国之封域。二十余年后,鲁国在昭公四年(前538)趁莒国内乱,取鄫。《春

---

① 以上见(晋)范宁集解,(唐)杨士勋疏:《春秋穀梁传注疏》,阮元:《十三经注疏》下册,第2426页。
② 范宁集解,杨士勋疏:《春秋穀梁传注疏》,阮元:《十三经注疏》下册,第2426页。
③ (汉)何休解诂,(唐)徐彦疏:《春秋公羊传注疏》,阮元:《十三经注疏》下册,第2302页。
④ 何休解诂,徐彦疏:《春秋公羊传注疏》,阮元:《十三经注疏》下册,第2301—2302页。
⑤ 杜预注,孔颖达疏:《春秋左传正义》,阮元:《十三经注疏》下册,第1939页。

秋》载："九月取鄫。"杜预注："鄫，莒邑。"①可见，最迟至鲁昭公四年，鄫已为莒邑。《左传》曰："取鄫，言易也。莒乱，著丘公立而不抚鄫。鄫叛而来，故曰取。凡克邑不用师徒曰取。"②鲁国乘莒国内乱，国势衰落之机，不费一兵一卒取得鄫地。此后，鄫地属鲁，后为楚所并。

自曲烈始封国于鄫，鄫国历夏、商、周，千有余岁，常微不显。到鄫世子巫这一代，国亡奔鲁，欲借鲁援而复国，但鲁国无力助鄫。世子巫叹息说"国既灭矣，邑亦宜除"，遂去鄫之"阝"（代表国土、食邑）而留"曾"，拆散在鲁的鄫国王室后裔，便以曾为姓，此为曾氏得姓之始③。太子巫，即曾氏受姓之始祖。

关于鄫国世系之相承，因文献缺乏，难以考证。《济宁州志·曾子世家》引《武城族谱·姓源》记载了曲烈至时泰的世次，现录之以备参考：曲烈生炫忠，炫忠生坤仁，坤仁生录，录生浩源，浩源生富材，富材生焜，焜生伯基，伯基生锐，锐生汪，汪生志梁，志梁生煌，煌生相奎，相奎生世鉴，世鉴

---

① 杜预注，孔颖达疏：《春秋左传正义》，阮元：《十三经注疏》下册，第2033页。
② 杜预注，孔颖达疏：《春秋左传正义》，阮元：《十三经注疏》下册，第2035页。
③ 历代文献多认为曾姓来源于夏后氏古国——鄫。一说曾姓来源于鄫太子巫，如《世本》："曾氏，夏少康封其少子曲烈于鄫。襄六年，莒灭之。鄫太子巫仕鲁，去'邑'为曾氏。"（汉）宋衷注，（清）秦嘉谟等辑：《世本八种》，商务印书馆，1957年，第206页。曾肇《曾太师公亮行状》云：鄫国"历夏、商、周，传国不绝，《春秋》时见。灭于莒，太子巫奔鲁，去'邑'为曾氏"。（宋）杜大珪编：《名臣碑传琬琰之集》中集卷五十二，《四库全书》第450册，第617页。吕兆祥《宗圣志》曰："少康生次子曲烈，始封国于鄫。历夏、商、周，世次无考。……鲁襄公六年，邾人、莒人灭鄫，鄫世子巫奔鲁，去'邑'而为曾，子孙始以曾为姓焉。"见四川大学古籍整理研究所编：《儒藏》史部第8册，第285页。一说鄫为莒所灭而子孙散亡，其在鲁者自别为曾氏，如北宋欧阳修为曾致尧作《尚书户部郎中赠右谏议大夫曾公神道碑铭》，谓："维曾氏始出于鄫，鄫为姒姓之国，微不知其始封。春秋之际，莒灭鄫，而子孙散亡，其在鲁者，自别为曾氏。盖自鄫远出于禹，历商、周千有余岁，常微不显。"（宋）欧阳修：《居士集》卷二十《碑铭三首》，《欧阳修全集》，中华书局，2001年，第330页。又在《与曾巩论氏族书》中云："若曾氏出于鄫者，盖其支庶自别有为曾氏者尔，非鄫子之后皆姓曾也，盖今所谓鄫氏者也。"欧阳修：《居士集》卷四十七《书八首》，《欧阳修全集》，第666页。南宋王应麟《姓氏急就篇》"曾"条云："曾氏出于缯，姒姓。莒灭缯，子孙在鲁者别为曾氏。"见王应麟：《姓氏急就篇》，《四库全书》第948册，第635页。曾姓来源，曾氏族谱多有记载，如曾鹗荐纂修《温陵曾氏族谱·曾氏得姓源流》云："世子巫奔鲁，官失其守，乃于鲁立为桑梓。因而叹曰'国既灭矣，邑亦宜除'，遂为曾姓。"韩琦《曾氏族谱序》也说："曾氏先出于鄫，鄫则曾氏之始封也。"《温陵曾氏族谱》，清咸丰五年（1855）刻本。《溧阳曾氏族谱·曾氏源流》载："缯氏、鄫氏、曾氏，三氏皆出于鄫。"《溧阳曾氏族谱》，清同治二年（1863）木活字本。关于"鄫世子巫奔鲁，去邑为曾氏"，学者多取避邑之说，郑樵则将"鄫之为曾"与"邾之为朱"、"邴之为成"等姓氏之演变皆归入"省文"一类。郑樵：《通志二十略》，第225页。

生政治,政治生模,模生瑞焕,瑞焕生垠,垠生锦容,锦容生洪,洪生桂茂,桂茂生熙,熙生培元,培元生铓,铓生允漆,允漆生杞,杞生煃熹,煃熹生埙和,埙和生成锐,成锐生一清,一清生椿,椿生焵,焵生垣,垣生销,销生福波,福波生时荣,时荣生炳,炳生均作,均作生铃,铃生浤仁,浤仁生一松,一松生炤,炤生墅,墅生镇玉,镇玉生澣,澣生祥溥,祥溥生烓,烓生方堙,方堙生宇銮,宇銮生沛恩,沛恩生朴,朴生世美,世美生时泰,共五十三世。①

尽管这一记载的可靠性还有待进一步证实,但对我们研究曾氏家族的起源来说,仍然是一份不容忽视的资料。

第三节 东 鲁 曾 氏

一、曾子家世

自鄫世子巫国亡奔鲁,以曾为姓,曾氏一脉便在鲁国瓜瓞绵延,世代传流。

曾子的父亲曾点,字皙②,又称曾皙,约生于鲁襄公三十一年(前542),约卒于鲁哀公二十三年(前472)。从世子巫到曾点,较早的记载是"巫—阜—点"三代说。《世本》云:"巫生阜,阜生皙,皙生参,字子舆,父子并仲尼弟子。"③《通志·氏族略》与《世本》相同,皆以曾阜为太子巫之子。《元和姓纂》的记载与《世本》稍异:"巫生阜,阜生参,字子舆,父子并为仲尼弟子,生元申。"④《元和姓纂》与《通志》关于曾氏的记载均来自《世本》,考之《论语》、《史记》诸书记载,可知《元和姓纂》语有脱文,实应为"巫生阜,阜生皙,皙生参"。与"三代说"有所不同,南宋邓名世撰《古今姓氏书辩证》曰:

---

① (清)徐宗幹修,(清)许翰纂:道光《济宁直隶州志》卷八《人物志一·曾子世家》,《中国地方志集成·山东府县志辑》第76册,凤凰出版社,2004年,第513页。

② 《孔子家语·七十二弟子解》:"曾点,曾参父,字子皙。"杨朝明、宋立林主编:《孔子家语通解》,齐鲁书社,2009年,第440页。道光《济宁直隶州志·曾子世家》亦云"字子皙,少孔子六岁",见《中国地方志集成·山东府县志辑》第76册,第513页。

③ 宋衷注,秦嘉谟等辑:《世本八种》,第206页。

④ (唐)林宝撰,岑仲勉校记:《元和姓纂》,第638—639页。

"巫生夭,为季氏宰。夭生阜,为叔孙氏家臣。阜生点,字晢。"①较《世本》所载,多出一代:曾夭。王定安《宗圣志》卷三《传记·济宁州志·曾子世家》注引《族谱姓源》也以"巫、夭、阜、蒇为四世相系"②,即巫生夭,夭生阜,阜生点。从鄫太子巫开始到曾点,共四代。现今所见曾氏《族谱》关于曾子家世的记载均沿袭"巫—夭—阜—点"四代说。

有关曾夭、曾阜的记载,最早见于《左传》。《左传》昭公元年记载了这样一件事,其中提到了曾夭、曾阜。

昭公元年(前541)春天,鲁国大夫叔孙豹到虢参加晋国主持的诸侯弭兵盟会。期间,鲁国大夫季孙氏讨伐莒国,夺取了郓地。莒国人告到会场,楚人告诉晋国说:"弭兵的盟会还没有散,而鲁国就违反了盟誓攻伐莒国,请把鲁国的使者杀掉。"但是主持盟会的晋国赵武却认为叔孙豹是贤能的忠臣,坚决要求楚国"去烦宥善",赦免叔孙豹。等到叔孙豹从虢地归国,季孙赶忙让曾夭驾车去叔孙豹家里慰劳他。从早晨等到中午,叔孙豹也不出来。曾夭对曾阜说:"从早晨一直等到中午,我们已经知道自己的过错了。鲁国是用互相忍让来治理国家的。在外边相忍让,而在国内却不相忍让,这可怎么办呢?"曾阜说:"他几个月在外边劳苦,一天这个样子,有什么关系呢? 就像商人做生意想赚钱,还怕人吵闹吗?"曾阜说完,进去对叔孙豹说:"可以出去了。"叔孙豹指着柱子说:"虽然讨厌这个柱子,难道能够去掉他吗?"于是就出去见季孙了。③

从《左传》的记载来看,作为鲁国卿大夫的家臣,曾夭、曾阜深受季孙

---

① (宋)邓名世撰,邓椿年编:《古今姓氏书辩证》卷十七《十七登》,江西人民出版社,2006年,第247页。曾氏族谱中也有曾夭、曾阜为三桓家臣的记载,如《温陵曾氏族谱·谱序·南丰曾氏谱序》:"巫传夭,为季氏宰;(夭)传阜,为叔孙氏家臣。"同书《曾氏得姓源流》:"巫生夭,为季氏宰;夭生阜,为叔孙氏宰。"《温陵曾氏族谱》。

② (清)曾国荃重修,(清)王定安辑:《宗圣志》卷三《传记》,山东友谊书社,1989年,第162页。"蒇",《论语》作"点"。

③《左传》昭公元年载:"叔孙归,曾夭御季孙以劳之。且及日中不出。曾夭谓曾阜,曰:'且及日中,吾知罪矣。鲁以相忍为国也。忍其外,不忍其内,焉用之?'阜曰:'数月于外,一旦于是,庸何伤? 贾而欲赢,而恶嚣乎?'阜谓叔孙曰:'可以出矣。'叔孙指楹,曰:'虽恶是,其可去乎?'乃出见之。"见杜预注,孔颖达疏:《春秋左传正义》卷四十一,阮元:《十三经注疏》下册,第2022页。杜预《春秋释例》也有关于曾夭、曾阜的记载。见杜预:《春秋释例》卷八《世族谱第四十五》,《四库全书》第146册,第205页。

氏和叔孙氏的器重,属于有一定社会身份和地位的士阶层。但曾夭、曾阜是何关系,却难以断定。依情理推测,假若曾夭是曾阜之父,恐怕不会直接说出"知罪矣"之类的话,而曾阜也不会有"庸何伤"之类的责备之词。因此,就其二人对话的内容及语气而言,曾夭、曾阜应该不是父子关系。而曾夭与太子巫、曾阜与曾点的关系究竟如何,更是踪迹难觅①。在鄫国灭亡前后,大概有许多鄫国人逃亡到鲁国。《左传》襄公二十九年记载了一位鄫鼓父,宋人邓名世《古今姓氏书辩证》"鄫"条下载:"鄫子之后,仕鲁者以国为氏。"②章定《名贤氏族言行类稿》"鄫"条下云:"鄫子支庶亦为曾氏。"③陈士元《姓觿》"鄫"条下引《姓源》云"鄫国之后",又引《千家姓》云"鲁郡族"。而在"曾"条下引《千家姓》则云"东鲁族"④。可见曾夭、曾阜、曾点、曾参与鄫鼓父虽然都是鄫国之后,但在居鲁之前后,已呈现出族群的衍化。其间之关系,由于年岁久远,实已难以分辨清楚。故《济宁州志》、明吕兆祥《宗圣志》仅说三桓家臣曾夭、曾阜为世子巫之后,"巫凡数传生蒧"⑤,而未明确世代之分。因此,无论是四代说还是三代说,将《左传》所记载的曾夭、曾阜与曾子家族联系在一起,并以太子巫、曾夭、曾阜、曾点为顺次父子关系,都缺乏坚实的证据,不可尽信⑥。就较为可靠的文献如《论语》、《孟子》、《史记》、《孔子家语》等书的相关记载,仅仅只有曾点和曾参之间的父子关系是确定无疑的。而太子巫至曾点之间的曾氏世系传流情况,其间多有模糊之处,尚有待进一步考证。

---

① 邵思《姓解》卷二"曾"条下载:"《左传》有曾夭、曾阜,孔子弟子曾参父皙"。《丛书集成初编》本,中华书局,1985年,第74页。明陈士元《姓觿》卷四"曾"条下载:"孔子弟子有曾点、曾参。三桓家臣有曾夭、曾阜。"《丛书集成初编》本,第129页。二书虽然都提到了曾夭、曾阜、曾点,但并未就其三人之间的关系作出说明。从《姓解》明言"曾参父皙"来看,似乎并不认同曾夭与曾阜、曾阜与曾皙之间存在父子关系。
② 邓名世撰,邓椿年编:《古今姓氏书辩证》卷十七《十六蒸》,第246页。
③ (明)章定:《名贤氏族言行类稿》,《四库全书》第933册,第440页。
④ 陈士元:《姓觿》卷四,《丛书集成初编》本,第127、129页。
⑤ 曾国荃重修,王定安辑:《宗圣志》卷三《传记》,第162页。吕兆祥:《宗圣志》卷二《宗圣世家》,四川大学古籍整理研究所编:《儒藏》史部第8册,第285页。
⑥ 罗新慧认为,将曾阜、曾夭牵强地同曾子家族相连,显然是好事者的附会之词。罗新慧:《曾子家世考析》,《青岛大学师范学院学报》1999年第4期。

　　曾点,是孔子开办私学时招收的第一批弟子之一。关于曾点,文献记载较少。据《孔子家语·七十二弟子解》记载,曾点"疾时礼教不行,欲修之。孔子善焉"。他痛心于当时的礼教不能得到推行,很想改变这种礼崩乐坏的乱象,孔子非常赞赏他。曾点性格疏旷,在孔门弟子中属狂放之士。孔子周游列国,希望能推行自己的政治主张,拯救庶民。但是,各国国君沉迷于开疆拓土、武力攻伐的战事中,始终没有人肯任用他。当鲁国执政大夫季康子派人召冉求回国的时候,孔子顿生思归之情,他感慨地说:"归与!归与! 吾党之小子狂简,斐然成章,不知所以裁之。"①所谓狂简,就是胸怀大志而少于阅历。虽然志存高远,但是视事轻易,做事疏忽。孟子指出,孔子这里所说的狂简之士,就包括曾晳、琴张(名牢,字子张)、牧皮等弟子②。他们尽管不如那些言行合乎中道的"中行"之士,但其学问文章都很可观,属于努力向上进取的人。按照王阳明的说法,"狂者志存古人,一切纷嚣俗染不足以累其心,真有凤凰千仞之意,一克念即圣人矣"③。这种"狂者胸次"远超常人,距"圣人"境界已不远,故能"一克念即圣人矣"。也就是说,狂简之士只需立定人格,持守中庸之道,同样能传道于后世。由此可见,孔子对曾晳还是寄予很大期望的。

　　《论语·先进》"四子侍坐"章记载了孔子诸弟子言志的故事。子路、曾晳、冉有、公西华在孔子面前各自言说自己的志向:子路表示自己可用三年的时间,稳定一个岌岌可危的诸侯邦国。言辞之间,充满自信、雄豪之气,但是却少了几分谦让情怀,夫子"哂之"。相比于子路的"其言不让",冉有、公西华就比较谦虚。以冉有的多才多艺、精于政事,当然足以用礼乐治国,以公西华的熟谙礼学、精于外交,自然也是治国理政的难得之才,但孔子心许之却未加赞扬。而当曾点说出"莫春者,春服既成,冠者五六人,童子六七人,浴乎沂,风乎舞雩,咏而归"的志向时,夫子不禁喟然叹曰:"吾与点也!"④

---

① 刘宝楠:《论语正义》,中华书局,1990 年,第 198 页。
② (宋) 朱熹:《四书章句集注》,中华书局,1983 年,第 374 页。
③ 陈荣捷:《王阳明传习录详注集评》,(台湾)学生书局,1983 年,第 391 页。
④ 刘宝楠:《论语正义》,第 474 页。

在孔门七十二贤中,论才论学,曾点都算不上出类拔萃。尤其是和孔门四科中以政事著称的冉有、子路相比,曾点更是难以望其项背。但四人言志,孔子为什么唯独倾心于曾皙的回答?古今对此,异论纷纭。朱熹对此问题有精到的阐释,他说:

> 曾点之学,盖有以见夫人欲尽处,天理流行,随处充满,无少欠缺。故其动静之际,从容如此。而其言志,则又不过即其所居之位,乐其日用之常,初无舍己为人之意。而其胸次悠然,直与天地万物上下同流,各得其所之妙,隐然自见于言外。视三子之规规于事为之末者,其气象不侔矣,故夫子叹息而深许之。①

在这里,朱熹以道德精神的最高境界,也就是仁的精神状态,来解释曾点在当时所呈现的人生境界。这种境界,是曾点由鼓瑟所呈现出的"大乐与天地同和"的艺术境界。这种艺术境界与道德境界,"在最高的境界中,会得到自然而然的融合统一"②。孔子之所以喟然而叹,也正是为曾点所呈现的"物我合一"的艺术境界所感动。

我们知道,孔子"祖述尧舜,宪章文武",毕生都在为实现"天下大同"的理想而努力,但辙环天下,大道却不能得到推行。子路、冉有、公西华三人以仕进为心,欲得国而治之,但在礼崩乐坏、道消世乱的时代,其志向未必能够得以实现。曾点为孔门狂士,他用"春风舞雩"之语描绘出一种活泼生动、歌咏自适的人生意境,同时也谦逊地表达了自己复礼的志向和实现人类、万物各得其所的理想,其表达的志向与孔子"老者安之,朋友信之,少者怀之"的理想是一脉相承、契合无间的。因此,孔子骤闻其言,有感于往日"浮海居夷"之思,故不觉慨然兴叹,深表嘉许。

随着儒学独尊地位的确立,历代统治者都大力提倡儒家伦理道德,尊崇孔子,加强教化。在对孔子进行封谥的同时,对孔门弟子也给予了极大

① 朱熹:《四书章句集注》,第130页。
② 徐复观:《中国艺术精神》,华东师范大学出版社,2001年,第11页。

的优遇。作为孔门七十二弟子之一、"宗圣"曾子之父,曾点也受到了格外的礼遇和尊崇。

东汉明帝永平十五年(72)二月,汉明帝刘庄东巡狩,三月至曲阜祭祀孔子,并将七十二弟子一并祭祀。① 从此,曾点就作为儒家的重要人物之一配祭孔子②。

唐开元二十七年(739),唐玄宗下诏追谥孔子为"文宣王",并赠颜渊等十位弟子爵公侯,又赠曾参以降六十七人,其中封赠曾点为"宿伯"。③

宋大中祥符元年(1008),宋真宗东封泰山后,于十一月驾临曲阜,拜谒文宣王庙,加谥孔子为"玄圣文宣王"。二年(1009)五月,诏追封十哲为公,七十二弟子为侯④。曾点被封为"莱芜侯"⑤。

明英宗正统三年(1438),孔、颜、孟三氏子孙教授裴侃上奏朝廷:"天下文庙惟论传道,以列位次。阙里家庙,宜正父子,以叙彝伦。颜子、曾子、子思,子也,配享殿廷。无繇、子皙、伯鱼,父也,从祀廊庑。非惟名分不正,抑恐神不自安。况叔梁纥元已追封启圣王⑥,创殿于大成殿西崇祀,而颜、孟之父俱封公⑦,惟伯鱼、子皙仍为侯,乞追封公爵,偕颜、孟父俱配启圣王殿。"裴侃指出,天下各州县文庙为学宫所在,以有功于圣道之传,排列位次,无可非议。但阙里孔庙之从祀配享,则应遵从父子人伦之序,以正名分。因此,他提出比照颜、孟之父,加封曾皙、伯鱼为公爵,一并配享启圣王叔梁纥。明英宗认为其言有理,故"命礼部行之,仍命翰林院议伯鱼、子皙

---

① 《后汉书·明帝纪》载:明帝永平十五年三月,"幸孔子宅,祠仲尼及七十二弟子"。《后汉书》卷二《明帝纪》,中华书局,1965 年,第 118 页。

② 《后汉书·章帝纪》载:章帝元和二年三月,"祠孔子于阙里,及七十二弟子,赐褒成侯及诸孔男女帛"。《后汉书》卷三《章帝纪》,第 150 页。又《后汉书·安帝纪》安帝延光三年三月,"祀孔子及七十二弟子于阙里"。《后汉书》卷五《安帝纪》,第 238 页。

③ 《新唐书》卷十五《礼乐志五》,中华书局,1986 年,第 375 页。

④ 《宋史》卷一百五《礼志志八》,中华书局,1985 年,第 2548 页。

⑤ (元)马端临:《文献通考》卷四十三《学校考四》,中华书局,1986 年,第 410 页。

⑥ 元文宗至顺元年(1330)闰七月,加封孔子父齐国公叔梁纥为启圣王,见《元史》卷三十四《文宗本纪三》,中华书局,1976 年,第 763 页。

⑦ 元仁宗延祐三年(1316)六月,制封孟轲父为邾国公,见《元史》卷二十五《仁宗本纪二》,第 573 页。元文宗至顺三年(1332)五月,追封颜子父颜无繇为杞国公,见《元史》卷三十六《文宗本纪五》,第 804 页。

封号以闻"①。但明英宗是否正式加封曾点为"莱芜公",历史记载则语焉不详②。

明世宗嘉靖九年(1530),大学士张璁上书,提出:"先师祀典,有当更正者。叔梁纥乃孔子之父,颜路、曾晳、孔鲤乃颜、曾、子思之父,三子配享庙庭,纥及诸父从祀两庑,原圣贤之心岂安?请于大成殿后,别立室祀叔梁纥,而以颜路、曾晳、孔鲤配之。"并建议:"配位公、侯、伯之号宜削,止称先贤先儒。"嘉靖帝下令礼部会同翰林院详加商议,最后议定:"十哲以下凡及门弟子,皆称先贤某子;左丘明以下,皆称先儒某子,不复称公、侯、伯……凡学别立一祠,中叔梁纥题启圣公孔氏神位,以颜无繇、曾点、孔鲤、孟孙氏配,俱称先贤某氏。"③此后,曾点就被尊称为"先贤曾子"。

清朝雍正元年(1723),追封孔子上五代祖先为王,将供奉孔子父亲叔梁纥的家庙改为崇圣祠(或称五代祠),供奉孔子上五代祖先——肇圣王木金父、裕圣王祁父、贻圣王防叔、昌圣王伯夏、启圣王叔梁纥,同时,将曾点与颜回之父颜路、子思之父孔鲤、孟子之父孟孙激配享崇圣祠。

曾点服膺孔子之道,在儿子曾参年幼时就对其进行儒家思想的教育,后来又让曾参也拜孔子为师。父子二人同为孔门弟子,在后世传为佳话。孔门弟子三千,曾子独得其宗,成为孔子学说的重要继承者和传播者,被后世尊称为"宗圣"。

二、曾子里籍

有关曾子里籍的记载,首见于司马迁的《史记·仲尼弟子列传》"曾参,南武城人",这是判定曾子里籍的重要地理坐标。南武城为曾子故里,历代无异议。但南武城究竟在什么地方,学者却众说纷纭,分歧较大。

几百年来,关于南武城的地望形成了两种观点:一种观点认为南武城

---

① 《明史》卷五十《礼志四》,中华书局,1974年,第1297页。又见《明英宗实录》卷四十,正统三年(1438)三月癸丑。
② 《宗圣志》卷四《世系》"莱芜侯葳"下按语云:"明正统二年(1437。按:年代有误,应为正统三年,1438),加封莱芜侯为公,由两庑移陪启圣王祠",似正式加封曾点为"莱芜公"。曾国荃重修,王定安辑:《宗圣志》,第176页。但曾氏族谱仍均称"莱芜侯",未见有称曾点为"莱芜公"者。
③ 《明史》卷五十《礼志四》,第1299页。

在费县(今属山东平邑县)。明人王雅量作《曾子费人考实》一文,认为"费县西南关阳之武城即南武城",《史记》之所以在曾参之下著一"南"字,是因为"左冯翊有西武城,清河郡有东武城,而费之武城在泰山之南,故别之曰'南武城'",并引杜预"泰山郡南武城县即费关阳地"为证,指出"迁《史》于澹台灭明不著'南'字者",实际上是因为澹台灭明传与曾参传"二传相连省文耳,非谓曾参与灭明两处人也"①。并列举四证,力主曾子为费人。一种观点认为南武城在今山东省嘉祥县。明嘉靖九年(1530),礼部会同内阁、詹事府、翰林院等议更正孔子祀典,曾参改称"宗圣曾子"。十二年(1533),应礼部左侍郎顾鼎臣疏请下诏访求曾子嫡裔。十四年(1535),曾子五十九代孙曾质粹奉诏由江西永丰徙山东兖州府嘉祥县,以奉祀宗圣曾子祠墓。自此以后,曾氏族人即以嘉祥为曾参故里。因为宗圣曾子里籍事关重大,许多学者参与辩论,由此引发了明清时期的一场曾子故里之争。持费县说者主要有王雅量、于慎行、顾炎武、阎若璩等人。如阎若璩在《四书释地》中说:"曾子居武城,即《仲尼弟子列传》之南武城,鲁边邑也,在今费县西南八十里石门山下……《史记》加'南'于武城上者,别于鲁之北有东武城也,明曾子之为费邑人也。"②赞成嘉祥说者有顾栋高、赵佑、孙志祖等人,而采取折中观点的则有张鹏翮、崔述等人。有关曾子故里的争论一直延续到现代,20世纪80年代以来,曾子故里问题也引起了诸多学者的讨论③。而解决这一问题的关键,仍需从南武城说起。

据《春秋》、《左传》等文献记载,春秋时的鲁国有两个武城,一处在今山东省嘉祥县,一处在今山东省平邑县(春秋时属鲁国季氏封邑"费")。春秋

---

① (明)王雅量:《曾子费人考实》,见曾国荃重修,王定安辑:《宗圣志》卷五《邑里》,第238—239页。
② (清)阎若璩:《四书释地》"武城"条,《四库全书》,第210册,第320页。
③ 现代学者对曾子故里有较大争议,持"费县说"者有李常松、李莹的《明清曾子故里之争及其余波》,李洪廷的《曾子故里与世系》,均载《临沂师专学报》1997年第19卷第1期;李洪廷的《曾子故里武城考略》,《烟台师范学院学报》2001年第18卷第2期;杜玉奎的《曾子故里考》,《临沂师范学院学报》2006年第28卷第5期。持"嘉祥说"者有宫衍兴、王莉著《曾子故里研究》,齐鲁书社,2000年;沈娟的《曾子处费之地考析》,《中央政法管理干部学院学报》2001年第1期;中华书局2001年出版的《曾子及其里籍》汇集了20余位学者的文章,如刘鄂培的《曾子思想及年代、籍贯新探》、李玉洁的《曾子故里南武城考》、刘兆伟的《武城考辨——兼论曾子故里在嘉祥》、沈效敏的《曾子故里南武城考析》、杨朝明的《"鲁季氏立费国说"商榷——兼论曾子处费之地所在》等文,对曾子故里问题进行了深入讨论。

时期各国有许多地名相同的地方,清人顾栋高所撰《列国地名考异》就指出,仅鲁国境内就有东郓、西郓,有三防、两平阳等,也指出"鲁有两武城"①。《左传》襄公十九年载:"叔孙豹会晋士匄于柯,城武城。"杜预注:"魏郡内黄县东北有柯城。"又注:"泰山南武城县。"俞正燮认为,杜预注"是自晋县名之,晋又复武城名也。……《水经注》引京相璠云:'今泰山南武城县,有澹台子羽冢,县人也。'"故而推测子游所宰及曾子、澹台子羽为春秋武城和汉南城、晋南武城,应为同一地,即今费地②。但《左传》襄公十九年又载:"齐与晋平,盟于大隧。故穆叔会范宣子于柯。……穆叔归,曰:'齐犹未也,不可以不惧。'乃城武城。"③可知此武城为抵御齐国入侵而筑,虽然嘉祥、平邑皆在泰山之南,而柯地(今河南省内黄县)所在距嘉祥较近,此武城指的应是嘉祥。顾栋高《春秋大事表·列国地名考异》引程启生曰:"费县乃鲁与邾、吴相接界,非所当备齐处。襄十九年之武城宜在嘉祥。杜注并而为一,似误。"又说:"余尝往来京师,至嘉祥有弦歌台,此地与齐地相接,去费县尚远。启生以为费县非所当备齐之处,此说是也。"杨伯峻亦注曰:"此近齐之武城,在今嘉祥县界。"④

　　鲁国季氏的封邑"费"之武城(今属平邑县),史书也多有记载。如《左传》昭公二十三年:"邾人城翼,武城人塞其前。"《左传》哀公八年(前487)记载了吴国伐鲁之事,这年三月,吴国因为邾国的缘故而攻打鲁国,鲁国派子洩(即季孙氏家臣公山不狃)率军迎战,故意从险道行军,以使鲁军保持戒备。"初,武城人或有困于吴竟田焉,拘鄫人之沤菅者,曰:'何故使吾水滋?'及吴师至,拘者道之,以伐武城,克之。"因为先前有武城人在吴国边界内种田,由于鄫人沤菅之水污染了武城种田人的饮用水源,武城人就拘禁了沤菅的鄫人,鄫人记恨武城人。所以,当吴军攻打鲁国的时候,曾被拘禁的鄫人便为吴军引导攻打武城,把它占据了。这段记载说明,武城与鄫地相邻近。吴国占领武城之后,由于吴国的大夫王犯曾经做过武城宰,而澹

---

① 顾栋高:《春秋大事表·春秋列国地形犬牙交错表》卷六《附》,第694页。
② (清)俞正燮:《癸巳类稿》卷十四《书〈武城家乘〉后》,辽宁教育出版社,2001年,第494页。
③ 杜预注,孔颖达疏:《春秋左传正义》,阮元:《十三经注疏》下册,第1967—1969页。
④ 杨伯峻:《春秋左传注》,中华书局,1981年,第1045页。

台子羽的父亲和王犯很交好，鲁国人害怕澹台子羽的父亲会成为吴国的内应，都很担心。由此亦可知，武城与鄪地相近。澹台子羽，《史记·仲尼弟子列传》谓"武城人，字子羽"，此武城即鲁费邑附近之武城，在鲁国国都曲阜东南，其地多山、路险，为吴国伐鲁交战之地。

　　正因鲁国有两武城，《史记·仲尼弟子列传》将南武城与武城之地望作了严格区分，在"曾参，南武城人"之后记曰："澹台灭明，武城人。"《史记》以"实录"见称于世，其所载孔子弟子七十七人，明确记载里籍者仅有颜回、子路、子贡、子游、子张、曾参、澹台灭明、公冶长、商瞿等数人。之所以这样记载，司马迁《仲尼弟子列传》中就史料的取舍作了进一步的解释，他说：

　　　　学者多称七十子之徒，誉者或过其实，毁者或损其真，均之未睹容貌，则论言弟子籍，出孔氏古文近是。余以弟子名姓文字悉取《论语》弟子问，并次为篇，疑者阙焉。

　　可见在孔子弟子事迹及里籍的记载方面，司马迁是严谨而审慎的。相对于孔子其他弟子如"颜回，鲁人"、"言偃，吴人"、"颛孙师，陈人"等只记国别的笼统描述，司马迁对曾参和澹台灭明的里籍记载，没有采取以国别来划分的记述方式，毫无疑问是为了避免混淆而特意作出的区分。其后，《孔子家语·七十二弟子解》对孔子弟子的国别、乡里资料作了补充，对子游和公冶长的国别也提出了不同意见。但值得引起我们注意的是，《家语》仍然沿袭了《史记》"曾参，南武城人"、"澹台灭明，武城人"的记述，将"南武城"与"武城"视为二地。因此，明人王雅量所谓的"迁《史》于澹台灭明不著'南'字者，因此二传相连省文"①之说，显然属于主观臆断之词，不可为信。

　　就武城的位置来看，嘉祥之武城在国都曲阜西南，故称之为"南武城"。清人赵佑《四书温故录》指出："《仲尼弟子列传》'曾参，南武城人'，'澹台子羽，武城人'。同言武城，而上独别一'南'字，明是两地。"又说："若太史

----

① （明）王雅量：《曾子费人考实》，曾国荃重修，王定安辑：《宗圣志》卷五《邑里》，第239页。

公之无端衍一'南'字于上,定襄清河,皆与鲁地无涉,而预为后置郡县作分别,又非史体。"至于阎若璩所谓的"《史记》加'南'于武城上者,别于鲁之北有东武城"之说,赵佑则直斥其为"凿空而自矛盾也"。赵佑认为:"曾子居武城,自即今费县之武城,为子游子羽邑,而非即南武城,为曾子本邑者……嘉祥,今于曲阜为西南,与巨野县皆古大野地,曾子祠墓存焉。质诸传记,或离或合。要于鲁有两武城,武城地险多事,故见经屡,南武城没不见经。而曾子自为南武城人,非武城人。其不得以两武城,同一子游所宰之邑。"[1]日人泷川资言《史记会注考证》引孙志祖曰:"东武城亦单称武城,《左传》《论语》《孟子》所言皆是,在今费县。若曾子本邑之南武城,自在今嘉祥县,于曲阜为西南,与费县之在曲阜东北者不同,故加南以别之。"[2]上述诸人都认为曾子故里确为南武城,而非武城。

历代帝王对曾子的封谥,也为我们寻觅曾子里籍提供了线索。历代帝王对圣贤的封赠,大都冠以圣贤故里之地名,以示褒扬。如颜回,故里在兖州曲阜,唐代被封为"兖公",宋代封为"兖国公";孟子,邹人,宋朝时封为"邹国公"。据《新唐书·礼乐志五》载:唐开元二十七年(739),唐玄宗下诏追谥孔子为文宣王,"又赠曾参以降六十七人,参:郕伯"。《宋史·礼志八》载:宋大中祥符二年(1009),宋真宗晋曾参为瑕丘侯。因"丘"字犯孔子讳,于政和元年(1111)六月,改封曾参为武城侯。南宋度宗咸淳三年(1267)二月,诏封曾参为郕国公,孔伋沂国公,配享先圣。从曾子封号中的"郕"和"瑕丘",我们可以推测,曾子故里当距"郕"和"瑕丘"两地不远。"郕",见于《左传》隐公五年:"郕人侵卫,卫师入郕。"杜预注:"郕,郕国也,东平刚父县西南有郕乡。"这是关于郕国的最早文献记载。清人高士奇《春秋地名考略》"郕"条曰:"杜注:东平刚父县,晋志作刚平。……今兖州宁城县东北三十四里有堙城壩,即汉刚县故地。而郕在其西南,盖近宁阳矣。鲁郕邑在宁阳东北九十里,盖以近郕而得名。"郕国,后来曾迁至成阳(今汶上县北)。"瑕丘",春秋时称"负瑕",鲁邑。《左传》哀公七年"季康子伐

① (清)赵佑:《四书温故录》"曾子居武城"条,《续修四库全书》第166册,上海古籍出版社,2002年影印本,第604页。
② [日]泷川资言:《史记会注考证附校补》下册,上海古籍出版社,1986年,第1338页。

邾,囚诸负瑕",即是此地。秦置瑕丘县,治所在今山东兖州市东北,西晋废,隋代复置瑕丘县。宋徽宗大观四年(1110),为避圣人孔子名讳,改瑕丘县为瑕县。巧合的是,次年,曾参封号由"瑕丘侯"更改为"武城侯"。封号变更的原因,当然也是为了避圣人讳。然而,这一更改,却在无意中向我们透露出一丝秘密,那就是曾子故里"南武城"与"瑕丘"应是相邻或相近之区域。

结合曾参"郕伯"、"郕国公"、"瑕丘侯"、"武城侯"等封谥,我们有理由认为,关于曾子的里籍问题,唐宋时期已有基本共识。

嘉祥的文物古迹,为确认曾子故里提供了佐证。自20世纪50年代起,山东省济宁市文物局对南武城故城遗址进行了多次考察。1998年,又再次组织人员对故城遗址进行了调查考证。在遗址中发现了残存的故城东城墙和具有春秋时代特征的夯土层夯窝,还发现了大量春秋至两汉时期的筒瓦、板瓦、鬲、豆、盂、罐等器物陶片。其考察鉴定结论为:"南武城该期城墙为春秋时期所筑,建造时间不晚于春秋中晚期。"[①]

嘉祥县南武山之阳建有曾子庙,始建年代不详。王雅量认为,嘉祥建立曾子庙,在嘉靖十三年(1534)曾子五十九代孙曾质粹奉诏由吉安返回嘉祥奉祀曾子祠墓之后。但嘉祥县曾子庙内的两块石碑,却确凿无疑地向世人表明,曾子庙的建立远在曾质粹回乡守墓之前:

其一,明正统十三年(1448)《创建莱芜侯曾点庙记》,碑文曰:"大明正统甲子,皇帝勅天下所司修治应祀神庙。嘉祥儒学教谕温良,以郕国宗圣公庙宇倾坏,奏请修理之,上允其请。乃以正统乙丑秋八月兴工,越明年丙寅(1446)二月落成。"

其二,明天顺四年(1460)《重建郕国宗圣公碑记》,碑文云:"郕国宗圣公自有封谥以来,载在礼典,春秋配事孔子庙庭,血食天下,后世在在有之。而此庙则在故里南武城,旧为邑,即子游为宰处。在今兖之西,嘉祥、金乡县界,庙南北去县各四十五里,南武山之阳。"

---

① 济宁市文物管理局:《关于嘉祥南武城故城遗址的调查与考析》,载济宁市地方史志办公室编:《曾子及其里籍》,中华书局,2001年,第450—451页。

此外，乾隆《济宁直隶州志》载有元代赵思祖《鲁秋胡庙记》云："县南五十里有平山……上立神祠……士人咸曰鲁秋胡庙也。……盖尝考《列国志》，秋胡子，鲁南武城人。……至元八年春三月不雨，赤地千里，二麦焦枯。主簿夏清，引咎自咎，率耆老祈于神。"由此可知，嘉祥县有鲁秋胡庙，而秋胡子为鲁南武城人，这一记载，亦可证明南武城为嘉祥。

南武城遗址以及曾子庙石刻碑记，表明司马迁所说的"曾参，南武城人"是可以征信的，南武城故址在今山东省嘉祥县。

第四节　家族迁徙

曾参之后，多代定居于鲁。汉代，曾氏族人开始外迁，散居中原。西汉末年，曾子第十五代孙曾据率族人渡江南迁，居于豫章庐陵郡吉阳乡（今江西省吉安市）。随后以江西庐陵为中心，不断向赣、闽、粤、湘、蜀、云、贵等地发展繁衍。唐宋时期，曾氏家族鼎盛，名人辈出。明清时期，曾氏族人遍布全国，并远徙海外，成为中华望族之一。

一、世居武城

曾氏家族自鲁襄公六年失国奔鲁以来，已不再具有诸侯公室和世卿世禄的贵族身份。据《说苑·立节》"曾子衣弊衣以耕"，《孔子家语·六本》"曾子耘瓜"以及《韩非子·外储说左上》"曾子之妻之市，其子随之而泣"等记载，我们可以粗略地判断，在曾参生活的时代，曾氏是个躬耕田亩的平民家庭。但另一方面，从曾晳、曾参同为孔子弟子来看，曾参父子大致属于春秋时期新兴的士阶层。有关曾氏家族的早期世系，现今所能见到的最早记载当属宋人邓名世撰著的《古今姓氏书辩证》，该书简要记载了从鄫太子巫到唐末曾氏家族的世系传流。下面综合曾氏族谱、《宗圣志》等史志资料，对曾参至西汉末期曾据的世系情况作一介绍。

　　曾参,性至孝,资质笃实,师事孔子,于圣人之道独得其宗。卒葬山东济宁州嘉祥县南四十里武山西南,距武城旧居五里之元寨山之麓。

　　曾参娶妻公羊氏,育有三子:曾元、曾申、曾华。

　　关于曾参之子,文献记载多有歧异。《礼记·檀弓上》记:"曾子寝疾,病。……曾元、曾申坐于足。"郑玄注:"元、申,曾参之子。"①《檀弓》又载:"穆公之母卒,使人问于曾子曰:'如之何?'对曰:'申也闻诸申之父曰:哭泣之哀、齐斩之情、饘粥之食,自天子达。'"②此处所记的"曾子"指的是曾参之子曾申。《孟子·离娄上》曰:"曾元养曾子。"③《荀子·法行》载:"曾子病,曾元持足。"④由《礼记》、《孟子》、《荀子》等文献的记载,可知曾元、曾申为曾参之子。宋人邓名世《古今姓氏书辩证》记载:"参生元、申……此曾氏旧谱也。"⑤可以肯定,宋代曾氏族谱关于曾参之子的记载只有曾元、曾申两人。

　　那么,曾华是不是曾参之子呢?《大戴礼记·曾子疾病》、《说苑·敬慎》等书记载曾子有疾,"曾元抑首,曾华抱足",以曾华为曾参另一子。但清人孔广森认为,《大戴礼记·曾子疾病》所载"曾华抱足"的"华"字当作"申",形似故误⑥;孙诒让则认为,"华"非"申"字之误,或"申"一名"华"⑦;也有学者认为,"华"即"申"之字⑧,认为曾华与曾申是同一人。现今所见《曾氏族谱》及《宗圣志》,皆取元、申、华三子说。

　　曾元,曾参长子,字子元,仕鲁,任兵司马。

　　曾申,字子西⑨,约生于公元前 475 年,卒于公元前 405 年。

　　曾华,字子美,仕齐为大夫。

　　曾参三子曾元、曾申、曾华,卒后皆葬于嘉祥县南武山。

---

① (清) 孙希旦:《礼记集解》上册,中华书局,1989 年,第 177 页。
② 孙希旦:《礼记集解》上册,第 173 页。
③ 朱熹:《四书章句集注》,第 285 页。
④ (清) 王先谦:《荀子集解》,中华书局,1988 年,第 534 页。
⑤ 邓名世撰,邓椿年编:《古今姓氏书辩证》卷十七《十七登》,第 247 页。
⑥ (清) 孔广森:《大戴礼记补注》卷五,《丛书集成初编》本,第 61 页。
⑦ (清) 孙诒让:《大戴礼记斠补》,中华书局,2010 年,第 50 页。
⑧ (清) 周柄中:《四书典故辨正》卷十三"曾西"条,《续修四库全书》第 167 册,第 526 页。
⑨ 《经典释文序录》云:"曾申,字子西,鲁人,曾参之子。"见 (唐) 陆德明:《经典释文》,中华书局,1983 年,第 10 页。

曾元生子二人：长子曾西[①]，生于公元前444年，卒于公元前369年，字子照。仕于鲁，卒后葬于嘉祥县南武山。

曾西生子三人：长子曾钦，字子敬，卒后葬于嘉祥县富春坪。次子曾铎、曾锡。

曾钦生子三人：长子曾㝵（一作昇），字若得，任徐州刺史，加封平海侯，卒后葬于富山。次子曾庄，三子曾筐。

曾㝵生子二人：长子曾羡，字学馀，任汉抚州都提点，袭封平海侯，卒后葬于嘉祥县武山。次子曾美。

曾羡生子曾遐，字子盛，官陕郡太守，后任扬州刺史，卒后葬于嘉祥县武山之西。

曾遐生子二人：长子曾炜（一作"伟"），字子美，生于周赧王丁亥年（周赧王四十一年，前274），卒于汉壬子年（汉惠帝六年，前189），官汉尚书令，卒后葬于嘉祥县南武城祖山。次子曾盈。[②]

曾炜生子曾乐，字训韶（一作舜韶），官山阴县令，有功加封都乡侯，卒后葬于东山麓。

曾乐生子二人：长子曾浼（一作浼），汉景帝时官上谷太尉，后任山阴长史，以功封都治侯，卒后葬于东山麓。次子曾况。

曾浼生子二人：长子曾旃，字申劝，汉武帝时官中垒校尉，后任冀州太守，升太子东宫使，卒后葬于武山西。次子曾光。光生寿，寿生弁，弁生子方，家于长沙，后为长沙房。

曾旃生子曾嘉，官任安县主簿，后任文学史官。

曾嘉生子二人：长子曾宝，字惟善，官武威太守，以功升车骑侍郎，卒后

---

① 以曾西为曾子之孙，始自《孟子》赵岐注，朱熹《孟子集注》因之。但对于曾西为曾子之孙的说法，清代学者或然之或不然之，提出了一些不同看法。毛奇龄《四书剩言》、江永《群经补义》认为曾西即曾申，为曾子之子，非曾子之孙。赵佑认为"以楚斗宜申字子西，公子申字子西例之，申、西止为一人名字，近是"，但他又强调指出，如果"必谓曾西是曾子子，非孙，则未见其确。何者？《孟子》第言'曾元养曾子'，《檀弓》所记'曾子寝疾，病。曾元、曾申坐于足者'，安见其非子、孙并侍？曾子以老寿终，自宜有孙也"（赵佑：《四书温故录》"曾西"条，第577页）。周柄中《四书典故辨正》也认为"赵注为是"。二说皆有可据，殊难定谳，今从赵岐说。

② 曾氏旧谱云"遐生盈，盈生乐"，见邓名世撰，邓椿年编：《古今姓氏书辩证》卷十七，第247页。

葬于武山西。次子曾顼,徙扶风(今陕西兴平西南),后为扶风房。曾顼长子曾玉,家冀州(今河北省冀县),后为冀州房。次子曾涓(一作昌),家青州(今山东省淄博东南),后为青州房。

曾宝生子三人:长子曾琰,官提举副使,晋封都乡亭侯,卒后葬于武山西。次子曾璜,三子曾璟。

曾琰生子二人:长子曾据,次子曾援。

曾据生子二人:长子曾阐,次子曾场。

曾氏家族自曾参以来,至十五代孙曾据世居嘉祥南武山左,或耕读,或入仕,可谓耕读仕宦之家,其家族世系也有了较为确切的记载。而曾参又因其传道之功,为历代帝王所尊崇,配享孔庙,规格居于其父曾点之上。因此,明崇祯年间曾氏东、南两宗联修《武城曾氏族谱》时,就把曾参作为曾氏家族的开派祖先,视嘉祥为曾氏家族第一发脉地。综合曾氏族谱及其他资料,武城曾氏嫡裔世系如下:

参──→元──→西──→钦──→导──→羡──→遐──→炜──→乐──→浼──→旃──→嘉──→宝──→琰──→据

根据《武城曾氏重修族谱》的记载,这一时期,曾氏族人也有向陕西、甘肃、河南、湖南等地迁徙者。如曾参的次子曾申一支就有多人向西迁徙至陕甘一带。曾申长子曾耕(字子春),仕滕为大夫,卒后葬于滕城。曾耕生三子:轩、连、羼。曾耕长子曾轩(字子车)生五子,均繁衍于西安。曾耕次子曾连(字子师),繁衍于西河(今甘肃省礼县)。曾申次子曾森(字子松),家于扶风(今陕西省兴平市东南)。曾参十一传至曾嘉,曾嘉次子曾顼(字子美),汉成帝河平四年(前25)除车骑侍郎,徙扶风,后为扶风房。又如,曾西之孙曾芬(字大舆),曾任官于茶州(今湖南茶陵),遂于其地为家;曾羡之曾孙曾江,也徙居茶州,曾江之子曾柳、曾桂均繁衍于茶州。曾浼生二子,长子曾旃,次子曾光。曾光之曾孙曾万(字子枋)汉时为长沙令,卒后葬于岳麓山侧。曾万生四子,均繁衍于长沙。此为曾氏族人迁往湖南之例。再如,曾顼之子曾玉(字德珍),官御史大夫,任官冀州(今河北冀县),因之为家。曾宝第三子曾璟官颍川太守,后繁衍于河内(今汉南沁阳)。此外,还有徙居襄阳(今属湖北)、吴郡(今江苏苏州)、豫章(今江西南昌)等地的。这些向外地迁徙的曾氏后裔,多为曾氏旁支,大致属于一家一户的单独移居,其迁徙原因一般是在外地为官而后留居繁衍,初步形成了宗圣家族的早期迁徙网络。

从曾子开始到第十五代曾据,曾氏家族的世系及迁徙地如下:

表1-1(一代至五代)

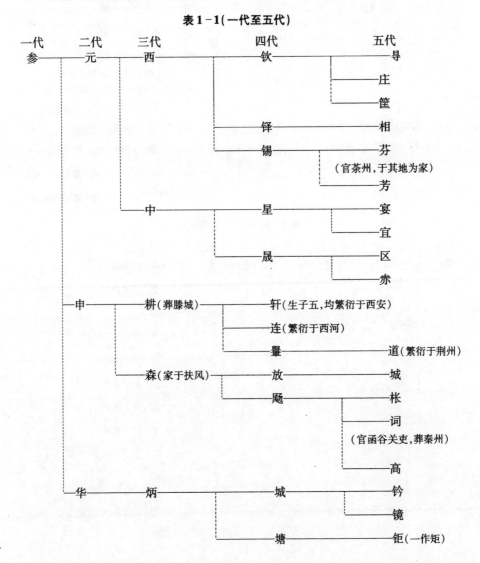

表 1－2(五代至十代)

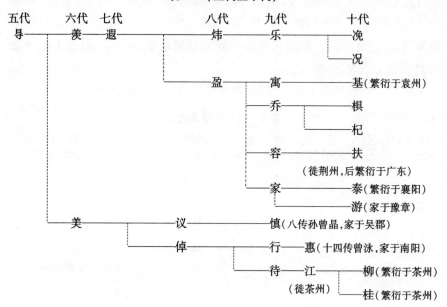

表 1－3(十代至十五代)

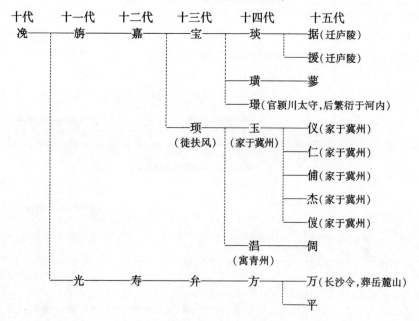

二、南迁庐陵

西汉末年,曾氏家族在曾据率领下,渡江南迁,居于庐陵郡吉阳乡(今江西吉安),曾据后来被曾氏家族尊为南迁始祖。

曾据,字恒仁,曾子第十五代孙,生于汉元帝永光元年(前43),汉时封都乡侯,因功加封关内侯。曾据之弟曾援,官都乡侯。元始五年(5),王莽毒死汉平帝,立年仅二岁的刘婴为"孺子"。王莽摄政,自称"假皇帝"。初始元年(8)王莽改国号为"新",正式建立新朝。对王莽篡汉的行为,曾据极为不满。因"耻事新莽",曾据遂于始建国二年(10)挈族渡江南迁,率家徙居豫章庐陵郡吉阳乡①。

关于曾氏南迁之情形,史料中记载较少,所见资料大多笼统地说是"领家属千余人"②。当时随曾据南迁的曾氏族人究竟有多少,我们现在恐怕很难得到一个确切的数据。根据《曾氏族谱》的记载,笔者做了一个大致的统计,曾氏家族自曾参至曾据的父亲曾琰这一代,曾子嫡系后裔约有七十七人(不同族谱记载略有差异),曾据及其下两代曾氏男性后裔约有二十人。曾据生于公元前43年,南迁时在公元10年,此时曾据五十三岁,其上代人仍然存世的应该不多。这样算来,《曾氏族谱》所载"挈族南迁"的曾氏后裔人数可有一个大致的范围,应在二十到五十人左右,加上妇孺人等以及其他人员,人数可能在二三百人之间。在新朝危机深重、时局动荡的形势下,这也称得上是较大规模的家族迁徙了。

吉阳,汉属庐陵郡,隋称吉州,唐复称庐陵郡,五代南唐时设置吉水县,吉阳乡改为迁莺乡,北宋置永丰县,迁莺乡属永丰县管辖。庐陵吉阳乡位于吉水、永丰交界之处,地处赣江中游,水陆交通便利,土地肥沃。曾氏后裔定居庐陵之后,子孙兴旺,人才辈出。曾据生有二子:长子曾阐,次子曾

---

① 乾隆《武城曾氏重修族谱·南海大范房曾养序》云:"关内侯据公,不仕逆莽,率家徙居吉阳之庐陵、永丰等处。"
② (清)曾朋节:《岭南曾氏谱叙》,参见(清)曾炽繁纂修:《富顺西湖曾氏祠族谱》,上海图书馆藏民国石印本。

场。曾阐生子四：曾植、曾横、曾懋、曾楫。曾场生子四①：曾永、曾昶、曾曜
（一作"猗"）、曾常。曾氏南迁之后，在庐陵逐渐立定根基，散居庐陵、永丰
等地，成为当地著姓望族。据《曾氏族谱》记载，东汉光武帝刘秀光复汉朝
之后，曾氏子孙出仕为官人数众多，如曾据之孙曾永官御史大夫，曾曜为福
州刺史，曾常为鸿胪寺卿。曾据之曾孙曾燿（曾植之子）官谏议大夫，后任
福州刺史；曾辑（字子知，曾横之子）任广州刺史；曾万（曾永之子）在汉安帝
时奉旨征讨南夷，开拓南康之境，后官将军；曾杍（字子然，曾曜之子）为苍
梧太守，后封临辕侯；曾懋（曾曜之子）官五承事等。

　　在世事纷乱的年代，曾据刚正不阿、不事权贵的精神，以及不畏艰难带
领族人南迁所表现出的坚韧品格深受后人褒扬。东汉明帝时期全椒令刘
平上奏称"关内侯曾据，秉性端方，坚志忠义"，奏请朝廷给予表彰。永平癸
亥（63）二月十五日，汉显宗孝明皇帝下诏封曾据为吉阳郡公，同时敕封曾
据之妻、湖阳公主刘大家为吉阳郡一品夫人：

　　　　朕维自古帝王治天下，率以效忠持节者为首务。我国家稽古建
　　勋，特用封疆宪臣，以亲贤远奸之任为重也。嗣位以来，克绥先帝之
　　禄，永底蒸民之生，文武功臣，竭忠尽义者，罔不纪录奖励之。今全椒
　　令刘平具奏：关内侯曾据，秉性端方，坚志忠义，诚两朝之国老，实当代
　　之元戎。孤忠独节，遁家吉阳。朕查核既确，岂吝荣褒。兹封为吉阳
　　郡公，钦承荣恩。昭王室奖励之嘉模，表国家锡恩之盛典。②

　　此后，曾氏家族就开始以庐陵为中心，向四周发展繁衍。据《曾氏族
谱》记载，曾场之后曾永徙居虔州（今江西省赣州市西南），曾昶繁衍于长安
（今陕西省西安地），曾炯（曾植之子）徙乐平；曾懋（曾曜之子）汉建安时徙
广州韶川（今广东韶关），曾佳（曾常之子）繁衍于桂州（汉属桂阳郡，今湖

---

① 一作生子三：厚、永、猗。见《石门荣庆堂曾氏族谱·东鲁武城源流行实》，上海图书馆藏民国木
　活字本。
②《武城曾氏重修族谱·纶音·诰》，见嘉祥曾氏宗亲联合总会藏：《武城曾氏重修族谱》，1995年
　自印本。

南省郴州市）。

曾据十八传裔孙曾丞（曾子第三十三代孙，曾据之子曾阐后裔），任唐司马兼尚书令，徙居庐陵吉阳上黎堡。丞生三子：长子珪、次子旧、三子略。曾珪，字子玉，世居吉阳乡，生子五：宽、绰、丰、晖、隐。曾旧，字惟仁，生于唐玄宗天宝元年（742），唐代宗大历十一年（776）进士及第，累官至紫金光禄大夫，赠上柱国鲁郡开国公。唐宪宗元和二年（807），由吉阳徙云盖乡望仙里角陂大坑。曾略，唐时官金紫银青光禄大夫、节度使，徙抚州西城。生子一：炀。曾珪、曾旧、曾略形成曾氏南迁之后的三大主要房系，曾氏家族称之为"老三房"。

曾珪三传至曾庆（曾子第三十七代孙），生二子：曾伟、曾骈。曾伟居吉水仁寿乡。三传至曾敬修，徙居永丰睦陂。敬修之子曾孟鲁由睦陂徙居湖南茶陵，再四川至曾坝，南宋时迁湖南衡阳唐福。曾坝十七传至曾孟学，迁居湖南湘乡。曾骈迁居永丰木塘，生曾耀、曾辉。曾耀二十一传至曾质粹，于明嘉靖年间应诏徙嘉祥，归山东授翰博，奉祀曾子祠墓。曾辉生鼎、邺、德、桢四子。曾德十二传至曾晞颜，徙永丰县十七都龙潭。晞颜生三子：曾雷顺、曾德裕、曾巽申。曾巽申四传至曾子集，子集生二子：曾芝、曾兰。曾兰仍居龙潭，曾芝迁居于湖南宁乡麻田。

曾旧，唐宪宗元和二年（807）由吉阳迁乐安云盖乡，生子三：宥、僎、德，分徙崇仁咸溪（今乐安）、永丰新江、虔州（今赣州）等地。

曾略，由吉阳迁抚州，五传至游、洪立、宏立（曾子第三十八代孙）。曾游，字可徙，授镇南节度左厢兵马使，后梁开平戊辰（908）改授江州刺史，驻守江西、湖东等处。曾洪立，字熙和，官南丰县令，累升检校司空、金紫光禄大夫、典南门节度使，居抚州南丰南城。曾宏立，唐昭宗时官镇南节度左厢兵马使，后改任抚州军节度使。曾游、曾洪立、曾宏立被曾氏后人尊为"南丰三祖"。

自曾丞之后，曾氏家族有守吉阳，有徙袁州，有徙广州，有徙泉州，支分派衍，分徙不一。复因唐末五代之战乱，遂由庐陵分徙福州、虔州、广州、抚州、袁州、潭州、饶州、桂州、婺州、泉州、韶州、交州、洪州等地。曾氏南迁庐陵后诸多支脉，以永丰为嫡，徙虔州、云盖、乐安者为支；就永丰一派而言，出曾辉者为嫡，出曾耀者为支①。此后,以曾子第三十四代孙曾珪、曾旧、曾略的后裔为主体的曾氏族人迁徙全国各地乃至海外,庐陵也因此被称为曾氏家族第二发祥地。

三、流徙闽粤

唐末宦官专权,朝政日益败坏,赋税苛重,唐刘允章在《直谏书》中说,当时"天下百姓,哀号于道路,逃窜于山泽。夫妻不相活,父子不相救"②,社会矛盾日趋尖锐。唐僖宗乾符二年(875),王仙芝、黄巢等聚众起义,转战黄河两岸。鉴于南方唐军守备较为薄弱,又是富饶之地,黄巢"欲据南海之地"为基业,乾符五年(878)三月,从河南挥师南下,横渡长江,突入江西,连下虔、吉、饶、信诸州,进入福建,一举攻克福州。但义军北来,不服水土,且时值岭南大疫,黄巢便决定移师北上,经营中原。南方闽粤地区成为暂时躲避战乱的安居之所,深受战乱之苦的百姓,大量东向、南下迁入福建的汀州,广东的潮州、循州一带。南丰曾氏族人就在此时经江西广昌、石城,到达福建的宁化、长汀、上杭,以及广东平远、兴宁、五华等地。

唐僖宗中和、光启年间,黄巢义军与唐军在中原展开激战,中原士民不堪战乱侵扰走避入闽,曾子第三十六代孙曾延世南徙闽中,迁至泉州温陵(今福建晋江)。曾延世,一作延祚(一说名延祚,字延世),其父曾隐为曾珪第五子,初由江西永丰吉阳乡徙居河南光州府固始县。曾延世娶固始人王潮之妹为妻。王潮官团练使、光州刺史。唐僖宗光启元年(885),王潮、王审知兄弟组织乡兵渡江南下,次年八月,攻克泉州,王潮"招怀流离,均赋甲兵,吏民咸服",被朝廷封为泉州刺史。后来,王潮又占领福州,唐昭宗任命他为福建观察使。王潮、王审知兄弟率军据闽,发展生产,稳定社会秩序,吸引了大批中原士民入闽避乱。王潮妹夫曾延世也于此时携家入闽,"家于泉之晋江"龙头山③,为泉州晋江曾氏始祖,这一派后世称为龙山房。宋

---

① 《宗圣志》云:曾氏子孙"居于吉安而永丰为嫡,数传至伟而曾辉为正",见曾国荃重修,王定安辑:《宗圣志》卷十二《荫袭》,第524页。

② (清)董诰等编:《全唐文》卷八百十四《直谏书》,中华书局,1983年影印本,第850页。

③ 《始祖延世公事实》,(清)曾伯总等纂修:《曾氏宗谱》卷一《序》,上海图书馆藏清光绪七年(1881)写本。

参知政事韩琦于宋英宗治平二年(1065)六月所撰的《曾氏族谱序》记载说："唐僖宗光启间,王潮由光州固始趋闽,中原士民避乱者皆徙以从,曾氏亦随迁于漳、泉、福之间,子孙因家焉。"①对曾延世一支入闽后迁徙之情形,清道光年间曾氏后人曾士俊在《曾氏始修族谱序》中有较为详细的记载:先迁于泉邑、晋邑,此后,生齿日繁,随着人口的渐增,复徙于漳州、平和及兴化三山等处②。可见,唐朝末年,曾氏已在福建多处定居。北宋政和二年(1112),曾略十九代裔孙曾惇,由江西南丰徙居福建汀州府宁化县石壁乡。曾惇,字宗礼(又作淙礼),曾纡长子,曾布之孙,南宋绍兴八年(1138)特科进士,曾任知镇南军事。大约在曾惇入闽之后不久,曾略二十一代裔孙曾宣荣也由庐陵吉阳徙居福建泉州。

据《曾氏族谱》记载,曾子第三十五代孙曾晖(曾珪第四子)徙居广州,但何时迁居粤地,则语焉不详。但曾晖与曾延世之父曾隐为兄弟,其入粤时间应与曾延世入闽的时间大致相当或稍早,即在唐僖宗时期。其实,曾氏在东汉末年已经有族人入粤。汉献帝建安年间,曾子第十八代孙曾㦤(曾据次子曾玚之孙)徙居广州韶川(今广东韶关)。三国时期,曾子第二十二代孙曾震忽也定居于韶州(今广东韶关南)。由此可知,曾氏徙居广东的年代是很早的。宋明时期,曾氏后人也迁徙到广东长乐、兴宁、平远等地。曾惇之孙曾桢孙(一作祯孙,曾子第五十五代孙)、曾佑孙于宋元之际由福建宁化移居广东长乐。曾佑孙,字如珍,又名志诚,号法纲,为长乐曾氏始祖。据香港新界《曾氏历代宗亲谱》记载:曾惇"生子仲辉,辉生子桢孙、佑孙,因宋元兵扰,不能安居,由宁化迁广东长乐县家焉"③。元代,曾佑孙长子曾广新徙居广东兴宁县龙归洞。曾广新(曾子第五十六代孙),字成德,号一柯,宋末随父母自福建宁化徙广东长乐县(今五华县)。后避兵乱,由长乐徙兴宁县黄陂龙归洞立业。④ 曾广新育有九子:寿甫、成甫、信甫、庆

---

① 曾鹗荐等纂修:《温陵曾氏族谱·谱序》。
② 曾伯总等纂修:《曾氏宗谱》卷一。
③ 李乔编著:《曾姓史话》,江西人民出版社,2000年,第15页。
④ 曾锦初、曾锦棠总纂:《曾氏族谱(广东龙川秀岭村世斌公裔系卷)》,上海图书馆藏2011年电脑排印本。

甫、章甫、荣甫、德甫、贤甫、良甫。曾广新之后裔广泛地徙居各地,如曾广新长子曾寿甫生四子,长子后裔曾纹用一支徙居广东平远县[1],其他三子分别徙居赣州府长宁、虞塘下、小洋下。曾广新次子曾成甫长子曾文祥由广东长乐徙居广东龙川、东塘等处,次子曾文富徙居鸥田;曾广新第三子曾信甫之子曾文南、曾文积从军作战至潮州,遂定居于其地。元初,曾旧第十九代孙曾裕振(曾子第五十三代孙)自福建汀州府宁化县石壁村迁居广东潮州府程乡县徐溪乡,明代改置为嘉应州镇平县蓼陂。后裔分布于兴宁、长乐、镇平、平远及嘉应州[2]。明洪武五年(1372),曾珪之后曾通固(又名通古,曾子第五十六代孙)由福建莆田县迁居广东海丰县白藤坑村,后裔徙居海丰县沙港乡[3],曾通固为沙港曾氏始祖。

四、移居江浙

曾氏家族自南渡之后,大概在西晋永嘉年间曾有一支迁往会稽(今浙江绍兴),但在汉代至唐代的很长时间内主要是向东南方向的福建、广东一带移徙。北宋王朝的建立,结束了五代十国的割据分裂局面,实现了中原和南方地区的统一。北宋时期,社会经济得到较大发展,经济重心转移至江南,曾氏家族也开始迁居到江苏、浙江一带经济比较发达的地区。

曾氏后裔曾延世自唐末移居福建晋江之后,子孙繁衍众多,人文鼎盛。曾延世后裔曾会于宋太宗端拱二年(989)高中榜眼,授光禄寺丞直史馆,以文章名于世。曾会之子曾公亮,历仕仁宗、英宗、神宗三朝,为北宋名相,谥"宣靖",崇祀于泉州府学乡贤祠。曾公亮长子曾孝宽,字令绰(一作孟绰),以恩荫知桐城县。熙宁五年(1072),曾孝宽擢拜枢密直学士,后以端明殿学士知河阳、郓州,晋吏部尚书,卒赠光禄大夫。北宋时期,曾孝宽自福建晋江迁居江苏江阴[4],为江阴曾氏始祖。

---

[1] 曾球民编:《曾姓宗源·世系源流·徙居实录》,内部刊印本,2009 年,第 332—333 页。
[2] (清)曾兴逊等纂修:《武城曾氏重修族谱》,上海图书馆藏清道光二十年(1840)木活字本。
[3] 广东省海丰县《沙港曾氏族谱》修编理事会:《沙港曾氏族谱》,内部刊印本,2008 年,第 21—22 页。
[4] 曾修三、陈少泉纂修:《江阴曾氏续修宗谱》,上海图书馆藏民国七年(1918)木活字本。

曾略十传至曾布(曾子第四十五代孙)。曾布字子宣,为"唐宋八大家"之一的曾巩的弟弟。宋嘉祐二年(1057)与兄曾巩同登进士第,后任龙图阁侍制,升户部尚书。宋徽宗立,任右仆射。因与蔡京政见不合,崇宁年间被逐出京师,出守润州(今江苏镇江),后卒于任上,"子孙遂世居之"①。曾布被后世尊为润州曾氏始祖。

其他曾氏族人移居江苏的还有许多,比如南宋时期,曾怀自京城迁居江苏常熟。曾怀,曾公亮之曾孙,世居晋江,南宋隆庆年间任浙西提举,晋户部尚书,后累迁至右丞相,赐第县治西衮绣坊,为常熟曾氏始迁祖。明代,其后裔曾遴自常熟县城迁居东乡二十九都曾家湾。② 明朝初年,曾珪之子曾隐的后裔曾德(曾子第四十八代孙),自晋江移家江阴之南乡,至其孙享禄、良禄之后,析为东分、西分,散居于曾村、戈巷、金巷等处。③

明万历年间,福建曾氏迁入浙江平阳。曾延世迁居福建之后,嗣而繁衍于福州、兴宁、漳州、泉州各地。至北宋人文鼎盛,曾会、曾从龙以文章冠天下,曾怀、曾公亮以相业铭鼎彝,泉州曾氏可谓声名显赫。曾氏后裔曾满凤士气高昂,不屑于故土,明季万历年间,由福建漳州定海县五都白叶林泛舟迁往浙江平阳县蒲门,暂栖海岛。因遭倭寇侵扰,移居北港。清朝建立后,于康熙二十三年(1684)携妻子定居于蒲门后岘。曾满凤为曾氏迁居平阳之始祖,传三世至明峰、明华、明荣兄弟三人,分为日、月、星三房④。

五、西迁湘蜀

谭其骧曾说:"湖南在清初以前是为接受移民区域,在清初以后是为输出移民的区域。"⑤据其研究,今日湖南人多为两宋、元、明时期由江西移入者,江西省之中,又以吉安府为最多,南昌府次之,可谓全湖南人祖先自来

① 《润城西门外曾氏重修族谱》,上海图书馆藏清木活字本。
② 曾达文纂修:《虞阳曾氏谱稿》,上海图书馆藏清光绪八年(1882)稿本。参见曾达文纂修:《海虞曾氏家谱》,上海图书馆藏民国十三年(1924)铅印本。
③ 《武城曾氏重修族谱》(江阴),上海图书馆藏民国木活字本。
④ 曾伯总纂修:《曾氏宗谱》,上海图书馆藏清光绪七年(1881)写本。参见《鲁国郡曾氏宗谱》,上海图书馆藏民国九年木活字本。
⑤ 参见谭其骧:《湖南人由来考》,《长水集》上册,人民出版社,1987年,第356页。

之大本营。如此看来,湖南曾氏的祖先也许就是当时的移民潮中较早的成员。

曾氏进入湖南,据传远在汉代就开始了。《溧阳曾氏族谱》载:汉末,江西吉安府吉水县曾仁辅自江西移居于湖广,为五溪(湖南怀化)客民。后随诸葛武侯征蛮有功,授长官士官之职。历晋、隋、唐、宋、元,繁衍生息。明洪武年间,曾仁辅后裔曾广,复随湖广九溪卫添平所武德将军覃顺东征西讨,敕受添平所遥望隘正印百户,诰封昭信校尉。曾广居于石门县北乡十人都,古名前山坪,为石门曾氏始祖①。

曾氏迁居湖南的时间,较为准确的记载是在北宋初年。《大界曾氏五修族谱》记载,曾据二十二传至曾庆(曾珪长子曾宽之孙),时为唐代,曾庆官御史大夫。曾庆生二子:曾伟、曾骈。长子曾伟,居吉水仁寿乡。曾伟三传至曾敬修(曾子第四十一代孙),字行可,居永丰县永安乡睦陂。曾敬修生一子:曾孟鲁。宋太宗雍熙年间(984—987),曾孟鲁因家贫由睦陂徙居湖南茶陵州西阳乡纂溪(今湖南茶陵县)。因其后有相继迁两广者,故被称"迁湖广之始祖"。湖南曾氏主要是曾珪长子曾宽的后裔。

曾孟鲁又四传至曾坝(曾子第四十五代孙),再徙居衡州府衡西唐福(今属衡阳),时在南宋年间,湖南曾氏派系的繁衍自此开始,曾坝也被称为曾氏迁衡始祖。曾氏于南宋时由江西迁至湖南,应当说是较早的移民。曾坝十一传至曾祖仔,为唐福曾氏繁衍最盛期,时在元顺帝至正年间。明初洪武时期,衡阳曾氏逐渐形成以曾祖仔之孙大若、大湖、大光、大忠四房为主。

明清易代之际,曾氏在湖南境内的迁徙达到高潮。大若房后裔迁往常宁、耒阳、宝庆等地,大忠房后徙祁阳、耒阳、清泉、常宁等地,大湖房后裔迁往常宁、耒阳等地,大光房曾孟学(曾子第六十二代孙)于明清之际移居湘乡。曾孟学,字少林,生于明万历三十年(1602)。性情耿直,才略过人,有独来独往之概,颇具开拓精神。清顺治元年(1644)由衡阳大花堰迁往衡山县白果。顺治十七年(1660),又率全家再迁衡阳湘乡大界小罗汉,最后定

---

① 湖南石门《溧阳曾氏族谱》,上海图书馆清同治二年(1863)木活字本。

居于沙溪石牌熊家湾,为曾氏湘乡始迁祖。湘乡曾氏自曾孟学迁徙来居,累世力农,经曾孟学之曾孙曾贞桢艰苦奋斗,基业始宏。再经曾尚庭、曾衍胜父子两代的守成,曾兴钎的重振家业以及督责子弟在功名上求发展,穷年砥砺,期于有成,为曾国藩进入仕途奠定了良好的基础,终于使得湘乡曾氏由下层士绅一跃而跻身于任宦之林,成为近代著名的文化家族;更由于曾国藩在平定太平天国之役所建立的赫赫功勋,与曾国荃胞弟二人各得五等之爵,门第鼎盛,为清代二百余年中所未见。①

其他曾氏族人迁居湖南者还有:

曾子四十六代孙曾泰谕(字栏卿,号鲁斋),曾珪次子曾绰之后裔,官大理寺评事,宋真宗咸平元年(998)自江西泰和县徙居新化苦行坪月塘②,为新化曾氏始祖;

曾纹政、曾如湖、曾京益等,在元代至顺年间由江西永丰县龙潭徙至湘潭淦田;③

曾子五十四代孙曾镇抚在元代由江西太和徙居湘乡南门,继移椰山黄花园;④

曾子五十五代孙曾怀琛(字玉珊,号鹤退,行三),明洪武二年(1369)自江西吉水县迁居益阳县稠木眥;⑤

曾子五十六代孙曾福仲(又称朝奉、十一郎,号邂贞子,元太常博士,谪天临路录事),元顺帝至正七年(1347),自江西吉安太和圳上迁居邵阳太平老君塘,后徙本里枫树村之屋上⑥,俗称屋上曾氏;

曾子五十六代孙曾芝,由庐陵迁宁乡⑦,时间不详;

曾子五十六代孙曾定四(唐镇南节度使、银青光禄大夫曾延辉之后裔,

① (清)张集馨:《道咸宦海见闻录》附《张集馨日记》,中华书局,1981 年,第 377 页。
② 曾德安主修:《新化箓竹曾氏十修宗谱》,上海图书馆藏民国三十二年(1943)木活字本。参见曾纪燮总修:《武城曾氏彰户四修族谱》,上海图书馆藏民国九年(1920)木活字本。
③ 曾宪才等纂修:《湘潭淦田曾氏六修族谱》,上海图书馆藏民国三十一年(1942)木活字本。
④ (清)曾准南等纂修:《湘乡曾氏重修族谱》,上海图书馆藏清木活字本。
⑤ 曾龙翔等主修:《益阳曾氏贵房五修族谱》,上海图书馆藏民国十八年(1929)木活字本。
⑥ (清)曾六岭、曾南波纂修:《太平曾氏谱》,上海图书馆藏清同治十二年(1873)木活字本。参见(清)曾宗乾等修:《邵阳太平曾氏支谱》,上海图书馆藏清宣统三年(1911)木活字本。
⑦ 曾德申等纂修:《武城曾氏重修族谱》(宁乡),上海图书馆藏民国三年(1914)木活字本。

同兄曾克仁于元时由新陂迁万邑,后克仁分派仁溪),明初,由江西万载迁湘乡,卜居瀲水七里塘曾家边,后世分徙寨子冲、茅田、松树头等地,总名寨子房①;

　　曾子五十六代孙曾纹昭,明初自长沙徙居湘潭瀛湖,四传至泰瑚、泰韶、泰卫,明正德年间泰瑚徙石潭,泰韶、泰卫徙莲汜,故合称石莲曾氏②,统名瀛湖房;

　　曾子五十七代孙曾胜昌(字万隆,号超宗),明初自江西吉水县徙居沅江③;

　　曾子六十代孙曾盟锏,明代自宁乡徙醴陵南乡④;

　　曾子第六十五代孙曾贞聪(字大穹),清顺治间自福建绍武府建宁县西乡徙居浏阳板树下⑤;

　　曾子第六十七代孙曾衍烨,清康熙年间携诸弟自闽长乐迁徙浏阳县东乡⑥。

　　除此之外,湖南汉寿、岳阳、临乡、衡山等地也有曾氏后人迁入。

　　曾氏大规模地迁往四川,主要是在清前期。清代初年,湖南与湖北人口密度已与江西等省差不多,故迁往湖南的移民日渐减少。而与湖南相邻的四川,因为明清之际的战乱,致使民无遗类,地尽抛荒,急需充实人口以开垦。康熙十年(1671),川湖总督蔡毓荣奏称四川地广人稀,请开招民之例。后来朝廷实行"各省贫民携带妻子入蜀中垦者准入籍"的奖励垦荒政策,两湖百姓,大举入川,这就是著名的"湖广填四川"。曾氏族人也纷纷加入这次西行之列。据《曾氏族谱》记载,曾子第七十代孙曾传量(曾子第三十四代孙曾旧后裔)由广东兴宁徙四川江津杜墨石冲房⑦,为江津曾氏始迁

①《武城曾氏椰山族谱》,上海图书馆藏民国木活字本。
②(清)曾传禄等纂修:《石莲曾氏七修族谱》,上海图书馆藏清光绪二十七年(1901)木活字本。
③ 曾广契等主修:《武城曾氏重修族谱》(沅江),上海图书馆藏民国十八年(1929)木活字本。
④《武城曾氏重修族谱》(醴陵),上海图书馆藏清木活字本。
⑤(清)曾广銮等修:《武城曾氏重修族谱》(湖南浏阳),上海图书馆藏清光绪三十一年(1905)木活字本。
⑥(清)曾毓墭等纂修:《武城曾氏重修族谱》(湖南浏阳),上海图书馆藏清嘉庆十二年(1807)木活字本。
⑦ 曾燦光等纂修:《武城曾氏族谱》(四川江津),上海图书馆藏民国十一年(1922)石印本。

祖;清雍乾年间,曾兰耀、曾集虞也由广东迁往四川富顺①。四川成都、仁寿、资阳等地也有曾氏迁居,其迁徙地域主要集中在长江北岸与嘉陵江的三角地带。

六、开基台湾

曾氏后人渡海入台,始于明代崇祯十五年(1642),曾氏后裔曾振旸自福建漳州迁至台湾。康熙二十二年(1683),清朝统一台湾,设一府三县进行治理,闽南粤东沿海之民渡海移垦台湾的人数大量增加。蓝鼎元说:"国家初设郡县管辖,不过百余里,距今未四十年,而开垦流移之众,延袤二千里,糖谷之利甲天下。过此再四五十年,连内山山后野番不到之境,皆将为良田美宅。"②正如其所言,其后二百余年间,大陆入台者连绵相继,而曾氏后人入台者亦甚众,几乎遍及台湾的每一个角落。

据《重修台湾省通志》记载,从康熙初年到光绪年间,曾氏族人入台者连绵相继,如:

康熙三十四年(1695),曾姓一人与陈、许姓合垦今新竹县香山;

康熙末,曾机禄、曾瑞文二人入垦今彰化县;

雍正元年(1723),曾茂桂、曾贞父子自福建永春德化入垦今台南地区;

雍正三年(1725),福建泉州南安人曾才入垦溪南庄(今嘉义县);

雍正五年(1727),广东惠州陆丰人曾鹄头入垦竹北二堡元三庄(今新竹县);

乾隆六年(1741),福建漳州人曾合记入垦今台北县新店市坑顶城里;

乾隆十三年(1748),福建漳州南靖的曾志康、曾志高兄弟五人与其他合计有四十九人之多,相继入垦今南投市;

乾隆二十年(1755),曾玉由福建漳州平和入垦今台北县永和市一带;

乾隆四十年(1775),广东潮州大埔人曾安荣与何福兴、巫良基等人入垦石冈仔庄(今台中县石冈乡),并在大甲溪岸建匠寮供垦民泊宿,汉人部

---

① 曾炽繁纂修:《富顺西湖曾氏祠族谱》。
② (清)蓝鼎元:《东征集》卷三《复制君台疆经理书》,《四库全书》第369册,第607页。

落乃逐次形成；

乾隆四十九年（1784），广东嘉应州镇平人曾光耀渡台移居今屏东县；

乾隆末期，来自广东惠州陆丰的曾仁方入垦今桃园县龙潭乡，曾濬玉入垦今桃园县新屋乡；

嘉庆时期，入台的曾氏族人主要来自福建漳州、泉州、汀州三地及广东嘉应州，入垦今南投县、台南县、台北县、台中县一带；

道光时期，曾瑞松、曾忠信、曾宗三等由广东潮州，福建漳州、汀州等地相继入垦今桃园县火园乡、今台北县双溪乡、今云林县斗六市等处；

咸丰六年（1856），广东人曾宣再与钱、詹、黄三姓合垦今新竹县横山乡田寮村；

同治二年（1863），广东嘉应州镇平人曾亮黄入垦台湾北部，第二年，其妻携子曾贵、孙曾文郎迁来，协助垦荒，辗转播迁，卜居于今苗栗县竹南镇；

光绪二十年（1894），曾乾连入垦今新竹县宝山乡。①

《重修台湾省通志》所收迁台曾氏姓名可考者 106 人，实际上移居台湾的曾姓要远远多于此数。

迁徙入台的曾姓族人主要来自福建、广东，多属龙山派后裔，其渡海入台之后，则主要以垦荒为生，足迹遍布台湾南北各地。在台湾辛苦经营的过程中，同族、同姓的联合，成为拓殖凝聚力的最主要来源②。经过几百年的繁衍，台湾曾姓成为全台二十大姓之一。根据 1953—1954 年台湾省人口调查的结果，曾姓人数居全省二十大姓的第十七位③，主要分布在新竹、台南、彰化、南投等地。

综合起来看，曾氏家族在中华域内之迁徙，大致可分为三个时期：第一期肇端于新莽时期南迁庐陵，其徙居地域主要在江西一带。第二期肇端于唐末黄巢起义，历经宋、元、明三朝。其徙居地域主要为福建、广东、海南、

---

① 台湾省文献委员会编：《重修台湾省通志》卷三《住民志·姓氏篇》，台湾省文献委员会，1996年，第226—231页。
② 潘英：《台湾拓殖史及其族姓分布研究·自序》，台北自立晚报社出版，1992年，第3页。
③ 《重修台湾省通志》卷三《住民志·姓氏篇》，第35页。参见陈绍馨、傅瑞德：《台湾人口之姓氏分布》，台湾大学社会学系，美国亚洲学会中文研究资料中心发行，1968年。

江苏、浙江、河南、湖南、湖北、广西诸省①，其迁移方向大致是由江西南丰至闽，至粤东，再至江浙、两湖、广西。江东之迁徙时间上要先于两湖。这一时期，曾氏家族还因奉祀宗圣，一支回归山东，使得千余年后曾氏在山东繁衍相继，并遍及北方。第三期则肇端于清初以来巴蜀人口之充实、台湾之开发，其徙居地域主要集中在四川、台湾两地。

18世纪前后，曾氏族人还远涉重洋，到海外谋生，侨居地点大部分在南洋，新加坡、印度尼西亚、马来西亚、泰国、缅甸等地都有曾氏族人的足迹。

第五节 奉 祀 归 鲁

从曾子到曾据，曾氏家族一直以南武城为中心，生息繁衍。自曾据挈族南迁庐陵之后到明嘉靖年间，与曾氏家族在南方的兴盛形成鲜明对比的是，1500余年间山东几乎见不到曾氏嫡裔的踪影，以致嘉祥祖籍祠墓荒芜②。山东曾氏家族的重兴，关键在于嘉靖十四年（1535）曾质粹奉诏北归嘉祥，奉祀曾子祠墓。这是曾氏家族发展史上具有重大意义的事件。

自汉武帝"罢黜百家，独尊儒术"以来，儒学成为中国古代社会占据主导地位的意识形态，历代帝王在尊崇孔子的同时，对孔子弟子也一再追封加谥，如唐太宗时期遵循古代成例，定孔子为先圣，颜子为先师，确立了颜子配享孔子的崇高地位。而唐玄宗则以颜子为孔门诸贤之首，对之景仰有加，称之为"亚圣"。后世对其更是尊崇有加，元代至顺元年（1330）封为"复圣公"。自北宋以来，随着孟子地位的提升，北宋元丰七年（1084）配享孔庙，元代加封为"亚圣公"，地位仅次于孔子。而对孔、颜、孟三氏后裔，历

---

① 曾氏族人最早迁入广西，为明洪武元年（1368），曾华淑奉户部文由山东青州府寿光县迁入广西南宁府宣化县开垦田畴，繁衍生息，形成南宁曾氏。见《邕江宗圣源祠族谱》（广西南宁），广西曾氏宗亲联合会藏清光绪二十二年（1896）抄本。

② 唐贞观《重修武城谱系》记南武城"西有曾子墓"，明天顺四年重建郕国宗圣公庙碑也载庙"西南有曾子墓"，但曾子墓一直到明成化初年才被发现。《明史·曾质粹传》记载：时山东守臣上言，"嘉祥县南武山西南，元寨山之东麓，有渔者陷入穴中，得悬棺，碣曰：曾参之墓"。明宪宗下诏对曾子墓加以修治。《明史》卷二百八十四《儒林传》，第7301页。

代帝王也是"代增隆厚"、"恩渥倍加",除孔子嫡裔由奉祀君、褒成侯,直至册封衍圣公并世袭曲阜知县外,明代宗景泰三年(1452)又置颜、孟二氏世袭翰林院五经博士各一人,以主祀事。与颜、孟相比,曾子虽然在唐睿宗太极元年(712)配享孔子,并在元代被加封为"宗圣公",但其后裔却在很长时间内没有得到统治者的眷顾。

明正德年间,都御使钱宏任山东按察司佥事,巡历至嘉祥,谒曾子祠墓。曾下令当地官员访求附近曾姓者,在深山中寻找到一个相貌朴野的农夫,仔细询问,果真是曾子之后裔①。可能因为农夫鄙陋,"不可厕于衣冠之列",钱宏便没有向朝廷报告此事。嘉靖十二年(1533)四月,吏部左侍郎兼翰林院学士顾鼎臣以道统授受之功曾子为大,现今"颜、孟子孙皆世袭博士,而曾子之后独不得沾一命之荣……先王兴灭继绝,崇德报功,其意甚广,其道甚远,不当因其子孙之无贤而遂已也"为由,上疏请求"准照弘治间颜、孟二氏事例,访求曾氏子孙相应者一人,授以翰林院五经博士,世世承袭,俾守曾子祠墓,以主祀事"②。但因曾氏子孙播越流寓,散之四方,且历世久远,谱牒无传,主管此事的礼部官员十分谨慎,为避免伪冒之弊,遂请旨令山东巡抚、巡按官亲临嘉祥县查访,"详考历代支系之真及正德年间曾经都御使钱宏所访农夫有无见在",会同县学官吏师生并年高父老,逐一询问,确保曾氏正派子孙,以承大贤之泽。并"通行天下南北直隶、十三布政司、抚按衙门,一体访求,务得其人"③。嘉靖十四年(1535),江西按察司提学副使徐阶奉旨亲到永丰县访查,曾氏后人曾质粹抱谱应诏。曾质粹,号南武,自幼生长于江西吉安府永丰县。经过查阅曾质粹携带的《曾氏族谱》及详细询问曾氏族人,徐阶将曾氏南迁之后曾氏家族之源流脉络调查清楚:

---

① 曾氏自曾据南迁,山东之地是否仍有留居之曾氏,因史料缺乏,不敢妄猜。据嘉庆七年曾衍相《武城曾氏重修族谱叙》引吴太史云:"西汉末渡江而南,山东之曾无焉。"至于后来山东之曾氏来源,曾衍相曰:"盖昔日江右之曾,其先本山左;厥后山左之曾,其先又江右。事靡定,互徙也。"见重庆江津《武城曾氏族谱》,民国十一年(1922)石印本。
② 《顾鼎臣请采访曾子后裔疏》,曾国荃重修,王定安辑:《宗圣志》卷十二《荫袭》,第515—517页。
③ 《礼部题覆采访曾子后裔疏》,曾国荃重修,王定安辑:《宗圣志》卷十二《荫袭》,第518—520页。

曾子十五代孙不仕新莽，迁居于吉阳。生子曾阐、曾场，阐居吉阳，场徙虔州。阐后十一代孙曾丞，生子曾珪、曾旧、曾略，旧徙云盖，略徙抚州，惟珪仍居吉阳，传至曾孙庆，生子曾伟、曾骈。伟生辉，辉后传十五代荣，为学士，上距曾子五十四代；骈生曾耀，传二十代奋用，即质粹父，上距曾子五十九代。

为避免冒滥之弊，杜绝夤缘争讼之端，徐阶对曾氏家族的根源流派、嫡庶支系及当时的曾氏嫡裔传承情况作了深入了解，一一勘核详明。他通过查勘得知：

> 曾氏自迁江南而言，居永丰者为嫡，徙虔州、云盖、乐安者为支；自永丰一派而言，出曾辉之后者为嫡，出曾耀之后者为支。辉后见有永丰县廪生曾嵩、曾衮，各文行修饰。若应勘合之求，则合立嫡之法。①

按照中国古代荫袭之法，官必嫡袭，嫡绝次承，只有嫡系绝嗣的时候才以次支继承。袭封大事，荫典所关，必须勘结详明，族属平服，永无争议，朝廷才会准许袭封。儒荫为熙朝重典，与别荫不同，自当由曾氏嫡裔子孙承继宗祧。但身为曾氏嫡裔的曾嵩、曾衮兄弟却观望惮迁，以"生长南方，不乐北徙"为由，予以婉辞。而曾耀后人曾质粹虽非曾子嫡裔，但却"素念远祖，追求不已"，经曾氏合族推举，曾质粹承守宗圣祀事。徐阶既将曾氏谱系源流查勘明白，又因曾质粹为曾氏宗族共推，且读书循理，没有其他违碍之处，便将曾质粹送至京师，请朝廷定夺。经礼部会奏，宗圣曾子之祀由曾质粹继承。其实，曾质粹早在嘉靖丙戌（嘉靖五年，1526）已受曾氏裔族共推，至嘉祥祭扫宗圣庙基，当时就拟援引颜、孟例上请于朝，但因"山左江右当事者互相推诿，未获"②。至嘉靖十二年（1533），才因朝廷下诏天下博求宗圣苗裔的原因，得以起送北归，以衣巾奉祀祠墓。所以，曾氏后人将曾质

---

① 《除授曾质粹五经博士札付》，曾国荃重修，王定安辑：《宗圣志》卷十二《荫袭》，第522—523页。
② 《马孟祯曾氏家庙记》，曾国藩重修，王定安辑：《宗圣志》卷十五《院第》，第690页。

粹北归嘉祥的时间定在嘉靖五年（1526），而非嘉靖十二年（1533）。曾承业所撰《曾氏永思碑》就说"嘉靖丙戌，我祖东行"①，可谓言之凿凿。嘉靖十八年（1539）二月初八日，嘉靖皇帝下旨，曾质粹既勘系先儒曾子之后，准照颜、孟二氏例，授其为翰林院五经博士，予以世袭。

嘉靖十八年（1539）四月，明世宗又下旨令都察院与山东巡抚、巡按急将"护坟、供祀、田土、住第等项事情逐一议处停当来说，不许迟慢"②。山东地方官遵旨在嘉祥城内选址，兴建曾氏翰林院五经博士府第，并议准赐祭田等事。曾质粹虽然是以小宗的身份承祧大宗，但自曾质粹承主祀事以后，曾氏族人便把曾质粹的先祖曾骈这一支称为"东宗"，把曾伟一支称为"南宗"③。自此以后，曾质粹后裔历代承袭翰林院五经博士，在山东绵延相继。"曾氏之武城，无嗣而有嗣；武城之去而为永丰者，无爵而有爵。皇帝神明之胄，焕然一新于蠹宇之牒；鄗国洋洋之冕，妥然附丽于寝绝寝远之脉。"④宗圣曾子家族气象更新，日趋兴盛。

宗圣家族由武城发祥，后经曾据南迁，曾惇徙闽，曾佑孙迁粤，曾孟鲁入湖广，曾振旸赴台，至18世纪以后，曾氏族人已遍及华夏，并播迁到世界各地。据中国科学院袁义达在2006年主持完成的中国姓氏调查统计结果，在前100个大姓中，大陆曾姓占第32位，人口接近1 000万，已发展为当今中国分布广泛、人口众多的一大著姓。

---

① 徐宗幹修，许瀚纂：《道光济宁直隶州志》卷九《艺文·曾氏永思碑》，《中国地方志集成·山东府县志辑》第77册，第92页。
② 《除授曾质粹五经博士札付》，吕兆祥：《宗圣志》卷十二《荫袭》，第526页。《明史·曾质粹传》云："令曾质粹徙山东兖州府嘉祥县，以衣巾奉祀宗圣祖墓。"《明史》卷二百八十四《曾质粹传》，第24册，第7301页。
③ 曾衍咏《武城曾氏重修族谱叙》称：曾庆生子长伟次骈，嘉靖间诏嫡孙守墓，骈后质粹孝子也，因兄潮瑶推让，归而东袭，是为东宗房。伟后从宁乡者，乃我祖知州公芝也，回传潮瑶为宗圣五十九代嫡孙也。恭逢诏访，于邑西十五里架亭候旨，亭名焉"让世袭"。国省有宗庙，县有先贤府第，可孝享而南祀，是为南宗房。见曾燦光等纂修：《武城曾氏族谱》。
④ 姚思仁：《宗圣志序》，吕兆祥：《宗圣志·旧序》，第269页。

第二章

学宗孔圣

——曾子生平与著述

曾子,名参,字子舆,春秋末年鲁国南武城(今山东嘉祥)人。曾子比孔子小四十六岁,践履笃实,力学不懈,于孔子之学领悟较深,以忠恕阐释孔子一贯之道,独得孔学要旨,是孔子晚年最为杰出的弟子。孔子去世之后,门下弟子或散游诸侯,或隐而不见,但都以弘扬孔子学说为己任,从不同角度对孔子思想予以阐释和发展。在孔门诸弟子中,曾子年少学纯,修身事亲,严师笃友,以孝道著称于世,成为孔门后学宗法的榜样。他不仅秉承孔子"诲人不倦"的教诲,传授生徒,形成了在当时颇具影响的洙泗学派,被奉为邹鲁一带儒家学派的领导者,而且以宏毅之精神,肩承道脉,翼赞《孝经》,爰述《大学》,领纂《论语》,以其道传于子思,后经孟子接续,道统昭明,被宋儒奉为孔学"正宗"。曾参作为先秦儒家薪火传继中承前启后的重要人物,受到后世的格外尊崇,被称为"宗圣曾子"。

第一节　曾　子　生　平

　　曾子出生在春秋时期鲁国南武城的一个平民家庭,其父曾点以农耕为业,其母上官氏以纺织为生。关于曾子的生平,司马迁《史记·仲尼弟子列传》说:"曾参,南武城人,字子舆。少孔子四十六岁。孔子以为能通孝道,故授之业,作《孝经》。死于鲁。"①这则记载,虽然只有短短的三十四个字,却是关于曾子生

---

① 《史记》卷六十七《仲尼弟子列传》,第 2205 页。

平的最早记载。从这则简短的文字中,我们可以约略了解曾子的生平情况。

一、曾子生卒年考

《史记·仲尼弟子列传》所记曾子"少孔子四十六岁",为我们了解曾子的出生年代提供了重要信息。据《史记·孔子世家》,孔子生于公元前551年(鲁襄公二十二年),依此推算,曾子生于公元前505年,即周敬王十五年。这一推测,与后世文献可资印证。如《武城曾氏族谱》记载,曾子"生于周敬王丙申冬十一月十二日"。明吕元善《圣门志·曾氏姓谱》也说:"点生参于周敬王十五年丙申冬,即鲁定公五年也。"①因此,在曾子的生年问题上,史籍记载是明确而一致的。

曾子的卒年,大概在司马迁的时代已不可详知,后世史籍也没有明确的记载,故曾子卒年多异说。就目前所见,关于曾子卒年问题,主要有以下五种观点:

1.《武城曾氏族谱》记载:曾子卒于周考王丙午年,即周考王六年。依此推算,曾子卒于公元前435年,年七十一。

2. 明熊赐履《学统·正统》谓:曾子卒于"周考王五年,即鲁悼公三十二年,而卫敬公十五年也"②。若依熊氏之说,则曾子当卒于公元前436年,享年七十岁。今人钱穆是基本赞成"曾子七十而卒"说的,他在《先秦诸子系年》中说:"按《阙里文献考》'曾子年七十而卒',若其说可信,则曾子卒年,应为鲁元公之元年。"③据此,钱穆在《先秦诸子系年》附《诸子生卒年世

① (明)吕元善:《圣门志》卷三上《曾氏姓谱》,山东友谊出版社,1990年,第595页。熊赐履《学统·正统·曾子》云:"点以周敬王十五年,即鲁定公三年生曾子于鲁",熊氏谓"鲁定公三年",盖年代换算之误。(清)熊赐履《学统》卷三《正统·曾子》,四川大学古籍整理研究所编:《儒藏》史部第124册,第2页。

② 熊赐履:《学统》卷三《正统·曾子》,第18页。

③ 钱穆:《先秦诸子系年》,商务印书馆,2001年,第180页。按,钱穆定鲁悼公在位为三十一年,说见《先秦诸子系年》第153、541页。现代学者陈东曾专门研究战国鲁史年代问题,他认为悼公在位"应该是三十八,而不是三十一或三十年"。他指出,《史记·六国年表》所载悼事切实可信,而《鲁周公世家》却将悼公在位年数错记成了三十年,以致平公以下诸王元年都提前了七年。见陈东:《战国时期鲁史系年》,《齐鲁学刊》1994年第2期。如果以悼公在位三十八年计算,则钱穆所谓"鲁元公元年"实为"鲁悼公三十二年"。钱氏又云:"据《檀弓》,子夏设教西河而失明,曾子尚在。曾子卒当魏文侯十二年,亦近是。"按:钱穆将魏文侯元年定在晋敬公六年(周贞定王二十三年,前446年),以此下推,魏文侯十二年即周考王六年。如依此说,则曾子卒年为公元前435年。

约数》中将曾子卒年列为公元前 436 年。贾庆超亦赞成此说①。

3. 清冯云鹓《圣门十六子书》载：曾子"寿七十三"②。则曾子卒于公元前 433 年。

4. 李启谦认为，曾子卒于公元前 432 年③，卒年七十四。

5. 罗新慧提出，曾子卒年可能在公元前 430 年前后，卒时年过七秩矣。④

如上诸说，前后相差六岁左右。曾子之卒年，虽然隐晦不明，但已有大致的范围。以较早的文献考之，《礼记·檀弓》记载子夏晚年居西河时，因老年丧子，伤心过度导致眼睛失明，曾子前往探望之事。《史记·仲尼弟子列传》又载："孔子既没，子夏居西河教授，为魏文侯师。"子夏少孔子四十四岁，生于公元前 507 年，彼居西河教授当在文侯在位之初期⑤。魏文侯在位时间为公元前 445 年至公元前 396 年，子夏居西河当在公元前 430 年之前。曾子看望子夏之时，两人年事已高，此时距离曾子去世，时间不会太远。《大戴礼记·曾子立事》记述曾子之语曰："三十、四十之间而无艺，即无艺矣；五十而不以善闻，则无闻矣；七十而无德，虽有微过，亦可以勉矣。"曾子这句话与孔子"三十而立……七十而从心所欲不逾矩"之语非常相似，应是自述个人学习与修养过程中对人生的感喟。既云"七十"，可见曾子得享高寿是没有问题的。后世文献《孔门儒教列传》称"曾子年七十，文学始就，乃能著书"⑥，《阙里文献考》也称曾子"年七十学名闻天下"⑦，由此可以推断，曾子年寿必在七十以上。诸说相较，以曾子卒于公元前 435 年较为可信。

① 贾庆超：《曾子概论》，《曾子校释》，山东大学出版社，1993 年，第 1 页。
② 冯云鹓：《圣门十六子书》卷一《曾子书·年谱》，四川大学古籍整理研究所编：《儒藏》史部第 7 册，第 313 页。
③ 李启谦：《孔门弟子研究》，齐鲁书社，1987 年，第 134 页。李启谦另撰有专文《曾子研究》，认为"曾子是七十岁以后才死去的"，但具体卒于何年，却未见提及。李启谦：《曾子研究》，《烟台师范学院学报》1995 年第 1 期。
④ 罗新慧：《曾子生平考析》，《学术月刊》2000 年第 2 期。
⑤ 杨宽：《战国史料编年辑证》卷二，上海人民出版社，2001 年，第 121 页。钱穆《先秦诸子系年》亦曰："子夏、田子方、段干木皆在文侯早年，而魏成子进之。"见该书第 156—157 页。
⑥ 佚名：《孔门儒教列传》，四川大学古籍整理研究所编：《儒藏》，史部第 7 册第 205 页。
⑦ （清）孔继汾：《阙里文献考》卷四十二《圣门弟子第十三·曾参》，山东友谊出版社，1989 年，第 1084 页。

此外,曾参之"参"的读音,也是一个聚讼千年的老问题。曾子名"参",见于《论语》、《庄子》、《吕氏春秋》等多种先秦古籍;字"子舆",则始著于《史记》。曾子名"参",为后人所熟知,但因为"参"是多音字,因此对其读音,历代学者众说纷纭,迄今未有定论。

汉许慎《说文解字·林部》"森"字注:"木多貌,从林从木。读若曾参之参,所今切。"对于《说文》"读若"的含义,清钱大昕解释说:"许氏所云'读若',所云'读与同',皆古书假借之例,不特寓其音,即可通其字,音同而义亦随之。"①刘宝楠也认为:"参者,曾子名,《说文》'森'字,读若曾参之参,则参、森义同。"②

唐宋时代,延续了这种读法。如唐陆德明《经典释文》在《礼记·祭义篇》"参,直养者也"下引徐氏曰"所林反",《孝经·开宗明义章》"曾子避席曰参不敏"注曰"所林反",《论语·里仁篇》"子曰参乎"下注曰"所金反",《庄子·寓言》"弟子问于仲尼曰若参者"下注曰"所金反"。③ 宋朱熹《论语集注·里仁》注:"参,所金反。"由于朱熹的影响很大,所以"参"读同"森"音,在当时及后世一直占据着主流地位。唐宋时期的一些诗作以及清车万育编的蒙学读物《声律启蒙》都把曾参的"参"音划入侵韵④。这说明,自汉唐自两宋,曾参的"参"是读作"sēn"的。

一个流传久远的故事说,曾晳中年得子,十分欣喜,把儿子看得非常珍贵,于是以天上二十八宿之一的"参"星为儿子命名。参宿为西方白虎七宿的末一宿(奎、娄、胃、昴、毕、觜、参),即猎户座的七颗亮星之一。参星明亮,代表民生乐利,风调雨顺,五谷丰收。因星有星野,故曾参以"子舆"为字。《史记·天官书》记载"参为白虎",所以曾子家乡的南武山又名"白虎

---

① (清)钱大昕:《潜研堂集·文集》卷三《古同音假借说》,上海古籍出版社,1989年,第44页。
② 刘宝楠:《论语正义》卷五《里仁》,第151页。
③ 陆德明:《经典释文》卷十九、二十三、二十四、二十八,第204、341、346、397页。
④ 如白居易《慈乌夜啼》:"慈乌失其母,哑哑吐哀音。昼夜不飞去,经年守故林。夜夜夜半啼,闻者为沾襟。声中如告诉,未尽反哺心。百鸟岂无母,尔独哀怨深? 应是母慈重,使尔悲不任。昔有吴起者,母殁丧不临。嗟哉斯徒辈,其心不如禽! 慈乌复慈乌,鸟中之曾参。"王安石《次韵平甫喜唐公自契丹归》:"留犁挠酒得戎心,绣袷通欢岁月深。奉使由来须陆贾,离亲何必强曾参。"车万育《声律启蒙》:"眉对目,口对心,锦瑟对瑶琴。晴耕对寒钓,晚饷对秋砧。松郁郁,竹森森,闵损对曾参。"这些诗作押的都是侵韵,"参"音读作"sēn"。

山"。这当然属于民间传说，不过，曾参如以"参"星命名，"参"读"sēn"音，当属自然之理。

　　"参"旧读为"sēn"，如果按照今天的读法，就是读作"shēn"。今人杨伯峻《论语译注》、王力《古代汉语》和《汉语大词典》等辞书皆主此说。这也是目前最为普遍的一种读法。

　　值得注意的是，唐陆德明在《礼记·檀弓》"曾参"下注曰："所金反，一音七南反。"《论语·学而》也说："参，所金反，又七南反。"可见，在唐代，"参"字的读音实际上有两种，一读为"sēn"，一读为"cān"。但陆德明的这一说法在很长时间内极少有人注意。

　　时至北宋，高似孙对"参"字读"森"说提出了异议，他在《子略》"曾子"条专门提到"参"字的读音问题。他说："曾子者，曾参……予读先太史《史记注·七十二弟子传》，参字子舆，晋灼读音如'宋昌骖乘之参'。"①骖字的读音，许慎《说文》云："骖，驾三马也。从马，参声。仓含切。"仓含切，今音就是"cān"。但晋灼读参为"骖"有何依据，高似孙却没有涉及。清代学者卢文弨强调，就曾参之"参"的读音而言，"参"虽然有两音，但应读为"骖"，而不能读为"森"。他在《经典释文考证·论语音义》中说："曾子字子舆，当读为七南反而与'骖'同，而今人咸不然。《孝经音义》止有所林反一音，非。"②洪恩波也指出：《说文》'森，读如曾参之参'，知参读森音，其误久矣。"③王引之对春秋人物名、字关系进行了考证，提出"名之与字，义相比附"的观点，而这种名与字意义上的联系，在周秦时代是非常普遍的，如孔子弟子颜回，字渊，回、渊都有回旋、旋转之意。所以，王引之从曾参名、字关系入手，指出："'参'读为'骖'……《诗》称'两骖为舞'，二马皆称骖。《礼记》称'脱骖一马'，亦称骖。名骖，字子舆者，驾马所以引车也。"④王筠在《说文释例》中也提出了相似的看法，他说："森读若曾参之参。案曾子字

① （宋）高似孙：《子略》卷一，见王云五主编：《丛书集成初编·史略及其它一种》，商务印书馆，1939年，第14页。
② （清）卢文弨：《经典释文考证》，《抱经堂丛书》，北京直隶书局，民国十二年（1923）影印本。
③ （清）洪恩波：《圣门名字纂诂》，金陵官书局影印光绪二十年（1899）刊本。
④ （清）王引之：《经义述闻》卷二十三《春秋名字解诂》，江苏古籍出版社，1985年，第552页。

子舆,似取参乘义。参星,亦取左右参谋义。"①今人钱穆在《四书释义》中说:"参,似当读为骖。"张舜徽《说文解字约注》则明确指出:"曾参,字子舆,乃借参为骖。"以上诸说,都主张"参"读为"骖"。

黄怀信先生在《孔子弟子名字解诂》一文中提出新的看法,认为"参"当读为"参与"之"参"。他指出王引之所谓"驾马所以引车",毕竟只是"引"车,具体到骖马,更不当直接与车合义。"参"当如字读为"参与"之"参","参"本借为"三",做动词读"参"音,谓三之。三之,即与之参合而为三。与之参合,即参加、参与之,即与之共。"舆"当借为"与",有与之共,在一起的意思。名"参"字"舆",取其义同。黄怀信先生认为,读为"参与"之"参"似较读"骖"更合理。② 但就读音而言,无论是读骖马之骖,还是参与之参,都是读作"cān"。

也有学者认为,曾参之"参"应读作"sān"。其根据是,《辞源》有词条"参舆","参"通"三",读为"sān",参舆的意思是古代大夫所乘三匹马所驾的车。汉刘向《说苑·修文》载:"天子之赗,乘马六匹,乘车;诸侯四匹,乘舆;大夫曰参舆;元士、下士不用舆。"③所以,曾子名参字子舆,也许是曾皙希望儿子能重振家业,恢复乃祖之爵位,当上大夫(即宰)。④

以上种种说法,各有道理。参读为"森"或"申",是较为普遍的一种读法,且约定俗成,相沿成习,影响巨大。参读为"骖",从训诂的角度,也自有其合理性。而参读为"三",则稍嫌牵强。

二、师从孔子

曾参幼时,家境贫穷。曾参的母亲居家纺织,操持家务,《战国策·秦策》、《新语·辨惑》有曾母织布的记载。曾参的父亲耕作农田以维持生计,曾参年少之时,就参与生产劳动,随父亲耕种于故里。从《孔子家语·六本》谓曾子耘瓜,《论衡·感虚》称曾子"出薪于野"等记载,我们可以想象

---

① 王筠对参读骖音又有疑虑,认为"皆读若森,恐参字古无骖音也"。(清)王筠:《说文释例》卷十一《读若本义》,武汉市古籍书店,1983 年影印本,第 516 页。
② 黄怀信:《孔子弟子名字解诂》,《文史》2011 年第 3 辑。
③ (汉)刘向著,向宗鲁校证:《说苑校证》,中华书局,1987 年,第 492 页。
④ 郝兰国:《曾参之"参"读音考》,《安徽文学》2007 年第 4 期。

得到曾子贫寒生活的大概情形。曾参的父亲曾晳在孔子创办私学时就开始跟随孔子学习,属于孔子的早期弟子。曾晳农闲之余,诵诗习礼,有意无意间在曾参幼小的心灵中扎下了浓厚的文化情结。就在这样贫困的生活环境中,在父亲的教育引导下,曾参读书启蒙,逐渐成长。长大之后,便遵从父命,就学于孔子之门。曾晳、曾参父子二人先后受教于孔子,孜孜以求,唯圣依归,相契于孔子之道,足为后世典范。

孔子(前551—前479),名丘,字仲尼,春秋时期鲁国陬邑昌平乡(今山东曲阜市东南)人,是中国历史上影响最为深远的思想家和教育家,儒家学派的创始人。孔子自三十岁左右开始收徒讲学,他以“有教无类”为办学宗旨,将文化传播于一般大众,期望培养一批德才兼备的君子,以改变“礼崩乐坏”的社会乱局,建立充满仁爱之风的“大同”世界。随着孔子办学的声名远播,孔门规模也逐渐扩大,《史记·孔子世家》曾以“弟子弥众,至自远方,莫不受业”来描述其私学盛况。

孔子五十一岁的时候,开始踏上从政的道路,曾在鲁国担任过中都宰、司空、大司寇,由于政绩卓著,深受鲁定公器重。定公十年(前500),孔子在齐鲁夹谷之会上挫败了齐国企图挟持鲁君的阴谋,鲁国权益得以维护,孔子也因此获得了空前的政治声望。五十五岁时(鲁定公十三年,前497),因与鲁国执政季桓子政见不合,孔子便带领弟子离开鲁国,开始了长达十四年的周游列国的颠沛生涯。此时,曾参年仅九岁,为了照顾幼小的孩子和维持一家的生活,曾晳只得留在了故里南武城。

鲁哀公六年(前489),孔子在陈。鲁国新任执政季康子感到缺乏辅政的人才,很想遵从父亲季桓子的临终嘱托迎孔子回国,但又顾忌到国内一些势力的反对,便决定派使臣先召冉求回鲁。孔子这些年来奔走于诸侯各国,四处碰壁,如今看到弟子成才,能为国效力,内心十分欣喜。冉求临行之际,孔子对他说,鲁国现在召他回国,“非小用之,将大用之也”[1],勉励他回去之后努力干出一番事业来。此时此刻,孔子也想起昔日跟随自己求道问学的弟子们,思归之情不禁油然而生,感叹道:“归与! 归与! 吾党之小

---

[1]《史记》卷四十七《孔子世家》,第1927页。

子狂简,斐然成章,吾不知所以裁之。"①由于担心那些留在鲁国的弟子,志于大道而妄作穿凿,文采斐然却过中失正,孔子在内心是希望自己能够返回鲁国培育他们的。

冉求回到鲁国之后,留在鲁国的孔门弟子急切地询问老师的消息,当听到孔子生发"归与"之叹时,弟子们也深切感受到孔子"成就后学以传道来世"的期望与关怀。得知孔子行踪的曾晳回到家,看着翻阅竹简,攻读诗书的曾参,作出了一个影响曾参一生的重大决定,那就是:让儿子投师孔门!这时的曾参已是十六岁的小伙子,意气风发,好学上进。听到父亲想让他师从孔子的话语,马上兴奋起来。第二天就打点行装,不惧路途遥远,踏上了寻师的行程。

在冉求回鲁之后不久,陈国因为遭到吴国的侵扰,国家陷入一片混乱,孔子便带领着弟子们前往楚国。师徒一行走到陈、蔡之间的时候,经历了绝粮的危难,随行弟子饥馁不堪,但孔子依然"讲诵弦歌不衰",以坚定的信念作为精神支柱,鼓励着弟子们战胜困厄,取道南下到了楚国的负函(今河南信阳)。而此时,一路跋涉、风餐露宿的曾参也赶到了楚国。当风尘仆仆的曾参来到孔子的面前,说明来意之后,孔子得知远道而来的年轻人竟然是弟子曾晳的儿子,惊喜不已,欣然接纳了这个比自己小四十六岁的学生。

对于曾子何时进入孔门受业,后世学者对这一问题有不同看法。有的认为在十六七岁②,有的认为在二十多岁③。如果是十六七岁入孔门,曾子就随从孔子游于列国;如果是二十多岁入孔门的话,那就是孔子返鲁之后

---

① 刘宝楠:《论语正义》,第198页。
② 吕元善《圣门志》(《孔子文化大全》本,第145、595页)、夏洪基《孔门弟子传略》(四川大学古籍整理研究所编:《儒藏》史部第7册,第152页)、吕兆祥《宗圣志》(四川大学古籍整理研究所编:《儒藏》史部第8册,第285页)、沈德潜《圣门志考略》(四川大学古籍整理研究所编:《儒藏》,史部第7册第29页)、冯云鹓《圣门十六子书》(四川大学古籍整理研究所编:《儒藏》史部第124册,第313页)等认为是十六岁。熊赐履《学统·正统》(四川大学古籍整理研究所编:《儒藏》史部第124册,第2页)、王定安《宗圣志》(《孔子文化大全》本,第127页)均说曾子"十七岁,以父命从学孔子于楚"。近人钱穆称:"曾子年十七,乃孔子自楚返卫之岁,岂曾子是时始从孔子于卫乎!"把曾参进入孔门学习的时间定为孔子离楚适卫之时。见《先秦诸子系年·孔子弟子通考》,第86页。王瑞功亦持同一观点,见《曾子志》,第18页。
③ 罗新慧女士认为,将曾参入孔门之年定于孔子返鲁之后的鲁哀公十一年(前484)较为合理,曾参时年二十二岁。罗新慧:《曾子生平考析》,《学术月刊》2000年第2期。

的事情了。那么,曾子是否可能在孔子周游列国之时就学孔门呢? 曾子虽属孔门后辈弟子,但其在孔子周游列国的后期从师问道,是毋庸置疑的。一是曾子已年满十五岁,正是孔子所谓"志于学"之年,也与孔子收徒"自行束脩以上,吾未尝无诲焉"的原则相合。二是孔子周游列国虽然居无定处,且交通不便,但在当时孔子声名已闻于诸侯各国的情况下,其行踪谅不难确知。三是《孔丛子·居卫》载曾子谓子思曰"昔者吾从夫子游于诸侯"之语,可资征信。至于是十六岁还是十七岁,仅属细节问题,可略而勿辨。

　　曾参为学诚笃,性迟钝,少才辨,孔子对他的印象是"参也鲁"[1],认为他质朴、憨厚,在受业学习方面的表现略显迟钝。但是,曾参虽然年龄很小,却勤学好问,善于思考。所以孔子非常喜欢他,在曾参的学习过程中着重启发诱导,教之以"敏求"之道。《礼记·曾子问》、《大戴礼记·主言》等篇,都留下了许多孔子与曾子师徒二人对话答疑解难的记录,其内容多是孔子对礼、仁、孝等重要思想的阐发。

　　孔子在他人生的不同时期,其思想也表现出不断发展的阶段性的特征。杨朝明先生认为,孔子思想的发展历程大致可以分为三个阶段:"孔子思想产生之初,孔子所关注最多的是'礼',即周礼。孔子步入社会之初,名声日隆,从学弟子众多,原因在于他对周代礼乐的精深造诣。这一时期,孔子谈论最多的也是周礼,他所念念于怀的,是怎样以周代礼乐重整社会。随着时间的推移,孔子对社会的认识逐渐深化。他到处推行自己的'礼'的主张,企图用自己的学说改造社会,但却事与愿违,处处碰壁。他不得不进一步思考'礼'之不行的深层原因,于是,他开始越来越多地提到'仁',议论'仁'与'礼'之间的关系。这时期,孔子'仁'的学说得到了充分的拓展和完善。进入'知命'之年以后,孔子的人生境界逐渐提高,以至于最后达到了'从心所欲不逾矩'的佳境。他晚而喜《易》,并作《易传》,对自己的哲学思想进行了具体的阐发,他的'中庸'的方法论也臻于成熟。"[2]由于不同时期,孔子的关注重心有所不同,想必在孔子的早年和晚年的不同时期,其教

---

① 《论语·先进》:"柴也愚,参也鲁,师也辟,由也喭。"刘宝楠:《论语正义》,第457页。孔子认为,这些弟子在性格上各有所偏,故语之使知自警,只有克服其偏处,才能达到中庸。
② 杨朝明:《鲁文化史》,齐鲁书社,2001年,第347—348页。

学内容也是各有侧重。在不同阶段受教于孔子的弟子们,所受到孔子的影响,自然也会随着孔子思想的演进而有所不同,他们的学业专长和人生路向也因此展现出不同的特征。刘汝霖曾说:"孔子教授弟子的方法,可分为不同的两个时代。孔子早年,有志用世,所以他讲学问,注重实际。就造就出许多通晓政治经济和品行端正的人才。到了晚年,因为在列国周游十余年的经验,知道'道'不能行。这时的讲学,就偏重学理的讨论,所以就造就出许多学者。"①

　　孔子一生弟子三千,门徒众多,根据孔门弟子入门的早晚,有的学者将其分为两期,有的学者分为三期。如钱穆将孔门弟子分为前辈与后辈两期,"前辈者,问学于孔子去鲁之先,后辈则从游于孔子返鲁之后"②。李零先生把《论语》中记载的孔子弟子分为三期,第一期为孔子早年居鲁时招收的第一批学生,人数较少,主要有颜无繇、冉耕、仲由、漆雕启、闵损等人;第二期为自齐返鲁后招收的第二批学生,主要有冉雍、冉求、颜子、宰予、端木赐等人;第三期为周游列国期间所收学生,主要有公西赤、有若、卜商、言偃、曾参、颛孙师等人③。不管采用何种分期,曾参在孔门弟子中都属于后进弟子。钱穆认为,孔子前辈、后辈弟子虽然同列孔门,但前后风尚已有不同,他说:"由、求、予、赐志在从政,游、夏、有、曾乃攻文学,前辈则致力于事功,后辈则精研礼乐。"④作为孔门后辈,曾子贯注精力、潜心研求的也正是孔子念念在心、大力倡导的礼乐、仁义、孝悌之道。

　　孔子是三代礼乐文化的继承者,礼是孔子思想最重要的范畴之一。在礼崩乐坏的春秋时代,孔子将礼治作为实现王道盛世的不二法门,倡导"为国以礼"、强调"不学礼,无以立"。从《礼记·曾子问》的记载我们可以看

① 刘汝霖:《周秦诸子考》上册,北平文化学社,1929年,第143—144页。
② 钱穆:《先秦诸子系年·孔子弟子通考》,第94页。
③ 李零:《丧家狗:我读〈论语〉》,山西人民出版社,2007年,第19—21页。
④ 钱穆:《先秦诸子系年·孔子弟子通考》,第94页。按:孔门弟子之所以学有专长,术有专攻,与孔子因其天赋、个性而因材施教密切相关,但这并不意味着孔子在教学内容上对弟子们分别对待。在对弟子进行因材施教的同时,孔子仍然遵循着某些共同的原则和价值准则,这些共同的信仰和价值标准是弟子们成为孔学传人和成就早期儒家集团的内在原因。参见庞朴主编:《中国儒学》第1册,东方出版中心,1997年,第45页。

到,曾子向孔子求教的礼制问题包含了冠昏、朝聘、丧祭等内容。如国君死后,世子始生,当如何行礼? 诸侯觐见天子之时,忽然因为某些事故而不能行礼完毕,那是一些什么样的事故才可以使觐礼临时停止? 国君去世将殡,而臣下有父母之丧,怎么办? 如果同时有两个亲人的丧事,办理丧事时谁该在先,谁该在后? 迎亲之日,新娘已走到半路,而新郎忽然遇到父亲或母亲的丧事,新娘该怎么办? 如此种种,多有出于意度之外,而当时的礼制所没有载明的礼仪难题。对于这些关键性的特殊礼仪,曾子总是预揣以为问,反复穷究,务求明白;孔子则随事而剖析,详细解说,以释其疑。比如,曾子问到出使的使臣在别国公馆去世应该如何行丧礼的问题:

> 曾子问曰:"为君使而卒于舍,《礼》曰:'公馆复,私馆不复。'凡所使之国,有司所授舍,则公馆已。何谓私馆不复也?"孔子曰:"善乎问之也!自卿大夫之家,曰私馆;公馆与公所为曰公馆。公馆复,此之谓也。"①

对于曾参提出的问题,孔子认为他比别人思考得更为深入,因而特别称赞他问得好。这些事例告诉我们,曾子对于"礼"确实有很细致的思考和钻研。正如朱熹所说:"观《礼记》中曾子问丧礼之变,曲折无不详尽,可见曾子是一一理会过来。"②

但是,也许因为曾子年龄较小的缘故,社会上有些人或者孔门弟子对曾子懂礼的情况不太了解,所以孔子对曾子再三褒扬,以纠正这种错误认识。《孔子家语》载:

> 曾子曰:"狎甚则相简,庄甚则不亲。是故君子之狎足以交欢,其庄足以成礼。"孔子闻斯言也,曰:"二三子志之,孰谓参也不知礼乎!"③

当孔子听到曾参关于礼的一番议论后,感到天资鲁拙的曾参,已有壁

---

① 孙希旦:《礼记集解》中册,第 546—547 页。
② 熊赐履:《学统·正统》,四川大学古籍整理研究所编:《儒藏》史部第 124 册,第 31 页。
③ 杨朝明、宋立林主编:《孔子家语通解》,第 116 页。

立千仞的气象,感慨良多,他严肃地对身边的弟子们说:"你们要记住这些话,谁说曾参不懂礼制呀!"曾参以一言得到孔子的肯定,不难相见,随侍孔子的诸弟子自然无不钦羡,而年轻的曾参亦必引以为荣。孔子宽厚仁爱的温暖话语和奖掖后进的热情鼓励,无疑大大增强了曾参精神上的自我提升和勉力向前、研求新知的信心。

礼在孔子那里是一种社会伦理规范,"克己复礼"是孔子实现"天下归仁"的道德修养方法,而将礼与仁贯通联系起来的,则是孔子格外重视的"孝"。在孔子的教化思想中,"孝"是施行教化、臻至德治的逻辑起点,是仁的根本,为仁必先自孝悌开始。因此,孔子论孝,首重修身,强调对父母的敬养不违、劳而无怨以及谏亲行义、忠君立身。曾子天性至孝,逾冠之年随侍孔子,每次面见孔子未尝不问安亲之道,其孝心至诚,常为孔子所褒扬。晋干宝《搜神记》卷十一载:"曾子从仲尼在楚而心动,辞归问母,母曰:'思尔啮指。'孔子闻之曰:'参之至诚,精感万里。'"但曾子对孝的理解,起初仅仅停留在敬而不违的层面,未能领会孝道的精神实质。《孔子家语·六本》篇记载了一则关于曾参行孝的故事:

> 曾子耘瓜,误斩其根。曾晳怒,建大杖以击其背。曾子仆地而不知人久之。有顷,乃苏,欣然而起,进于曾晳曰:"向也,参得罪于大人,大人用力教参,得无疾乎?"退而就房,援琴而歌,欲令曾晳而闻之,知其体康也。孔子闻之而怒,告门弟子曰:"参来,勿内。"
>
> 曾参自以为无罪,使人请于孔子。子曰:"汝不闻乎,昔瞽瞍有子曰舜。舜之事瞽瞍,欲使之,未尝不在于侧;索而杀之,未尝可得。小棰则待过,大杖则逃走,故瞽瞍不犯不父之罪,而舜不失蒸蒸之孝。今参事父,委身以待暴怒,殪而不避。既身死而陷父于不义,其不孝孰大焉?汝非天子之民也?杀天子之民,其罪奚若?"
>
> 曾参闻之,曰:"参罪大矣。"遂造孔子而谢过。①

---

① 杨朝明、宋立林主编:《孔子家语通解·六本》,第181—182页。又见《说苑·建本》、《韩诗外传》等。

对于曾参"耘瓜受杖"而不知躲避的行为,孔子十分生气,但曾参尚不知错在何处,孔子以"舜事瞽瞍"的例子教训曾参说,如果只知道拘泥于"孝顺"的表面含义,"委身以待暴怒,殪而不避",最后只能是导致"身死而陷父于不义"的结果,又怎么能称得上孝呢?孔子的严厉批评,使曾参恍然大悟,诚心诚意地检讨了自己的过错。经过这一番教训,曾子对孝的真义体会更深,他后来与学生谈论孝道时说,侍奉父母要爱而敬。他说:"父母之行,若中道则从,若不中道则谏。谏而不用,行之如由己。从而不谏,非孝也;谏而不从,亦非孝也。"①由于曾子志存孝道,孜孜以求,所以孔子赞扬他符合"孝、悌、信、忠"②四德,认为曾参能通孝道,故授之业,作《孝经》。就文献所见,孔门诸弟子中,明确提到孔子传授专门之学者,只有曾子、子夏两人③。由此看来,曾子在孔子门下终有大成,与他谨慎修行、笃实践履、努力求索的好学求实精神是分不开的。

　　除了向孔子请教外,曾子还虚心向问道较早的孔门先进们学习,多方吸取别人的长处,来弥补自己的不足。尤其是对于早已登堂入室、被孔子赞为"仁者",并视作学术、事业继承人的颜回以及勇于践行、闻过则喜的子路,青年时期的曾参可谓亦步亦趋,把他们作为自己模拟攀登的对象,时时处处激励自己修身立德,笃志于大道。《孔子家语·六本》有一段曾子侍学孔子的记载:

　　　　孔子曰:"回有君子之道四焉:强于行义,弱于受谏,怵于待禄,慎于治身。史鰌有君子之道三焉:不仕而敬上,不祀而敬鬼,直己而曲人。"曾子侍,曰:"参昔常闻夫子三言,而未之能行也。夫子见人之一善而忘其百非,是夫子之易事也;见人之有善,若己有之,是夫子之不争也;闻善必躬行之,然后导之,是夫子之能劳也。学夫子之三言而未

---

① 黄怀信主撰:《大戴礼记汇校集注》卷四《曾子事父母》,三秦出版社,2005年,第543—544页。
② 《孔子家语·弟子行》载:"孔子曰:'孝,德之始也;悌,德之序也;信,德之厚也;忠,德之正也。参中夫四德者也。'"见杨朝明、宋立林主编:《孔子家语通解》,第138页。
③ 宋均注《孝经纬·钩命决》载:孔子曰:"吾志在《春秋》,行在《孝经》。欲观我褒贬诸侯之志在《春秋》,崇人伦之行在《孝经》。以《春秋》属商,以《孝经》属参。"见(清)马国翰辑:《玉函山房辑佚书》卷五十八《经编·纬书类》,上海古籍出版社,1990年,第2190页。

能行,以自知终不及二子者也。"①

　　孔子述论弟子颜回和卫国大夫史鳅的优点,在旁陪侍的曾子深有感触,想到颜回力行实践、慎于持身的人生态度,而自己常常聆听夫子教诲却没有能够做到躬行践履,也更加认识到自己和颜回的差距。颜回去世之后,曾子仍然念念不忘他的优点,极力称颂颜回的德行,赞扬他"以能问于不能,以多问于寡;有若无,实若虚,犯而不校。昔者吾友尝从事于斯矣"②。言语之间,流露出对颜回的景仰与叹服。颜回对曾子的影响是巨大而深刻的,以至于曾子在临终之际,还对儿子感叹说:"微乎! 吾无夫颜氏之言,吾何以语汝哉!"③曾子认为,有德者必有言,而自己和颜回相比,德行相去甚远,故难以有像颜回的高明之语来嘱咐儿子。显然,曾子已把颜回作为终生效法的楷模。

　　子路追随孔子四十余年,无论是孔子早年办学从政,还是周游列国期间,子路始终伴随在孔子身边,忠贞不贰。子路虽然性情粗犷,却具有坦荡之胸襟、坚毅之精神、勇于改过之品质。当他认为孔子言行不妥的时候,总是直言劝谏。对于这样一个质朴忠厚的师兄,曾子内心充满敬重。这种尊敬之情,不仅表现在曾子与子路的交往中,也展现于曾子的教学活动中,因而深刻地影响了曾子的后辈和弟子。《孟子》中记载了这样一个故事,有人问曾西说:"你和子路相比,谁更贤能一些呢?"曾西听了,非常不安地说道:"那是我父亲都敬畏的人啊!"④言谈话语之间,流露出对子路的崇敬之情。

　　在与同门师友切磋学问的时候,曾子总是追根求源,随事精察,以求详尽。有一次,有若询问曾子:"你向夫子请教过丧失禄位之后如何自处的原则吗?"曾子说:"我倒是听老师提起过,丧失了官职禄位,最好是赶快变得贫穷;死后,最好是快点腐朽。"有若听了之后,认为这不像仁爱君子说的

① 杨朝明、宋立林主编:《孔子家语通解》,第186页。
② 刘宝楠:《论语正义》,第294页。
③ 黄怀信主撰:《大戴礼记汇校集注》卷五《曾子疾病》,第600页。
④《孟子·公孙丑下》载:"或问乎曾西曰:'吾子与子路孰贤?'曾西蹴然曰:'吾先子之所畏也。'"朱熹:《四书章句集注》,第227页。

话。曾子对他说:"这是我从夫子那里听到的啊!"但有若仍然不相信,曾子告诉他:"这句话我和子游都亲耳听到。"有子说:"如果是这样,那一定是夫子为了什么特定的事情而讲的。"曾子不明白有若怎么会有这样的想法,就把有若的话对子游说了。子游很感慨地说:"甚哉!有子之言似夫子也。"然后,他对曾子解释说:"从前,夫子住在宋国,见司马桓魋为自己造石椁,匠人花了三年功夫,还没雕琢完成。夫子就说:'一个人死了,如果像这样奢侈,还不如让他快点腐朽好些。'人死了就快点腐朽的话,那是专为桓司马说的。南宫敬叔丧失官职之后,每一回朝,必定带上许多宝物来活动疏通。夫子见了就说:'像他这样用许多财宝从事不正当的活动,丧失官位以后还不如快点贫乏好些。'丧失官位最好快点贫乏的话,就是针对南宫敬叔说的。"

曾子把子游的话原原本本地告诉了有若,有若说:"这就对了,我本来就认为这不是夫子的言论。"曾子很奇怪,就问道:"你是怎么知道的啊?"有若说:"以前,老师在做中都宰时制定的法度,棺厚四寸,椁厚五寸,就凭这一规定,我知道老师是不希望人死后就赶快腐朽。当年夫子失去鲁国司寇的职位,打算到楚国去,我记得是先让子夏去安排,接着又派冉有去联络,因此我知道老师不主张丧失官位就得快点变得贫乏。"①

有若的一席话,消除了曾参内心的疑惑。而有若对孔子了解之深刻,对孔子思想领悟之透彻,都使得曾参由衷地佩服。对照自己的求学历程,曾参也再一次感觉到追寻孔子的路途是何等地无止无休!

此后,曾参秉承孔子的好学精神,以"三省吾身"的诚笃态度,更加广泛地学习各种知识,积累起了丰富的学习经验。他说:

> 君子攻其恶,求其过,强其所不能,去私欲,从事于义,可谓学矣。君子爱日以学,及时以行,难者弗辟,易者弗从,唯义所在,日旦就业,夕而自省思,以殁其身,亦可谓守业矣。君子学必由其业,问必以其序,问而不决,承闲观色而复之。虽不说,亦不强争也。君子既学之,

---

① 孙希旦:《礼记集解》上册,第 217 页。

患其不博也;既博之,患其不习也;既习之,患其无知也;既知之,患其不能行也;既能行之,贵其能让也。君子之学,致此五者而已矣。①

曾子认为,一个君子只要治理他的不好的行为,寻求自身细微的过失和差错,勉力去做能力不及的事情,摒除自私的情欲,去做应该做的事情,就可以称得上"学"了。而治学最重要的就是爱惜光阴,随时按照所学的道理踏实去做。遇到困难的不逃避,遇到轻易的不苟从,只要做正确就可以。每天早晨起来依着所学的去做,晚上自我省察反思自己这一天的行为。一直到死都坚持这样的态度,也可以算是"守业"了。君子为学必须从阅读先王典籍开始,有疑惑不明的事情,也要按照次序向老师请教。假若问后疑难仍然没有解决,就要把握住机会,趁着老师空闲的时间,观察着脸色,再向老师请问。如果老师不再解说,也就不要"强争"了。最后曾子强调说,君子既然学了,唯恐学得不够渊博;达到渊博了,唯恐他不能时时温习;既然温习了,唯恐他还有不甚明了的地方;既然明了了,唯恐他不能照着去做;既然照着去做了,更希望他能礼让贤者。君子为学,就是要达到这样的五个目标。古人说"非知之艰,行之惟艰"②,一个人不仅要博学于文,更要学而时习,温故知新,笃行善道,只有这样,才能学有所成。曾子的这段话,实际上系统地阐述了博学、审问、慎思、明辨、笃行的治学之道,这应当是曾子长期在孔子身边耳濡目染、对孔子思想自然而然消化吸收的结果,而曾子后来之所以能够对孔子学说融会贯通,成为孔门的传道者,与此有极大关系。

曾子在日常的学习中,把孔子的教诲牢记在心,常引述孔子之言来评论世事人物。如《论语·学而》记载孔子论孝的一段话:"父在,观其志;父没,观其行;三年无改于父之道,可谓孝矣。"③鲁国大夫孟庄子(仲孙速)在他的父亲孟献子(仲孙蔑)去世之后,还能用父之臣,守父之道,孔子认为孟庄子的行为实属难能可贵。曾子在讨论孝道的时候,就转述孔子之语来称赞孟庄子的孝行,他说:"吾闻诸夫子:孟庄子之孝也,其他可能也。其不改

① 黄怀信主撰:《大戴礼记汇校集注》卷四《曾子立事》,第449—453页。
② 孔安国传,陆德明音义,孔颖达疏:《尚书正义》卷十,阮元:《十三经注疏》上册,第175页。
③ 刘宝楠:《论语正义》,第27页。

父之臣与父之政,是难能也。"①

不仅如此,曾子对于孔子思想还能够在理解的基础上进行解释发挥,深入阐发孔子学说的内在意蕴。如,孔子论述为政原则时说过"不在其位,不谋其政"的话,曾子就进一步提出了"君子思不出其位"②的观点,强调君子所思虑的问题不能超出自己在社会上的名分和职责。又如,孔子在劝诫年轻人要趁着年富力强多学习知识和本领时,这样说道:"后生可畏,焉知来者之不如今也? 四十、五十而无闻焉,斯亦不足畏也已。"③时光似流水,逝者如斯夫,学贵不失时。如果在年轻时不能勤学求知、丰富学识,那么结果只能是"时过然后学,则勤苦而难成"④。因此,曾子说:"三十、四十之间而无艺,即无艺矣;五十而不以善闻,则无闻矣。"⑤孔子曰"无闻",曾子云"不以善闻",从中我们不难发现曾子对孔子思想的理解是深刻的,同时也有创新和发展,凸显出曾子之学"笃实力行"的思想特色。

曾子自鲁哀公六年(前489)随从孔子问学,至鲁哀公十六年(前479)孔子辞世,前后长达十年之久。十年之中,曾子以鲁钝之质、刚毅之性,立定脚跟,躬行仁道,在长期的学习实践中,对孔子博大精深的思想有了深刻的领悟。《论语·里仁》载:

> 子曰:"参乎! 吾道一以贯之。"曾子曰:"唯。"子出,门人问曰:"何谓也?"曾子曰:"夫子之道,忠恕而已矣。"

这里,曾参将孔子学说概括为"忠恕之道",显示了曾子对孔子思想精髓的准确把握。《论语·卫灵公》也载孔子语子贡以"一以贯之"之道:"子曰:'赐也! 女以予为多学而识之者与?'对曰:'然,非与?'曰:'非也,予一以贯之。'"子贡名列孔门十哲,以言语著称,其对孔子之推崇与维护,

---

① 刘宝楠:《论语正义》,第746页。
② 刘宝楠:《论语正义》,第587页
③ 刘宝楠:《论语正义》,第352页。
④ 孙希旦:《礼记集解》中册,第965页。
⑤ 黄怀信主撰:《大戴礼记汇校集注》卷四《曾子立事》,第483—484页。

孔门弟子无出其右。子贡之学,多而能识,孔子对其屡有启发之语,寄予厚望。然而,与曾子相比,子贡毕竟逊色不少。宋儒谓:"孔子之于曾子,不待其问而直告之以此,曾子复深谕之曰'唯'。若子贡则先发其疑而后告之,而子贡终亦不能如曾子之唯也。二子所学之深浅,于此可见。"①子贡、曾子并闻一贯之旨,只有曾子领悟了其精义,因此,后世遂称曾子独得道统之传。

鲁哀公十六年(前479),孔子殁,"葬鲁城北泗上,弟子皆服三年。三年心丧毕,相诀而去,则哭,各复尽哀;或复留。唯子贡庐于冢上,凡六年,然后去。"②在为孔子服丧期间,弟子们思慕老师,因为感到"有子之言似夫子",所以,子夏、子张、子游等人希望像侍奉孔子那样对待有若③。但曾子对于此事,却明确表示反对。《孟子·滕文公上》载:

> 子夏、子张、子游以有若似圣人④,欲以所事孔子事之,强曾子。曾子曰:"不可。江汉以濯之,秋阳以暴之,皓皓乎不可尚已!"

有子、子夏、子张、子游等人年龄与曾子相仿,都属孔子晚期弟子中的佼佼者。孔子去世之后,孔门可谓群龙无首,子夏、子张、子游推举有若为"掌门",以师事之,似有树立孔门新权威的意味。此等想法,固然有其道理,但不免失之草率。虽然孔门前辈弟子中较有影响的颜子、子路、冉伯牛等人已不在世,但孔子甚为器重的子贡极力推崇孔子为"圣人",可谓尽人皆知。

---

① 朱熹:《四书章句集注》,第161—162页。
② 《史记》卷四十七《孔子世家》,第1945页。
③ 《史记·仲尼弟子列传》载:"孔子既没,弟子思慕,有若状似孔子,弟子相与共立为师,师之如夫子时也。"《史记》卷六十七《仲尼弟子列传》,第2216页。
④ 南宋学者王十朋指出:"所谓似圣人者,盖必有子之学识,于群弟子中有一日之长,其见道有似吾夫子焉……而有子未尝居师之位也。"见《王十朋全集·文集》卷十四《论语三说》,上海古籍出版社,1998年,第805页。《礼记·檀弓上》载:"子游曰:'甚哉!有子之言似夫子也。'"孙希旦:《礼记集解》卷九,第217页,由此可知,当时孔门弟子对有子确实相当敬重。《孟子》所言,必非因有子貌似孔子之故而欲师事之。《史记·孔子世家》所谓"有若状似孔子",很可能是司马迁对《孟子》之说的误解。洪迈指出,"太史公之书,于是为失矣。且门人所传者道也,岂应以状貌之似而师之邪?世所图《七十二贤画像》,其画有若遂于孔子略等,此又可笑也。"(南宋)洪迈:《容斋随笔》卷十五《有若》,中州古籍出版社,1994年,第328页。

不论当时在世的孔门前辈弟子对子夏等人推举有若的行为有何看法,即在孔门后辈弟子中,以所事孔子事有子,恐怕也未必服众。所以,对于这种极不严肃的做法,曾子认为实属不识大体,坚决地制止了他们的行动。曾子说:孔子就像用江汉之水洗濯后,又经夏日的阳光暴晒过的素缟一样,洁白光辉无以复加。有若虽然学养深厚,但又怎么能比得上孔子呢? 正如宋儒陆九渊所说:"此数语自曾子胸中流出。"①可谓声震寰宇,严正光明,对子夏等人不啻当头棒喝,促其猛醒。正因如此,子夏等人听了曾子的意见后,也就不再提师事有若之事。而子贡在与孔门诸弟子为孔子守丧三年后,复筑庐于场,守墓三年,无声地表明了对孔子的无上尊崇。曾子与子贡,在如何继承并发扬孔子思想的问题上,可以说是心有灵犀,所见略同。从另一个角度讲,子夏诸人欲以师事有若,而必征询曾子的意见,毫无疑义地说明,在孔子去世之前,年近而立的曾参因为透彻了解孔子思想的精蕴,并躬行践履,已经在孔门弟子中具有相当高的学术地位。

三、传播儒学

鲁哀公十一年(前484),六十八岁的孔子应季康子之召,带领学生回到鲁国。归鲁之后,曾子一边继续随孔子问学,一边在南武城从事农耕奉养双亲。孔子去世之后,孔门众弟子为老师守丧三年。公元前476年,年届而立的曾子回到南武城,开始授徒讲学,并游历于诸侯各国,致力于孔子儒学的传播和弘扬。据一些文献记载,回到鲁国的曾子生活相当穷困,《孔子家语·在厄》篇谓"曾子敝衣而耕于鲁"②,贫困而孝顺的曾子为了使父母生活舒适曾两次出仕以求禄养亲。一是仕于齐。《庄子·杂篇·寓言》载曾子曰:"吾及亲仕,三釜而心乐。"③《韩诗外传》卷七载曾子曰:"吾尝仕为吏,禄不过钟釜,尚犹欣欣而喜者,非以为多也,乐其逮亲也。"④一釜为六斗四升,三釜合十九斗二升,这样的俸禄还是十分微薄的,但因为有这份俸禄

---

① (南宋)陆九渊著,钟哲点校:《陆九渊集》卷三十四《语录上》,中华书局,1980年,第402页。

② 杨朝明、宋立林主编:《孔子家语通解》,第248页。

③ 郭庆藩:《庄子集释》,第954页。

④ (汉)韩婴著,许维遹集释:《韩诗外传集释》卷七,中华书局,1980年,第246—247页。

可以用来侍奉双亲,故曾子禄虽少而心欢乐。一是仕于莒。《韩诗外传》卷
一载:"曾子仕于莒,得粟三秉。方是之时,曾子重其禄而轻其身。"①曾子在
莒,俸禄是"粟三秉"。一秉十六斛,三秉则为三十六斛,合三百六十斗。这
份俸禄在当时应该不算少,但年轻的曾子不因其多而沾沾自喜,唯求养亲
尽孝而已。②

　　大约在曾子为孔子守丧三年回到南武城不久,其父曾点就去世了。③
亲没之后,曾子就在故乡开始收徒讲学,传扬孔子之道。曾子深悟孔子"一
贯之道",称得上是学有大成。孔子去世之后,曾子在孔门中的影响日益扩
大,从学者日渐众多。随着曾子名声越来越大,各国诸侯纷纷延聘曾子,齐
国欲迎以相,楚国打算让他做令尹,晋国则想尊其为上卿,但曾子不为所
动,一概力辞不就。据《孔子家语·七十二弟子解》记载,曾子"志存孝
道……齐尝聘,欲与为卿而不就"④。而是专心于培育弟子、传承孔子思想
的教学活动。

　　鲁哀公前期,内政仍处于三桓的控制之下,外交方面鲁齐关系时好时
坏,战事不断。哀公后期,鲁国试图借越国之力驱逐三桓,鲁国君臣矛盾进
一步加剧,并最终激化。哀公二十七年(前468),鲁哀公竟然请求越国攻打
鲁国,以借此铲除三桓势力。这一年,越国人攻打武城,在武城讲学的曾子
为躲避越国军队的侵扰,率门人弟子外出躲避,后来又返回武城。⑤ 这一时
期,曾子曾在齐、楚等国游历,设帐授徒。曾子尝言:"入是国也,言信于群

① 韩婴著,许维遹集释:《韩诗外传集释》卷一,第1页。
② 关于曾子出仕问题,学术界一般认为曾子可能担任过低级小吏。杨朝明、宋立林《孔子弟子评
传》认为,《韩诗外传》、《庄子》两段材料所记,"若合符节,并无抵牾,应该可信"。见杨朝明、宋
立林主编:《孔子弟子评传》,中国社会出版社,2012年,第94页。但也有学者认为《韩诗外传》
所谓曾子"南游于楚,得尊官焉,堂高九仞,榱题三围,转毂百乘"等记载,疑问尚多,并不可信。
关于曾子出仕而居高官的说法,皆为附会之词,漏洞甚多。见罗新慧:《曾子生平考析》,《学术
月刊》2000年第2期。
③ 熊赐履以为曾点去世时,曾子三十一岁,当公元前475年。见其《学统·正统》,四川大学古籍整
理研究所编:《儒藏》史部第124册,第10页。
④ 杨朝明、宋立林主编:《孔子家语通解》,第436页。
⑤ 《孟子·离娄下》载:"曾子居武城,有越寇。或曰:'寇至,盍去诸?'曰:'无寓人于我室,毁伤其
薪木。'寇退,则曰:'修我墙屋,我将反。'寇退,曾子反。"朱熹:《四书章句集注》,第300页。

臣,而留可也;行忠于卿大夫,则仕可也;泽施于百姓,则富可也。"①在鲁国政局混乱不堪的局面下,鲁悼公元年(前466),曾子率领弟子来到了相对安定的卫国,在此逗留达十年之久。据《庄子·让王》记载,曾子在卫国生活非常清贫,"缊袍无表,颜色肿哙,手足胼胝",生活拮据到了三天吃不上熟食,十年不制新衣的地步,以至于"正冠而缨绝,捉衿而肘见,纳履而踵决"。但曾子仍然坚守孔子安贫乐道的本色,"曳纵而歌《商颂》,声满天地,若出金石",守志不挠,讲学不辍。

鲁悼公十一年(前457),已届不惑之年的曾子返回鲁国,仍以讲学授徒为业。在教学上,曾子承袭孔子的教育方法,注重言传身教,于日常生活中为后学树立楷模。由于教育得法,曾子弟子中有成就者不乏其人。据《孟子·离娄下》记载,曾子门下有弟子七十多人,其名可考者有子思、乐正子春、公明仪、单居离、沈犹行、公明高、阳肤等人。② 其中名声最著者当属子思和乐正子春。

子思名伋,孔子裔孙,是先秦儒学谱系中至关重要的人物之一,《韩非子·显学》所谓"儒家八派"有"子思之儒"。关于其身世生平,《史记·孔子世家》有一段简约的记载:"孔子生鲤,字伯鱼。伯鱼年五十,先孔子死。伯鱼生伋,字子思,年六十二。尝困于宋。子思作《中庸》。"③子思年幼丧父,其幼年曾亲受业于孔子,深具家学传统。孔子去世之后,孔门弟子担当起教育培养子思的任务,尤其是在鲁为孔子服丧的几年中,孔子弟子对子思倾注了极大的关爱,子思的早期教育也经由孔门弟子的教诲而得以完成。

但是,子思的师承,先秦史料中并无明确记载。子思从学于曾子的学

---

① 杨朝明、宋立林主编:《孔子家语通解》,第81页。
② 于慎行编《兖州府志》卷七《圣里志中·四配世家·曾子门人》列举公明仪、阳肤、子襄、公明宣、乐正子春、单居离、孟仪、公孟子高、公明高、沈犹行等十人。(明)于慎行:《兖州府志》,齐鲁书社,1985年影印本。《宗圣志·弟子》列举曾子弟子十二人:子思、公明仪、乐正子春、沈犹行、阳肤、公明高、子襄、单居离、公明宣、公孟子高、孟仪、檀弓(曾国荃重修,王定安辑:《宗圣志》卷十六《弟子》,第697—721页)。同书卷九《祠庙》引《武城家乘》,除子思配享外,曾庙两庑从祀弟子十人:公明仪、阳肤、乐正子春、沈犹行、子襄、公明高、单居离、公明宣、公孟子高、孟仪,无檀弓(曾国荃重修,王定安辑:《宗圣志》卷九《宗庙》,第435页)。
③ 《史记》卷四十七《孔子世家》,第1946页。

术主张,始自唐代韩愈。作为儒学"道统"论的始倡者,对于孔孟之间百余年的思想演变,韩愈在《送王秀才序》一文中提出了"孟轲师子思,子思之学盖出曾子"①的观点。这一说法,经过宋儒的进一步发挥,构成了从孔子、曾子到子思再到孟子的儒学道统谱系。二程云:"孔子没,传孔子之道者,曾子而已。曾子传之子思,子思传之孟子,孟子死,不得其传,至孟子而圣人之道益尊。"②朱子认为,曾子"资质刚毅,先自把捉得定,故得卒传夫子之道。后来有子思,孟子,其传亦永远"③。陆九渊也说,颜子没后,孔子之道幸得"曾子传之子思,子思传之孟子,夫子之道,至孟子而一光"④。唐宋诸儒关于儒家思想传承系统的"孔—曾—思—孟"的道统说在学术史上影响巨大,子思师承曾子的说法也成为人们的共识。不过,随着道统说的式微,人们对这一成说表示了怀疑,晚清康有为、章太炎极力批驳子思之学出于曾子的观点,认为子思之学出于子游。近代以来,一些学者如郭沫若先生就认为,思孟一系"事实上也就是子游氏之儒"⑤。姜广辉先生也提出子思之学出于子游,认为孔子、子游以至思孟学派构成儒学的正统。⑥

从子思的思想主张而言,应当说,在孔门诸弟子中,曾子、子游对子思的影响较大一些。对曾子与子思的师承关系,侯外庐先生主编的《中国思想通史》予以了重新的考察,尽管他并不赞成曾子与思孟为儒学正统,但他仍然对子思与曾子的思想承继关系表示认可,他说:"我们认为,曾子与思、孟的思想确是在一条线上发展的。"⑦在曾子与子思的师承关系问题上,李学勤先生根据郭店简及上博简等新出土文献,肯定了宋儒的看法。他认为:"在孔孟之间,曾子与子思一系作用最大,宋儒的道统说还是有相当道理的。"⑧

---

① 《韩愈全集》,上海古籍出版社,1997年,第212页。
② (宋)程颢、程颐著,王孝鱼点校:《二程集·河南程氏遗书》卷二十五,中华书局,1981年,第327页。
③ (宋)黎靖德编,王星贤点校:《朱子语类》卷十三《学七·力行》,中华书局,1986年,第241页。
④ 陆九渊著,钟哲点校:《陆九渊集》卷三十四《语录上》,第397页。
⑤ 郭沫若:《十批判书·儒家八派的批判》,人民出版社,1954年,第113页。
⑥ 姜广辉:《郭店楚简与道统攸系》,《中国哲学》第二十一辑,第14页。
⑦ 侯外庐主编:《中国思想通史》(第一卷),人民出版社,1957年,第364页。
⑧ 李学勤:《孔孟之间与老庄之间》,《文物中的古文明》,商务印书馆,2008年,第205页。

曾子、子思之师承虽然在史籍中无确切记载,但从《孟子》称"曾子、子思同道",已可略见曾子、子思关系之不同寻常。丁四新认为:"《礼记》所载曾子与子思的地方较多,他们之间的关系比较密切。"①前人也曾论及,《孟子》书中明引曾子者九处,引子思者六处,均为崇敬推尚的态度②,尤可见孟子对曾子、子思之推崇。显然,孟子的学术倾向与其所受教育及所传承的学说有密切的关联。《孟子外书》也载孟子曰:"曾子学于孔子,子思学于曾子。"③《孟子外书》虽然在汉代的时候,就被赵岐认定为"后世依放而托"的赝品,但是其记载却并非毫无价值。④ 儒家向来重视学术传承,宋儒关于曾子、子思师承关系的说法,应当是基于孔孟之间学术思想演变的线索,而非臆测之词。无论子思之学出自曾子还是子游,或者是出自孔门其他弟子,实际上,与曾子为子思之师的说法都并不矛盾。

子思个性坚毅,在他身上充分表现出了一个儒者安贫乐道、勇于进取的弘道精神。《孔丛子·抗志》载:

> 曾申谓子思曰:"屈己以伸道乎? 抗志以贫贱乎?"子思曰:"道伸,吾所愿也。今天下王侯,其孰能哉? 与屈己以富贵,不若抗志以贫贱。屈己则制于人,抗志则不愧于道。"⑤

《孔丛子·居卫》又载:

> 孟轲问子思曰:"尧、舜、文、武之道,可力而致乎?"子思曰:"彼,人也;我,人也。称其言,履其行,夜思之,昼行之,滋滋焉,汲汲焉,如农

---

① 丁四新:《郭店楚墓竹简思想研究》,东方出版社,2000 年,第 194 页。
② 侯外庐主编:《中国思想通史》(第一卷),第 363 页。
③ 《孟子外书》,《拜经楼丛书》,乾隆庚子(1780)刻本。
④ 彭林先生《子思作〈孝经〉说新论》引顾炎武《日知录》云:"《史记》、《法言》、《盐铁论》等所引《孟子》,今《孟子》书无其文,岂俱所谓'外篇'者邪?"及王充《论衡·本性》云"孟子作《性善》之篇"等记载,认为司马迁、扬雄、桓宽、王充等并不以"外篇四篇"为伪书,他指出,"赵岐对《孟子》外书的排弃,未必可靠"。见彭林:《子思作〈孝经〉说新论》,《中国哲学史》2000 年第 3 期。
⑤ 王钧林、周海生译注:《孔丛子》,中华书局,2009 年,第 124 页。

之赴时,商之趣利,恶有不至者乎?"①

从这两段记载来看,子思主张一个人应当甘于贫贱、坚守志节以伸张道义,只有这样才能实现尧舜文武之道。而这一主张,可以说是对曾子"士不可以不弘毅"思想的延展和发挥。子思以昭明圣祖之德为己任,系统地阐释和深化了孔子思想。他所提出的心、性、中、和、道等范畴,为后世儒家进一步诠释和发挥。孟子正是在继承子思学说的基础上,以"舍我其谁"的无畏精神和浩然正气,以性善说为基点,将孔子儒学发扬光大,最终形成了对后世有较大影响的思孟学派。

乐正子春,也是曾子弟子中成就较大的一个。《礼记·檀弓上》载:"曾子寝疾,病。乐正子春坐于床下。"郑玄注曰:"子春,曾参弟子。"《韩非子·显学》记有"乐正氏之儒",但此"乐正氏"为何人,学界存有争议。因为在先秦儒家中,有两个乐正氏,一位是曾子弟子乐正子春,一位是孟子弟子乐正克。乐正克,即《孟子》书中多次出现的"乐正子",鲁国国君曾想让他治理国政。对于《韩非子》所言"乐正氏",梁启超认为:"曾子弟子有乐正子春,此文乐正氏疑即传曾子学者。孟子弟子亦有乐正子,当属孟氏一派也。"②

按照《韩非子·说林》的记载,乐正子春是以守信闻名于世的人物。有一次,齐国攻伐鲁国,索讨谗鼎,鲁国就把一件赝品送给齐国。齐国人看到后说"这是假的",而鲁国使者则坚持说是真的。齐人对鲁国使者说,你们还是派乐正子春来吧,他如果说是真的,我们就相信你的话。鲁国国君请乐正子春出使齐国,乐正子春问:"为什么不把真鼎送去呢?"国君说:"我爱惜真鼎。"乐正子春说道:"我也爱惜我的诚信。"③在谗鼎真伪上,齐国人要凭乐正子春一言裁决,可见乐正子春在当时以"信"著称于世。相较而言,

---

① 王钧林、周海生译注:《孔丛子》,第96页。
② 梁启超:《韩非子〈显学篇〉释义》,《饮冰室合集》第10册,中华书局,1989年,第1页。
③ 《韩非子·说林下》载:"齐伐鲁,索谗鼎,鲁以其雁往。齐人曰:'雁也。'鲁人曰:'真也。'齐曰:'使乐正子春来,吾将听子。'鲁君请乐正子春,乐正子春曰:'胡不以其真往也?'君曰:'我爱之。'答曰:'臣亦爱臣之信。'"王先慎:《韩非子集解》,第194—195页。在《吕氏春秋·季秋纪·审己》、《新序》二书中,故事的主角由为乐正子春变成了鲁国名人柳下季(柳下惠),可能乐正子春与柳下惠皆以"信"为世人传颂,故传闻异词。

乐正克虽为孟子弟子,但从《孟子·告子》篇所记孟子对乐正克的评价可知,乐正克既不是"有智虑"的眼光远大之人,亦非"多闻识"的见多识广之人,开宗立派、独树一帜自非其能力所及。郭沫若认为乐正氏指的是孟子的弟子乐正克,似有不妥。而乐正子春以孝闻名,且有信而见信于齐,为曾子后学当中的大儒,具备从曾子之学中分衍派生的条件。因此,韩非所谓乐正氏之儒,"以指曾子弟子之乐正子春为是"①。

乐正子春承袭了曾子的孝道思想并有所发扬,他言说孝道,往往以"吾闻之曾子,曾子闻诸夫子"之语彰明其思想渊源,足见其是以曾子嫡传自居的。《大戴礼记·曾子大孝》记载,乐正子春有一次扭伤了脚,痊愈之后几个月没有出门,而且表现出很烦恼的样子。他的弟子问道:"先生的脚不是好了吗,为什么还这样烦恼呢?"乐正子春说:"你问得真好啊! 我的老师曾子从孔子那里听说:天之所生,地之所养,世间万物再没有比人更伟大的了。父母给我们一个完整的身体,儿子至死都应该保持完好,不损毁自己的身体,不辱没自己的形象,才可称得上孝。君子每走一步路都不能忘记孝。现在我(伤了脚),是忘了孝之道啊,所以才烦恼。"②据研究,今传《大戴礼记》之"曾子十篇"中有多篇属于乐正子春学派的著作,如《曾子本孝》、《曾子立孝》、《曾子大孝》、《曾子事父母》等篇③,记述了乐正子春的孝道理论。从总体上看,乐正子春基本上继承了曾子的孝论,并作了进一步的发展。颜炳罡先生认为,乐正子春与曾子共同开创了儒家系统的孝行派。这一派以其谨慎的处世方式和高尚的孝行,赢得了世人和孔子后学的高度认同,具有很高的威望。④

曾子的其他弟子,事迹可考者,还有如下数人:

公明仪,典籍关于他的记载较多。《礼记·祭义》有公明仪问曾子"夫子可以为孝乎"的记载,郑玄注曰:"公明仪,曾子弟子。"《礼记·檀弓上》

---

① 王先慎:《韩非子集解》,第 1127 页。
② 原文见黄怀信主撰:《大戴礼记汇校集注》卷四《曾子大孝》,第 537—539 页。
③ 参见刘光胜:《〈大戴礼记·曾子〉研究》,博士学位论文,清华大学,2010 年,第 101—106 页。
④ 颜炳罡:《"儒家八派"的再审视》,庞朴主编:《儒林》第一辑,山东大学出版社,2005 年,第 145 页。

又载"子张之丧,公明仪为志焉",唐孔颖达疏认为,公明仪既是子张弟子,又是曾子弟子。《大戴礼记·曾子大孝》、《孟子》等书也载有公明仪的事迹。

沈犹行,姓沈犹,名行。赵岐《孟子》注曰:"沈犹行,曾子弟子。"沈犹氏,为鲁国大族,《荀子·儒效》载:"仲尼将为司寇,沈犹氏不敢朝饮其羊。"根据《孟子·离娄下》的记载,沈犹行似是曾子在楚国所收的弟子。

阳肤,南武城人,文献记载只见于《论语·子张》,包咸注云:"阳肤,曾子弟子。"孟氏让阳肤做士师(管司法的官吏),他特别向曾子请教,曾子教其乱世典狱之法云:"上失其道,民散久矣。如得其情,则哀矜而勿喜。"

公明高,《孟子·万章上》记载公明高教导弟子只有大孝才能"终身慕父母",赵岐注云:"公明高,曾子弟子。"钱穆引清人洪颐煊《经义丛钞》说:"明古读如'芒',与'羊'声相近,《春秋》家公羊高,亦即《孟子》所谓公明高也。"①

子襄,《孟子·公孙丑》有曾子与其论勇的记载,赵岐注云:"子襄,曾子弟子。"

单居离,《大戴礼记·曾子事父母》记载单居离向曾子请教侍奉父母之道。卢辩注云:"单居离,曾子弟子。"

公明宣,《说苑·反质》记载:"公明宣学于曾子。"

公孟子高、孟仪,《说苑·修文》记有曾子与公孟子高、孟仪关于"君子之礼"、"礼有三仪"的问答。

除以上诸人外,清王定安《宗圣志》又列檀弓、吴起等人。南宋胡寅认为檀弓是曾子门人,但这种说法信从者极少。朱熹说"《檀弓》恐是子游门人作,其间多推尊子游"②,怀疑檀弓也可能师承子游。

吴起,卫人,战国时期著名的军事家。《吕氏春秋·当染篇》载:"子贡、子夏、曾子学于孔子,田子方学于子贡,段干木学于子夏,吴起学于曾子。"③

① 钱穆:《先秦诸子系年·孔门传经辨》,第99页。
② 黎靖德编,王星贤点校:《朱子语类》卷八十七《礼四·小戴礼》,第2231页。
③ 许维遹著,梁运华整理:《吕氏春秋集释》卷二《仲春纪·当染》,中华书局,2009年,第53页。

此曾子既与子贡、子夏并举,当指曾参。然而,《史记·孙子吴起列传》又载吴起"尝学于曾子……其母死,起终不归。曾子薄之,而与起绝"①。《吴起列传》中提到的"曾子",据钱穆先生考证,应是曾参之子曾申②,而非曾参。吴起虽学于曾申,但母丧不归,其思想显然已脱离儒学传统。

作为孔子最忠实的弟子之一,曾子在孔子去世之后,"继续'修道鲁卫之间,教化洙泗之上',以著书立说和聚徒讲学的方式维持儒学于不坠"③,在继承孔子孝道思想的基础上,建立了独具特色的孝道思想体系,并最终形成了特色鲜明的洙泗学派,为孔子儒学的传播作出了巨大贡献。

第二节　曾子著述

自孔子去世之后,学有所长、术有专精的孔门弟子各以其所闻,成一家之言,从不同方面光大孔子遗说。作为谨遵师说的忠诚弟子,曾子也聚徒讲学,宣扬孔子学说,同时著书立说,培养后学,传承儒家薪火。王定安《宗圣志·述作》云:"孰谓参鲁,乃荷斯文。《孝经》《大学》,万祀所尊。《大戴》十篇,坠绪若存。"④相传《孝经》、《大学》、《大戴礼记》"曾子"十篇,均是曾子的著述。此外,儒家重要的学术经典《论语》的成书也与曾子有关。虽然历代学者对这些著作与曾子、曾子弟子的关系及其成书年代,众说纷纭,但细致分析起来,上述诸书与曾子及其弟子的确有着或深或浅、或多或少的关联。

一、《曾子》与《大戴礼记》"曾子"十篇

（一）《曾子》一书的流传与整理

《曾子》一书,最早见于《汉书·艺文志》的著录。该书称"《曾子》十八

---

① 《史记》卷六十五《孙子吴起列传》,第2165页。
② 钱穆:《先秦诸子系年·鲁缪公礼贤考》,第180页。
③ 王钧林:《中国儒学史》(先秦卷),广东人民出版社,1998年,第169页。
④ 曾国荃重修,王定安辑:《宗圣志》卷六,第271页。

篇"，班固自注"名参，孔子弟子"，指明这是孔子弟子曾参所撰。按古书通例，《曾子》这部书应当是曾子及其弟子言行、事迹的记录，是了解曾子思想的重要文献。

东汉以降至南北朝，史籍关于《曾子》的记载都付诸阙如。直到《隋书·经籍志》才重新有了《曾子》一书的著录，《隋志》云："《曾子》二卷，目一卷，鲁国曾参撰。"但只记卷数，没有说明具体篇数。《旧唐书·经籍志》、《新唐书·艺文志》、《宋史·艺文志》、《崇文总目》、《郡斋读书志》、《文献通考》均承袭《隋志》作"《曾子》二卷"。这说明，在班固之后，可能有人对《曾子》书进行过分卷整理。而在这一过程中，《曾子》十八篇可能已经有部分篇目亡佚。所以，唐朝初年魏徵等奉命纂修《群书治要》时，所录《曾子》便只有十篇，与《大戴礼记》"曾子"十篇相关篇章的文字除个别字词有异外，其他均同。

宋代，随着"道统说"的盛行，学者对曾子学说予以了更多的关注，对《曾子》书的流传情况也进行了考索。晁公武《郡斋读书志》曰：

> 《汉·艺文志》：《曾子》十八篇；《隋志》：《曾子》二卷，《目》一卷；《唐志》：《曾子》二卷。今此书亦二卷，凡十篇，盖唐本也，视《汉》亡八篇，视《隋》亡《目》一篇。考其书已见于《大戴礼》……①

晁公武发现，当时流传的二卷本《曾子》除了第一篇篇名《修身》与《大戴礼记》的《曾子立事》不同之外，二者在内容方面却是相同的。此外，晁氏所见本还有题曰"传绍述本"。绍述，是唐朝人樊宗师的字。据《新唐书·樊泽传》，樊泽的儿子宗师，字绍述。这样看来，晁公武所见应该是唐代樊宗师的传抄本。其首篇篇名与魏徵《群书治要》所引《修身》相同，二者可能同出一源。由于《曾子》一书在宋代以前不为学林所重，世人久不读之，文字谬误甚多。晁公武将家藏《曾子》与司马光所藏《大戴礼记》参校，"其所是正者，至于千有余字"。尽管文字舛误较多，但其主体内容却是与《大戴

---

① （宋）晁公武著，孙猛校证：《郡斋读书志校证》卷十，上海古籍出版社，1990年，第411页。

礼记》相一致的。

高似孙、王应麟所见《曾子》一书,卷、篇与晁公武所见《曾子》书相同。高似孙《子略》云:

> 《曾子》者,曾参与其弟子公明仪、乐正子春、单居离、曾元、曾华之徒,讲论孝行之道,天地事物之原,凡十篇。自《修身》至于《天圆》,已见于《大戴礼》,篇为四十九,为五十八。他又杂见于《小戴礼》,略无少异。是固后人掇拾以为之者欤?①

他见到的这个《曾子》十篇本与《大戴礼记》"曾子"十篇的内容基本相同,所以猜测可能是后人的辑本。王应麟的观点与高氏类似,也认为两卷十篇本的《曾子》大概是后人从《大戴礼记》中"摭出为二卷"②。

那么,《汉志》所载"《曾子》十八篇"大约在何时散佚了呢? 钟肇鹏先生详细考察了古籍中引用"曾子"的情况及《曾子》佚文,发现唐代以前所引,有的见于《大戴礼记》"曾子"十篇,有的不见于这十篇,如《孟子》引《曾子》三则,《荀子》引《曾子》六则,《吕氏春秋》引《曾子》五则,董仲舒《春秋繁露》引《曾子》二则,晋张华《博物志·杂说上》引曾子二则,南朝梁萧绎《金楼子·立言》引曾子一则等,在《曾子》十篇中或见或不见。但唐代书籍如马总《意林》、《群书治要》所引则并系《曾子》十篇中文字。所以,钟肇鹏先生认为,《曾子》十八篇亡佚于六朝之末③。刘红霞对《曾子》的残缺时间进行了详细分析,就此观点提出了补充说明,她认为,《曾子》一书只是在六朝以前残缺了大部分,最后剩下二卷十篇本,被阮孝绪《七录》、《隋志》载入,其内容即《大戴礼记》"曾子"十篇,也就是唐初魏徵和南宋晁公武所见

① 高似孙:《子略》卷一,《丛书集成初编》本,第14页。
② 王应麟:《汉书艺文志考证》,张三夕、杨毅点校:《汉制考·汉艺文志考证》,中华书局,2011年,第198页。
③ 钟肇鹏:《曾子学派的孝治思想》,《孔子研究》1987年第2期。张磊也认为,两卷本的《曾子》书至迟在南朝、隋之际已经出现。参见张磊:《〈曾子〉源流与〈大戴礼记〉"曾子十篇"》,《古籍整理研究学刊》2009年第3期。

到的《曾子》十篇本①。这个二卷本《曾子》明确肯定有《修身》一篇,其内容也和今本《大戴礼记·曾子立事》相同。我们推测,魏徵《群书治要》中所保存的应是《汉志》"《曾子》十八篇"最初的篇题②。

据陈振孙《直斋书录解题》记载,宋儒杨简曾为《曾子》书作注,可见宋时仍有《曾子》行世。但唐宋人所见的《曾子》二卷本在《元史》、《明史》等史籍中却未见著录。这基本可以说明,时至南宋时期,二卷十篇本的《曾子》也亡佚了。由于二卷本《曾子》和《大戴礼记》的"曾子"十篇相似,故《曾子》原书虽亡,但其内容尚存。所以,自南宋时期开始,就有人陆续重新辑录《曾子》书。最早的当属南宋理学家刘清之(1133—1189)辑录的《曾子内外杂篇》,他将杂见于《论语》、《孟子》及其他传、记诸书中的曾子言行,辑为《曾子》七篇包括"《内篇》一,《外篇》、《杂篇》各三"③。据《宋史·刘清之传》记载,其生平著述甚多,此书即其一。朱熹认为该书"于其精粗纯驳之际,尤致意焉"④,但此书已经亡佚,其内容我们已难知其详。到了庆元嘉泰年间(1195—1204),安徽绩溪人汪晫重辑《曾子》(又作《曾子全书》)一卷,凡十二篇。但因其所编"别为标目,未免自我作古",又"往往割裂经文,以就门目",致使"文义殆为乖隔"⑤,而遭到清儒的批评。

鉴于《曾子》一书佚而不传,清代著名学者阮元将《大戴礼记》的四十九至五十八篇单独抽出,径名曰《曾子》,并加以注释,"正诸家之得失,辨文字之异同"⑥,成《曾子注释》四卷。阮元整理《曾子》时保留了《大戴礼记》"曾子"十篇的篇题:一、《曾子立事》,二、《曾子本孝》,三、《曾子立孝》,四、《曾子大孝》,五、《曾子事父母》,六、《曾子制言》上,七、《曾子制言》

---

① 刘红霞:《曾子及其学派研究》,博士学位论文,山东大学,2008 年,第 37—39 页。
② 参见刘光胜:《〈大戴礼记·曾子立事〉篇题考》,《殷都学刊》2010 年第 1 期。
③ 王应麟:《小学绀珠》卷四,《丛书集成初编》本,第 152 页。
④ 朱熹:《晦庵先生朱文公文集》卷八十一《书刘子澄所编曾子后》,朱杰人、严佐之、刘永翔主编:《朱子全书》,上海古籍出版社、安徽教育出版社,2002 年,第 24 册,第 3855 页。
⑤ (清)永瑢等:《钦定四库全书总目》卷九十二《儒家类二·〈曾子〉提要》,中华书局,2003 年,第 783—784 页。汪晫所辑《曾子》篇目依次为:仲尼闲居、明明德、养老、周礼、有子问、丧服(下缺第七、第八)、晋楚、守业、三省身、忠恕,共 12 篇。就内容而言,第一篇即《孝经》,第二篇为《大学》,故《四库全书总目》谓其"别为标目"、"改其篇目"为武断。但在"汉本久佚,唐本今亦未见"的情况下,"先贤之佚文绪论,颇可借此以考见",仍不失其重要价值。
⑥ 阮元:《曾子注释》"后识",《清经解》卷八百六,上海书店出版社,1988 年,第 278 页。

中,八、《曾子制言》下,九、《曾子疾病》,十、《曾子天圆》。阮元认为《曾子》的文献价值是极高的。他在《曾子注释序》中这样说道:

> 今读《事父母》以上四篇,实与《孝经》相表里焉……惟孰复曾子之书,以为当与《论语》同,不宜与记书、杂录并行……窃谓从事孔子之学者,当自《曾子》始。①

在阮元看来,《曾子》的文献价值不在《论语》之下。他甚至提出学习孔子儒学,应当从读《曾子》开始,可见其对《曾子》书的重视。

总体上看,《汉书·艺文志》著录的《曾子》十八篇,在六朝时期已有亡佚。后来的二卷十篇本内容与《大戴礼记》"曾子"十篇相同,而此本又亡佚于南宋末年。其后,《曾子》一书又经历了重新辑录、整理的过程。我们今天所见到的《曾子》一书,主要是依靠《大戴礼记》的记载而得以保存并流传下来的。

(二)《曾子》的作者与成书

对于《曾子》一书的作者,《汉书·艺文志》、《隋书·经籍志》等断定是曾参所著。但因为《曾子》一书的复杂性,自宋代以来便不断有学者对这一说法提出质疑。如晁公武《郡斋读书志》卷十说"旧称曾参所撰,其《大孝篇》有乐正子春事,当是其门人所纂尔"②,明确提出《曾子》一书是由曾子门人纂辑而成的。朱熹《晦庵集》云:"世传《曾子》书者,乃独取《大戴礼》之十篇以充之,其言语气象,视《论》、《孟》、《檀弓》等篇所载相去远甚。"朱熹虽然怀疑《曾子》书非曾子所撰,但他又认为《曾子》一书可能出于"从之游者"所记闻,朱熹解释说:"窃以谓曾子之为人,敦厚质实,而其学专以躬行为主,故其真积力久,而得以闻乎一以贯之之妙。然其所以自守而终身者,则固未尝离乎孝敬信让之规,而其制行立身,又专以轻富贵、守贫贱、不求人知为大。是以从之游者,所闻虽或甚浅,亦不失为谨厚修洁之人,所记

---

① 阮元:《揅经室集·一集》卷二《曾子十篇注释序》,王云五主编:《丛书集成初编》,商务印书馆,1935年,第39—40页。
② 晁公武著,孙猛校证:《郡斋读书志校证》卷十,第411页。

虽或甚疏,亦必有以切于日用躬行之实。盖虽或附而益之,要亦必为如是之言,然后得以自托于其间也。"①阮元对《大戴礼记》"曾子"十篇极为推崇,将其视为孔门弟子的著作得以流传后世的硕果仅存者,他说:"百世学者,皆取法孔子矣。然去孔子渐远者其言亦渐异。子思、孟子近孔子而言不异,犹非亲受业于孔子者也。然则七十子亲受业于孔子,其言之无异于孔子而独存者,唯《曾子》十篇乎!"②此论认为,《曾子》一书为曾子弟子纂辑而成,约形成于战国时期。

　　不过,也有学者认为"曾子"十篇为晚出之伪书。如宋人黄震在其所著《黄氏日抄·读曾子》中说:"曾子之书,不知谁所依仿而为之?"并提出该书非曾子所作的四点证据:一是书云"与父言,言畜子"等"皆世俗委曲之语";二是所言"良贾深藏如虚",又近于老子之学,殊不类曾子宏毅气象;三是若乐正子下堂伤足之事;四是"天圆地方之说",虽务博而未必然。③ 明方孝孺也说:"《曾子》十篇一卷,其词见《大戴礼》。虽非曾子所著,然格言至论杂陈其间,而于言孝尤备。意者出于门人弟子所传闻而成于汉儒之手者也,故其说间有不纯。"④他认为"曾子"十篇虽有可能来源于曾子弟子所传闻,但其成书却晚至汉代。近代梁启超也说:"《大戴》所载十篇,文字浅薄,不似春秋末的曾子所作,反似汉初。诸篇虽题曾子之名,却未敢定。"⑤虽然也有学者对伪书说提出质疑,如钱大昕就认为"曾子十篇,皆古书之仅存者"⑥,但"曾子"十篇为晚出伪书的说法仍是近代学界的主流观点⑦。

　　那么,《曾子》的成书情况究竟怎样? 要解决这个问题,首先要弄清《大

---

① 朱熹:《晦庵先生朱文公文集》卷八十一《书刘子澄所编曾子后》,朱杰人、严佐之、刘永翔主编:《朱子全书》第24册,第3855—3856页。

② 阮元:《揅经室集·一集》卷二《曾子十篇注释序》,王云五主编:《丛书集成初编》,第39页。

③ (宋)黄震:《黄氏日抄》卷五十五,《四库全书》第708册,第403—404页。

④ (明)方孝孺:《逊志斋集》卷四《读曾子》,宁波出版社,2000年,第110页。

⑤ 梁启超:《古书真伪及其年代》,中华书局,1955年,第128页。

⑥ 钱大昕:《潜研堂集》卷二十七《跋大戴礼记》,第462页。

⑦ 如张心澂认为《曾子》是后人所辑。见张心澂:《伪书通考》,商务印书馆,1939年,第618页。国外汉学界也多持此种观点,如津田左右吉认为,《曾子》成书在汉代,是以《荀子·大略》为素材而构成的。[日]津田左右吉:《论语と孔子の思想》(《论语与孔子的思想》),东京岩波书店,1946年,第65页。

戴礼记》"曾子"十篇与《汉书·艺文志》"《曾子》十八篇"的关系。

　　大、小戴《礼记》是先秦至秦汉时期的礼学文献汇编，据《汉书·艺文志》"礼类"载："《礼》古经五十六卷，《经》十七篇。后氏、戴氏。《记》百三十一篇，七十子后学者所记也。"郑康成《六艺论》曰：戴德传《记》八十五篇，戴圣传《记》四十九篇①。至于大、小戴《记》篇数的差别，《经典释文·序录》引晋陈邵《〈周礼论〉序》："戴德删古礼二百四篇为八十五篇，谓之《大戴礼》。戴圣删《大戴礼》为四十九篇，是为《小戴礼》。"②《隋书·经籍志》也有类似说法，此为"小戴删大戴"之说。但此说颇受清代学者怀疑，如钱大昕在《二十二史考异》卷七中说："《记》本七十子之徒所作，后人通儒各有损益。河间献王得之，大、小戴各传其学。"③但黄怀信先生认为，大戴所受及原传皆四十九篇，而后自增成八十五篇。而小戴并未删大戴，《大戴礼记》所佚四十六篇主要为《小戴礼记》之篇。"其之所以佚，盖因其文同而抄书者省之也。古者抄书不易，小戴书既有其篇，则于大戴无须更抄，故抄者省之，自是情理中事。"④

　　如此看来，大、小戴所传均出自孔门七十子后学有关古礼的《记》，这些《记》是古礼传习过程中，儒生搜集的经师之著述、言语或者师徒间的问答资料。这也说明，大、小戴《礼记》所依据的原始材料是大体相同的。当然，由于其内容十分庞杂，间有古礼经含于其中。洪业《礼记引得序》曰："立于学官之礼，经也，而汉人亦以'礼记'称之，殆以其书中既有经，复有记，故混合而称之耳。"⑤如大、小戴《礼记》的《投壶》篇。《记》中也有些是子书的单篇，如《大戴礼记》中有《千乘》、《四代》、《虞戴德》、《诰志》、《小辨》、《周兵》、《少闲》七篇，清人沈钦韩引刘向《别录》曰："孔子三见哀公，作《三朝记》七篇，今在《大戴礼》。"又引《蜀志》秦宓曰"孔子三见哀公，言成七卷"⑥，这是《大戴礼记》抄录它书的明证。那么，《曾子》十八篇是否杂存于

① （清）皮锡瑞：《六艺论疏证》，《续修四库全书》经部第171册，第284页。
② 陆德明：《经典释文》，第11页。
③ 陈文和主编：《嘉定钱大昕全集》（贰），江苏古籍出版社，1997年，第175页。
④ 黄怀信主撰：《大戴礼记汇校集注》"前言"，第17—19页
⑤ 洪业：《礼记引得序》，《洪业论学集》，中华书局，1981年，第208页。
⑥ （清）沈钦韩：《汉书疏证》卷十一，《续修四库全书》史部第265册，第446页。

这些《记》中呢？晁公武《郡斋读书志》云："汉有《礼经》十七篇,后氏、戴氏,《记》百三十一篇,七十子后学者所记。是时未有大、小戴之分,不知《曾子》在其中与否也？"①虽然未能肯定《曾子》十八篇就在这些《记》中,但晁氏显然认为《曾子》十八篇与这些《记》存在着某种联系。阮元认为,《大戴礼记》"曾子"十篇都有"曾子"二字,是因为"戴氏取《曾子》之书入于杂记之中,识之以别于他篇也"②。阮元的看法深有见地。据古书通例,篇名往往摘取首章要语以识篇第或据文章内容而定,大抵以二字名篇,很少再标以人名的。也就是说,"曾子"二字原是书名,而非篇名,"立事"、"本孝"、"立孝"、"大孝"、"事父母"、"制言"、"疾病"、"天圆"可能是其原篇名,被编入《大戴记》之后才形成现在的篇题。蒋伯潜也指出《大戴礼记》可能从古《记》中收录了《曾子》十八篇的全部内容,在流传过程中因简文散脱而有所佚失。他说:

> 魏徵《群书治要》中之《曾子》,见引于马总《意林》者,均与《大戴记》合。似《大戴记》之十篇原在《曾子》十八篇中。……殆《汉志》所录之十八篇,亡其八篇,仅存十篇,而此十篇即为大戴录入记中者也。③

这也说明,《大戴礼记》的"曾子"十篇确实来源于《曾子》书,而曾子门徒及再传弟子辑录《曾子》十八篇的年代要早于《大戴礼记》。

既然"曾子"十篇来源于《曾子》,那么,接下来要解决的一个重要问题就是:"曾子"十篇究竟是否是先秦文献？就古籍征引《曾子》书的内容来看,《吕氏春秋》、《孟子》、《荀子》等先秦诸书多次征引《曾子》,其成书年代当早于《吕氏春秋》。《吕氏春秋》的最后编定大约在公元前241年左右,则《曾子》的成书年代至迟不晚于公元前241年。王铁从文体、语言、战国和西汉前期文献的引述以及《曾子》中表现的思想等方面对《曾子》十篇进行了详细考察,认为其为战国中期以前的作品,成于曾子弟子或再传弟子之

---

① 晁公武著,孙猛校证:《郡斋读书志校证》卷十,第412页。
② 阮元:《曾子注释》,阮元主编:《清经解》卷八百三,第266页。
③ 蒋伯潜:《诸子通考》下编《诸子著述考》,岳麓书社,2010年,第271页。

手,时间大约在公元前 400 年前后的数十年间①。

上博简《内礼》的一些内容与保存在《大戴礼记》中的"曾子"十篇部分篇章有关,这为我们探讨《曾子》的成书问题提供了新的线索。上博简《内礼》篇共有十支竹简,1—6 简记:

> 君子之立孝,爱是用,礼是贵。故为人君者,言人之君之不能使其臣者,不与言人之臣之不能事其君者;故为人臣者,言人之臣之不能事其君者,不与言人之君之不能使其臣者。故为人父者,言人之父之不能畜子者,不与言人之子之不孝者;故为人子者,言人之子之不孝者,不与言人之父之不能畜子者。故为人兄者,言人之兄之不能慈弟者,不与言人之弟之不能承兄者;故为人弟者,言人之弟之不能承兄者,不与言人之兄之不能慈弟者。故曰:与君言,言使臣;与臣言,言事君。与父言,言畜子;与子言,言孝父。与兄言,言慈弟;与弟言,言承兄。反此乱也。②

这段文字,和《大戴礼记·曾子立孝》篇文词略异,《曾子立孝》载:

> 曾子曰:君子立孝,其忠之用,礼之贵。故为人子而不能孝其父者,不敢言人父之不能畜其子者;为人弟而不能承其兄者,不敢言人兄不能顺其弟者;为人臣而不能事其君者,不敢言人君不能使其臣者也。故与父言,言畜子;与子言,言孝父;与兄言,言顺弟;与弟言,言承兄;与君言,言使臣;与臣言,言事君。君子之孝也,忠爱以敬,反是乱也。③

二者相较,除第一句《曾子立孝》作"君子立孝,其忠之用,礼之贵"及最后一句多出"君子之孝也,忠爱以敬"九字外,《曾子立孝》还略去了"故为人君

---

① 王铁:《〈曾子〉著作时代考》,《中国哲学史研究》1987 年第 1 期。
② 马承源:《上海博物馆藏战国楚竹书》(四),上海古籍出版社,2004 年,第 220—224 页。
③ 黄怀信主撰:《大戴礼记汇校集注》上册,第 513—515 页。

者……"、"故为人父者……"、"故为人兄者……"等内容。值得注意的还有以下两个方面：

(1)《内礼》与《曾子立孝》都强调君子应当践行孝道，但略微不同的是，《内礼》认为君子之孝以"爱"为基础，而《曾子立孝》则突出了"忠"的作用。廖名春先生以《吕氏春秋·权勋》高诱注"忠，爱也"及《韩非子·十过》"故竖谷阳之进酒，不以仇子反也，其心忠爱之而适足以杀之"为据，指出"忠"、"爱"义近，此处应该是"同意换读"[1]。"爱"侧重于亲爱之心，"忠"则凸显"尽己"之义，但无论是《内礼》的"爱"，还是《曾子立孝》的"忠"，强调的都是内在的情感，其最后落实都要归结到"礼"所规范的君臣、父子、兄弟等社会人伦秩序上面，都体现了曾子强调内修的思想。

(2)《内礼》对君臣、父子、兄弟等人伦关系的论述蕴含了君与臣、父与子、兄与弟双方的责任和义务，文中的"爱"是双向的、相对待的互"爱"，"礼"也是双向的、相对待的互"礼"。而《曾子立孝》则略去了《内礼》有关君、父、兄的内容，更加突出了臣、子、弟等在下位者对在上位者片面的伦理责任。"故为人君者……"这几句应是在后来的流传过程中被删除的，其原因可能与后来儒家君臣父子关系被绝对化有关[2]。但其又强调"忠爱以敬"，并没有回避伦理双方的责任担当。从对孝道原则的阐述来看，应当说，《内礼》和《曾子立孝》的主旨是契合的。

《内礼》接着又说：

> 君子事父母，亡私乐，亡私忧。父母所乐，乐之；父母所忧，忧之。善则从之，不善则止之；止之而不可，怜而任（第6简）不可。唯至于死，从之。孝而不谏，不成 孝 ；谏而不从，亦 不成孝。君子孝子，不食若宰，腹中巧变，故父母安。（第7简）[3]

---

[1] 廖名春：《读楚竹书〈内礼〉篇札记》，清华大学简帛研究，2005年2月20日。
[2] 参见梁涛：《"仁"与"孝"——思孟学派的一个诠释向度》，庞朴主编：《儒林》第一辑，第157页。
[3] 马承源：《上海博物馆藏战国楚竹书》（四），第224—225页。

这段文字,《大戴礼记·曾子事父母》中相关的内容为:

> 单居离问于曾子曰:"事父母有道乎?"曾子曰:"有。爱而敬。父
> 母之行,若中道则从,若不中道则谏。谏而不用,行之如由己。从而不
> 谏,非孝也;谏而不从,亦非孝也。孝子之谏,达善而不敢争辩。争辩
> 者,作乱之所由兴也。……孝子无私乐,父母所忧忧之,父母所乐乐
> 之。孝子唯巧变,故父母安之。"①

　　儒家提倡孝道,但在父母有过的时候,儒家更为注重"谏亲"。竹简《内
礼》与《曾子事父母》都强调了谏亲之道,二者内容基本一致。

　　总体上看,《曾子立孝》、《曾子事父母》对孝道的论述,较《内礼》更为
完善、精练。其间文字的差异,可能是曾子弟子记录时各自有所选择的缘
故。《内礼》篇的发现,表明前人关于《曾子》为伪书的说法已经不攻自破,
确为先秦文献。至于其成书时代,钟肇鹏先生认为《曾子》书系曾参再传弟
子就曾子之遗言、遗文缀辑而成。他说:"曾子卒后,他的第二、三代弟子结
集《曾子》一书,亦如孔子卒后,其二、三传弟子结集《论语》。《曾子》的结
集,盖略晚于《论语》,其时代当在战国早期。"②张磊认为,《大戴礼记》"曾
子"十篇与上博简《内礼》在内容和思想上存在密切的关联,已经比较接近
或大体相当于曾子及其门人生活的时代③。刘光胜对《大戴礼记》曾子十篇
进行了更为详实而系统的考察,提出按思想内容将《曾子》十篇划分为三部
分,一是《曾子立事》、《曾子制言》(包括上、中、下三篇)、《曾子疾病》与《论
语》内容相近,受孔子思想影响明显,为内篇;二是《曾子本孝》、《曾子立
孝》、《曾子大孝》、《曾子事父母》四篇其主旨与《孝经》互相发明,以孝道为
核心,其成书时间比《内篇》晚,估计成书于曾子第二代弟子之手或者更晚,

---

① 黄怀信主撰:《大戴礼记汇校集注》上册,第 543—546 页。
② 钟肇鹏:《曾子学派的孝治思想》,《孔子研究》1987 年第 2 期。
③ 张磊:《上海博物馆竹书〈内礼〉与〈大戴礼记〉"曾子十篇"》,《管子学刊》2007 年第 1 期。

为外篇;三是《曾子天圆》一篇,为杂篇。① 尽管与前代学者将《曾子》十篇看作一个整体有所不同,但也认可《曾子》十篇为先秦文献,将其视为孔孟之间儒家思想进程的一个重要学术链环。

除了《大戴礼记》"曾子"十篇之外,与曾子有关的文献还有《礼记·曾子问》、《大戴礼记·主言》。《礼记·曾子问》主要记载了孔子和曾子有关特殊情况下举行丧葬礼的问答之词,多为常礼所未及载之变例。有学者怀疑其为汉儒杂缀古记,间或参考当时议礼的文章,托为孔子或老聃之言以自重其说,故异于《大戴礼记》所辑曾子书②。也有学者认为是战国秦汉间的礼家,根据现实生活中行丧礼所遇到的,或设想可能会遇到的各种具体情况,托为曾子与孔子的问答,以为之说,而作此篇③。如此种种,我们认为皆为猜测之词,缺乏坚实根据。王锷对《曾子问》的内容进行了考察,他认为,"《曾子问》是曾子的著作,很可能是《汉书·艺文志》中《曾子》十八篇中的一篇,盖由曾子弟子整理成篇,时间大约在战国前期,与子思生存的年代大致相当"④。这一说法大体可以信从,《曾子问》应是由曾子所记录,曾子弟子根据其记录整理成篇。

《大戴礼记·主言》是孔子与曾子的谈话记录,主要论明主之德,故称"主言"。此篇亦见于《孔子家语》,作《王言解》。该篇叙事完整细致,描写具体生动,近乎实录,也当为孔子弟子或曾子弟子所记孔子言论。

如上所述,"曾子"十篇及《曾子问》、《主言》都应属于曾子学派的作品。"曾子"十篇记载了曾子言语以及曾子与其弟子的问答,曾门弟子众多,或因才质高下不同,或因选录旨趣有异,《曾子》十篇也呈现出不同的思想特色。从其中记载了曾子弟子乐正子春的事迹推测,《曾子》一书应陆续成于曾子、曾子弟子及再传弟子之手,其时代当在战国早期。此外,《曾子》一书多为记言语录体,其体例与《论语》相似,文字质朴,简约精练,也表明

---

① 刘光胜:《〈大戴礼记·曾子〉研究》,博士学位论文,清华大学,2010 年,第 105—106 页。另参见刘光胜:《〈曾子〉十篇思想内涵新论》,《人文杂志》2011 年第 1 期。
② 王梦鸥:《礼记今注今译》,新世界出版社,2011 年,第 159 页。
③ 杨天宇:《礼记译注》上册,上海古籍出版社,2004 年,第 300 页。
④ 王锷:《礼记成书考》,中华书局,2007 年,第 53 页。

《曾子》与《论语》的成书时间是相当接近的,其成书可能略晚于《论语》。

二、曾子与《孝经》

　　《孝经》是儒家"十三经"之中篇幅最短的一部,虽然不足两千字(今文《孝经》1799 字,古文《孝经》1872 字),但却是论述孝道思想最重要、最著名的文献。自西汉以来的两千余年,《孝经》作为弘扬孝道、培植人伦的经典,被称为"道之根源,六艺之总汇"①,备受尊崇,对历朝历代的各个社会阶层都产生了深远影响。

　　《孝经》以孔子与弟子曾参谈话的形式,全面而系统地阐述了儒家孝道理论,显示出《孝经》与曾子的关系极为密切。但曾子是否是《孝经》的作者,却是一个争论不休的悬案,历代学者众说纷纭。司马迁在《史记·仲尼弟子列传》中提及《孝经》的作者:"曾参……孔子以为能通孝道,故授之业。作《孝经》。"这是历史文献记载的关于曾子"作"《孝经》的最早记录。这种观点得到了后世一些学者的赞同。如汉代孔安国《古文孝经序》:"唯曾参躬行匹夫之孝,而未达天子、诸侯以下扬名显亲之事,因侍坐而诹问焉。故夫子告其谊,于是曾子嗼然知孝之为大也,遂集而录之,名曰《孝经》。"②元人熊禾在为董鼎《孝经大义》一书所作的序中说道:"孔门之学,惟曾氏得其宗。曾氏之书有二,曰《大学》,曰《孝经》。"③黄道周《孝经集传原序》云:"盖当时师、偃、商、参之徒,习观夫子之行事,诵其遗言,尊闻行知,萃为礼论,而其至要所在备于《孝经》。"④黄道周认为《孝经》是曾子集录夫子之说而成。

　　对于《史记》之说,也存在着不同的解释。《汉书·艺文志》说:"《孝经》者,孔子为曾子陈孝道也。"班固认为《孝经》是孔子所作,旨在向曾子述孝道。他在《白虎通》中就此进一步解释说:"孔子……复作《孝经》何? 欲

① (清)陈澧:《东塾读书记》卷一《孝经》,生活·读书·新知三联书店,1998 年,第 3 页。
② 孔安国:《古文孝经孔氏传》,《四库全书》第 182 册,第 5 页。
③ (元)熊禾:《孝经大义序》,(明)朱鸿编:《孝经总类·卯集》,《续修四库全书》第 151 册,第 62 页。
④ (明)黄道周:《孝经集传》,《四库全书》第 182 册,第 157 页。

专制正法。"《孝经纬·钩命诀》记孔子之言曰:"吾志在《春秋》,行在《孝经》。"《孝经·援神契》云:"孔子制作《孝经》,使七十二弟子向北辰,磬折而立,使曾子抱河洛,事北向。孔子斋戒,簪缥笔,衣绛单衣,向北辰再拜。"《孝经·中契》云:"某作《孝经》,文成而天道立。"汉代学者以《孝经》为孔子所作,并将其与《春秋》并称,显示出重视《孝经》之倾向。对于孔子作《孝经》的说法,郑玄作了进一步申述,《隋书·经籍志》引郑玄《六艺论》说:"孔子既叙《六经》,题目不同,指意差别,恐斯道离散,故作《孝经》以总会之。"①郑玄学术,为汉代经学之集大成,其引证和发挥的所谓孔子作《孝经》说对后世有较大影响。此后,皇侃、陆德明至宋邢昺,乃至清代许多学者,都持此观点。宋邢昺《孝经正义序》引刘炫《孝经述义》对此说略有修正,不信《孝经》是孔子为曾子陈孝道而作。刘炫说:"夫子运偶陵迟,礼乐崩坏,名教将绝,特感圣心,因弟子有请问之道,师儒有教诲之义,故假曾子之言以为对扬之体,乃非曾子实有问也。"②傅注《孝经注疏序》也说:"盖曾子在七十弟子中孝行最著,孔子乃假立曾子为请益问答之人以广明孝道,既说之后,乃属于曾子。"③刘炫、傅注等都认为孔子和曾子之间的问答,实际上是假设之情景,并非实有其事。

　　然而,无论是孔子作还是曾子作,后人都不完全同意这些见解。宋代学者开始怀疑《孝经》为孔子本人或曾子所作。南宋胡寅提出:"《孝经》非曾子所自为也,曾子问孝于仲尼,退而与门弟子言之,门弟子类而成书。"④晁公武也认可这一观点,他在《郡斋读书志》中说:"今其首章云'仲尼居,曾子侍',则非孔子所著明矣。详其文义,当是曾子弟子所为书也。"⑤即认为《孝经》是曾子弟子编录。有学者进而认为《孝经》成于子思之手,王应麟《困学纪闻》引冯椅曰:"子思作《中庸》,述其祖之语乃称字。是书当成于子思之手。"此种观点以《孝经》称孔子为"仲尼"为依据。倪上述赓续其

---

① 《隋书》卷三十二《经籍志》,中华书局,1973年,第935页。
② (唐)李隆基注,(宋)邢昺疏:《孝经注疏》,阮元:《十三经注疏》,第2539页。
③ (唐)傅注:《孝经注疏序》,阮元:《十三经注疏》,第2538页。
④ (清)朱彝尊:《经义考》卷二百二十二,中华书局,1998年,第1131页。
⑤ 晁公武著,孙猛校证:《郡斋读书志校证》卷三,第125页。

说,其《孝经勘误辨说》认为《孝经》与《大学》、《中庸》"此三书之中,于仲尼则称字,祖也;于曾子则称子,师也"。考之本文,揆诸情事,《孝经》确为曾氏门人所记,"断与《大学》、《中庸》同出于子思"。①

与此说法较为相近的,是"七十子之徒"说。司马光在《古文孝经指解序》中说:"圣人言则为经,动则为法,故孔子与曾子论孝,而门人书之,谓之《孝经》。"②清人毛奇龄《孝经问》认为,旧谓《孝经》夫子所作以授曾子,又谓夫子口授曾子,俱无此事,"此仍是春秋战国间七十子之徒所作,稍后于《论语》,而与《大学》、《中庸》、《孔子闲居》、《仲尼燕居》、《坊记》、《表记》诸篇同时,如出一手"③。纪昀从文体风格和所论内容的角度提出了相似的看法,他说:"今观其文,去二戴所录为近,要为七十子徒之遗书。"④

也有学者将《孝经》判定为伪书。如朱熹认为《孝经》不如《论语》说孝亲切有味,因而怀疑《孝经》不是"圣人之言"。朱熹又说:"《孝经》独篇首六七章为本经,其后乃传文,然皆齐鲁间陋儒纂取《左氏》诸书之语为之,至有全然不成文理处。传者又颇失其次第,殊非《大学》、《中庸》二传之俦也。"⑤此论一出,应者众多。清代学者姚际恒在《古今伪书考》中也提出:"是书来历出于汉儒,不惟非孔子作,并非周秦之言也。……勘其文义,绝类《戴记》中诸篇,如《曾子问》、《哀公问》、《仲尼燕居》、《孔子闲居》之类,同为汉儒之作。后儒以其言孝,特为撮出,因名以《孝经》耳。"⑥在近代疑古思潮影响下,汉儒伪作说得到广泛认同,梁启超、胡适等人均持此立场。现代学者蒋伯潜《诸子通考》、杨伯峻《经书浅谈》、黄云眉《古今伪书考补正》等著作也都采纳此说。但此种说法与《吕氏春秋》关于《孝经》的记述相矛盾,所以近现代学术界还有一些折中的说法,如认为《孝经》的内容很

---

① 陈铁凡:《孝经学源流》第二篇第二章引,"国立"编译馆中华丛书,1986 年,第 50 页。
② (宋)司马光:《古文孝经指解》,《通志堂经解》,江苏广陵古籍刻印社,1996 年影印本,第 14 册,第394页。
③ (清)毛奇龄:《孝经问》,王先谦主编:《清经解续编》卷二十四,上海书店出版社,1988 年,第 96 页。
④ 永瑢等:《钦定四库全书总目》卷三十二《经部三十二·孝经类存目·孝经类叙》,第 263 页。
⑤ 朱熹:《晦庵先生朱文公文集》卷八十四《跋程沙随贴》,朱杰人、严佐之、刘永翔主编:《朱子全书》,第 24 册,第3961页。
⑥ (清)姚际恒:《古今伪书考》,《丛书集成初编》本,商务印书馆,1939 年,第6—7页。

接近孟子的思想,从而断定《孝经》大概是"孟子门弟子所著的"①,或者认为古文《孝经》出自战国末年的孟荀学派,今文《孝经》成于西汉②。

以上诸说,莫衷一是,哪一种较为符合事实呢?

首先,我们来看古籍引用《孝经》的情况。最早称引《孝经》的是《吕氏春秋》。《吕氏春秋·察微》载:"《孝经》曰:高而不危,所以长守贵也;满而不溢,所以长守富也。富贵不离其身,然后能保其社稷,而和其民人。"这段话与今本《孝经·诸侯章》文字全同。又《孝行》:"故爱其亲,不敢恶人;敬其亲,不敢慢人。爱敬尽于事亲,光耀加于百姓,究于四海,此天子之孝也。"③这段话与《孝经·天子章》"爱亲者不敢恶于人"一段文字极为相近,很可能是引自《孝经》。根据孙星衍、陈其猷等学者的考证,《吕氏春秋》的最后成书约在公元前241年。由《吕氏春秋》引《孝经》,可证《孝经》其书成于先秦,在《吕氏春秋》编定前就已存在并流传。过去,曾有学者怀疑《吕氏春秋》所引"《孝经》曰"是注语窜入正文。对此观点,当代学者多不认同。钟肇鹏指出:"《吕氏春秋》为杂家,乃汇辑百家之说纂成。《孝行览》显然是儒家孝治派之说,取自《孝经》、《曾子》等书。古人引书多凭记忆,体例不严,故未明标出处,是《孝经》乃先秦古籍,其证一。如果认为《孝经》后于《吕氏春秋》,则是《孝经》取《吕览》之文伪造而成,这是很难想象的。"④

《孝经》的"经"和《诗》、《书》、《易》称"经"不同。《诗经》、《书经》、《易经》是汉人把儒家著作奉为经典后加上去的,《孝经》的"经"是"原则"、"方法"的意思,并非后人所加。最早谈及《孝经》命名的,是《汉书·艺文志》:"夫孝,天之经,地之义,民之行也,举大者言,故曰《孝经》。"所谓"举大者言",意思是"道莫大于孝,故曰经"。梁皇侃《孝经皇氏义疏》说:

> 经者,常也,法也。此经为教,任重道远,虽复时移代革,金石可消,而为孝事亲,常行存世不灭,是其常也;为百代规模,人生所资,是

① 王正己:《〈孝经〉今考》,罗根泽编著:《古史辨》第4册,上海古籍出版社,1982年,第171页。
② 黄中业:《〈孝经〉的作者、成书年代及其流传》,《史学集刊》1992年第3期。
③ 陈奇猷:《吕氏春秋新校释》,上海古籍出版社,2002年,第420、307页。
④ 钟肇鹏:《曾子学派的孝治思想》,《孔子研究》1987年第2期。

> 其法也。言孝之为教,使可常而法之。《易》有上经、下经,老子有《道德经》。孝为百行之本,故名曰《孝经》。①

而《吕氏春秋》明确引用《孝经》名称,可见《孝经》在成书时就是如此。

其次,从《孝经》的注本来看,东汉蔡邕《明堂论》中有魏文侯作《孝经传》的说法。魏文侯崇尚儒学,对孔子后学极为敬重,曾拜孔子弟子子夏为师,"受子夏经艺"。他还著书六篇,列在《汉书·艺文志》诸子略儒家类。姚振宗《汉书艺文志条理》认为,魏文侯《孝经传》就有可能在此六篇之中。有学者提出,魏文侯作《孝经传》,其事不见于《史记·魏世家》,其书不见于《汉志》,本不足信②。但《汉志》六艺略孝经类虽未明著魏文侯《孝经传》,却有《杂传》四篇,不著撰人。王应麟《汉书艺文志考证》曰:"蔡邕《明堂论》引魏文侯《孝经传》,盖《杂传》之一也。"③称引魏文侯《孝经传》的蔡邕曾长期校书东观,并奏请正定六经文字,以蔡邕的博学多识,治学严谨,他应当熟悉有关《孝经》的文献。如果魏文侯《孝经传》为后人伪托的话,他一定不会杜撰编造或者随意引用。

魏文侯生活在战国初期,于公元前445年至公元前396年在位,他为《孝经》作注,说明《孝经》的成书不但早于《吕氏春秋》,而且可以上推至魏文侯时代。

再次,从《孝经》的思想内容来看,《孝经》与《论语》、二戴《记》中的曾子思想多有相合之处。曾子以孝道著称,今本《论语》中有关曾子的内容十余章,其中四章与孝道有关:

> 曾子曰:"慎终追远,民德归厚矣。"(《学而》)
> 曾子曰:"吾闻诸夫子:'人未有自致者,必也亲丧乎!'"(《子张》)
> 曾子曰:"吾闻诸夫子:'孟庄子之孝也,其他可能也,其不改父之臣与父之政,是难能也。'"(《子张》)

---

① 马国翰:《玉函山房辑佚书》卷四十,第1548页。
② 蒋伯潜:《诸子通考》,第276页。
③ 王应麟:《汉书艺文志考证》,张三夕、杨毅点校:《汉制考·汉艺文志考证》,第186页。

　　曾子有疾，召门弟子曰："启予足！启予手！《诗》云：'战战兢兢，如临深渊，如履薄冰。'而今而后，吾知免夫！小子！"（《泰伯》）

　　最后一条，尤其值得我们注意。何晏《集解》引郑玄曰："启，开也。曾子以为受身体于父母，不敢毁伤，故使弟子开衾而视之也。"①《孝经》"身体发肤，受之父母，不敢毁伤，孝之始也"②，正是曾子言行的具体体现。二者之间有明显的思想渊源，于此可见曾子与《孝经》的关系。

　　对照《大戴礼记》曾子十篇，我们也会发现《孝经》所宣扬的孝道思想与在孔子思想基础上发展起来的曾子思想言论高度一致。例如：《孝经·开宗明义章》云："夫孝，德之本也，教之所由生也。"《三才章》云："夫孝，天之经也，地之义也，民之行也。"③《曾子大孝》云："民之本教曰孝"，"夫孝者，天下之大经也。夫孝，置之而塞于天地，衡之而衡于四海，施诸后世，而无朝夕"④。二者都从很高的角度，强调了孝的重要性。又如《孝经·开宗明义章》云："夫孝，始于事亲，中于事君，终于立身。"《孝经·广扬名章》："君子之事亲孝，故忠可移于君；事兄悌，故顺可移于长。"⑤《曾子立事》曰："事父可以事君，事君可以事师长；使子犹使臣也，使弟犹使承嗣也。"《曾子大孝》也说："事君不忠，非孝也。莅官不敬，非孝也！""孝子善事君，弟弟善事长。"⑥曾子特别看重孝在维护宗法等级制度方面的作用，把事父与事君结合起来，从而使"孝"具有了浓厚的政治意味。可以说，二者的思想倾向是非常一致的。

　　应该指出的是，《孝经》的理论主张与孔子、曾子思想确实存在着相互抵牾之处，最突出的表现在能否对父母谏诤的问题上。《论语·里仁》记载孔子的主张："事父母几谏，见志不从，又敬不违，劳而不怨。"⑦强调对父母的错误，要婉转地劝说。即使自己的意见没有被听从，仍然恭敬而不触怒

---

① 刘宝楠：《论语正义》，第291页。
② 李隆基注，邢昺疏：《孝经注疏》，阮元：《十三经注疏》下册，第2545页。
③ 以上见李隆基注，邢昺疏：《孝经注疏》，阮元：《十三经注疏》下册，第2545、2549页。
④ 黄怀信主撰：《大戴礼记汇校集注》，第528、532页。
⑤ 李隆基注，邢昺疏：《孝经注疏》，阮元：《十三经注疏》下册，第2545、2558页。
⑥ 黄怀信主撰：《大戴礼记汇校集注》，第499、526页。
⑦ 刘宝楠：《论语正义》，第155页。

父母,虽然心忧而不怨恨。《礼记·坊记》记载:"子云:'从命不忿,微谏不倦,劳而不怨,可谓孝矣。'"①与《论语》的意思相近,且具体要求无大差别。曾子继承和发挥了孔子孝道思想,《曾子事父母》记曾子曰:"父母之行,若中道则从,若不中道则谏。谏而不用,行之如由己。从而不谏,非孝也。谏而不从,亦非孝也。孝子之谏,达善而不敢争辩。争辩者,作乱之所由兴也。"②曾子本人也是力行"达善而不敢争辩"的谏诤原则,这在曾子"耘瓜受杖"一事上有特别的展现。但《孝经·谏争章》却说:"父有争子,则身不陷于不义。故当不义,则子不可不争于父。……故当不义则争之,从父之令又焉得为孝乎?"③此处是孔子为曾子所陈谏争之义,提出一味地听从父命,并不能算是孝,这种思想观念与《论语》、《大戴礼记》中孔子、曾子的思想存在着一定的差别。从先秦、汉初人著书的体例来看,这种差异并不奇怪。伏俊连认为,"门人弟子尊其师,述其师之学,必有增益,其义有引申,有发展,有乖违,当是题中应有之义"④。孔子学说博大精深,孔子之后,孔门弟子及其后学思想上有所分化,取舍不同,《孝经》论孝与《论语》、《大戴礼记》论孝的不同,应是对孔子学说的进一步发挥,但其基本思想是本之于孔子的。

由此看来,《四库提要》所谓《孝经》与《礼记》相近,"要为七十子徒之遗书"⑤,较为近实。从七十子记述孔子之言的角度而言,《孝经》应当是曾子所记与孔子有关"孝"的对话。孔子去世后,曾子授徒设教。在教学过程中,曾子将孔子零散的讲述进行归纳、润饰,然后系统地转述给自己的弟子,由弟子记录、编辑成书。而曾子弟子在保存和宣传曾子论孝思想的基础上,同时也提出了一些新的理论主张⑥。李零认为,孔子和曾子都可以算是《孝经》的作者,属于"作"、"述"相继的 co-author⑦。从这个意义上,我们

---

① 孙希旦:《礼记集解》,第 1287 页。
② 黄怀信主撰:《大戴礼记汇校集注》,第 543—544 页。
③ 李隆基注,邢昺疏:《孝经注疏》,阮元:《十三经注疏》下册,第 2558 页。
④ 伏俊连:《〈孝经〉的作者及其成书时代》,《孔子研究》1994 年第 2 期。
⑤ 永瑢等:《钦定四库全书目录》卷三十二《经部三十二·孝经类叙》,第 263 页。
⑥ 张涛:《〈孝经〉作者与成书年代考》,《文史》1999 年第 4 辑。
⑦ 李零:《郭店楚简校读记(增订本)》,北京大学出版社,2002 年,第 71 页。

说孔子、曾子、曾子的弟子都可以说是《孝经》的作者。《孝经》是由孔子讲论、曾子记述、曾子弟子整理编订完成的著作,成书于春秋末、战国初。在《孝经》的传衍上,曾子显然居于关键的地位。

至于是曾子的哪位弟子记录并编辑写成《孝经》一书,目前学界主要有两种观点。一是子思说。彭林认为,用《诗》、《书》来"述仲尼之意",应该是子思的创造。《孝经》在"子曰"之后征引《诗》、《书》的体例与子思的作品《缁衣》、《表记》等篇的体例与文风非常贴近,"它们应该是同一个作者或作者群,在大体相近的时代完成的作品";同时,郭店楚简多处论孝,与《孝经》相表里,表明对孝的探讨在战国中期相当热烈和广泛,子思学派在其中起着主导作用。由子思将孔、曾论孝的对话编撰为《孝经》一书,是逻辑的必然。① 虞万里也对《孝经》与《缁衣》进行了比较,指出二者在行文形式、篇题命意等方面有近似之处,可以推定为同一时代同一学派的作品。他指出,从《孝经》开首孔子与曾子对话,孔子是《孝经》第一作者似无疑义。子思接闻于曾子,亦曾博访夫子后学笔录其言论,因此,子思记录、类编《孝经》之可能不能排斥。由《孝经》与《缁衣》、《坊记》、《表记》、《中庸》论孝之章节比较,足以密切《孝经》与子思子之关系。② 汪受宽也持相同看法,他认为:"子思完全有可能追述其祖孔子的思想,依据其师曾参的传授,再加上自己的发挥,撰作《孝经》。……无论从时间上、传授上,还是从思想上,子思都可能是《孝经》的作者。"③李文玲也赞同彭说。④ 二是乐正子春说。胡平生依据《吕氏春秋·孝行览》、《春秋公羊传》昭公十九年传、定县八角廊汉墓出土文献《儒家者言》等史料,提出《孝经》的整理者"可能是乐正子春和他的学生,或者是他的学生的学生"⑤。陈奇猷也认为《吕氏春秋·孝行览》属于儒家乐正子春学派的言论,他说:"本篇下文乐正子春谓'吾闻之曾子,曾子闻之仲尼',孔门弟子,曾参以孝闻。《公羊传》昭公十九年何休

---

① 参见彭林:《子思作〈孝经〉说新论》,《中国哲学史》2000 年第 3 期。
② 参见虞万里:《上博馆藏楚竹书〈缁衣〉综合研究》,武汉大学出版社,2009 年,第 397—403 页。
③ 汪受宽:《孝经译注》"前言",上海古籍出版社,2004 年,第 12 页。
④ 参见李文玲:《〈孝经〉为子思撰新考》,《管子学刊》2002 年第 2 期。
⑤ 胡平生:《〈孝经〉是怎样的一本书》,《孝经译注》,中华书局,1996 年,第 7—8 页。

注:'乐正子春,曾子弟子,以孝名闻。'然则乐正子春传曾子之学而自成一派。考《韩非子·显学》谓自孔子死后,儒分为八,有乐正氏之儒,尤为先秦确有乐正子春学派存在之明证。"①舒大刚认同此结论,认为《孝行篇》是乐正子春解说《孝经》的传注性文献。② 郭沂进而分析认为,子思说纯属臆测,他提出《孝经》的记录整理者是乐正子春,并举出三条例证:第一,《孝行篇》为乐正子春一派的作品,与《孝经》关系极为密切,因而《孝经》无疑是乐正子春一派所传承的典籍;第二,《孝行篇》来自《儒家者言》这类文献,在《吕氏春秋》成书前很久就已经存在,与乐正子春生活的时代相当接近;第三,乐正子春是曾子的得意门生,从《孝行篇》和《礼记·祭义》的记载来看,曾子确实向乐正子春转述过孔子关于孝的言论。而《儒家者言》"何谓'身体发肤,弗敢毁伤?'曰:'乐正子……'"的记载,也显示出乐正子春本人曾亲授《孝经》,并为之解说。因此,郭沂认为,《孝经》为乐正子春所记并编辑成书。③

以上两说,各有道理。子思与乐正子春同受教于曾子,对曾子之孝论均有所继承。曾子在孔门之中,以孝闻名,并以孝立教。其思想一是重视仁、内省,一是重视孝悌。曾子继承了孔子的孝治思想,并作了进一步的提升,发展为孝道论,由此形成具有鲜明特色的"曾子之儒"。子思基本上是承袭了孔子—曾子的孝治思想,强调仁和内省;而乐正子春则继承了曾子的"孝本论",提出了以"孝"为核心的思想体系,把"孝"作为最高的德,仁、义、忠、信等都围绕"孝"而展开,突出了"孝"的政治功能和作用,发展出一种"泛孝论"思想。④ 就《孝经》的内容而言,其所反映的孝道思想与《大戴礼记·曾子大孝》等篇较为接近。《曾子大孝》的内容又见于《礼记·祭义》和《吕氏春秋·孝行览》,学术界一般认为是乐正子春一派的作品。因此,从承继曾子思想的角度,我们认为,《孝经》的记录编订者应当是乐正

---

① 陈奇猷:《吕氏春秋新校释》,第738页。
② 参见舒大刚:《〈孝经〉名义考——兼及〈孝经〉的成书时代》,《西华大学学报》2004年第2期。
③ 参见郭沂:《郭店竹简与先秦学术思想》,上海教育出版社,2001年,第383—388页。
④ 参见梁涛:《乐正氏之儒的"泛孝论"及与思孟学派的关系》(上、下),《孝感学院学报》2006年第1、2期。

子春。

《孝经》也有今、古文两个版本,《汉书·艺文志》皆有著录。今文本《孝经》十八章,据说是秦焚书时由河间人颜芝所藏。汉初,颜芝之子颜贞献给河间献王,这个本子是用汉代通行的隶书写成。据《汉书·艺文志》记载:"汉兴,长孙氏、博士江翁、少府后仓、谏(议)大夫翼奉、安昌侯张禹传之,各自名家,经文皆同。"古文本《孝经》二十二章,出自孔壁中经,用战国时的蝌蚪文写成。从时间上推断,这个本子应是战国时成书的《孝经》。孔安国为古文《孝经》作《传》。汉代,今、古文《孝经》并行。刘向典校经籍,以颜贞所献《孝经》为蓝本,参校古文《孝经》,除其繁惑,定为十八章。东汉时,经学大师郑玄为《孝经》作注。魏晋南北朝时期,今、古文《孝经》及郑《注》、孔《传》都在社会上流行。唐开元、天宝年间,唐玄宗两度为《孝经》作注,颁于天下及国子学。唐玄宗的注释以今文《孝经》为定本,凭借着朝廷的重视而盛行于世,孔《传》和郑《注》随之消亡。北宋咸平年间,国子监祭酒邢昺奉诏为唐玄宗御注《孝经》作疏,撰成《孝经注疏》,后收入《十三经注疏》,成为儒家经学的正统。在倡行孝治的古代中国,上至天子王侯,下至庶民百姓,无不以《孝经》为道德、行为规范的准绳,其影响之广,至为罕见。

三、曾子与《大学》

《大学》原为《礼记》中的一篇,其在儒学史上特殊地位的确立,始于唐代的韩愈、李翱,韩、李将《大学》(连同《中庸》)与《论语》、《孟子》相提并论。宋代理学大家二程和朱熹都非常重视《大学》,二程对《大学》极力宣扬褒奖,称其为"初学入德之门";朱熹更将《大学》视为"为学纲目","修身治人底规模",把它看作士人、君子为学、修身、治国的依据和规范。因此,朱熹将其从《礼记》中抽出,与《论语》、《孟子》、《中庸》合为"四书",特加表彰,尊奉为儒家正统经典,成为宋元以降科举取士的标准,家弦户诵,在中国社会历史中产生了愈益重大的思想影响。

关于《大学》的作者,孔颖达《礼记正义》引郑玄曰:"名曰《大学》者,以其记博学可以为政也。"而不言作者为何人,大概在东汉的时候已不得作者姓名。北宋二程以为"孔氏之遗书",虽未明言是何人所作,但认为其成书可上溯至孔子、曾子时代。以《大学》出自曾子或曾子弟子的说法,始于朱熹。朱子在整理《大学》时,将《大学》分为经传两部分。他认为:"经一章,盖孔子之言,而曾子述之。其传十章,则曾子之意而门人记之也。"①他在《大学章句序》中详细阐述了这一观点的内在联系,认为孔子"不得君师之位以行其政教,于是独取先王之法,诵而传之以诏后世",三千之徒,莫不闻其说,"而曾氏之传独得其宗,于是作为传义,以发其意。及孟子没而其传泯焉,则其书虽存,而知者鲜矣!"直到宋代,"治教休明,于是河南程氏两夫子出,而有以接乎孟氏之传。实始尊信此篇而表章之,既又为之次其简编,发其归趣,然后古者大学教人之法,圣经贤传之指,灿然复明于世"。这就是说,《大学》是由孔子"诵而传之",并由曾子及其弟子记述的"圣经贤传"。后来,朱熹的《大学或问》对此观点略有修正,他说:"(《大学》)正经辞约而理备,言近而指远,非圣人不能及也。然以其无他左验,且意其或出于古昔先民之言也,故疑之而不敢质。至于传文,或引曾子之言,而又多与《中庸》、《孟子》者合,则知其成于曾氏门人之手,而子思以授孟子无疑也。"②虽然对先前关于《大学》"经"的部分为孔子所作的看法有所怀疑,但仍然坚持"传"的部分成于曾子及其弟子的观点,以为孔、曾、思、孟一脉相续,道统相承之根据。此后,谨守朱子之说者,多依据《大学》探讨曾子学说。宋王晫《曾子全书》、清王定安《曾子家语》等汇集曾子言行传记的辑本都将《大学》收入其中,将《大学》视为曾子的著作,即本之于朱熹之说。

自朱子整理错简、改定章句以来,关于《大学》一书的作者,就有不同意见。明代丰坊自言家藏曹魏正始石经《大学》拓本,其中有虞松《校刻石经表》,引贾逵之言曰:"孔伋穷居于宋,惧先圣之学不明,而帝王之道坠,故作《大学》以经之,《中庸》以纬之。"子思作《大学》,其他古籍未曾言之,但后人多信以为真,如《四库全书总目》在宋汪晫《曾子全书》的提要中就说:"考自宋以前有子思作《大学》之传,而无曾子作《大学》之说。"③丰坊之说,

---

① 朱熹:《四书章句集注》,第4页。
② 朱熹:《四书或问》,《朱子全书》第6册,第514页。
③ 永瑢等:《钦定四库全书总目》卷九十二《子部二·儒家类二·〈曾子全书〉提要》,第783页。

朱彝尊《经义考》、翟灏《四书考异》已明辨其讹。因此,清代学者对《大学》为曾子所作的观点提出了诸多质疑。

　　江藩《汉学师承记》记载,塾师授戴震《大学章句》右经一章,问其师曰:"此何以知为孔子之言而曾子述之? 又何以知为曾子之意而门人记之?"师曰:"此子朱子云尔。"又问:"朱子何时人?"曰:"南宋。"又问:"曾子何时人?"曰:"东周。"又问:"周去宋几何时?"曰:"几二千年矣。"曰:"然则子朱子何以知其然?"师不能答。① 戴震提出的这一问题,是非常尖锐的。汪中的《大学平议》对此问题进行了详细讨论,他说:

> 　　《大学》其文平正无疵,与《坊记》、《表记》、《缁衣》伯仲,为七十子后学者所记,于孔氏为支流余裔,师师相传,不言出自曾子。视《曾子问》、《曾子立事》诸篇,非其伦也。宋世禅学盛行,士君子入之既深,遂以被诸孔子。是故求之经典,为《大学》之格物致知可与傅合,而未能畅其旨也,一以为误,一以为缺。……门人记孔子之言,必称'子曰'、'子言之'、'孔子曰'、'夫子之言曰'以显之。今《大学》不著何人之言,以为孔子,义无所据。②

在汪中看来,《大学》实非孔子或曾子所作,宋儒尊奉《大学》,只是为了构造道统学说而已。

　　崔述也认为《大学》非曾子所作。他说:"《大学》之文繁而尽,又多排语,计其时当在战国,非孔子、曾子之言也。然其传则必出于曾子。……盖曾子得之于孔子,而后人又衍之为《大学》也。"③然而,更多的学者认为《大学》并非战国时期的作品,其成书是在秦汉之后,并提出种种根据予以论证。他们认为《大学》晚出的一个重要依据是,《大学》与《礼记·学记》有关,是对古代学校制度的反映,而大学制度晚出,故《大学》亦晚出。如陈澧

----

① （清）江藩:《国朝汉学师承记》卷五,中华书局,1983 年,第 85 页。
② （清）汪中:《述学·大学评议》,阮元主编:《清经解》卷八百,第 246 页。
③ （清）崔述:《洙泗考信余录》卷一,顾颉刚编订:《崔东壁遗书》,上海古籍出版社,1983 年,第 373 页。

就认为《学记》与《大学》相互发明，关系密切，二者均是论"大学之道"，《学记》的"知类通达"，即《大学》"物格知至"；"强立不反"即意诚、心正、身修；"化民易俗，近者说服，远者怀之"即家齐、国治、天下平。"其离经辨志、敬业乐群、博习亲师、论学取友，则格物致知之事也。分其年，定其课，使学者可以遵循，后世教士，当以此为法。"①陈澧之后的学者也多认为大学制度形成于秦汉之后，故而将《大学》看作汉代之书，俞正燮《癸巳类稿》就称"《大学》本汉时《诗》、《书》博士杂集"。杭世骏《续礼记集说》引陆奎勋论《学记》年代的看法，认为《学记》似继《王制》而作，《王制》为汉文帝博士所作，《学记》似当更出其后，其成书当在武帝设庠序兴学校之后。那么，《大学》之成书年代，也当在武帝时。

　　曾子作《大学》的说法也为近代学者所否定。钱穆认为，"其书实似成于晚周战国之末，或秦人一天下之后"②。冯友兰提出，《大学》无论是曾子所作还是子思所作，"盖以意度之，以前未有其说也"。他认为《大学》中所说的"大学之道"属于荀子一派的学说，成于秦汉之际。③ 徐复观提出"大学"是儒者适应秦的大一统所浮出的观念，从《大学》一书的特性看，"是秦统一天下之后，西汉政权成立以前的作品"④。蒋伯潜则比较了《大学》与《礼记·学记》、《大戴礼记·王言》的内容及其联系，重申《大学》为汉代之书。⑤

　　那么，《大学》与曾子学派究竟有没有关联呢？地下文献的出土，为解决这一问题提供了新的材料。1993 年湖北荆门郭店出土的竹简里有《五行》一篇，据学者们研究，属于孔子之孙子思的作品，此篇曾见于长沙马王堆汉墓帛书。郭店楚简《五行》有"经"无"传"，帛书《五行》有"经"有"传"，"经"的部分是子思的话，"传"的作者是子思再传弟子世硕。针对这

---

① 陈澧：《东塾读书记》卷九《礼记》，第 171 页。
② 钱穆：《四书释义》，九州出版社，2011 年，第 277 页。
③ 冯友兰：《〈大学〉为荀学说》，罗根泽编著：《古史辨》第 4 册，第 175 页。在《中国哲学史》中，冯友兰先生将《大学》放在第十四章《秦汉之际的儒家》进行讨论，于此我们可知其对于《大学》成书时代的看法。参见冯友兰：《中国哲学史》上册，中华书局，1961 年，第437 页。
④ 徐复观：《中国人性论史·先秦篇》，李维武编：《徐复观文集》，湖北人民出版社，2009 年，第 3 卷，第 246 页。
⑤ 蒋伯潜：《诸子通考》，第 79—80 页。

一点,庞朴先生提出,《五行》篇早先是本来没有'解'、'说'的部分,帛书中所见的'说'的部分,是后来缀上去的。① 他认为:"竹本《五行》入葬于公元前 300 年左右,成书年代自当更早,其为孟子以前作品无疑。荀子批评子思、孟轲编造'五行',则此篇既早于孟子,其为子思或子思弟子所作,或大有可能。"② 从内容看,简本《五行》比帛书《五行》更为原始。帛书本《五行》的经传前后连贯,李学勤先生认为其体例和《大学》十分相似。由于传文明记有"曾子曰",而曾子的话又和整个传文不能分割。按战国时诸书通例,这是曾子门人记录曾子的论点,和孟子著书有与其弟子的讨论正同,所以《大学》的传应认为是曾子作品。曾子是孔子弟子,因而经的部分就一定是曾子所述孔子之言。③ 虽然《大学》里"曾子曰"仅此一见,但李先生强调指出:"朱子说《大学》系曾子所作,绝非无因。"④ 从现代学术对古书形成问题的研究来看,朱熹将《大学》分为经传两部分,应该说是有一定道理的。我国古代较早时代的学派,如儒家、道家,其学术观念的形成往往有一个薪火相传的过程。罗新慧指出,《大学》一篇是由曾子创建其理论框架,而由曾子一系的儒家弟子进行补充而成的。⑤ 梁涛则认为,《大学》并非经传两个部分,而原来就是独立的一篇。他虽然不同意李先生《大学》分为经传的主张,但仍肯定了传统上认为《大学》成于曾子或其弟子之手的说法。⑥

从思想来说,《大学》与《论语》等书记载的曾子言论也有一致之处。高度重视个人的思想修养,是儒家学派的一大特色。曾子承孔子之学,在道德修养上提倡"内省",道德实践上注重"笃行"。《论语·学而》记载曾子说"吾日三省吾身",强调每天进行自我检查,严于律己,时刻反省自己的言行是否符合道义,力求改过迁善。《曾子立事》载曾子曰:"君子不先人以恶,不疑人以不信。不说人之过,成人之美,存往者,在来者,朝有过夕改则

① 庞朴:《竹帛〈五行〉篇与思孟"五行"说》,《竹帛〈五行〉篇校注及研究》,万卷楼图书有限公司,2000 年,第 103 页。
② 庞朴:《竹帛〈五行〉篇校注及研究》"引言",第 2 页。
③ 李学勤:《荆门郭店楚简中的〈子思子〉》,《重写学术史》,河北教育出版社,2002 年,第 10 页。
④ 李学勤:《从简帛佚籍〈五行〉谈到〈大学〉》,《重写学术史》,第 113 页。
⑤ 罗新慧:《曾子与〈大学〉》,《济南大学学报》1999 年第 6 期。
⑥ 梁涛:《〈大学〉早出新证》,《中国哲学史》2000 年第 3 期。

与之,夕有过朝改则与之。"与人交往,总是要遵守孔子"君子成人之美,不成人之恶"的教导。曾子之学,贵在笃行求知。他认为,人的外在言行受内在思想的支配,思、言、行高度统一,才能臻于至善。《曾子立事》说:"君子虑声气,思而后动,论而后行,行必思言之,言之必思复之,思复之必无悔言,亦可谓慎矣。"所谓"虑胜气",就是思想战胜血气的冲动,做到"君子三戒"、"三思而后行",才能达到思想和言行的内外一致,这就叫"作于中则播于外"。也就是把外在的规则、约束内化于心灵,使内心的美德自然而然地流露出来,内外、表里和谐统一。

曾子以"忠恕"发明孔子"一贯之道",宋儒解释"忠恕"曰:"尽己之谓忠,推己之谓恕。……或曰:'中心为忠,如心为恕。'"①显而易见,"忠恕"突出了"心"在道德修养中的作用,尽己之心以求仁道,就可以防止懈怠而"不违仁"。我们说,曾子以"忠恕之道"为基础,确立了以"内省"为特色的"修心"论。这一思想特征,在《大学》中有突出的反映。《大学》强调"正心",以"正心"为修身的手段,而"正心"又包括"诚意"与"致知"两个方面。"诚意"是由内而外,"所谓诚其意者,毋自欺也"。毋自欺,就是"慎独",是指一个人独处时的意识活动,这是一个人在人生的各种实际活动中向善还是向恶的关键所在。只有做到"慎独",方能"诚于中,形于外",好善而恶不善。意诚而后心正,正心就能够端正忿懥、恐惧、好乐、忧患等情感。思想端正了,才能防止愤恨、恐惧、癖好、忧伤等情感的偏向对纯正心灵的损害,提升德性完善的自觉性。"致知"由外而内,以外在的"知"使内心得到充实和安顿。君子知所以修身,则知所以事亲;知事亲,则知所以治人;知所以治人,则知所以治天下国家。道德的实践功夫,必由"格物致知"入手,循序而进。由此来看,"正心"实际上是从道德意志和经验认知两个方面发挥"心"的支配作用,将其从欲望、情绪中超拔出来。《大学》"以修身为本"的主张与曾子思想是一致的,正如陈荣捷所说,《大学》之"挈矩方式,从内容论,究竟不外是以忠恕为一贯的仁"②。

① 朱熹:《四书章句集注》,第72页。
② 陈荣捷:《初期儒家》,《"中央研究院"历史语言研究所集刊》,"中央研究院"历史语言研究所,1976年,第742页。

从《大学》对于修身目标的设计来看,《大学》吸收发展了孔子、曾子在内的儒家学派的伦理思想因素,将"忠恕之道"移用于政治领域。《大学》首章云:

> 大学之道,在明明德,在亲民,在止于至善。

明德、亲民、止于至善构成了《大学》的基本思想和"纲领"。"明明德"是发扬自身固有的光明品德,主要指修身。"亲民"即"新民",使人弃旧图新、去恶从善。既明己之德,当推己及人,使民德归厚。"止于至善"即人的道德修养达到最完美的境界,是修身的目标和结果。从明明德到亲民、止于至善,实际上是道德品质无限完善的递进过程。

在"三纲领"之后,《大学》又提出了格物、致知、诚意、正心、修身、齐家、治国、平天下的"八条目"对其作了进一步发挥。以"修身"为界,八条目又分为两个部分,修身以上,"格物、致知、诚意、正心"四者专注于心性修养,属儒家的"内圣"之学;修身以下,"齐家、治国、平天下"是君子的行为规范及治政之事,属儒家的"外王"之功。《大学》把"修身、齐家、治国、平天下"作为政治理想的最终目标,这就使得《大学》之道带有浓厚的政治伦理色彩,它把事功建立在修身明德的基础上,更突出了修身的作用。

《大学》将"诚意"、"致知"统一在"正心"的功夫之内,它通过"格物、致知、诚意、正心、修身、齐家、治国、平天下"这样一个由外而内,又由内而外的不断升华过程,构建了"内圣而外王"的道德实践方法,这一逻辑系统的构筑,显然是沿着孔子—曾子—《大学》的思想线索不断扩充完善的,并对其后的子思、孟子思想发生影响。因此,可以肯定《大学》与曾子思想存在着较为直接的继承性质,属于曾子一系的可能性较大。

四、曾子与《论语》

除了上述的著述之外,还有一部与曾子有关的儒家经典著作——《论语》。《论语》是记述孔子及其弟子思想言行的基本材料,也是中国传统文化的瑰宝。这样一部对中国政治、社会、文化诸领域产生了深远影响的经典文献,其成书问题却历来为学者所争议,存在着不同的认识和看法。

大多数学者认为《论语》是由孔子弟子编撰完成的。汉代刘向校书秘府,整理典籍,对《论语》的编撰有个基本的判断,何晏《论语集解·序》引刘向语云:"鲁《论语》二十篇,皆孔子弟子记诸善言也。"《汉书·艺文志》、王充《论衡·正说》、赵岐《孟子题辞》、陆德明《经典释文》等都持这种看法。《汉书·艺文志》云:"《论语》者,孔子应答弟子、时人及弟子相与言,而接闻于夫子之语也。当时弟子各有所记,夫子既卒,门人相与辑而论纂,故谓之《论语》。"《论衡·正说》云:"《论语》者,弟子共记孔子之言行。"《孟子题辞》说:"七十子之畴,会集夫子所言,以为《论语》。"①陆德明《经典释文》对《论语》的编撰作了进一步的说明:"夫子既没,微言已绝。弟子恐离居以后,各生异见,而圣言永灭。故相与论撰,因辑时贤及古明王之语,合成一法,谓之《论语》。"②以上各家几乎众口一词,肯定《论语》是由孔子弟子编撰、结集而成,因为《论语》所记孔子教弟子或与弟子相问答之语,外人难以知晓,自当为孔门弟子所亲闻。汉代学者还有一种说法,认为《论语》的结集由孔子某位或几位弟子所完成。如郑玄说:"仲弓、子夏等所撰定"(陆德明《经典释文·叙录》引。同书《论语音义》又称:"郑玄云'仲弓、子夏、子游等撰'",增加了子游);《论语·崇爵谶》说:"子夏六十四人,共撰仲尼微言,以事素王。"这些看法与前面虽然稍有不同,但在肯定《论语》由孔子弟子编撰,即《论语》成书较早这一点上,则是一致的。

《论语》的最初纂辑论定的时间,当在夫子既卒,弟子奔丧聚首期间。皇侃《论语义疏·序》说:

> 哲人其萎……门人痛大山长毁,哀梁木永摧;隐几非昔,离索行泪;微言一绝,景行莫书。于是,弟子金陈往训,各记旧闻,撰为是书。成而实录,上以尊仰圣师,下则垂轨万代。

---

① (宋) 孙奭:《孟子注疏题辞解》,(汉) 赵岐注,孙奭音义并疏:《孟子注疏》,阮元:《十三经注疏》下册,第 2662 页。
② 陆德明:《经典释文》,第 15 页。

可以想象,孔子众弟子借为老师守丧相聚的机缘,各述所闻,各言所记,汇辑孔子嘉言懿行流传于后世,以作为对老师最好的纪念,是完全有可能的。从情理上说,这也是时机最为成熟、汇集资料最为方便的时候。[①] 由《论语·卫灵公》所载子张听到孔子的谆谆教导后,仓促间无以为记而"书诸绅"的情景来看,孔子弟子是十分珍视孔子之言的,这也是孔门弟子能够纂集《论语》一书的基础。

《论语》的原始素材来自孔子弟子的所见所闻,其结集涉及对孔子言行的收集以及对众多材料的选择等一系列工作,进行这样一项活动自然需要统一的组织者,这些组织者的作用显然要大于其他弟子。在《论语》初次编辑的过程中,起到较大贡献的应当是子贡、冉求、闵损等这些孔子中年的学生,曾参、有子、子夏、子张、子游等孔门后进弟子协助编撰。在颜渊、子路先于孔子而逝的情况下,深受孔子期许、对孔子无比崇敬的子贡有可能是纂辑《论语》的最初倡议者和主持者。当守丧三年后,众弟子离去,子贡再守三年。这三年之中,子贡很可能对《论语》进行了审定和编次工作。而最有条件辅助子贡进行这一工作的,自然是已有较高学术影响力,又与子贡情意甚笃,且居于鲁国便于往来交流讨论的曾参。公元前473年,子贡离开孔子墓。假如《论语》的初次编定本此时已经最后完成,子贡离开之时,自然会将其交给笃实谨慎并且参与整理的曾参收而藏之。基于此种认识,我们认为,去孔子未远的汉代学者称《论语》是"门人相与辑而论纂"、"弟子共记孔子之言行",应该说是符合事实的。这也说明,《论语》的最初纂辑是在孔门弟子的广泛参与下进行的,也反映了孔门弟子对孔子思想的认同和理解。

《论语》的初辑本可能仅仅是以类相从的孔子语录,包括孔子与君主、弟子、时人的问对,以及描述孔子日常生活及行为举止的章节。从《论语》的内容来看,其中有些篇章可能是出于孔子再传弟子所记。也就是说,《论语》初编本在流传过程中孔门再传弟子对其有所增益,并对全书内容及次

---

① 黄立振:《〈论语〉的源流及其注释版本初探》,《孔子研究》1987年第2期。关于《论语》的结集,也有学者认为"时间可能晚得多,不是在公元前5世纪,而是在公元前2世纪的景武之际"。参见朱维铮:《〈论语〉结集脞说》,《孔子研究》1986年创刊号。就《论语》的最初纂辑而言,《汉书·艺文志》关于《论语》结集的记载,历史真实性应该很高。

序进行了重新编排。如《论语·泰伯》："曾子有疾,召门弟子曰:'启予足!启予手!《诗》云:"战战兢兢,如临深渊,如履薄冰。"而今而后,吾知免夫,小子!'"此章记载曾子临终之事,显然不可能是曾子所记,很有可能是当时在场的曾子门人所记。又如,《论语·子张》记载了子张、子夏、子游、曾子、子贡等人的言论,可以说是孔子弟子的言行录。这些篇章,毫无疑问应当是孔子再传弟子所增订。

《论语》的增订工作是由谁主持的呢?在《论语》中有子、曾子二人被尊称"子"(冉求、闵损也偶尔称"子"),可见有子、曾子在儒家内部的重要地位。自宋代以来,已有学者提出,《论语》一书实成于有子、曾子门人之手。朱熹《论语集注序说》引程子语曰:"《论语》之书,成于有子、曾子之门人,故其书独二子以子称。"这一说法虽然不尽准确,但也道出一部分事实。值得注意的是,《论语》记载的曾子言行比有子要多出许多,这说明曾子在孔门中的地位得到极大的肯定。有学者提出《论语》为曾子领纂①,我们认为,这一说法较为近于实际。《论语》中厚重的曾子言行给后人留下了深刻印象,显然是曾子弟子对曾子的着意推崇。相较于其他孔门弟子而言,曾子年龄较轻且长寿,在《论语》的后期编纂过程中,应当起着重要作用。

综观《论语》全书,称曾子者十七处,记曾子之言十四处,远远多于有子、冉子等人。《宪问》篇"子曰:不在其位,不谋其政"章后附"曾子曰:君子思不出其位",也意在突出曾子对孔子思想的阐释。而《论语·泰伯》连续五章专门记载曾子临终之事与言,亦可见增订者对曾子的推崇与尊敬。再者,《论语》的内容和编排在一定程度上反映了修身、治国、平天下的理念,这与相传为曾子所作的《大学》存在着主旨和逻辑的一致性。《论语》注重做人、修身,正是曾子学派的特征。柳宗元《论语辩》曰:"孔子弟子,曾参最少。少孔子四十六岁。曾子老而死。是书记曾子之死,则去孔子也远矣。曾子之死,孔子弟子略无存者矣。吾意曾子弟子之为之也。……盖乐正子春、子思之徒与为之尔。"②即认为《论语》的增订者是曾子的弟子。此

---

① 贾庆超:《曾子领纂〈论语〉说》,《东岳论丛》2003年第1期。
② (唐)柳宗元:《柳宗元集》卷四《论语辩二篇·上篇》,中华书局,1979年,第110页。

说颇有见地,也极具卓识,应当是较为正确的说法。

　　曾参弟子,较为著名者有乐正子春、子思、单居离等人。《论语》究竟是由谁最后整理编订的呢? 黄怀信先生认为,乐正子春在曾子门下具有特殊地位,是曾子最为亲信的弟子,《论语》的最终编定者以乐正子春的可能性最大。① 杨朝明先生则结合新出文献指出,《论语》最后成书由子思主持纂辑完成。② 无论何种说法,《论语》为曾子弟子编纂完成是没有疑问的。其最后成书时间的上限当在曾子去世之年,而其下限,依据《论语》初次纂辑的情形推测,当在曾子去世十年之内。所以,《论语》成书的具体时间大致在公元前 436 年至公元前 425 年间的十几年之中。现存直接提到《论语》其书并引用其文的文献是《礼记·坊记》。《坊记》云:“《论语》曰:‘三年无改于父之道,可谓孝矣。’”《坊记》是子思所记孔子言论,而子思死于公元前402 年。所以,也有学者认为,《论语》当结集于公元前 436 年至公元前 402年这三十四年之间。③ 既然《论语》由曾子弟子最终编定,那么,《论语》的初编本必当由曾子执笔定稿,否则,其弟子无从增订改编。领纂《论语》,可以说是曾子在儒学发展史上的一大贡献。

---

① 黄怀信:《论语新校释·前言》,三秦出版社,2006 年,第 14 页。
② 杨朝明:《新出竹书与〈论语〉成书问题再认识》,《中国哲学史》2003 年第 3 期。
③ 郭沂:《郭店竹简与先秦学术思想》,第 338—339 页。

第三章　道传一贯

——曾子思想及其贡献

孔子晚年潜心于授徒和整理古代文献,为中华文化的发展作出了划时代的伟大贡献,被后世誉为"至圣先师"。孔子去世之后,孔门弟子承其遗风,散游诸侯,弘扬、传播孔子学说,蔚成学派,号为儒家,掀起了儒学传播的第一个高潮。蒋伯潜先生将战国初年的儒学发展期称之为"儒家全盛时期"①,对孔门后学传扬师说的成绩给予了极高的表彰。

　　在孔子及门弟子中,对后世影响最大的要数颜子和曾子。孔子弟子三千,贤人七十二,受业而又身通六艺者可谓众多,而能契夫子之心传、得道统之正脉者,只有颜回、曾参二人。乾隆皇帝云:"颜子得克己复礼之说,曾子与闻一贯之传,亲炙一堂,若尧、舜、禹之相授受。"②和颜子相比,曾子属孔门后进。曾子坚持"吾日三省吾身",格外注意道德修养,深得孔子的赞赏。据《大戴礼记·卫将军文子》记载,孔子曾称赞曾子合乎"四德"的要求。他说:"孝,德之始也;弟,德之序也;信,德之厚也;忠,德之正也。参也中夫四德者矣哉!"正因曾子笃信孔子之道,践履不辍,终于成为与颜回比肩的道德典范,与颜子一起被后世尊为圣人,共同配享孔子,在儒家道统谱系中具有极为尊崇的地位。

　　曾子之学以修身为本,强调内求、修心的思想修养方法,追求个体内在人格的完美。同时,曾子系统阐发了儒家"孝"的观念,将孔子的孝论作了进一步的提升,把"孝"发展成为一种抽象的、具有普遍意义的准则,由此形

---

① 蒋伯潜:《诸子通考》,第88页。
② 《高宗纯皇帝御制四贤序》,曾国荃重修,王定安辑:《宗圣志》卷十八《赞颂》,第775页。

成了独具特色的"曾子之儒"。曾子在孔门弟子中,年龄最小而且长寿,他秉承孔子之志,以自己的深邃思考和具体阐述,将儒学推进到一个新的发展阶段,对于孔子学说的传播,具有极其重要的作用。曾子之学,传诸子思,开启了思孟学派之端绪。可以说,曾子在儒家文化的薪传流变中,居于承前启后的重要地位。其博大宏深的思想体系,对中华文化的影响绵延流长。

第一节 曾子的修身思想

高度重视个人的道德修养,是孔子、儒家思想的一大特色。孔子提出"修己以敬"、"修己以安人"、"修己以安百姓"的主张,把"修己"作为一个君子实现其理想的基本前提。因此,孔子教导学生,最为注重道德境界的提升,倡导通过内在的身心修养来塑造理想的君子人格,以实现齐家、治国、平天下的目标。在修养方法上,孔子提倡"见贤思齐焉,见不贤而内自省也"[1],教育弟子以贤人为榜样,以不贤的人为反面教材,进行自我反省。曾子深受孔子"见不贤而内自省"、"见其过而内自讼"的启发,提出"吾日三省吾身"的思想修养方法,强调"心"的功能和作用,以反观内省作为个人修身的功夫,把孔子肇始的儒家"修己"思想引导到"修心"的致思路向。这种向内求索、反求诸己的精神,贯注于曾子的日常言行和生活实践,使其人格境界日渐升华,成为深受后人崇敬的人格典范。

一、曾子对君子人格的推崇

春秋战国之际,正是新兴士阶层形成的关键时期。在社会剧烈变动的大环境下,相对于宗法等级制度中低级贵族的武士阶层而言,新兴的"文士"阶层更多地展现出一种理想主义精神。孔子倡导"士志于道",强调"士"不论穷达贵贱,都应当"谋道不谋食"、"忧道不忧贫",做一个不为权

---

[1] 刘宝楠:《论语正义》,第155页。

势所屈,超越个人和群体利害得失的道德醇厚、精神境界高尚的君子。在孔子"以道自任"的基础上,曾子发扬师教,把对士的道德要求提到更高的层次,赋予其恢弘刚毅的人格精神和"仁以为己任"的价值取向。曾子对儒家理想君子人格的塑造,进一步充实了儒家的修身学说,对后世产生了深远影响。

古代的"士",本是贵族阶级的最低一层,"有统驭平民之权利,亦有执干戈以卫社稷之义务"①,皆为有一定职事的武士。到了春秋战国时代,由于社会秩序的崩坏,士阶层成为上层贵族和下层庶民降升汇合之所,士的队伍发生了前所未有的剧烈变动。政争中失败的贵族,其子孙不可避免地沦为士、庶,甚至皂隶,而农人之秀出者则上升为士。从曾参的家世来看,从高等贵族的鄫太子巫到庶人身份的曾晢、曾参,可以说是"三后之姓,于今为庶"的典型例证。据《吕氏春秋》等文献所载,春秋战国之交,庶人以学术仕进者已经大批出现。士庶的合流,不仅使得士阶层人数激增,也使得士人与庶人之间的界限变得模糊不清,士人身份更是渐趋复杂。② 在这样的历史变迁情势下,如何定位"士"的角色,成为时人关注的问题。孔门弟子多次向老师请教"如何为士"的问题,《论语·子路》载:

> 子贡问曰:"何如斯可谓之士矣?"子曰:"行己有耻,使于四方,不辱君命,可谓士矣。"曰:"敢问其次。"曰:"宗族称孝焉,乡党称弟焉。"曰:"敢问其次。"曰:"言必信,行必果,硁硁然小人哉! 抑亦可以为次矣。"

孔子与子贡的这段问答,意在说明什么样的"士"具备从政的资格。孔子在这里把"士"分为三等:第一等,德行高尚,可以为国建功;第二等,孝友睦姻,称颂于宗族乡党;第三等,虽硁硁小器,却也能守小忠小信之节。

---

① 顾颉刚:《武士与文士之蜕化》,《史林杂识初编》,中华书局,1963 年,第 85 页。
② 阎步克将这一时期的士分为三种,沿袭战士之称的士、从事某种行业的男子之称的士和以道义才艺见长的士。参见阎步克:《士大夫政治演生史稿》,北京大学出版社,1996 年,第 126—139 页。

而当世的一些卿大夫,只是些"斗筲之人",才器小劣,鄙不足道。在这里,孔子提出,"士"应当以"行己有耻"为本。只有士人知廉耻,砥德砺行,珍惜名节,天下才能形成良风美俗。这样,孔子就对"士"赋予了更多的德性要求。孔子认为"士"应当是"道"的承担者,他说:

> 士志于道,而耻恶衣恶食者,未足与议也。①

> 士而怀居,不足以为士矣。②

> 君子谋道不谋食。耕也,馁在其中矣;学也,禄在其中矣。君子忧道不忧贫。③

在孔子看来,"士"不仅要注重事功的建立,更要注重德性的修养。显而易见,孔子对"士"的阐释已经超越了传统之"士"的内涵,突出了"士"的道德情操和价值取向。曾子沿着孔子的这一思路,将"士"的道德要求提升到一个新的高度,把"士志于道"的精神推向极致。他说:

> 士不可以不弘毅,任重而道远。仁以为己任,不亦重乎? 死而后已,不亦远乎?④

曾子认为,"士"不仅要具有高尚的情操和品行,更为重要的是要有恢弘的心灵、高远的理想和改造社会的责任感。经过以孔子、曾子为代表的儒家学派对"士"内涵的设定,"士"的特性已基本确定,并表现出强烈的"以道自任"的精神。与此相伴随,儒家理想境界中的君子人格也得以确立。

"君子"的最初含义是指社会地位较高的贵族,后用来称颂才德出众的

---

① 刘宝楠:《论语正义》,第146页。
② 刘宝楠:《论语正义》,第554页。
③ 刘宝楠:《论语正义》,第637页。
④ 刘宝楠:《论语正义》,第396—397页。

人。自孔子开始,儒家学派便不断地为"君子"注入道德的意涵,将其作为儒家理想人格的象征。从《论语》所记载的孔子言论中,我们可以知道"君子"具有非常丰富深刻的内涵。

首先,孔子认为君子必须以道德追求为重,尚德、崇仁、明义。所谓"君子喻于义"、"君子谋道不谋食"、"行义以达其道",都是说一个君子应当崇尚仁德、执著于仁义之道。孔子说:"君子义以为质,礼以行之,孙(逊)以出之,信以成之,君子哉!"只要坚守"义",按照"礼"的规范来行动,保持谦逊、诚信的品格,就可以成为君子。

其次,君子必须有渊博的学识和高尚的道德修养。孔子提倡君子"博学于文",同时要求君子应该具备与其内在品质、学识相适应的礼仪教养,如"质胜文则野,文胜质则史。文质彬彬,然后君子"、"君子怀德"、"君子坦荡荡"等,都意在强调君子必须重视内在的精神修养。

再次,君子必须重视道德践履。在这方面,孔子提出了许多要求,如"(君子)言之必可行也"、"君子欲讷于言而敏于行"、"君子耻其言而过其行"、"听其言而观其行"等,都在强调君子人格的塑造,务必言行一致,切实去做,避免那些言不顾行、言过其行,甚至于"色取仁而行违"的弊病。同时,君子也应当"成人之美,不成人之恶",以严于律己、宽以待人的博大胸怀,成己成物,渐臻道德完善之境。

曾子对孔子所设定的君子人格,尤为推崇。曾子理想中的君子,对"以道自任"的追求更为强烈。在曾子看来,君子为了实现"义"的目标,应当"难者弗辟,易者弗从,唯义所在"[1],不避艰险,坚韧弘毅,死而后已。曾子说:"可以托六尺之孤,可以寄百里之命,临大节而不可夺也。君子人与?君子人也。"[2]又说:"君子进则能益上之誉,而损下之忧。不得志,不安贵位,不博厚禄,负耜而行道,冻饿而守仁,谓其守也。"[3]无论贵贱、荣辱,都能贯彻君子大义,富有正义感和牺牲精神,这样的人才堪称君子。

在君子的道德修养方面,曾子发展了孔子"行己有耻"的思想,着重提

---

[1] 黄怀信主撰:《大戴礼记汇校集注》上册,第450页。
[2] 刘宝楠:《论语正义》,第295页。
[3] 黄怀信主撰:《大戴礼记汇校集注》上册,第574页。

出了"有耻之士"的概念,更为关注士人内心世界的充实。什么是"有耻之士"? 曾子说:"夫有耻之士,富而不以道,则耻之;贫而不以道,则耻之。"①他认为"有耻之士"就是不为利所诱,不为势所屈,不论穷达都坚持仁义之道的君子。只有这样的人,才能真正做到"直言直行,不宛言而取富,不屈行而取位"②。《大戴礼记·曾子立事》中记载曾子多次提到君子应当知耻:

君子见利思辱,见恶思诟,嗜欲思耻,愤怒思患,君子终身守此战战也。

夸而无耻,强而无惮,好勇而忍人者,君子不与也。

少称"不弟"焉,耻也;壮称"无德"焉,辱也;老称"无礼"焉,罪也。③

由此出发,自然能从内心生发出一种道德的尊严感,展现君子的美好品质。天下有道,兴道之士可以有所作为;但是当天下无道之时,兴道之士或易其志,有耻之士却能自守节操。因此,曾子说:"君子不贵兴道之士,而贵有耻之士也。"

曾子也特别重视君子言与行的统一,强调道德必须付诸实践。他说"言者,行之指也"、"思而后动,论而后行"④,指出言是行动的指南,必须切实可行,才具有指导意义。在言行关系上,曾子更为重视笃行,认为行重于言。他说:"君子执仁立志,先行后言。"⑤又说:"君子博学而屡守之,微言而笃行之;行必先人,言必后人,君子终身守此悒悒。"⑥至于那些"博学而无行"、"巧言令色,小行而笃"的人,曾子则认为其难以达致仁义之道,所以,他直言不讳地说:"行而不能遂,耻也!"⑦

---

① 黄怀信主撰:《大戴礼记汇校集注》上册,第558页。
② 黄怀信主撰:《大戴礼记汇校集注》上册,第580页。
③ 黄怀信主撰:《大戴礼记汇校集注》上册,第457、477、485页。
④ 黄怀信主撰:《大戴礼记汇校集注》上册,第490、458页。
⑤ 黄怀信主撰:《大戴礼记汇校集注》上册,第572页。
⑥ 黄怀信主撰:《大戴礼记汇校集注》上册,第453页。
⑦ 黄怀信主撰:《大戴礼记汇校集注》上册,第486页。

　　总之,曾子对儒家君子人格的塑造,提出了更高的德性价值期许。孔子把君子修身的目标归结于齐家、治国、平天下等外在德业的实现,所谓"学而优则仕",显然是希望通过出仕以行道,这也成为传统社会知识分子的人生道路。与孔子的主张相一致,曾子也主张君子先修身而后入仕。但曾子认为君子为学与修身,其目标并非仅仅在于入仕为政,也在于个人道德情操的提升。在仕与不仕之间,都应当勤于修己,保持人格独立,潜心于自身道德的培养与人格的升华。曾子说:"君子进则能达,退则能静。岂贵其能达哉? 贵其有功也;岂贵其能静哉? 贵其能守也。夫唯进之何功,退之何守,是故君子进退,有二观焉。"①相比较而言,曾子理想中的君子更偏重于道德的修养,这种"道德修养至上的理论具有伦理学上人格主义的倾向,而与儒家修身、齐家、治国、平天下的思路有别"②。曾子关于修身的理论,从内在心性的培养方面进一步扩充了儒家的修身学说,促进了人的主体意识的觉醒,使人更加充分地认识到自身的价值和意义。

二、"三省吾身"的修养方法

　　儒家注重修身,孔子常常说到"克己",强调"修己"的重点在于修身,也就是以礼作为自身行为规范,约束、克制自己的私欲,做到"非礼勿视、非礼勿听、非礼勿言、非礼勿动",使自己的视听言动都符合礼的规范和要求。孔子提倡"克己复礼为仁",强调"为仁由己",认为德性的培养和仁德实践完全依赖于自身的努力。孔子曾说"仁远乎哉? 我欲仁,斯仁至矣"③,已经认识到"心"在道德培养方面的重要作用。对孔子思想领悟较深的曾子,其思想的基本方向仍是承继孔子的思想主题,但也呈现出自身的特点。

　　曾子强调仁的观念,对仁给予了特别的重视,把"仁"作为人生的价值取向。曾子说:"晋楚之富,不可及也。彼以其富,我以吾仁;彼以其爵,我以吾义。吾何慊乎哉?"④晋国和楚国的财富,是我们赶不上的。但是,他有

---

① 黄怀信主撰:《大戴礼记汇校集注》上册,第573—574页。
② 罗新慧:《曾子研究》,第150页。
③ 刘宝楠:《论语正义》,第278页。
④ 朱熹:《四书章句集注》,第242页。

他的财富,我有我的仁德;他有他的爵位,我有我的道义。我为什么觉得比他少了什么呢? 因此,曾子告诫人们,一个道德高尚的君子应当"以仁为尊"。《大戴礼记·曾子制言中》说:

> 是故君子以仁为尊。天下之为富,何为富? 则仁为富也;天下之为贵,何为贵? 则仁为贵也。昔者舜匹夫也,土地之厚,则得而有之;人徒之众,则得而使之:舜唯以得之也。是故君子将说富贵,必勉于仁也。昔者,伯夷、叔齐死于沟浍之间,其仁成名于天下。夫二子者,居河济之间,非有土地之厚、货粟之富也,言为文章、行为表缀于天下。是故君子思仁义,昼则忘食,夜则忘寐,日旦就业,夕而自省,以役其身,亦可谓守业矣。①

对于"仁"与"富贵"的关系,曾子作了深刻的辨析,他认为人生在世,最尊贵和最值得崇尚的东西不是名与货,也不是富与贵,而是仁。此种看法,直接承之于孔子。《论语·里仁》曰:"富与贵,是人之所欲也;不以其道得之,不处也。贫与贱,是人之所恶也;不以其道得之,不去也。君子去仁,恶乎成名? 君子无终食之间违仁,造次必于是,颠沛必于是。"②就富贵爵禄而言,君子未尝不喜欢,但无论是富贵荣华,还是高官厚禄,仁者都不会无原则地一味追求。君子喜欢富贵,必须在仁德上下工夫。仁是富贵和成名的基础,是一个人生命中最重要、最宝贵的东西。践行仁德,理所当然是一个人一生中最重要的事情。孔子曾说:"仁之为器重,其为道远,举者莫能胜也,行者莫能致也。取数多者,仁也。夫勉于仁者,不亦难乎!"③孔子讲,仁就像一件非常贵重的器具,非常长远的道路,没有人能够承受得起这重器,也没有人能够完整走完这长路。我们只能以行善事多者为仁。像这样,努力践行仁德,勉力于仁,不是很难得吗? 曾子也正是继承了孔子"勉于仁"的教导,极为关注个体自身的道德培养。他对那些华而不实、谄媚逢迎之

---

① 黄怀信主撰:《大戴礼记汇校集注》上册,第585—589页。
② 刘宝楠:《论语正义》,第142—143页。
③ 孙希旦:《礼记集解》下册,第1303页。

徒提出了尖锐的批评。《大戴礼记·曾子立事》篇谓:"足恭而口圣,而无常位者,君子弗与也。巧言令色,能小行而笃,难于仁矣。"①足恭,便辟为恭,指以形体顺从于人;口圣,指柔顺其口,以言语话取人意;巧言,指以言语悦人;令色,指以颜色容貌悦人;小行,行细微之事,即子夏所说的"致远恐泥"之小道,与"足恭"的意思相同。在曾子看来,以言语、形体、颜色致饰于外,逢迎取悦于人的行为皆非君子之所为,应当毫不犹豫地摒弃。他再三申诫,一个君子只有努力向"仁",加强自我修养,才能够入仕建功,长守富贵之位,所谓"事父可以事君,事兄可以事师长;使子犹使臣也,使弟犹使承嗣也;能取朋友者,亦能取所予从政者矣"②。这既符合孔子"禄在其中"之旨,亦是"修己安人"的必然要求。曾子的弟子阳肤受鲁国大夫孟氏(仲孙氏)之命做典狱官,上任之前,曾子语重心长地对阳肤说:"上失其道,民散久矣。如得其情,则哀矜而勿喜。"③劝告他在天下失去正道、民众离心离德的情况下,更要努力做到修身以待众,宽仁以爱民。以仁者爱人为起点,曾子提出了"仁以为己任"的思想,把实现仁德于天下作为自己的责任和修身的目标,可谓深得孔子仁学之真精神。

曾子对仁的体认,凸显了其内在性的一面,即重视内心反省,以"礼"律己。曾子提出了"三省吾身"的修身准则,力求将道德修炼贯穿于日常行为之中。《论语·学而》记曾子语曰:

> 吾日三省吾身:为人谋而不忠乎?与朋友交而不信乎?传不习乎?④

曾子此语,大概是他晚年对自己修身行为的总结。所谓"三省吾身",作为一种自律的要求,并不是说对自己的所作所为缺乏信心,而是对自身行为的严格约束和反思。在这里,曾子提出了每天必须自我反省的内容:

---

① 黄怀信主撰:《大戴礼记汇校集注》上册,第479、499—500页。
② 黄怀信主撰:《大戴礼记汇校集注》上册,第499—500页。
③ 刘宝楠:《论语正义》,第747页。
④ 刘宝楠:《论语正义》,第9页。

为别人谋划、办理事情有没有尽心尽力？与朋友交往有没有不诚实的表现？老师传授的文献有没有认真复习？以上办事、交友、学习等方面的事情，自然不必每天皆有，曾子所说的"三省"，指的是多次反省之意，代表的是一种内省的态度和有过必省的精神。曾子就是这样，在"日旦就业，夕而自省"的过程中，不断地提高自己的知识和道德境界。

　　曾子强调"内省"，从而把个人主观修养的重要性提到了更高的地位。孔子有个学生叫颛孙师，字子张，少孔子四十八岁，是孔子晚年招收的重要弟子之一。在孔子弟子中，子张才高意广，容仪堂堂，孔子曾说"自吾得师也，前有光，后有辉"①，将其与颜回、子贡、子路并称为"四友"。但是，子张的性格却较为偏激，孔子评价他"师也过"、"师也辟"②，认为其行事不符合中道。子张过分追求言辞仪容的盛美，使得他在品德修养方面缺乏反躬自求的内省精神。对此，曾子不无遗憾地指出："堂堂乎张也，难与并为仁矣。"③在曾子看来，子张其人虽然不同凡响，但却难以和他一起行仁。由此可见，曾子对个人的主观修养极为重视。其提倡的内省，是以自我道德情操的培养为落脚点的。他所倡导的日常生活中的修习、反省，也并非仅仅关注于细微小事，而是要通过切己的日常修养，避免"出入不时，言语不序，安易而乐暴，惧之而不恐，说之而不听"以及"临事而不敬，居丧而不哀，祭祀而不畏，朝廷而不恭"④等悖逆违礼之举，在体察省悟中改过迁善，最终臻至仁义之境。

　　对于曾子来说，内省的标准有内外两方面，一是内在的仁，二是外在的礼。《左传》隐公十一年载："礼，经国家，定社稷，序民人，利后嗣者也。"⑤礼就是规范整个社会政治、宗教、生活等各个方面最基本的秩序。在礼崩乐坏的春秋时代，以文王、周公传人自命的孔子，对礼有深刻的体认，内心对礼充满了深厚的敬意和强烈的信念，他把恢复和重建礼乐秩序看作自己的历史使命。在孔子的思想中，礼是为政和修身的基本原则。除了定分、

① 王钧林、周海生译注：《孔丛子》，第27页。《尚书大传》作"自吾得师也，前有辉，后有光"，与《孔丛子》稍异。
② 刘宝楠：《论语正义》，第454、457页。
③ 刘宝楠：《论语正义》，第746页。
④ 黄怀信主撰：《大戴礼记汇校集注》上册，第482—483页。
⑤ 杜预注，孔颖达疏：《春秋左传正义》，阮元：《十三经注疏》下册，第1736页。

辨异,维护贵贱尊卑的社会秩序等政治功能之外,礼的重要意义还体现在修身的方面。孔子曾说"不学礼,无以立"①,又说"博学于文,约之以礼"②,认为个人道德生命的塑造与成就必须置于礼的约束、规范之下。

曾子也十分注重遵礼修身,他认为内在的道德省思要和外在的礼仪规范相配合,将外在形式上的礼转化为内在的情操,使内心的美德自然流露在外,形诸于容貌、颜色、辞气等方面,才具有文质相谐的道德意义。《论语·泰伯》载:

> 曾子有疾,孟敬子问之。曾子言曰:"鸟之将死,其鸣也哀;人之将死,其言也善。君子所贵乎道者三:动容貌,斯远暴慢矣;正颜色,斯近信矣;出辞气,斯远鄙倍(背)矣。笾豆之事,则有司存。"③

曾子病重之时,鲁国大夫孟敬子前去探望。曾子对他说,君子所看重的有三点:自身庄重威严,周旋中礼,就能远离狂暴无礼;容色端正,不虚妄,则接近诚信;能发号施令,臣民就不敢躲避背叛。至于陈设礼器之类的事情,有专门的职司人员负责。这是曾子在弥留之际,对孟敬子提出的劝诫之语。曾子这里所讲的君子所贵之"道",按照郑玄的说法指的就是"礼"。"远暴慢"、"近信"、"远鄙倍"是行事的客观效果,"动容貌"、"正颜色"、"出辞气"等指的是个人外在一面的修养。作为临终"善言",曾子此语自然非同寻常。《礼记·冠义》云:"礼义之始,在于正容体,齐颜色,顺辞令。容体正,颜色齐,辞令顺,而后礼义备。"④礼,离不开日常生活、人伦实践,而动容貌、正颜色、出辞气正是日常生活中所习见之事,个人的品德修养、道德生活也就寓于平实的生活礼仪规范之中。当然,曾子并非仅仅关注外在的形式,而是说明君子只有表里一致,其善性才会自然流露于外,视、听、言、动诸方面方能合乎礼义。朱熹《论语集注》卷四引程子语曰:"动容貌,举一身而言也。周旋中礼,暴慢

---

① 刘宝楠:《论语正义》,第668页。
② 刘宝楠:《论语正义》,第504页。
③ 刘宝楠:《论语正义》,第292页。
④ 孙希旦:《礼记集解》下册,第1411页。

斯远矣。正颜色则不妄,斯近信矣。出辞气,正由中出,斯远鄙倍。三者正身而不外求。"又引尹氏语曰:"养于中则见于外,曾子盖以修己为为政之本。"①刘宝楠《论语正义》谓:"容貌、颜色、辞气皆道所发见之处,故君子谨之。"②如此看来,曾子对于容貌、颜色、辞气的强调,可以说是个体讲求内心修养的必然结果,而非简单地专注于外在的形式。

曾子尤为关注的是人们行礼时内心的道德情感。《大戴礼记·曾子制言上》记载曾子说:"夫行也者,行礼之谓也。夫礼,贵者敬焉,老者孝焉,幼者慈焉,少者友焉,贱者惠焉。此礼也,行之则行也,立之则义也。"③无论是敬贵、孝老、慈幼、友少、惠贱,都出于关爱他人之情,以上诸事皆人之所宜,行之则仁,立之则义。因此,在曾子看来,君子追求仁义以成为道德高尚的人,完全是内心向善的自然追求,而非追名逐利之举。比如,曾子在谈到亲丧之礼时说:"吾闻诸夫子,人未有自致者也。必也亲丧乎!"④在现实生活中,人缺乏充分表达感情的机会,有的话,一定是在父母去世的时候吧。又如,曾子谈论孝敬之礼时说:

> 君子之孝也,忠爱以敬。反是,乱也。尽力而有礼,庄敬而安之;微谏不倦,听从而不怠;欢欣忠信,咎故不生,可谓孝矣。尽力无礼,则小人也;致敬而不忠,则不入也。是故礼以将其力,敬以入其忠,饮食移味,居处温愉,著心于此,济其志也。⑤

曾子认为,孝敬父母必须遵礼而行。尽力而无礼,是"质而不文";致敬而不忠,属"华而不实"。二者都是只作表面文章,而没有发自内心的恭敬情感。只有居心于"礼以将其力,敬以入其忠",方能成就孝子之志。曾子这里所说的"著心",自然含有强化个人德性修养、诚敬反省的意味。《大戴礼记·

---

① 朱熹:《四书章句集注》,第 104 页。
② 刘宝楠:《论语正义》,第 293 页。
③ 黄怀信主撰:《大戴礼记汇校集注》上册,第 555—556 页。
④ 刘宝楠:《论语正义》,第 746 页。
⑤ 黄怀信主撰:《大戴礼记汇校集注》上册,第 515—518 页。

曾子大孝》记载:"公明仪问于曾子曰:'夫子可谓孝乎?'曾子曰:'是何言与!是何言与!君子之所谓孝者,先意承志,谕父母以道。参直养者也,安能为孝乎!'"①曾子虽然以孝著称于世,但他仍时常检视自身与君子之孝的差距,充满了自我反省意识。

当然,曾子的自我反省并非一味的闭门思过,而是把自我反省置于进德修业的前提下。曾子说:"日旦就业,夕而自省思,以殁其身,亦可谓守业矣。"②作为一种修养方法,内省强调的是端正内在意志,从源头上杜绝不善的行为。曾子指出:"君子之于不善也,身勿为能也,色勿为不可能也;色也勿为可能也,心思勿为不可能也。"③也就是说,内在的意志决定着外在的行为,有什么样的内在意志,就会产生什么样的外在行为。君子对于道德理想的追求和自我实现,必须舍弃外在的、表面性的行为,珍重内心的修养,正心诚意,依靠内心的自觉自律,达到"从心所欲不逾矩"的"中行"境界。这种"戒慎"、"戒惧"的本质是要求人始终保持自己的道德自觉和道德情操,超越"人为物役"的物质支配,防止和约束"自我非道德性"的萌生,保持和守护"自我"道德本性。④《大学》说:"所谓诚其意者,毋自欺也,如恶恶臭,如好好色,此之谓自谦,故君子必慎其独也!"⑤慎独,作为儒家的修养功夫,由曾子发端,并贯彻终生,不仅彰显了曾子的守约内省精神,也对后世儒家士人的修身实践起到了非常重要的指导作用。

三、曾子的修心论

在道德修养方面,孔子重视学、思、行的结合,而曾子则突出了"心"的作用。曾子立足于孔子确立的修身理论,对与"身"相待的"心"给予了密切的关注,将道德修养推进到"修心"的层次,展现了笃实谨慎、弘毅养勇、谨守气节的人格境界。

---

① 黄怀信主撰:《大戴礼记汇校集注》上册,第524—525页。
② 黄怀信主撰:《大戴礼记汇校集注》上册,第589页。
③ 黄怀信主撰:《大戴礼记汇校集注》上册,第494页。
④ 王中江:《早期儒家的"慎独"新论》,梁涛、斯云龙编:《出土文献与君子慎独——慎独问题讨论集》,漓江出版社,2012年,第179—181页。
⑤ 朱熹:《四书章句集注》,第7页。

孔子的修养论把"学"看作修身的开始,认为"学"是获得美好品质和培养仁德的必经之途。孔子倡导好学上进,他说:"君子食无求饱,居无求安,敏于事而慎于言,就有道而正焉,可谓好学也已。"①一个君子思考的不是怎样填饱肚子,过富裕、安逸的生活,而是怎样充实自己,提高自己,成就自己。人不好学就会产生许多弊端,孔子曾有"六言六蔽"之说,云:"好仁不好学,其蔽也愚;好知不好学,其蔽也荡;好信不好学,其蔽也贼;好直不好学,其蔽也绞;好勇不好学,其蔽也乱;好刚不好学,其蔽也狂。"②这说明学习是改造自己成为君子的必由之路。正因如此,孔子对待学习抱着十分认真的态度,"学如不及,犹恐失之"③。孔子强调学、思要密切结合,"学而不思则罔,思而不学则殆"④。同时,孔子对代表道德实践的"行"给予了特别的重视,《论语·述而》记载"子以四教:文、行、忠、信",其中的"行"指的就是德行实践。孔子对于"行"的要求包含诸多方面,如:

> 君子有三戒:少之时,血气未定,戒之在色;及其壮也,血气方刚,戒之在斗;及其老也,血气既衰,戒之在得。
>
> 君子有三畏:畏天命,畏大人,畏圣人之言。
>
> 君子有九思:视思明,听思聪,色思温,貌思恭,言思忠,事思敬,疑思问,忿思难,见得思义。⑤

从以上的例子我们可以看出,孔子所讲的"行",实际上包括了个人修养方方面面的内容,要求人们注重一言一行,从点滴做起,从而实现修身的目的。

孔子的修身论虽然对于"心"的关注比较少,但其所讲的"思",并不能与"心"截然两分。他隐约地察觉到,美德的形成并非完全由外部植入,也与内心对于美德的自然向往相关联。他说"仁远乎哉?我欲仁,斯仁至

---

① 刘宝楠:《论语正义》,第31—32页。
② 刘宝楠:《论语正义》,第688页。
③ 刘宝楠:《论语正义》,第306页。
④ 刘宝楠:《论语正义》,第57页。
⑤ 刘宝楠:《论语正义》,第661、664页。

矣"①,难道不正是这种意识的显露？但这种"为仁由己"的思想火花,在孔子那里一闪即逝,并没有进行深入阐释。从曾子开始,儒家对身心关系进行了细致探讨。曾子说:"故目者,心之浮也;言者,行之指也;作于中,则播于外也。故曰:以其见者,占其隐者;……"②曾子认为,人的行为举止渊源于内心,展露于耳目,显微毕现。所以,君子修己,尤其应当重视"修心"。

曾子以忠恕来概括孔子的"一以贯之"之道,忠强调"诚心以为人谋",视人如己,对人、对事、对国家尽心竭力;恕则倡导"己所不欲,勿施于人",将心比心,宽以待人。忠恕的基本精神就是设身处地,站在他人的角度来协调人我以及群己关系,一言以蔽之,可称之为"推己及人"。如何做到"推己及人"呢？那就首先要求自身保持一颗纯粹、赤诚之心,摒弃患得患失的小人之心。唯有如此,才能在道德实践中避免各种不应有的流弊与偏差。王钧林先生指出:以忠恕为孔子"一以贯之"的思想方法,包含着重视心的地位和作用这一层意思在内。心不但是推己及人的出发点,也是推己及人全过程的基础。③ 修心,对于个人而言,实际上就是对心灵安顿的追求,含有精神信仰的意味。显然,相对于修身而言,修心在道德修养方面居于更为关键的环节。

心既然如此重要,那么,如何保持内心的纯净,自然是曾子关注的重心。曾子注意到外在事物对内心潜移默化的影响,他说:"与君子游,苾乎如入兰芷之室,久而不闻,则与之化矣;与小人游,贷乎如入鲍鱼之次,久而不闻,则与之化矣。是故君子慎其所去就。"④一个人如果故步自封,以所学为是,以已习为安,时间久了,就像身处鲍鱼之市,感觉不到它的臭味了。所以,曾子主张君子应当多交贤友、益友,"以文会友,以友辅仁"⑤,才能提升个体的仁德。但是,曾子更为强调的是君子必须主动地清除内心的不善之念。他说:"君子攻其恶,求其过,强其所不能,去私欲,从事于义……"⑥

---

① 刘宝楠:《论语正义》,第 278 页。
② 黄怀信主撰:《大戴礼记汇校集注》上册,第 490 页。
③ 王钧林:《从孔子到孟子的儒家"修己"思想》,《孔子研究》1994 年第 4 期。
④ 黄怀信主撰:《大戴礼记汇校集注》上册,第 607—609 页。
⑤ 刘宝楠:《论语正义》,第 513 页。
⑥ 黄怀信主撰:《大戴礼记汇校集注》上册,第 449 页。

人的一念之恶、私利欲求藏匿于心,不主动攻击就难以清除。偶有过错,不严于寻求,可能自己不知道,如果轻易放过或者文过饰非,则会积小错成大错,贻害自身。君子面对自身的过失,应有正确的态度。曾子说:"君子服过也,非徒饰其辞而已。诚发乎中心,形乎容貌,其爱之也深,其更之也速,如追兔唯恐不逮,故有进业无退功。"①曾子告诫人们,只有怀抱赤诚之心,才能坚决而快速地改正自己的错误,促使德业日进。所以曾子对"朝有过夕改"或者"夕有过朝改"的行为持赞许的态度,批评那些有过错却不主动改正的人懈怠懒惰。因此,为达到"不迁怒,不贰过"的境界,君子应当常常自我体察,自觉地摒恶从善,勇于改过。这种反省内求的修养方法,体现了曾子对于自身心灵净化的深刻认知。曾子发明的"吾日三省吾身"说,表明他已在自觉地运用心的功能与作用来进行德性的培养。

值得指出的是,曾子的修心理论充满着强烈的忧患意识。在儒家看来,一个人是否具有忧患意识,与他能否承担某种社会责任或历史文化使命相关联。孔子殁后,曾子以"守死善道"的精神和历史责任感肩负起传道的重任,在礼崩乐坏的时代,其忧患意识愈加紧迫。这种忧患意识的引发,当代新儒家牟宗三称之为"是一个正面的道德意识……忧患的初步表现便是临事而惧的负责认真的态度。从认真负责引发出来的是戒慎恐惧的'敬'之观念……在中国思想中,天命、天道乃通过忧患意识所生的'敬'而步步下贯,贯注到人身上"②。自孔子开始,儒家就提倡君子修身时要戒慎恐惧,常怀敬畏之心。曾子认为在敬畏心理支配下,君子的一言一行都会非常谨慎,有所为有所不为。他说:"君子祸之为患,辱之为畏,见善恐不得与焉,见不善恐其及己也,是故君子疑以终身。"③如果有患祸、畏辱之心,自然不去做坏事。只有做到"出言以鄂鄂,行身以战战",才能避免灾祸与罪愆。古语言:祸福无门,唯人自招。修身不可不慎也! 曾子又说:"先忧事者后乐事,先乐事者后忧事。昔者天子日旦思其四海之内,战战唯恐不能乂;诸侯日旦失其四封之内,战战唯恐失损之;大夫士日旦思其官,战战唯

---

① (汉)徐干:《中论》,《丛书集成初编》本,中华书局,1985 年,第 9 页。
② 牟宗三:《中国哲学的特质》,上海古籍出版社,1997 年,第 16 页。
③ 黄怀信主撰:《大戴礼记汇校集注》上册,第 457 页。

恐不能胜;庶人日旦思其事,战战唯恐刑罚之至也。是故临事而栗者,鲜不济矣。"①曾子此处所讲的"临事而栗"的敬畏之心,并不是教人明哲保身,畏葸不前,而是基于忧国忧民的社会责任。曾子说:"君子修礼以立志,则贪欲之心不来。君子思礼以修身,则怠惰慢易之节不至。君子修礼以仁义,则忿争暴乱之辞远。"②外在的社会责任演化为内在的道德原则,使得内心充盈着浩然正气,成为君子修心向善的心理基础。这里的"礼",已经由外在的礼节,逐渐演化为内在的道德修养。实际上,无论是治学还是从政,拥有一颗忧患之心,对于个人道德修养的提高都是极其重要的。

外在的道德原则与内心和谐相融,饱满充沛的善念美德就会自然而然地流露出来。曾子指出,只要本心纯洁无瑕,就会固守"义"的信念,不为外物所干扰,养成仁以为己任的刚毅节操。他说:"富以苟不如贫以誉,生以辱不如死以荣。辱可避,避之而已矣;及其不可避也,君子视死若归。"③曾子认为,一个人身处富贵荣华却苟且无礼,反而不如安贫乐道的人有好的名声,一个寡廉鲜耻庸庸碌碌活着的人,总也比不上见危致命、见利思义的人死得有尊严。我们知道,在曾子的时代,礼崩乐坏,许多士人为求得功名利禄而依附媚上,所以,曾子特别期望士人拥有至大至刚的气节,"不假贵而取宠,不比誉而取食,直行而取礼,比说而取友"④。也就是说,夤缘干禄,是君子引以为羞耻的行为,只有坚持自己的道德操守,直道而行,才能对自身的仁义德行充满自信,得到世人的认可和尊敬。曾子所崇尚的这种弘毅坚韧的君子气节,是中华民族传承千年的优良传统,也是中华民族自强不息精神的源头活水。

曾子对"心"的强调,孕育了曾子锲而不舍的修身精神,使得儒学沿着积极向上的方向发展,其豪迈弘毅的品格对后世儒家起了巨大的影响,促进了儒家道德理想主义的形成。

---

① 黄怀信主撰:《大戴礼记汇校集注》上册,第502页。
② 刘向著,向宗鲁校证:《说苑校证》,第498页。
③ 黄怀信主撰:《大戴礼记汇校集注》上册,第567—568页。
④ 黄怀信主撰:《大戴礼记汇校集注》上册,第577—578页。

第二节　曾子的孝道思想

孝道是中华民族的传统美德,孝文化是中华文化的显著特色。曾子以"孝"著称于世,孝道理论是曾子学说的重要组成部分。儒家孝道理论虽然由孔子发其源,但孝道理论的全面发展和扩充则是由曾子完成的。在孔子之后的儒学发展中,曾子可以说是儒家孝道理论的集大成者。两千多年来,孝道作为一种"德化的治道"①,由家庭伦理扩大为社会伦理,深深地渗入到民族的精神意识,积淀为一种基本的民族心理基调。同时,孝道作为社会普遍的道德风尚和做人的基本道德准则,也深刻影响了传统社会的政治、社会、生活等各个领域。

一、曾子对孔子孝道的拓展

追溯历史,"孝"的观念在我国源远流长。早在四千多年前,我国最早的文字甲骨文中就出现了"孝"字。《尚书·尧典》记载,四方诸侯的首长推荐虞舜作为尧帝的继承人,赞扬他"父顽,母嚚,象傲,克谐以孝,蒸蒸乂,不格奸"②。在父亲愚顽,母亲常用谎言欺骗父亲来陷害他,弟弟傲慢不敬的情况下,却能够以"孝"谐和他们,使他们都积极地做事,不至于奸邪为恶。尧帝因为虞舜大孝,把女儿嫁给他,并将天下托付于他,而虞舜也以父义、母慈、兄友、弟恭、子孝"五典"之道来引导、协调民众的人伦关系。大舜至孝的故事,虽然不免有后人附会的成分,但也显示出远在传说时期的五帝时代,已有孝意识的萌发。

随着夏商时期尊祖敬宗的宗教情怀的强化,"孝"观念至周初正式形成。周代是以血缘为基础的宗法制社会,血缘家族成了统治国家的有力工具,在这种社会中,"孝"成为宗法制度在伦理观念上的表现。一方面希望

---

① 牟宗三:《政道与治道》,广西师范大学出版社,2003 年,第 23 页。
② 孔安国传,孔颖达疏:《尚书正义》,阮元:《十三经注疏》上册,第 123 页。

通过敬天行孝以报天恩,一方面也希望通过祭祀先祖表达孝思以祈求祖灵佑护。因此,人们常用"孝"来表达对先辈的崇敬和感恩之情。如《诗经·周颂·闵予小子》:"於乎皇考,永世克孝,念兹皇祖,陟降庭止。维予小子,夙夜敬止。於乎皇王,继序思不忘。"又如《诗经·大雅·下武》:"成王之孚,下士之式,永言孝思,孝思则维。"①字里行间,无不饱含着对祖先的依依深情和尊祖贵老的虔敬精神。同时,随着生产力的发展和社会的进步,特别是由于个体家庭和私有制的产生,人们对与自己相关的血缘亲族关系的认识逐步得到提高,家长在个体家庭中的权威逐渐建立。人们看到"人"的繁衍教育同父母息息相关,家庭的稳固同社会的安定息息相关。所以,又产生了崇敬、侍奉家长的要求,并转化为一种道德责任和道德义务。《说文》曰:"孝,善事父母者。从老省,从子,子承老也。"②善事父母成为"孝"的核心意蕴。《诗经》保留了许多感念父母养育之恩的篇章,如《诗经·唐风·鸨羽》:"不能艺稷黍,父母何怙?"《诗经·小雅·小宛》:"夙兴夜寐,毋忝尔所生。"《诗经·小雅·蓼莪》:"蓼蓼者莪,匪莪伊蒿。哀哀父母,生我劬劳。……父兮生我,母兮鞠我。拊我畜我,长我育我,顾我复我,出入腹我。欲报之德,昊天罔极!"③为表达这种"报本反始"的孝子情怀,周人"孝养"的观念是非常突出的。《尚书·酒诰》曰"肇牵车牛,远服贾,用孝养厥父母"④,意在告诫百姓在尽力农事之余牵牛赶车,到远处去经商,来孝养他们的父母。因此,在倡导德教礼治的周代,"孝"成为进行道德教化的一项重要内容。《周礼·地官·司徒》记载大司徒的职责之一就是以德、行、艺三方面的内容教育民众,其中的"行"指的就是包括"孝"在内的六种行为准则:孝、友(友爱兄弟)、睦(和睦亲族)、姻(亲爱姻戚)、任(信任朋友)、恤(救济贫困),有孝有德,才能成为天下人的表率。可以说,周人对"孝"的论述,开启了儒家孝道理论的先河。

　　春秋时期,宗法制逐渐土崩瓦解,导致整个社会规范崩坏失序,包括孝

① 毛亨传,郑玄笺,孔颖达疏:《毛诗正义》,阮元:《十三经注疏》上册,第525、598页。
② (汉)许慎撰,(清)段玉裁注:《说文解字注》,上海古籍出版社,1981年,第398下页。
③ 毛亨传,郑玄笺,孔颖达疏:《毛诗正义》,阮元:《十三经注疏》上册,第365、452、459—460页。
④ 孔安国传,孔颖达疏:《尚书正义》,阮元:《十三经注疏》上册,第206页。

观念在内的道德伦理受到严重冲击,僭礼逆情、弑父弑君等现象比比皆是。为重建礼乐秩序,实现"天下归仁"的理想社会,孔子把孝看作"仁"的入门之功,予以极大的重视。孔子论孝,将"孝"与"仁"、"礼"相贯通,内圣与外王相联系。一方面,把孝看作"为仁之本",人之所以为人的社会立足点,倡导"弟子,入则孝,出则悌,谨而信,泛爱众,而亲仁"①。同时,由内而外将"孝"推而广之,与家庭、社会、政治等相关联,把孝视为治国安邦之道。儒家学派自孔子开始,"孝"就成为一种重要的道德行为得到推崇和弘扬。在孔子的提倡下,孔子弟子努力践行孝道,除曾子之外,闵子骞、子路都是当时闻名遐迩的孝子。而在理论上,能够继承孔子的孝道思想并将其发扬光大的,自然首推曾子。他对孔子孝道思想的继承与发展,主要表现在以下几个方面:

首先,曾子扩充了孝的内涵。《论语·学而》云:"君子务本,本立而道生。孝弟也者,其为仁之本与!"②孔子仁学思想的基本内核是"仁",而孝是修身行仁的根本,那么孔子对孝的重视,就是把孝纳入"仁"的范围之内,看作做人的基本准则之一。可以这样说,在孔子的仁学理论中,孝仅仅是孔子伦理思想的一个方面和实践仁的起点,"是对父母的深厚亲情,是对子女在日常生活中回报父母养育之情的具体要求"③。但到了曾子,则不断地对孝的内涵进行扩充和延伸,使之成为囊括个人生活、社会关系和政治行为等各个方面的道德规范。曾子说:"居处不庄,非孝也;事君不忠,非孝也;莅官不敬,非孝也;朋友不信,非孝也;战陈无勇,非孝也。"又说:"君子一举足不敢忘父母,一出言不敢忘父母。一举足不敢忘父母,故道而不径,舟而不游,不敢以先父母之遗体行殆也。一出言不敢忘父母,是故恶言不出于口,忿言不及于己。然后不辱其身,不忧其亲,则可谓孝矣。"④在曾子看来,孝无处不在,充溢于社会的各个角落,诸如庄、忠、敬、信、勇这些道德行为,都是孝的具体呈现。

① 刘宝楠:《论语正义》,第18页。
② 刘宝楠:《论语正义》,第7页。
③ 臧知非:《人伦本源——〈孝经〉与中国文化》,河南大学出版社,2005年,第20页。
④ 以上见黄怀信主撰:《大戴礼记汇校集注》上册,第526、539—541页。

　　同时,曾子对孝的范围进行了拓展,他说:"夫孝,置之而塞于天地,衡之而衡于四海,施诸后世,而无朝夕,推而放诸东海而准,推而放诸西海而准,推而放诸南海而准,推而放诸北海而准。诗云:'自西自东,自南自北,无思不服。'此之谓也。"①从空间上看,孝可以充塞天地、弥于四海;从时间上说,孝可为万世所共行,无一朝一夕不行之患。孝无所不包、超越了时间和空间,成为适用于社会一切领域的永恒法则。从曾子对孝的论述中我们不难看出,其对孝的推崇已经超越孔子,达到无以复加的程度。对此,胡适先生说:"在孔子的人生哲学,虽是伦理的,虽注意'君君,臣臣,父父,子子,夫夫,妇妇',但并不曾用'孝'去包括一切伦理。到了他的门弟子,以为人伦之中独有父子一伦最为亲切,所以便把这一伦提出来格外注意,格外用功。"②孝为天下"大经大法"的观念,为《孝经》加以承继与发扬,《孝经》称:"夫孝,天之经也,地之义也,民之行也。天地之经,而民是则之。"这是曾子继承孔子思想对孝的地位的肯定,但就曾子随后对孝的地位的提升来看,传统的孝道理论发展到了曾子,就其包容的范围来说,已经被推向极致,上升到宇宙间普遍原则的高度。这种将孝置于至尊的地位,在儒家学派中是相当突出的,也是孔子所没有达到的程度。因此,有学者将曾子对孝道的内涵和范围的拓展称为孝的泛化。③

　　其次,曾子强调孝是人们内心情感的真实流露,深化了对孝的本质的认识。孔子的孝道强调的是对父母的敬爱,主要表现为外在的道德规范,虽然也认为孝立足于人人具有仁心的人性基础,但较为笼统,并没有深入到人的内心世界进行探索。曾子对此作了进一步细致论证,他不仅指出孝包括下对上的道德情感因素,更强调指出孝存在于人类的自然天性之中,是人们内心情感的真实流露,这是曾子论孝的理论基点。曾子说:"忠者,其孝之本与!"④又说:"君子立孝,其忠之用,礼之贵","君子之孝也,忠爱

① 黄怀信主撰:《大戴礼记汇校集注》上册,第532—533页。
② 胡适:《中国古代哲学史》,安徽教育出版社,1999年,第126页。
③ 参见肖群忠:《孝与中国文化》,人民出版社,2001年,第42页。
④ 黄怀信主撰:《大戴礼记汇校集注》上册,第505页。

以敬"。① 曾子极为推崇"忠"精神,这里的"忠"指的是"中心之爱",也就是发自内心的、毫不造作、毫无虚饰的爱。而与"忠"密切相关的孝,就是由心中的忠爱之情自然流露出来的行为,并非由外在的道德约束所决定。曾子说:"孝子之养老也,乐其心,不违其志,乐其耳目,安其寝处,以其饮食忠养之。"②侍奉父母的忠爱之情存在于所有人的心灵中,人人都可以将这种情感自然地抒发出来。曾子指出:"礼以将其力,敬以入其忠,饮食移味,居处温愉,著心于此,济其志也。"③只要保持自身的孝养之心,自然就会实现孝子成亲之志。这种"著心于此","为善必自内始"④的主张,实际上肯定了人心向善的本性,虽然没有用性善的概念表达出来,但显示了曾子对孝之本质的新的认识和深刻体察。

再次,曾子把孝作为实现一切善行的力量源泉和根本。孔子以"仁"总括诸多道德范畴,而曾子则将仁、义、忠、信、礼等概念都纳入到孝的体系之中。他说:"夫仁者,仁此者也;义者,宜此者也;忠者,中此者也;信者,信此者也;礼者,体此者也;行者,行此者也;强者,强此者也。"⑤他认为一个讲求仁爱的人,就是由这孝道而表现对他人的仁爱的;正义的人,就是由这孝道表现处事的适宜的;讲求忠的人,就是由这孝道而表现出忠诚情怀的;讲求信的人,就是由这孝道而表现出信实的;恪守礼的人,就是由这孝道而有所体会的;注重实践的人,就是由这孝道而知所实践的;坚强的人,就是由这孝道而表现出坚强的。在曾子这里,孝与仁、义、忠、信等道德范畴不再是平行的概念,而是包容与被包容的关系,孝完全统摄了社会的所有行为准则和规范,成为一切高尚品行的内在依据。只要顺从孝道,同时也就兼修了仁、义、忠、信、礼等各种美德。从孝道的践履上看,践行孝道的过程也就是扩展仁、义、忠、信、礼等诸多美德的过程。所以,曾子强调顺从孝道则身和乐,违反孝道则刑戮及身。在实践方法上,曾子为普通民众道德情操的

---

① 黄怀信主撰:《大戴礼记汇校集注》上册,第513、515 页。
② 孙希旦:《礼记集解》中册,第755 页。
③ 黄怀信主撰:《大戴礼记汇校集注》上册,第518 页。
④ 黄怀信主撰:《大戴礼记汇校集注》上册,第501、518 页。
⑤ 黄怀信主撰:《大戴礼记汇校集注》上册,第530—531 页。

升华提供了一条简易而切实的路径。

第四,曾子注重实践孝道与道德修养的一致性。曾子认为,提高修养的方法在于行孝过程中的踏实实践和内心反省。曾子通过对于父母日常饮食起居的悉心关切,表达自己的孝敬之心,从而实现个人道德修养的目标。曾子说:"孝之于亲也,生则有义以辅之,死则哀以莅焉,祭祀则莅之以敬。如此,而成于孝子也。"①在父母活着的时候,用道义来辅助他们;在父母去世之后,充分地表达哀戚之情;祭祀的时候,保持一颗诚敬的心,这样做的话,就能够成为一个孝子了。因此,孝道的实践必须持之以恒。曾子说:"民之本教曰孝,其行之曰养。养可能也,敬为难;敬可能也,安为难;安可能也,久为难;久可能也,卒为难。父母既殁,慎行其身,不遗父母恶名,可谓能终也。"②

曾子认为,道德情操的培养,需要在实践中不断地开拓心灵的领域,用严格的自我反省检查自己的举止是否合乎道德原则的要求。曾子孝论的着眼点就在于强调自身的道德修养,切实践行忠恕之道。所谓忠,就是修身,修己,反求诸己,促使自己在道德修养上达到较高的境界;所谓恕,就是推己及人,怀有宽容之心。表现在孝道上,就是子女对父母既要有最细微的体谅,又要有最宏大的宽容,"可人(入)也,吾任其过;不可人(入)也,吾辞其罪",子女向父母进谏而被采纳,"善则称亲,过则归己"③,即事情有了好的结果,就称誉父母之德,如果有过错,就负罪引慝,代任其过。假如谏言没有被父母采纳,就要躬身自省、自讼。只有以"三省吾身"的精神自我体察,才能将孔子提倡的道德修养固化为内心的善德,使孝具备最深厚的基础。

第五,曾子对社会各阶层之孝及孝的等级等一系列理论问题进行了探索。他说:"君子之孝也,以正致谏;士之孝也,以德从命;庶人之孝也,以力恶食;任善,不敢臣三德。"④指出卿大夫的孝是以正道、善道表达对父母的

---

① 黄怀信主撰:《大戴礼记汇校集注》上册,第512页。
② 黄怀信主撰:《大戴礼记汇校集注》上册,第528—529页。
③ 黄怀信主撰:《大戴礼记汇校集注》上册,第519页。
④ 黄怀信主撰:《大戴礼记汇校集注》上册,第510—512页。

谏诤,士人的孝是以孝德遵从父母之命,庶人的孝是以劳力致甘美,谨身节用以供养父母。对于君子、士、庶人等的孝道,曾子还提出了"大孝"、"中孝"、"小孝"的概念,曾子说:"孝有三:大孝不匮,中孝用劳,小孝用力。博施备物,可谓不匮矣;尊仁安义,可谓用劳矣;慈爱忘劳,可谓用力矣。"①曾子这里所说的"大孝"是指君主之孝,君主以德泽教化加给天下百姓,做四方的模范,受到天下人的爱戴,以天下来养父母,自然是无物不备而不愁匮竭。"中孝"是指"以德从命"的士人之孝,《周礼》曰"事功曰劳","尊仁安义"就是"用劳"之意。"小孝"则是用美味来供养父母的庶民之孝,《孟子》所讲的"竭力耕田,共为子职"②就是说为供养父母而忘记了自己的劳苦。曾子进一步强调说:"孝有三:大孝尊亲,其次不辱,其下能养。"③大孝是使父母尊荣,得到普天下人的尊敬,其次是不给父母带来耻辱,最低一等的是能供养父母。孝以尊亲为大,"不辱"和"能养"亦不限于口体的供养和个人的私情,而是从远处、大处来说,因为唯有以"养亲"为基础,才能谈到敬、安、久之类的问题,从而实现光亲、显亲的荣耀,逐步把敬爱父母的心理推广到普天下的百姓。

《孝经》更是详细规范了天子、诸侯、卿大夫、士、庶人五种不同的社会阶层的孝道原则,提出天子之孝为广博的爱敬,在爱敬自己父母的同时,还要爱敬天下的父母,对百姓施以道德教化,成为天下人的榜样;诸侯之孝关键在于时刻保持戒惧之心,谦虚谨慎,不骄不奢,才能长守富贵,和悦百姓以保其社稷;卿大夫之孝最重要的是遵守礼法,约束自身,为民众作表率,守住自家的地位和宗庙祭祀;士之孝的关键是以事父母的恭敬态度去事君、事上,保住自己的禄位;庶人之孝最根本的是努力生产,谨慎节用以供养父母。无论是天子还是庶人,虽然有尊卑贵贱之分,但奉亲之道无二,所以曾子说:"自天子至于庶人,孝无终始,而患不及者,未之有也。"④曾子关于孝的理论,将儒家的道德规范从精英阶层推广到下层民众,进一步促使

---

① 黄怀信主撰:《大戴礼记汇校集注》上册,第534页。
② 朱熹:《四书章句集注》,第302页。
③ 黄怀信主撰:《大戴礼记汇校集注》上册,第523页。
④ 李隆基注,邢昺疏:《孝经注疏》,阮元:《十三经注疏》下册,第2549页。

孝道下移,自下而上地建立起以孝为本位的伦理社会。

　　总体来看,曾子在继承孔子孝道思想的基础上,在孝道内涵的完善和孝道理论的体系化方面将儒学向前推进了一大步,为人们追求高尚的精神境界提供了一条切实便捷的路径,在儒学发展史上具有积极的意义。

二、曾子对孝的践履

　　曾子不仅在孝道理论方面建树颇多,堪称儒家孝道理论的集大成者,而且立足于家庭人伦,在实践中体悟孝道,完善孝道,被后人尊为孝道实践的典范。这两方面相辅相成,共同构成了曾子孝道思想的特色。曾子的孝道实践主要体现为以下方面:

　　(一)爱　身

　　曾子说:"身者,亲之遗体也。"①身体不仅是父母给予的,同时也是父母身体以另一种形式的延续。既然一己之身,都是父母完整给予的,那么,对于父母养育之恩的回报,首要的一件事就是要千方百计地爱护好自己的躯体,不能随意毁伤。因此,《孝经》开宗明义就提出:"身体发肤,受之父母,不敢毁伤,孝之始也。"爱身,成为曾子践行孝道的逻辑起点。

　　将爱惜身体作为行孝的第一步,看似荒诞,实则合情合理。从伦理亲情上讲,孔子曾说:"父母唯其疾之忧。"②父母对子女精心照料关怀,寒热冷暖时刻挂念在心。反过来,子女爱惜自己的身体就相当于爱惜父母,对父母尽孝。从事理方面说,身体是行孝的基础,只有保持一个健康身体、强壮的体魄,才能更好地奉养父母,也才能更好地延续一家一姓的血脉。否则,只能带给父母更大的忧虑、更多的烦恼。

　　如何爱身呢? 曾子说:"孝子不登高,不履危,痹亦弗凭;不苟笑,不苟訾,隐不命,临不指。"③孝子不攀登高峻的地方,不走危险的地方,也不靠近低危的深渊,不随便嬉笑,不随便说人坏话,在隐幽之处不随便呼叫人,在居高临下的地方也不随便指画。为什么要这样做呢? 因为登高临深,随便

---

① 黄怀信主撰:《大戴礼记汇校集注》上册,第525页。
② 刘宝楠:《论语正义》,第48页。
③ 黄怀信主撰:《大戴礼记汇校集注》上册,第505—506页。

说笑或者诋毁他人,都是可能会给自身带来危险和羞辱的事情,必须谨慎小心,安分守己,才能避免罪尤。曾子接着强调说:

> 孝子之事亲也,居易以俟命,不兴险行以徼幸。孝子游之,暴人违之。出门而使,不以或为父母忧也。险途隘巷,不求先焉,以爱其身,以不敢忘其亲也。①

孝子事亲之道,要处安易之所以听天命,不做危险的行为去追求非分的幸福;遇到孝顺的人就和他同游,遇到凶暴的人就离他远远的;奉君亲师之命出使,慎勿疑虑以贻父母之忧;走到危险的道路和窄隘的街巷,不和别人争抢挨挤,这样的爱护自身,是因为不敢忘掉父母的缘故啊。

爱身,除了爱惜自己的躯体、生命,不使身体受到损伤的含义外,还有谨言慎行,不遗父母恶名的意思。《大戴礼记·曾子大孝》说:"父母既殁,慎行其身,不遗父母恶名,可谓能终也。"②即使是父母去世了,自己也要慎重行事,不给父母留下坏名声。曾子主张孝行要做到善始善终,他说:"孝子之身终,终身也者,非终父母之身,终其身也。"③这里的终身,并不是指父母身体的终结,而是指孝子自身的一生。假如因为父母去世,而放弃对自身的严格要求,做出不仁不义之事,致使父母地下蒙羞,就是不孝的表现。"不遗父母恶名"的另一层意思,就是避免触犯刑律。因为受到刑罚而使身体遭到伤害,更是大不孝的行为。

基于身为亲之遗体的生命理论,爱身、全体就成了人伦之孝的一项特殊要求。曾子终生守身、爱身,直到病重时依然战战兢兢地检视身体的完整性。据《论语·泰伯》记载:曾子有疾,召门弟子曰:"启予足!启予手!《诗》云:'战战兢兢,如临深渊,如履薄冰。'而今而后,吾知免夫,小子!"④可见,曾子终其身恪守了孔子"父母全而生之,子全而归之,可谓孝矣。不

---

① 黄怀信主撰:《大戴礼记汇校集注》上册,第507—509页。
② 黄怀信主撰:《大戴礼记汇校集注》上册,第529页。
③ 孙希旦:《礼记集解》中册,第755页。
④ 刘宝楠:《论语正义》,第291页。

亏其体,不辱其亲,可谓全矣"①的教导,体现了他对个体生命的重视和关注。曾子爱身思想,是对孔子"不使不仁者加乎其身"②观念的继承和发挥,同时对弟子也有极大影响,曾子的弟子乐正子春因下堂伤足而有忧色,自责忘孝之道,即为明证。

曾子所倡导的爱身,并非消极意义上的明哲保身或洁身自好,而是将身立于仁之上,努力追求正义。正如梁涛先生指出的那样,"身与仁是密不可分的,身的意义体现在仁之上,而为了实现仁,牺牲生命、杀身成仁也在所不惜"③,这才是爱身的至上追求和终极意义。

（二）养　亲

《诗》云:"哀我父母,生我劬劳。"父母呕心沥血、含辛茹苦,抚养子女,子女成人后当感念父母的养育之恩,尽反哺之情,竭尽全力供养父母,使父母在物质生活上尽可能得到满足,这是曾子"孝"论最基本的要求。

在养亲方面,曾子不遗余力,为后人做出了光辉榜样。陆贾《新语·慎微》记载:"曾子孝于父母,昏定晨省,调寒温、适轻重,勉之于糜粥之间,行之于衽席之上,而德美重于后世。"④昏定晨省,嘘寒问暖,是每一个为人子女者都应该坚持的礼节,为双亲提供一个良好的物质生活条件,更是须臾不可忘怀的养亲之道。《孟子·离娄上》载:"曾子养曾皙,必有酒肉。将彻,必请所与。问有余,必曰'有'。"⑤曾子虽然家庭贫穷,但是他却能尽己所能,细心周到地照顾父母的饮食起居。之所以如此重视养亲,是因为曾子认识到随着父母年岁的增长,来日无多,与其等到父母百年之后才准备丰盛的祭品祭拜,还不如在双亲健在的时候诚心奉养,及时行孝。他说:"人之生也,百岁之中,有疾病焉,有老幼焉,故君子思其不可复者而先施焉。亲戚既殁,虽欲孝,谁为孝? 老年耆艾,虽欲弟,谁为弟? 故孝有不及,弟有不时,其此之谓与?"⑥又说:"往而不可还者,亲也;至而不可加者,年

---

① 孙希旦:《礼记集解》下册,第 1228 页。
② 刘宝楠:《论语正义》,第 144 页。
③ 梁涛:《乐正氏之儒的"泛孝论"及与思孟学派的关系(上)》,《孝感学院学报》2006 年第 1 期。
④ 王利器:《新语校注》,中华书局,1986 年,第 89 页。
⑤ 朱熹:《四书章句集注》,第 285 页。
⑥ 黄怀信主撰:《大戴礼记汇校集注》上册,第 604—605 页。

也。是故孝子欲养,而亲不待也。木欲直,而时不待也。是故椎牛而祭墓,不如鸡豚逮亲存也。"①因此,在养亲和出仕的关系上,曾子更重视前者。曾子认为修身的目的在于"为己",即提高自身的道德情操,而不是入仕干禄。纵使贫贱,但能和父母在一起,就是最幸福的事,所以他"义不离亲一夕宿于外"②。基于此,曾子提出了一个入仕原则:父母在世之时,子女应"不择官而仕",不看重俸禄的多寡,而以奉养双亲为重。《韩诗外传》卷七载曾子曰:"故吾尝仕为吏,禄不过钟釜,尚犹欣欣而喜者,非以为多也,乐其逮亲也。既没之后,吾尝南游于楚,得尊官焉,堂高九仞,榱题三围,转毂百乘,犹北向而泣涕者,非为贱也,悲不逮吾亲也。故家贫亲老不择官而仕。"③官位虽低,俸禄虽薄,但只要能够供奉双亲,人生的价值就得到实现。如果一定要等到高官厚禄、荣华富贵之时才奉养双亲,实际上是一种不孝行为。

在养亲的前提上,曾子还特别注重"养志",也就是顺承父母的心志。曾子说:"孝子之养老也,乐其心,不违其志,乐其耳目,安其寝处,以其饮食忠养之。"④曾子认为,作为一个孝子必须坚持的原则,就是使父母心里快乐,不违背父母的心志。这和《孝经·纪孝行章》提出的"养则致其乐"是一个意思,都是说侍奉父母,必须尽心尽力使父母感到快乐。精神层面的养比物质层面的养更为重要,对父母来说,食山珍、衣绫罗不一定会感到快乐,只要子女能够和颜悦色、虔敬有礼,哪怕每天粗茶淡饭也会甘之如饴。《吕氏春秋·孝行》说:"和颜色,说言语,敬进退,养志之道也。"⑤曾子奉养双亲,即能顺承父母心志。《孟子·离娄上》云:"曾子养曾皙,必有酒肉。将彻,必请所与。问有余,必曰'有'。曾皙死,曾元养曾子,必有酒肉。将彻,不请所与。问有余,曰'亡矣',——将以复进也。此所谓养口体者也。若曾子,则可谓养志也。"⑥曾子、曾元不同的养亲方法,显示了养亲所达到的不同的境界。在儒家看来,养体是为人子的基本义务,但"养"之价值,最

① 韩婴著,许维遹校释:《韩诗外传集释》,第246页。
② 刘向集录,范祥雍笺证:《战国策笺证》,上海古籍出版社,2006年,第1656页。
③ 韩婴著,许维遹校释:《韩诗外传集释》,第246—247页。
④ 孙希旦:《礼记集解》中册,第755页。
⑤ 许维遹撰,梁运华整理:《吕氏春秋集释》上册,第308页。
⑥ 朱熹:《四书章句集注》,第285页。

重要的是养志而非养体。《盐铁论·孝养》载:"周襄王之母非无酒肉也,衣食非不如曾皙也,然而被不孝之名,以其不能事其父母也。"①周襄王位居九五之尊,天下为家,享尽富贵荣华,但仍蒙受"不孝"恶名,其原因就在于周襄王的孝只是一种"养口体"的孝,而不是"养志"之孝。同时,曾子也承继孔子"三年无改于父之道"的主张,把养志延伸到继承父母的遗志以延续父母的美德善行,并以事父之道敬爱父亲的同道友朋。《大戴礼记·曾子本孝》曰:"孝子之使人也,不敢肆,行不敢自专也。父死三年,不敢改父之道。又能事父之朋友,又能率朋友以助敬也。"②在父母去世后,为父母服丧的三年时间里面,无时无刻不想念父母,一切仍然照着父母生前的做法去做,就好像父母还活着一样,这才可以称得上孝。

（三）敬　亲

子女行孝不但要养亲,更要敬亲。曾子说,把饭菜做得鲜香可口给父母吃,这只是养,而不是真正的孝,或者说仅仅是最低层次的孝。对双亲的供养只是人伦之孝的初始要求,只有建立在内心诚敬情感之上的养亲,才是真正合乎"孝"道的。孔子曾经区分了养与敬的区别,云:"今之孝者,是谓能养。至于犬马,皆能有养。不敬,何以别乎?"③人如果只知养亲而不知敬亲,与禽兽又有什么区别呢?看似平常的话语,道理又何其深刻!儒家强调人禽之辨,人与禽兽的区别就在于人有伦理道德,落实到"孝"上,人之所以为人就在于人对父母有敬爱之情。

对于孔子所教导的敬亲,曾子贯彻得很好。曾子虽然以孝闻名,但当弟子公明仪问他是否做到了孝的时候,曾子却十分不安地说:"是何言与?是何言与?君子之所谓孝者,先意承志,谕父母以道。参直养者也,安能为孝乎?"④他认为自己尚未达到孝,而只是做到了养的层次。在曾子看来,"养"算不上真正的孝。那么,什么是真正的孝呢?曾子认为,真正的孝应该是"敬"。他说,身体是父母双亲所赐予,也是父母身体的延续。拿父母

---

① 王利器校注:《盐铁论校注》,中华书局,1992 年,第 309 页。
② 黄怀信主撰:《大戴礼记汇校集注》上册,第 509 页。
③ 刘宝楠:《论语正义》,第 48—49 页。
④ 黄怀信主撰:《大戴礼记汇校集注》上册,第 524—525 页。

的遗体去行事,敢不敬慎吗? 曾子所说的"敬",在现实生活中有多种形式的表现,诸如"居处庄","事君忠","莅官敬","朋友信","战陈勇",都可以称之为"敬"。在曾子这里,"敬"已从孔子对父母的尊敬之意发展为个人为人处世的道德准则,由个人修身的范畴扩展到家庭、社会、政治等各个领域。

《孟子·尽心下》载:"曾皙嗜羊枣,而曾子不忍食羊枣。公孙丑问曰:'脍炙与羊枣孰美?'孟子曰:'脍炙哉!'公孙丑曰:'然则曾子何为食脍炙而不食羊枣?'曰:'脍炙所同也,羊枣所独也。讳名不讳姓,性所同也,名所独也。"①曾皙喜欢吃羊枣,因而曾子从来不吃羊枣,在曾子的观念里,正像不能直呼君主或父母的名字一样,对于父母喜欢吃的东西,自己不能随便吃。曾子说:"君子之孝也,忠爱以敬,反是乱也。"②他认为君子之孝,表现在忠诚、喜爱和尊敬上,凡是与此相反的行为,就是叛乱孝道。

(四)谏 亲

曾子将孝亲建立在"敬亲"的自然情感之上,强调养志、顺亲,所谓"父母生之,子弗敢杀。父母置之,子弗敢废。父母全之,子弗敢阙"③,强调的就是不要轻易改变和违背父母的意愿,在思想上和行动上顺从父母的心志。但这种主张也隐含了一个矛盾:假如父母对某些问题的认识出现偏差导致犯了过错,子女应曲意顺从,还是应劝谏父母? 面临这样的情况,如何做才算符合孝道? 曾子就此问题向孔子请教,孔子回答说:

是何言与? 是何言与? 昔者天子有争臣七人,虽无道,不失其天下;诸侯有争臣五人,虽无道,不失其国;大夫有争臣三人,虽无道,不失其家;士有争友,则身不离于令名。父有争子,则身不陷于不义。故当不义,则子不可以不争于父,臣不可以不争于君。故当不义,则争之。从父之令,又焉得为孝乎?④

---

① 朱熹:《四书章句集注》,第374页。
② 黄怀信主撰:《大戴礼记汇校集注》上册,第515页。
③ 许维遹集释,梁运华整理:《吕氏春秋集释》,第308页。
④ 李隆基注,邢昺疏:《孝经注疏》,阮元:《十三经注疏》下册,第2558页。

　　显然,孔子主张辨别是非,不能一味地盲目顺从。如果双亲的行为违犯义理,就应当劝阻干预,帮助双亲避免蒙受不仁不义的恶名。基于此,曾子提出了"以正致谏"、"微谏不倦"的谏亲原则。他说:"君子之孝……微谏不倦,听从而不怠,欢欣忠信,咎故不生,可谓孝矣。"①又说:"君子之孝也,以正致谏。"②当父母有错,为人子者婉转劝谏,可使父母免于陷入不义,非但不违反孝道,反而是孝子应尽的义务。曾子还将此从情感上加以提升,把伦理规范内化为一种心理之愉悦。《韩诗外传》卷九云:"曾子曰:君子有三乐……有亲可畏,有君可事,有子可遣,此一乐也。有亲可谏,有君可去,有子可怒,此二乐也。有君可喻,有友可助,此三乐也。"③

　　但随之而来的一个问题是,父母有过失,却对子女的劝谏置若罔闻,为人子者又该如何做才合乎孝道?孔子对此的态度是:"事父母几谏,见志不从,又敬不违,劳而不怨。"④当父母有了过错,子女应反复婉言相劝,如果父母仍一意孤行,子女不应滋生怨恨之心,应该一如既往地孝敬双亲。那么,曾子又是如何处理这一敏感问题的呢?当弟子单居离问询"事父母之道"的时候,曾子具体阐发了自己的主张,《大戴礼记·曾子事父母》载:

　　　　单居离问于曾子曰:"事父母有道乎?"曾子曰:"有。爱而敬。父母之行,若中道则从,若不中道则谏。谏而不用,行之如由己。从而不谏,非孝也;谏而不从,亦非孝也。孝子之谏,达善而不敢争辩。争辩者,作乱之所由兴也。"⑤

曾子对孔子"事父母几谏"的思想作了发挥,他提出,对于父母的错误,可以劝谏但不能蛮横忤逆,只能表达良善的道理,用行动去影响和感化父母,促其醒悟而不能力争强辩。曾子指出,随从父母的错误而不劝谏,不是孝;劝

---

① 黄怀信主撰:《大戴礼记汇校集注》上册,第515—516页。
② 黄怀信主撰:《大戴礼记汇校集注》上册,第510页。
③ 韩婴著,许维遹集释:《韩诗外传集释》,第329页。
④ 刘宝楠:《论语正义》,第155页。
⑤ 黄怀信主撰:《大戴礼记汇校集注》上册,第543—544页。

谏无效而不再顺从父母之志,也不是孝。《大戴礼记·曾子大孝》又载:

> 父母爱之,喜而不忘;父母恶之,惧而无怨;父母有过,谏而不逆。[①]

在这里,曾子明确了谏亲的界限,即"谏而不逆",再次重申对于父母的过错,只能劝谏而不能忤逆,这和曾子"微谏"的主张是一致的,也是"先意承志,谕父母于道"[②]的具体化。

值得注意的是,曾子似乎意识到"从而不谏,非孝也;谏而不从,亦非孝也"的主张易于陷入两难境地,所以曾子提出在这一问题上应"巧变",以随父母之忧乐。父母犯了过错,孝子理当引以为耻辱,但假如父母一意孤行,不知改悔,孝子正确的做法是代父母承担过错,问罪于自身。所谓"不耻其亲,君子之孝也"[③],就是说,无论发生什么事情,做子女的都不能把耻辱加到父母的身上。孝子在反省自身不足的同时,对父母仍然要"敬而不违",并想方设法感化父母,促其改过。从社会人伦的角度来看,曾子的主张是人伦亲情的自然体现,也为孝道实践奠定了最为深厚的人性基础。

(五)慎终追远

"慎终追远"是曾子在亲身践履孝道的过程中提出的概念,"慎终"指为父母尽哀,慎重地办理父母的丧事,"追远"指虔诚地追祭远祖先人,表达孝于终生萦怀之情。慎终追远,老百姓的道德就会趋于敦厚。曾子认为,孝关系到社会民风的淳朴与否,对整个社会良风美俗的形成和社会秩序的和谐有积极的意义。孝虽然始于家庭这样的小的个体单位,但却是整个社会得以长治久安的基石。

孔子曾经说过,只有做到"生,事之以礼;死,葬之以礼,祭之以礼"[④]才算恪尽孝道,对于孔子的教诲,曾子终身奉行、忠实不渝。《大戴礼记·曾子本孝》记载曾子曰:"孝之于亲也,生则有义以辅之,死则哀以莅焉,祭祀

---

① 黄怀信主撰:《大戴礼记汇校集注》上册,第535页。
② 黄怀信主撰:《大戴礼记汇校集注》上册,第524页。
③ 黄怀信主撰:《大戴礼记汇校集注》上册,第522页。
④ 刘宝楠:《论语正义》,第46页。

则莅之以敬。如此,而成于孝子也。"①对于如何才是圆满的尽孝之道,《孝经》有总结性的阐述:"生事爱敬,死事哀戚,生民之本尽矣,死生之义备矣,孝子之事亲终矣。"②作为孝子,在父母生前以爱敬之心去奉养,父母去世后以哀痛之心去安葬和祭祀,到此,孝子事生送死的尽孝之事才算终结。有始有终,方为尽孝之道。

据《礼记·曾子问》记载,曾子向孔子问询"丧礼"之事,他所提出的问题多达四十余条,可谓巨细靡遗,详赡入微。曾子为何如此重视丧礼?是因为追怀死者的丧葬礼仪能够给予"混沌难分的原动物性的理智、情感诸心理因素以特定的社会族类的方向和意义,以确认自己属于此族类的存在"③,这是人类的社会意识、人性心理、情感行为的反映,关系到"慎终追远"的大事情。如果丧祭礼仪荒废不行的话,对社会带来的恶果是非常明显的,正如《礼记·经解》所说的那样:"丧祭之礼废,则臣子之恩薄,而倍死、忘生者众矣。"④礼不仅仅是外在的行为规范,同时也有其内在的德性要求。曾子在重视丧祭之礼的同时,更为关注丧亲之情。孔子强调丧祭之礼的本质是"祭思敬,丧思哀"⑤。孔子说:"丧,与其易也,宁戚。"⑥就丧事而言,与其仪式周备、奢华铺张,还不如内心真正悲戚。丧思哀,这才是礼的本意。那么,什么是哀戚之情呢?《孝经》说:"孝子之丧亲也,哭不偯,礼无容,言不文,服美不安,闻乐不乐,食旨不甘,此哀戚之情也。"⑦孝子在父母亲去世时,哭声应该表现出自己极度悲伤的心情,而不能抑扬顿挫和拉长尾声;接待吊丧的宾客时,不拘泥于平时的礼节容止;话语简单,不加修饰;这时如果穿着纹饰华美的衣服会感到不安,必须换上丧服;听到欢快的音乐,也决不有愉快的表情;根本不想吃饭,再可口鲜美的食物吃着也没味道。这些都是孝子丧亲之情的自然流露。倘若一个人在办理父母丧葬之

---

① 黄怀信主撰:《大戴礼记汇校集注》上册,第512页。
② 李隆基注,邢昺疏:《孝经注疏》,阮元:《十三经注疏》下册,第2561页。
③ 李泽厚:《论语今读》,安徽文艺出版社,1998年,第38页。
④ 孙希旦:《礼记集解》下册,第1257页。
⑤ 刘宝楠:《论语正义》,第737页。
⑥ 刘宝楠:《论语正义》,第82页。
⑦ 李隆基注,邢昺疏:《孝经注疏》,阮元:《十三经注疏》下册,第2561页。

事的时候,仍然计较礼节是否周全,仪表是否端庄,言辞是否文雅,而不能尽情抒发对父母的哀戚之情,无疑是扭捏造作、矫言伪行。

爱身、养亲、敬亲、谏亲、慎终追远,构成了曾子人伦之孝的基本框架。曾子将这种严于律己、勤于内心反省的精神贯穿于日常生活的孝道实践中,以忠爱之心孝敬双亲,求得孝子的纯洁之心,养成君子人格,其最终目的是提高自我生命的价值。

三、曾子的孝行

道德作为一种实践精神,不仅表现在观念上,也显示在实践上。正如李泽厚先生所说,"孝作为一种道德必须由具体的行为来体现,是德行合一的"①。而注重"笃行",正是曾子孝道实践的一大特征。曾子说:"夫华繁而实寡者,天也;言多而行寡者,人也。"②他指出说得多做得少是人最常见的毛病,而巧言的人必然缺乏仁德。所以,曾子一再强调要少说多做,先行后言。他说:"君子执仁立志,先行后言……"③又说:"微言而笃行之,行必先人,言必后人。"④显而易见,在言行关系上,曾子着重突出了行的重要性。曾子认为人的整个行为过程由思、言、行、复四个阶段构成,在这四个阶段当中,"行"居于"外内合"的交汇点。他说:"君子虑胜气,思而后动,论而后行,行必思言之,言必思复之……"⑤思和言,必须依赖于行才能得以落实,没有具体的行动,思与言就没有任何实际意义。无论思、言、行都不仅仅只为提高自身的道德修养,也在于为他人作出榜样。他说:"人信其言,从之以行;人信其行,从之以复;复宜其类,类宜其年,亦可谓外内合矣。"⑥讲求诚信的君子不虚言,人信其言。言信行果,别人才能信服,并从而行之。而要实现所成之事与所言之说相合的"合外内"之道,恒久不懈的行动必不可少。基于这种对"行"的重要性的认识,曾子提出了"言不远身,言之

---

① 钱世明:《儒学通说·说忠孝》,京华出版社,1999 年,第 70 页。
② 黄怀信主撰:《大戴礼记汇校集注》上册,第 601 页。
③ 黄怀信主撰:《大戴礼记汇校集注》上册,第 572 页。
④ 黄怀信主撰:《大戴礼记汇校集注》上册,第 453 页。
⑤ 黄怀信主撰:《大戴礼记汇校集注》上册,第 458 页。
⑥ 黄怀信主撰:《大戴礼记汇校集注》上册,第 458—459 页。

主也;行不远身,行之本也"①的主张,告诫人们说话不远离自身所知的事,这是言论的重心;所行不远离自身该做的事,这是德行的根本。

曾子言行一致的实践,在其孝行方面得到了充分展现。曾子修身事亲,至死不乱。因此,曾子"孝"的声名,在先秦时期已经广泛流传,除《论语》、《孟子》等文献所记载的故事之外,其他文献也多有记载,如《荀子·性恶》篇载"天非私曾、骞(指孔子弟子闵子骞)、孝已(殷高宗之太子)而外众人也"②,《战国策》载苏秦曰"使臣信如尾生,廉如伯夷,孝如曾参"③,都说明曾子之孝在先秦时期就已为时人所公认。曾子之孝,并不是一般意义上的孝,而是"感天地,动鬼神"④的孝,故后世言孝必称曾子。下面,对曾子的孝行择要作一介绍。

王充《论衡·感虚》载:"曾子之孝,与母同气。曾子出薪于野,有客至而欲去。曾母曰:'愿留,参方到。'即以右手搤其左臂。曾子左臂立痛,即驰至问母:'臂何故痛?'母曰:'今者客来欲去,吾搤臂以呼汝耳。'盖以至孝,与父母同气,体有疾病,精神辄感。"⑤《孝经·感应章》曰"孝悌之至,通于神明,光于四海,无所不通"⑥,认为至善的孝道,德化天地,能够与神灵互相通达。荀子对此现象解释说,孝子如能"专心一志,思索熟察,加日悬久,积善而不息,则通于神明,参于天地"⑦。曾子孝心深厚,虽与母亲相隔很远,但却能产生心灵感应。这种"通于神明"的孝,凸显了血浓于水的骨肉亲情之爱,毫无疑问,可以称得上"至孝"。山东嘉祥县武梁祠汉代石刻画像列在孝义故事第一位的就是"曾母投杼图",图左上方有题榜:"曾子质孝,以通神明。贯感神祇,著号来方。后世凯式,以正抚纲。"从汉画像石对曾子的赞誉来看,曾子孝感的故事在汉代就已广为流行。到了元代,郭居敬编《二十四孝》的时候,就将曾子的这一孝行故事收录进去,题名为"啮指

① 黄怀信主撰:《大戴礼记汇校集注》上册,第605页。
② 王先谦:《荀子集解》下册,中华书局,1988年,第442页。
③ 刘向集录,范祥雍笺证:《战国策笺证》,第1656页。
④ 王定安:《宗圣志》卷七引皮日休《皮子文薮》,第321页。
⑤ (汉)王充著,张宗祥校注:《论衡校注》,上海古籍出版社,2010年,第117页。
⑥ 李隆基注,邢昺疏:《孝经注疏》,阮元:《十三经注疏》下册,第2559页。
⑦ 王先谦:《荀子集解》下册,第443页。

心痛",作为孝敬父母的典型事例。

　　曾子以安身处世奉养双亲为出发点,把父母的冷暖时刻挂在心上,尽量守在父母身边,就连一个晚上也不轻易离开父母。《战国策·燕策》曾赞扬说:"孝如曾参,义不离亲一夕宿于外。"①这可以说是对孔子"父母在,不远游"的实践。在出仕方面,不求高官厚禄,只要够养亲所需即可。他在莒国任低级官吏,俸禄仅是三秉小米,但曾子却不嫌弃,因为双亲可以享用。据说齐国曾以优厚的俸禄聘他为官,他却没有接受,其理由就是"吾父母老,食人之禄,则忧人之事,故吾不忍远亲而为人役"②。

　　曾子的母亲去世后,曾子常常想念母亲。据《孝子传》记载,曾子有一次吃生鱼,感觉味道很鲜美,就把它吐了出来。别人看到后,非常惊讶,就问他什么原因。曾子说:"我母亲活着的时候,没有尝过生鱼这样的美味,一想到母亲没有吃过,我就心里难过,所以把它吐了出来。"此后,曾子终身不食生鱼。从这个故事,我们可以真切地感受到曾子对母亲的深厚感情。《说苑》还记载了曾子"不入胜母之闾"的故事,《说苑·谈丛》曰:"邑曰胜母,曾子不入;水名盗泉,孔子不饮。"③这个故事讲的是曾子有一次到郑国去,路过一个名叫"胜母"的地方,曾子想,一个人对父母只能孝敬,哪有在父母面前争强好胜的道理?于是便调转车子,绕路而行。"曾子不入胜母之闾",从现代人的角度看,其做法似乎有些极端,但恰恰说明曾子对父母的孝敬,达到了常人难以企及的程度。曾子的孝,之所以被称为"养志",就因为他对自身要求极为严格,一切行动都坚持"唯义所在"。因此,曾子被后人称赞为"盛饰入朝者不以利污义,砥砺名号者不以欲伤行"④的贤人。"曾子不入胜母之闾"的故事,可谓曾子坚持忠爱以敬、以礼为本的典型事例。

　　曾子不仅对生身母亲很孝顺,而且在母亲去世后,他对继母同样也是

① 刘向集录,范祥雍笺证:《战国策笺证》,第1656页。
② 杨朝明、宋立林主编:《孔子家语通解·七十二弟子解》,第436页。
③ 刘向著,向宗鲁校证:《说苑校证》,第385页。此故事又载于《新序·杂事》、《淮南子·说山训》等。
④ 《史记》卷八十三《鲁仲连邹阳列传》,第2478页。

极尽奉养之情的。《孔子家语·七十二弟子解》记载了曾子出妻的故事：
"参后母遇之无恩,而供养不衰。及其妻以藜不熟,因出之。"①据传说,曾参
的后母对他不好,但是他像对待生母那样供养不衰,非常孝敬,常常"视被
之厚薄,枕之高低",照顾其饮食起居,细致入微,从来没有懈怠过。有一
次,曾子外出之前嘱托妻子把藜叶蒸熟了给后母吃,回家后得知藜叶没有
蒸熟,非常生气,非要把妻子休弃不可。众人劝阻他:"你的妻子不该被离
弃,不在七出的范围之内啊。"曾子回答说:"蒸藜为食,确实是一件小事情。
我告诉她要蒸熟,可是她却没有听从我的话,何况大的事情呢!"最后,曾子
还是离弃了他的妻子,并终身不再娶妻。《孝经·五刑章》说:"五刑之属三
千,而罪莫大于不孝。"②因为藜蒸不熟而休妻,当时的人可能也认为不近人
情。但在曾子看来,藜蒸不熟就给母亲吃,意味着对长辈缺乏最起码的"敬
爱",这种不孝的行为是难以容忍的。休妻的做法虽不可取,但也显示出曾
子捍卫孝道的坚定性。

曾子在父亲去世的时候,他攀扶柩车为父亲送丧,悲痛欲绝,"引辋者
为之止也"③,以致拉丧车的人也要停下来为之哭泣。曾子执亲之丧的故
事,《礼记》也有记载,曾子对弟子孔伋说:"吾执亲之丧,水浆不入口者七
日。"④虽然与古代"君子执亲丧之礼,水浆不入口者三日"相比,曾子的行
为似乎有些过头,但程颐却认为:"曾子者,过于厚者也。圣人大中之道,贤
者必俯而就,不肖者必跂而及。若曾子之过,过于厚者也。若众人,必当就
礼法。自大贤以上,则看他如何,不可以礼法拘也。"⑤曾子丧父,水浆不入
口者七日,足见曾子孝心之诚。

曾子行孝直到生命的最后一刻,可谓善始善终。《礼记·檀弓上》记载
了曾子"临终易箦"的故事。曾子病重的时候,静静地躺在床上。弟子乐正
子春坐在床下,曾元、曾申坐在他的脚边,一个小童子端着烛坐在角落里。

---

① 杨朝明、宋立林主编:《孔子家语通解·七十二弟子解》,第436页。按,藜,草本植物,也称"灰菜",嫩叶蒸熟可食用。后人多误为"梨"。
② 李隆基注,邢昺疏:《孝经注疏》,阮元:《十三经注疏》下册,第2556页。
③ 陈广忠译注:《淮南子·说山训》,中华书局,2012年,第913页。
④ 孙希旦:《礼记集解》上册,第189页。
⑤ 程颢、程颐著,王孝鱼点校:《二程集·河南程氏遗书》卷十八,第221页。

童子看到曾子身下铺的席子很漂亮,禁不住说道:"多么漂亮的席子啊,那是大夫用的吧?"乐正子春赶紧轻轻地说:"不要作声!"尽管他的声音很轻,但还是被曾子听到了,他忽然惊醒过来,对儿子曾元说:"这是大夫用的席子啊,是当年季孙氏送给我的,但我没有力气换掉它。元啊,赶快把席子换掉!"曾元说:"您老人家的病已经很危急了,不可以移动,还是不要马上换了吧。您耐心等到天亮,我再给您换好吗?"曾子听了,很不高兴,他强打精神,撑起身子对儿子们说:"你们爱我的心还不如那小孩子。一个有才德的君子,他爱别人就要成全别人的美德,小人的爱是苟且取安。我现在还有什么需求呢? 我只盼像个君子那样循礼守法,死得规规矩矩。"①于是,他们抬起曾子,给他更换了席子。等到他们刚换好席子,还来不及把曾子放平稳,曾子就去世了。曾子临终易箦的故事,展现了他的敦厚笃实的作风和注重晚节的高尚品德,也是在以实际行动教育后人。

曾子作为古代的孝道典范,其孝行表现在侍奉父母的方方面面,诸如"耘瓜受杖"、"不食羊枣"、"观礼泪涌"等感人泪下的故事,还有很多。曾子以孝著名,其执著虽然近乎"愚孝",但历朝历代都把他作为孝子的样板和道德完人来崇敬。尤其是汉代以后,在以孝治天下的社会背景下,比附其身的传闻、传说也就越来越多。虽然文献中关于曾子孝行的记载真伪参半,有些难免附会之嫌,如啮指心痛、受杖不逃等事,未必为实,但却反映出了曾子之孝在后世的深远影响。

第三节　曾子的思想贡献与历史地位

曾子是孔子晚年的重要弟子之一,他对孔子学说领悟较深,能得其旨要。在孔子去世之后,孔门弟子中致力于阐发和宣扬孔子思想者,以曾子最为用力,贡献也最大。唐文治先生说:"曾子之学,传自孔子,孔子之学,传自老子。是曾子之学,承老、孔之学为学也。曾子之学,传诸子思,子思

---

① 原文见孙希旦:《礼记集解》上册,第177页。

之学,传诸孟子。是曾子之学,开思孟之学以为学也。"①可知曾子在中华文化的薪传流变中,具有不可忽视的重要地位。他重视仁德,发展了儒家以"仁"为核心的伦理学说;他提倡孝道,建构了以"孝"为基点贯通仁、礼的孝道思想体系;他主张"内省",强调求诸于心的致思路向,下启思孟,开启了孔子之后儒学发展的新方向,对儒家文化的传播与发展作出了重大贡献。

一、曾子对儒家伦理学说的发展

曾子思想的主体是伦理思想。在社会剧烈变化的时代,曾子对孔子提出的仁、礼、孝等伦理观念进行了深入阐释和补充,进一步深化了孔子思想,使儒家的伦理学说更切于社会实际,更大程度地普及于全社会,为儒家后学对伦理学说的提升作了充分的准备。

"仁"是孔子思想的核心,是儒家伦理哲学的重要范畴。孔子视"仁"为人生的崇高理想和道德的最高境界。就理想而言,"天下归仁"是孔子追求的目标;就道德修养而言,"克己复礼"、"力行近仁"是恪守的生活准则。孔子倡导仁者"爱人",这是孔子立身行事的基础。曾子对孔子的学说领会较为深切,以"忠恕"来概括孔子思想的基本内核。《论语·里仁》篇载:"子曰:'参乎!吾道一以贯之。'曾子曰:'唯。'子出,门人问曰:'何谓也?'曾子曰:'夫子之道,忠恕而已矣!'"所谓"忠",就是"己欲立而立人,己欲达而达人"②,即有仁德的人自己想立身就先让别人立身,自己想通达也要使别人通达。与此相反,所谓"恕",就是"己所不欲,勿施于人"③,即自己不想做的事情也不要强加于别人。忠与恕,从积极与消极两个方面阐明践行仁道的原则。忠,指积极地践行,不仅全心全意地成己,而且要乐于付出,全心全意地帮助别人。立人、达人,都是从"为人"的角度而言,所谓"爱人以德也"。恕,就是无私、不欺,宽以待人。如果说"忠"是对自己品格的要求,那么,"恕"就是对他人应持的态度。可见,孔子的忠恕之道,侧重在修身以及为人处世上。孔子不止一次地强调忠恕在自己学说中的重大意义。

---

① 转引自曾振宇:《曾子思想体系论纲》,《辽宁师范大学学报》1993 年第 3 期。
② 刘宝楠:《论语正义》,第 151—153、249 页。
③ 刘宝楠:《论语正义》,第 631 页。

《论语·卫灵公》记载了孔子与弟子子贡的一段对话："子曰：'赐也！汝以予为多学而识之者与?'对曰：'然，非与?'曰：'非也，予一以贯之。'"①阮元认为"一贯"意为"行事"，"此夫子恐子贡但以多学而识学圣人，而不于行事学圣人也。夫子于曾子则直告之，于子贡则略加问难而出之。卒之告子贡曰'予一以贯之'，亦谓壹是皆以行事为教也，亦即忠恕之道也"。② 但子贡却对夫子之意未能了然，而曾子却洞察入微，一语中的。可见，曾子对贯穿孔子学说的总纲领早已心领神会，这也是曾子于孔子之道有深切体悟的一个显著例证。

　　曾子继承了孔子的忠恕之道，并有所发挥。曾子说："君子己善，亦乐人之善也；己能，亦乐人之能也；己虽不能，亦不以援人。"③曾子认为，君子在追求理想的过程中，务必坚持"己欲立而立人，己欲达而达人"的原则，即自己好，也高兴别人好；自己能做到，也高兴别人能做到；自己虽不能做到，也不要像小人那样忌人之能而将别人的成绩据为己有。曾子所论，全与孔子相通，都是说君子待人要尽己尽心，与人同达至善的美好境界。曾子强调人与人之间应当互相扶持，互助互惠。他说："蓬生麻中，不扶自直；白沙在泥，与之皆黑。是故人之相与也，譬如舟车然，相济达也。己先则援之，彼先则推之。是故人非人不济，马非马不走，土非土不高，水非水不流。"④曾子这种"人非人不济"之道，也正是孔子的立人、达人之道，因此，熊赐履《学统》云："曾子之道，亦曰忠恕而已矣。"⑤

　　在具体的生活实践中，孔子强调仁者要"躬自厚而薄责于人"⑥，要以与人为善的态度，宽以待人，多为他人着想。曾子进一步指出，在人际关系上，君子需要把握好行事的尺度。曾子说："君子好人之为善，而弗趣也；恶人之为不善，而弗疾也；疾其过而不补也，饰其美而不伐也。伐则不益，补

① 刘宝楠：《论语正义》，第612页。
② 阮元：《论语一贯说》，《揅经室集·一集》卷二，《丛书集成初编》本，第46页。
③ 黄怀信主撰：《大戴礼记汇校集注》上册，第461页。
④ 黄怀信主撰：《大戴礼记汇校集注》上册，第562—564页。
⑤ 熊赐履：《学统》卷三《正统·曾子》，四川大学古籍整理研究所编：《儒藏》史部第124册，第42页。
⑥ 刘宝楠：《论语正义》，第627页。

则不改矣。"①君子喜欢别人做好事,但不催促他去做,以免其倦怠退缩;厌恶人做不好的事,也不马上表现出来,以避免发生变故;厌恶人的过失但不为之弥缝以促其自我改正,喜欢人做善事但不为之矜夸以免其自我满足。这是因为称赞他可能导致他停止不前,修补他的过失最终可能导致他知过不改啊。在曾子看来,要想做到这一点,最基本的要求就是以学促知,见贤思齐。《大戴礼记·曾子制言上》记载了曾子与弟子讨论何为"通达"的问题:

> 弟子问于曾子曰:"夫士何如则可以为达矣?"曾子曰:"不能则学,疑则问,欲行则比贤,虽有险道循行,达矣。今之弟子,病下人,不知事贤,耻不知而又不问,欲作则其知不足,是以惑暗,惑暗终其世而已矣,是谓穷民也。"②

在这里,曾子强调了学行的重要,他认为君子之学,不能畏惧艰难;君子之行,更要见贤思齐,长此以往,坚持不懈,自能抵达理想的境界。假如好责于人而不知自省,也就只能庸庸碌碌地度过一生,这样的人就没有什么希望了。所以,曾子主张"君子以文会友,以友辅仁"③,从进德修业的角度,告诫人们要时刻不忘追求仁德。这就把对"仁"的追求置于个人修养的场域之中,更易于为人们理解和践行。

曾子明确地把仁义作为立身处世的重要原则,予以褒扬。在曾子的伦理学说中,仁主要表现为一种精神和气节。曾子曰:"志士仁人,无求生以害仁,有杀身以成仁。"④又说:"士不可以不弘毅,任重而道远。仁以为己任,不亦重乎?死而后已,不亦远乎?"⑤朱子解释说:"仁者,仁心之全德,而必欲以身体而力行之,可谓重矣。一息尚存,此志不容稍懈,可谓远矣。"⑥

---

① 黄怀信主撰:《大戴礼记汇校集注》上册,第462—463页。
② 黄怀信主撰:《大戴礼记汇校集注》上册,第570—571页。
③ 刘宝楠:《论语正义》,第513页。
④ 刘宝楠:《论语正义》,第620页。
⑤ 刘宝楠:《论语正义》,第296—297页。
⑥ 朱熹:《四书章句集注》,第104页。

可见,曾子的理想就是要做志士仁人,以成就个人的德行。曾子这种观念类似于后来孟子所倡导的"大义"①。无论是"仁以为己任",还是"杀身成仁",曾子所讲的这种君子节操,都来源于他对仁义的理解。孔子提倡"君子喻于义,小人喻于利"②、"见利思义"③,曾子则把仁义并列来谈,纳入到道德修养的范畴。曾子认为"士执仁与义而明,行之未笃故也"④,如果一个人持守仁义之道却不为外人所知,一定是用心不够深厚的缘故。什么是"义"呢? 曾子认为,义就是君子行为合于仁的适宜表现。曾子说"冻饿而守仁,则君子之义也"⑤,忍冻挨饿但仍坚守仁德,这就是君子应有的表现。曾子又说:"君子不谄富贵,以为己说;不乘贫贱,以居己尊;凡行不义,则吾不事;不仁,则吾不长;奉相仁义,则吾与之聚群向尔;寇盗,则吾与虑;国有道则突若入焉,国无道则突若出焉: 如此之谓义。"⑥曾子详细阐释了"义"的表现,君子不巴结奉承富贵的人而使自己受到喜爱,不凌侮贫贱的人而使自己显得高贵。凡是行为不正当的,我就不侍奉他;不仁爱的,我就不尊其为长上。奉助仁义的人,我就和他们群聚接近;那些不仁不义的盗寇之徒,我就离他们远远的。国家有道,就冲破阻力而入其国,国家无道,就很快地离开。诸如此类,都可以被称为"义"。只要具备了仁义的精神,就可以实现人生的价值。所以,曾子强烈呼吁"君子思仁义,昼则忘食,夜则忘寐,日旦就业,夕而自省,以役其身"⑦。从儒学史的发展上看,仁义连用,曾子有首倡之功,经过孟子的进一步发挥,逐渐成为中华文化中最具影响力的道德命题。

尤其值得关注的是,曾子对仁的内涵进行了充实,将这一概念与普通民众的日常生活联系起来,赋予其更多的现实意义。孔子之学,号称仁学,仁是极为高远的、常人难以企及的境界。孔子论人,以圣人为第一,仁人次

---

① 罗新慧:《试论曾子对于儒家伦理思想的发展及其意义》,《陕西师范大学学报》1996 年第 3 期。
② 刘宝楠:《论语正义》,第 154 页。
③ 刘宝楠:《论语正义》,第 568 页。
④ 黄怀信主撰:《大戴礼记汇校集注》上册,第 559 页。按,"明",《群书治要》作"不闻"。
⑤ 黄怀信主撰:《大戴礼记汇校集注》上册,第 574 页。
⑥ 黄怀信主撰:《大戴礼记汇校集注》上册,第 593—595 页。
⑦ 黄怀信主撰:《大戴礼记汇校集注》上册,第 589 页。

之。通观《论语》，被孔子称许为仁人的仅有伯夷、叔齐、微子、箕子、比干数人而已，圣仁二字，就连孔子，也谦不敢当。孔子说："若圣与仁，则吾岂敢？"①可见达到"仁"的境界是相当困难的。但曾子却不主张将"仁"置于高不可攀的地步。他说："君子以仁为尊。天下之为富，何为富？则仁为富也；天下之为贵，何为贵？则仁为贵也。昔者舜匹夫也，土地之厚，则得而有之；人徒之众，则得而使之：舜唯以仁得之也。是故君子将说富贵，必勉于仁也。"②曾子认为，仁不仅是崇高的道德理想，而且同现实生活有密切的关联。即使圣如虞舜，其力行仁义的结果也不过是富有天下土地人众。所谓"仁为富"、"仁为贵"，自然也就暗含着现实的利益诉求，在曾子的观念里，仁是君子通过正当手段求取富贵的途径。显然，曾子所说的"仁"，在内涵上已经与孔子所说的"仁"有了很大的变化，呈现出更为具体化、现实化的生活样态，推动了仁学向社会各个阶层的辐射和传播。

在孔子的伦理学说中，仁与礼是密不可分的。西周建立之初，周公制礼作乐，形成了一系列维护宗法制度、等级制度的社会规范。孔子在周礼的基础上，取舍损益，把礼发展为一种伦理规范。孔子向往西周社会，他一生的理想就在于重建"君君、臣臣、父父、子子"的有序化社会，而实现这一目标的途径就是"克己复礼"。礼，可分为两部分——礼仪和礼义。礼仪是礼的外在形式，指人交往赞见、衣食住行、进退举止等方方面面的仪式要求。礼义是礼的内在实质，指一个人在社会群体中的地位和责任义务的具体规定，即君臣父子人伦方面的规定。孔子提出"不学礼，无以立"③，主张"齐之以礼"④，以此来重新建立稳定和谐的社会秩序。在人们的行为规范上，孔子主张"非礼勿视，非礼勿听，非礼勿言，非礼勿动"⑤，只要每一个社会成员都能循规蹈矩，事事合"仪"，达到"仁人"的程度，天下就能呈现大治的盛世。《论语·乡党》篇对孔子日常生活中的行为举止有详细的记载，显

---

① 刘宝楠：《论语正义》，第 282 页。
② 黄怀信主撰：《大戴礼记汇校集注》上册，第 585—586 页。
③ 刘宝楠：《论语正义》，第 668 页。
④ 刘宝楠：《论语正义》，第 41 页。
⑤ 刘宝楠：《论语正义》，第 484 页。

示出孔子对礼是极为重视的。

孔门学者秉承师教,对礼都有精深的探求。曾子对礼在维护等级制度方面的作用有深切的体认,他认为,所谓"德行"就是实践礼的规范,人人遵礼而行,就可以避免"犯其上,危其下,衡道而强立之"①的悖乱行为。但总体来讲,曾子对礼的重视,他所关注的重点并非在此,而在于如何将外在形式的礼转化为个人内在的道德情操。他说:"夫礼,贵者敬焉,老者孝焉,幼者慈焉,少者友焉,贱者惠焉。此礼也,行之则行也,立之则义也。"②这样,就把等级关系意义上的礼转化为人伦层面的道德规范。曾子在父亲去世的时候,"水浆不入口者七日",其弟子乐正子春在母亲去世的时候,也五日不食。但按照丧礼的规定,三日不食就可以了。在合礼与达情之间,曾子的选择更偏重于个人哀戚之情的表达。《论语·子张》篇载子游曰"丧至乎哀而止",认为虽然丧礼以表达哀痛之情为主,但也不要因为过度哀痛而伤身。对于这种观点,曾子并不赞同,他反驳说:"吾闻诸夫子,人未有自致者也,必也亲丧乎!"③他认为父子之情是发自内心的爱,父母去世而子女痛不欲生自是情理中事,但时人却往往做不到,我在哀戚之情的表达上略微过点头,又有何不可呢? 朱熹曰"致,尽其极也,盖人之真情所不能自已者"④,可谓深得曾子之心。

孔子主张通过教化来引导民众遵礼而行,他说:"道之以政,齐之以刑,民免而无耻;道之以德,齐之以礼,有耻且格。"⑤"耻"属于儒家十分看重的道德范畴,孔子希望用道德引导百姓,用礼法规范他们的行为,使他们知耻而谨慎。沿着这一思路,曾子更加强调将礼的外在规范深入到内心,促使内心羞耻意识的觉醒,分辨是非,改过迁善,从而更加自觉地遵循礼制规范。曾子提出"三省吾身",实际上就是要常常反省自身的行为,以违仁、违礼为耻,守住道德底线。曾子特别指出士人应当知耻,"见恶思诟,嗜欲思

① 黄怀信主撰:《大戴礼记汇校集注》上册,第 556 页。
② 黄怀信主撰:《大戴礼记汇校集注》上册,第 555—556 页。
③ 刘宝楠:《论语正义》,第 745、746 页。
④ 朱熹:《四书章句集注》,第 191 页。
⑤ 刘宝楠:《论语正义》,第 41 页。

耻"，从最基本处做起，培养良好的道德品质。曾子临终易箦，从一个侧面也反映了他知耻约礼的精神。战国时期的孟子明确指出，人的羞耻之心是道德修养的关键。他说："人不可以无耻。无耻之耻，无耻矣。"又说："耻之于人大矣。为机变之巧者，无所用耻焉。不耻不若人，何若人有？"①不难看出，孟子提出的"羞耻之心"的理论与曾子思想有明显的承继关系。

综上所述，曾子继承发展了孔子的伦理学说，并表现出重视"仁学"的价值倾向。通过内验身心，外究事理，他将孔子倡导的仁、礼等伦理范畴赋予了强烈的时代感和实践色彩，为儒家学说的传扬作出了重大贡献。

二、曾子孝论的价值与贡献

"孝"是中国重要的传统道德，是儒家的教化内容之一。自孔子开始，儒家就把"孝"作为推行仁政的根本，强调为政者教化百姓、治理国家，首先要抓住这一根本。以每个社会成员的内心感化为基础，"出则事公卿，入则事父兄"②，就能实现社会的长治久安。曾子继孔子之后，把孝提升为最高的德行，以孝为核心，建构了囊括仁、礼等各种具体德行的孝道理论框架，孝由人类社会推演到整个自然界，成为覆盖人类一切行为的社会普遍法则和放诸四海而皆准的道德本根。孝道作为一种道德价值体系，深入到社会生活的各个领域，对"礼"的下移与普及有着积极的意义，同时也形成了中国文化重视孝悌的文化特色。

《孝经》开篇就说孝是"至德要道"，这是儒家学派创始人孔子对孝的地位最为经典的概括。孝在心为德，为"德之本"；行之于外为道，乃"教之所由生"。可见，孝是众德之本和百行之宗。"孝"之所以具有如此之高的地位，其原因就在于，孝对于提升人们的道德精神水准，促进家庭和睦，维护社会和谐安定有着不可轻忽的重要价值。

其一，孝是君子修身的根本。曾子认为，只有通过践行孝道，才能真正提高自身的道德水准，实践孝道的过程，就是养德、集善的过程。他说："君

---

① 朱熹：《四书章句集注》，第350—351页。
② 刘宝楠：《论语正义》，第348页。

子一举足不敢忘父母，一出言不敢忘父母。一举足不敢忘父母，故道而不径，舟而不游，不敢以先父母之遗体行殆也。一出言不敢忘父母，是故恶言不出于口，忿言不及于己。然后不辱其身，不忧其亲，则可谓孝矣。"①一个人道德修养的提高，在于日常生活中对自己一言一行的严格要求。

　　曾子提出了孝亲的三重境界说，即"始于事亲，中于事君，终于立身"。第一重境界是"事亲"，曾子说"孝子之事亲也，居则致其敬，养则致其乐，病则致其忧，丧则致其哀，祭则致其严"②，明确了孝亲的基本道德要求。然后，由事亲外推于事君，最后达到孝的最高境界"立身"。立身，一方面显示了孝道的终极目标，另一方面也凸显了修身的人生追求。曾子认为仁、义、忠、信、礼等道德都可以在修身行孝中得以体现，所谓"仁者，仁此者也；义者，宜此者也；忠者，中此者也；信者，信此者也；礼者，体此者也；行者，行此者也；强者，强此者也"③，充分说明，孝是人世间一切高尚品德的内在依据。这样，曾子就将孝的实践与个人道德修养融合为一，使个人的道德修养，贯穿于孝道实践的全过程，赋予孝以道德本体的含义。孟子对曾子倡导的"孝"表现了强烈的认同，他进一步在本体论上肯定"孝"是修身之本。他说："事孰为大？事亲为大；守孰为大？守身为大。……事亲，事之本也；……守身，守之本也。"又说："仁之实，事亲是也；义之实，从兄是也。"④这明确指出孝是实现人生理想境界的基础。

　　其二，孝是齐家、治国的重要方法。曾子固然十分强调"孝"的修身立身意义，但也接受了孔子晚年的孝治思想，把治世的落脚点建立在家庭单位之上。以此为基点，将发扬孝道与转变民风、求得治世结合起来，将孝道与忠君联系起来，这是曾子对传统孝论的发展。

　　在孔子的孝道理论中，孝的基本含义是子女对父母的敬爱，主要表现为家庭伦理。曾子的孝论，同样重视子女对父母的诚敬之爱。曾子在和弟子单居离讨论事亲之道的时候，曾经着重提出了几项基本原则，作为家庭

① 黄怀信主撰：《大戴礼记汇校集注》上册，第539—541页。
② 李隆基注，刑昺疏：《孝经注疏》，阮元：《十三经注疏》下册，第2555页。
③ 黄怀信主撰：《大戴礼记汇校集注》上册，第530—531页。
④ 朱熹：《四书章句集注》，第284—285页。

伦理的规范,即事父母之道要"爱而敬",事兄之道要"尊事之",使弟之道要"正以使之"。① 但曾子却不仅仅单纯地从家庭伦理论孝,而是将孝道的范围扩展为整个社会乃至自然界。曾子说:"事父可以事君,事兄可以事师长;使子犹使臣也,使弟犹使承嗣也;能取朋友者,亦能取所予从政者矣。"② 既然事父与事君同,事兄与事师长同,那么,如何对待父兄,就应当如何对待君主和师长,故曾子特别指出"事君不忠,非孝也!"家庭关系上的孝悌之道与政治关系上的事君之道相沟通,"孝"从家庭扩展至家族,再延伸至国家,逐渐把"臣事君以忠"的观念引入到孝道范畴。后来,《孝经》就明确提出了"以孝事君则忠"的主张,提倡移孝作忠。孝道作为一种道德价值体系和治政理念,深刻影响了曾子之后古代中国政治制度的走向。

汉代以来,"以孝治天下"成为统治者的基本国策,强调天子之孝在施政中的示范作用。汉朝皇帝自汉惠帝以下,其谥号大多都冠以"孝"字,如孝惠帝、孝文帝、孝景帝、孝武帝等。《汉书·霍光传》云:"汉之传谥常为'孝'者,以长有天下,令宗庙血食也。"③据骆明先生统计,自汉至清,封建帝王以"孝"为谥者多达 236 人。④ 可见,践行孝道,以孝治天下,成为历代统治者崇尚的价值观。同时,历代对阐述孝道的经典《孝经》也给予了极为特殊的重视。汉代,"使天下诵《孝经》"⑤,《孝经》成为儿童识字以后的必读书。汉文帝开始,《孝经》被列入官学,置博士。历代统治者亲自宣讲《孝经》或者为《孝经》作注者,代不乏人,较为著名的就有晋元帝《孝经传》、晋孝武帝《孝经讲义》、梁武帝《孝经义疏》、唐玄宗《孝经注》、清顺治帝《孝经注》、雍正帝《孝经集注》等。北魏孝文帝还将《孝经》译为鲜卑语,教育贵族子弟。在统治者的鼓励下,经学家注疏《孝经》更是绵延相继,大大促进了《孝经》在社会各个阶层的传播。

两汉时期,"举孝廉"成为选拔官吏的一种制度。汉武帝元光元年(前

---

① 黄怀信主撰:《大戴礼记汇校集注》上册,第 543、548、550 页。
② 黄怀信主撰:《大戴礼记汇校集注》上册,第 499—500 页。
③ 《汉书》卷六十八《霍光传》,中华书局,1962 年,第 2938 页。
④ 骆明:《历代帝王及皇后有关"孝"的谥号》,骆承烈、骆明编著:《社会和谐的基石——孝》,华文出版社,2011 年,第 35—42 页。
⑤ 《后汉书》卷六十二《荀爽传》,第 2051 页。

134），"初令郡国举孝廉各一人"①，被选为"孝廉"者除博学多才外，更要孝顺父母，行为清廉。后来，武帝又下诏，凡两千石以上官吏必须察举孝廉，否则按不敬和不胜任论处。"求忠臣必于孝子之门"的察举孝廉制度被后世沿袭。唐代在科举制度之外，常从孝悌仁义的家族中选拔一人直接赐官，无须另行考试。清代又把汉代的"孝廉"和"贤良方正"两个科目合并，特设孝廉方正科。一个人是否具有孝德孝行，成为入官求仕最起码的要求。

孝不仅成为为官者的必备要求，并且著为法律，严惩不孝行为。《孝经·五刑章》云："五刑之属三千，而罪莫大于不孝。"战国晚期的睡虎地秦简《封诊式》以及江陵张家山汉墓出土的《奏谳书》都载有关于处置不孝者的法律。唐代以后，把"不孝"列为"十恶"大罪之一。"不孝"罪包括骂詈父母、祖父母；父母在，别籍异财；居父母丧，自行婚娶；闻父母、祖父母丧，匿不举；等等。轻者处以劳役、流放，重者处以绞刑、斩首。对于官员的孝行，古代有着特殊要求。如官员行为不合孝道，不仅面临舆论的谴责，还会受到弹劾。官员祖父母或者父母去世，必须辞官守孝，这就是古代颇为严格的"丁忧"制度。如隐丧不报，贪恋官位者，一经查实，将会受到严厉惩处。

在传统农业社会，孝道成为维护家庭、家族秩序的稳定力量，父子兄弟长幼尊卑观念延伸至社会国家，就形成了"家国同构"的社会结构，使伦理与政治紧密结合起来。每一个社会成员都成为"忠爱以敬"的孝子，就能"移孝作忠"，实现"一家仁，一国兴仁；一家让，一国兴让"②的天下太平局面。

其三，孝是推行教化、移风易俗的重要手段。孔子主张道德教化，他曾向曾子阐述了治国的"七教"："上敬老则下益孝，上尊齿则下益悌，上乐施则下益宽，上亲贤则下择友，上好德则下不隐，上恶贪则下耻争，上廉让则下耻节，此之谓七教。七教者，治民之本也。政教定，则本正也。"③曾子也

---

① 《汉书》卷六《武帝纪》，第160页。
② 朱熹：《四书章句集注》，第9页。
③ 杨朝明、宋立林主编：《孔子家语通解·王言解》，第19—20页。

提出了"民之本教曰孝"①的道德教化论。这一思想对后世儒家影响极大，《郭店楚简·六德》篇谓："先王之教民也，始于孝弟。……孝，本也。"孟子也提出："谨庠序之教，申之以孝悌之养"②。孝为教化民众的根本，成为早期儒家学派的重要思想。

为教化民众以厉风俗，自汉代开始，历代帝王都极力宣扬孝道，尊老敬老，表彰孝行。教化措施的不断强化，促使民众的思想和行为融入到官方的礼法规范当中。

尊老敬老是孝道教化的主要措施。汉代，养老、尊老成为国策。在养老方面，主要体现为：（一）赐粟帛。据《汉书·文帝纪》载：文帝前元元年（前179）三月诏曰："老者非帛不暖，非肉不饱。今岁首，不时使人存问长老，又无布帛酒肉之赐，将何以佐天下子孙孝养其亲？今闻吏禀当受鬻者，或以陈粟，岂称养老之意哉！"故下令赐天下老人粮、帛："年八十以上，赐米人月一石，肉二十斤，酒五斗。其九十岁以上，又赐帛人二匹，絮三斤。"③在物质上给予老人优待，成为后世相沿不变的惯例。汉代以后，历代史书都有关于赐高龄老人粟帛的记载。（二）免徭役。为使老人老有所依，衣食无忧，古代常常免除老人家中男子的徭役。据《册府元龟·帝王·养老》的记载，自北魏时期，已有免除徭役的先例。如北魏孝文帝太和元年（477）诏，七十岁以上的，准许一个儿子不从役。后唐庄宗同光元年（923）诏，家有百岁以上老人的，不服徭役；八十岁至九十岁的，免除一个儿子的徭役。晋高祖天福二年（937）诏，天下百姓家有八十岁以上老人的，免一人的差役。（三）助丧葬。古代百姓生活多穷苦，如遇荒灾或水旱，衣食无着，父母去世，往往贫不得葬。这时候政府往往会采取一些助葬措施，如汉宣帝地节四年（前66）二月诏曰："导民以孝，则天下顺。今百姓或遭衰绖凶灾，而吏繇事，使不得葬，伤孝子之心，朕甚怜之。自今诸有大父母、父母丧者勿繇事，使得收敛送终，尽其子道。"④

---

① 黄怀信主撰：《大戴礼记汇校集注》上册，第528页。
② 朱熹：《四书章句集注》，第204页。
③ 《汉书》卷六《武帝纪》，第113页。
④ 《汉书》卷八《宣帝纪》，第250—251页。

敬老方面,主要措施有:(一)赐爵授官。汉初开始在县乡设三老,"举民年五十以上,有修行,能帅众为善,置以为三老……与县令、丞、尉以事相教"①,后又设"孝悌力田"官,与三老共同担负县乡教化之责。(二)优礼高年。对高龄老人赐鸠杖,严禁征召、欺侮、打骂。唐代规定,八十岁以上老人可按照"三品以上服紫,四品、五品以上服绯"的规定,在服饰上享用朝廷官员的服色。同时给予荣誉封衔,年龄越大,官职和封号越高。地方上每年举行"乡饮酒礼",按照年龄大小排序,明代又规定按照善恶分列三等入座,不许混淆,成为乡间道德教化的主要形式。据《大清会典事例》记载,清朝前期常举行千叟宴,乾隆六十年(1795)的千叟宴,参加的老者达 8000 人之多。蒙皇帝召宴加礼,不仅成为高龄老人的荣耀,也是兴起教化、鼓舞品行的活生生的样板。(三)宽刑减罚。古代对不孝罪处罚非常严厉,但年老的人犯罪却可以得到从轻发落,甚至得到赦免。汉惠帝登基之初,就下诏对高龄老人减免刑罚,"民年七十以上若不满十岁有罪当刑者,皆完之"②,"完",就是不施以肉刑等严厉的刑罚。《唐律》规定,九十岁以上的老人即使被定为死罪,也不执行死刑;七十岁以上的老人如果罪不至流放,可用金钱赎罪。八十岁以上犯反、逆、杀人等罪者,可上奏朝廷由皇帝裁决,适当减免刑罚等。通过这些途径,使老人获得了一定的法律豁免权。

旌表孝悌也一直是社会教化的重要方面。旌表孝子、孝妇是古代统治者褒奖孝德的一种方式,唐高祖颁布"旌表孝友诏"云:"民禀五常,仁义斯重,士有百行,孝敬为先。"③这种褒奖有赏赐钱财、授官赐爵、减免赋税等物质方面,更为重要的是赐匾额、造石坊、彰气节的精神激励。史书中多有旌表孝悌的记载,这成为统治者弘扬孝风的常用手段。如东汉初年,临淄人江革,以孝母闻名乡里,光武帝赐"巨孝"称号,赐谷千斛。唐代刘祎之数十年如一日侍奉老母,朝廷将其居处改名"孝慈里"以示嘉奖。由于官方的推崇,孝行不断被世人认同,社会孝文化的氛围也日益浓厚。历代正史多有《孝义传》、《孝友传》,收录行孝的典型事例;《颜子家训》、《温公家范》、《朱

---

① 《汉书》卷一上《高帝纪》,第 33—34 页。
② 《汉书》卷二《惠帝纪》,第 85 页。
③ 董诰等编:《全唐文》卷一,第 24 页。

子家训》(又称《朱子治家格言》)等教育子孙立身处世、孝悌传家的家训著作也陆续出现;基于《孝经》思想而创作的通俗易懂的劝孝歌、劝孝曲等在民间广泛流传;自汉代以来就开始出现的孝子图更是以艺术化的形式,成为古代宣扬孝文化的一道独特风景。诸如此类,都显示了对旌表孝悌,实现由孝而忠的政治功效的认识。

综合来看,曾子的孝道思想立足于人类自然血缘关系,把孝作为一切仁心善德的基础,在我国西汉至近代两千多年里,对个人和社会的约束、规范发挥了举足轻重的作用。从这个意义上说,孝是具有某种永恒价值的伦理文化精华,承载着中华文明发展的历史轨迹,其对中国古代社会产生的深远影响是其他任何观念都不能比拟的。黑格尔在谈到中国"道德"问题的时候,曾经有过一个概括性的评价,他说:"中国纯粹建筑在这一种道德的结合上,国家的特性便是客观的'家庭孝敬'。"①因此,把中国文化称之为"孝的文化"自然是恰如其分的。

但是,我们也应看到,曾子对孝的内涵的延伸,也导致了孝的极度泛化。孝的泛化,旨在强调孝的普遍适用性和重要性,一方面提升了孝的地位,另一方面又为"愚忠愚孝"提供了温床,使得孝道逐渐走向极端化、专制化、愚昧化。正如梁漱溟先生说的那样,为子要孝"从最初亲切自发的行为而言,实为人类极高精神,谁也不能非议。但后来社会上因其很合需要,就为人所奖励而传播发展,变为一种维持社会秩序的手段了。原初精神意义浸失,而落于机械化、形式化,枯无趣味"②。在当今面临道德缺失的社会转型期,如何继承和发扬传统孝文化精华,让传统孝道在新时代重新焕发光彩,推动社会的文明进步,无疑是极为紧迫而现实的任务。因此,对曾子的孝道思想,我们必须用历史的眼光、辩证的观点,去认真分析,唯有如此,才能认识曾子孝道思想的真正价值之所在。

三、曾子的历史地位

在中国思想史上,曾子是一个关键性的人物。他全面继承孔子学说,

---

① [德]黑格尔著,王造时译:《历史哲学》,生活·读书·新知三联书店,1957年,第165页。
② 梁漱溟:《中国文化要义》,上海人民出版社,2011年,第271页。

以忠恕阐释孔子一贯之道,并大力弘扬孔子的孝道思想,终身践行,未尝懈怠。他着力阐释《大学》内圣外王之道,下启思孟,对后世影响深远。简而言之,曾子的历史功绩就在于多方面发展孔子学说,在新的历史条件下,将儒学推进到一个新的阶段。

汉魏以降,儒学衰微,佛老流行。唐代大儒韩愈批佛老,崇儒学,首倡道统说。他认为,儒学之道自古以来就存在着一个传授系统,这个传授系统从尧舜时代就已开始,后经孔子传于孟子,孟子之后这个传授系统就中断了。韩愈在《原道》中说:"斯吾所谓道也,非向所谓老与佛之道也。尧以是传之舜,舜以是传之禹,禹以是传之汤,汤以是传之文、武、周公,文、武、周公传之孔子,孔子传之孟轲,轲之死,不得其传焉。"①对于孔孟之间的道统授受,韩愈作了这样的阐释:"吾常以为孔子之道大而能博,门弟子不能遍观而尽识也,故学焉而皆能得其性之所近;其后离散分处诸侯之国,又各以所能授弟子,原远而末益分。……孟轲师子思,子思之学盖出曾子,自孔子没,群弟子莫不有书,独孟轲氏之传得其宗。"②这一说法,实际上勾画出了孔子—曾子—子思—孟子的道统延续脉络。韩愈的道统说得到了宋明理学家的普遍认可。

宋代以来,儒家学者多认为曾子得孔子真传,为儒学正宗。二程肯定了韩愈道统说。二程说:"'参也鲁'。然颜子没后,终得圣人之道者,曾子也。观其启手足之时之言,可以见矣。所传者子思。孟子,皆其学也。"③二程又说:"孔子没,传孔子之道者,曾子而已。曾子传之子思,子思传之孟子,孟子死,不得其传,至孟子而圣人之道益尊。"④朱熹也认为在孔子三千弟子中,曾子独得其宗:

孔子之圣,而不得君师之位以行其政教,于是独取先王之法,诵而

① (唐)韩愈:《原道》,《韩愈全集·文集》卷一,第122页。
② 韩愈:《送王秀才序》,《韩愈全集·文集》卷四,第212页。
③ 程颢、程颐著,王孝鱼点校:《二程集·河南程氏遗书》卷九,第108页。
④ 程颢、程颐著,王孝鱼点校:《二程集·河南程氏遗书》卷二十五,第327页。

传之以诏后世。……三千之徒，盖莫不闻其说，而曾氏之传独得其宗。①

二程、朱熹从一脉相承的文化精神角度肯定了曾子、子思、孟子的传授系统，这一观点也得到了心学大师陆九渊的赞同。

但也有学者认为，曾子传孔子之道的说法没有事实根据。如宋儒叶适就认为曾子以"忠恕"解"一贯"，未必符合孔子原意。他说："孔子既以一贯语曾子，直唯而止，无所问质，若素知之者，以其告孟敬子者考之，乃有粗细之异，贵贱之别，未知于一贯之指果合否？曾子又自转为忠恕。忠以尽己，恕以及人，虽曰内外合一，而自古圣人经纬天地之妙用固不止于是，疑此语未经孔子是正，恐亦不可便以为准也。"②故而，叶适指出："以为曾子自传其所得之道则可，以为得孔子之道而传之则不可。自尧、舜、禹、汤、文、武、周公、孔子，所传皆一道。孔子以教其徒，而所受各不同。以为虽不同而皆受之孔子则可，以为尧、舜、禹、汤、文、武、周公、孔子之所以一者，而曾子独受而传之人，大不可也。"③近现代学者康有为、梁启超、郭沫若等也对曾子传道说提出质疑。那么，曾子是否得孔子真传？孔子到子思的中间环节是否就是曾子？曾子与思孟之间道统的传授是不是真的可信？要回答这些问题，需要我们对孔子之后儒家思想的发展线索及传承情况有清晰的认识。

就孔子思想体系而言，仁学占据着中心地位。孔子仁者爱人的学说要求人们立于己，从内用力，修身处世。孔子虽然没有倡言性善，但处处教人用心反省，即自己诉诸理性。孔子之仁，立足于个人修养，追求人类生命的和谐。《论语·宪问》记孔子三答子路问君子，均以"修己"作为君子实现理想的前提条件。不过，孔子所谓"修己"往往是详于"修身"而略于"修心"，在身心关系上存在着显而易见的片面性。但孔子也提出了"仁远乎哉？我

---

① 朱熹：《四书章句集注·大学章句序》，第1—2页。
② （南宋）叶适：《习学记言序目》卷十三，中华书局，1977年，第178—179页。
③ 叶适：《习学记言序目》卷十三，第188页。

欲仁,斯仁至矣"①的观点,在一定程度上,显示了人的主体意识的觉醒,存在着由他律转化为自律的可能性。后来,孟子在传统儒学的基础上提出"仁,人心也"②的命题,明确肯定"仁"是人的内在德操,是人格主动的自我升华。所以,孟子大谈"修心"问题,着力抬高人的主体性地位。孟子提出"心之官则思,思则得之"的观点,认为人的善性善端会因此而得到存养。所谓"从其大体为君子,从其小体为小人","先立乎其大者,则其小者弗能夺也"③,都突出强调了"心"的作用。在孟子看来,"心"是人的为善之本,任何人一旦放佚其心,就会自暴、自弃,难以养成君子之德,而易于沦入小人之流。因此,孟子再三强调"修心"的重要性,他说:"学问之道无他,求其放心而已矣。"④即把"修心"看作"修己"的重点之所在,认为一个人"其操心也危,其虑患也深"⑤,只有时刻提高警惕,存养本心并随时扩充,才能避免放佚本心。

儒家内省体察的修心论,实际上在曾子那里已发其端。曾子以"忠恕"二字概括孔子"一以贯之"之道,已包含有重视心的地位和作用这一层意思在内。因为,忠恕的基本精神是推己及人,而推己及人的前提就是设身处地、将心比心。只有先端正自己的内心,把自己的心锤炼成一颗纯粹的君子之心,才能在与他人的交往中直道而行,避免发生各种各样的偏差。这就把"心"的重要性和作用凸显出来。"曾子第一个拈出忠恕为孔子的一贯之道,实际上起到了将由孔子肇开的儒家致思方向引导到心这一路上去的作用。"⑥

修心以追求"仁义"为目标,一般而言,"求仁"有两层含义:一是为学意义上的求仁,求的是"爱之理";二是力行意义上的求仁,求的是"心之德"。⑦ 曾子认为,一个君子将道德内化于心,才能刚毅有力量,显示出顶天

---

① 刘宝楠:《论语正义》,第278页。
② 朱熹:《四书章句集注》,第333页。
③ 朱熹:《四书章句集注》,第335页。
④ 朱熹:《四书章句集注》,第334页。
⑤ 朱熹:《四书章句集注》,第354页。
⑥ 王钧林:《从孔子到孟子的儒家"修己"思想》,《孔子研究》1994年第4期。
⑦ 刘贡南:《道的传承》,华东师范大学出版社,2011年,第149页。

立地、仁以为己任的气概和节操,这自然是将关注点落实到"行"上。曾子从多个方面对这一主张进行了阐释:

> 可以托六尺之孤,可以寄百里之命,临大节而不可夺也,君子人与? 君子人也。
> 士不可以不弘毅,任重而道远。仁以为己任,不亦重乎? 死而后已,不亦远乎?①

> 晋楚之富,不可及也。彼以其富,我以吾仁;彼以其爵,我以吾义。吾何慊乎哉!②

这些豪言壮语出于曾子之口,正表明他是一个心怀仁德、恢弘刚毅的人。其最后得传夫子之道,其背后的精神支撑正在于此。

曾子注重仁义的思想,显然对子思有着极大影响。《孔丛子》载子思曰:"道伸,吾所愿也。今天下王侯,其孰能哉? 与屈己以富贵,不若抗志以贫贱。屈己则制于人,抗志则不愧于道。"③子思对君子节操的强调,可以说,与曾子的思想是一脉相承的。孟子踵继曾子、子思之后,把对仁义的追求发展为"富贵不能淫,贫贱不能移,威武不能屈"④的"大丈夫"精神。《孟子·公孙丑上》记载了曾子与弟子子襄关于"大勇"的讨论:

> 吾尝闻大勇于夫子矣:自反而不缩,虽褐宽博,吾不惴焉;自反而缩,虽千万人,吾往矣。⑤

不问敌之强弱,不计战之胜负,"虽千万人,吾往矣",这是何等的气象! 但

---

① 刘宝楠:《论语正义》,第295—297页。
② 朱熹:《四书章句集注》,第242页。
③ 王钧林、周海生译注:《孔丛子·抗志》,第124页。
④ 朱熹:《四书章句集注》,第266页。
⑤ 朱熹:《四书章句集注》,第230页。

这种"大勇"是有前提的,那就是"自反而缩"。"缩"是何意?孔颖达《正义》云:"缩,直也。"所谓"缩",也就是内心省察,反躬自问,正义在我,故不待外求。如果没有这个前提,那就是"暴虎冯河,死而不悔"①的鲁莽蛮干。孟子对曾子此语,推重备至,称之为"守约"。孟子以曾子为榜样,进而提出了"我善养吾浩然之气"的主张。孟子与其弟子公孙丑讨论"心动"的问题时,说自己到了四十岁就不动心了,不动心的原因之一就是他善养"浩然之气"。孟子云:

> 其为气也,至大至刚,以直养而无害,则塞于天地之间。其为气也,配义与道;无是,馁也。是集义所生者,非义袭而取之也。行有不慊于心,则馁矣。②

人为什么要养"浩然之气"? 因为正义在我并非一成不变,随处充满,假如"行有不慊于心",也会疲软无力。关于"浩然之气",朱熹有一个非常形象的比喻,他说:"若见得道理明白,遇事打并洁净,又仰不愧,俯不怍,这气自浩然。如猪胞相似,有许多气在里面,便恁地饱满周遍;若无许多气,便厌了,只有许多筋膜。"③朱子明确指出:"养浩然之气,只在'集义所生'一句上。气,不是平常之气,集义以生之者。义者,宜也。凡日用所为所行,一合于宜,今日合宜,明日合宜,自觉胸中慊足,无不满之意。不然,则馁矣。"④由此看来,正义乃心中之物,根于心又长养于心,这也是孟子一再强调"仁义礼智根于心"⑤的出发点。只有于"集义"处用功,方能保证心中正义之气饱满充沛。毫无疑问,孟子大谈仁义、修心等问题,与曾子对"心"的强调有直接关系。

无论是为学还是传道,"勇"都是不可或缺的重要因素。朱熹认为曾子这样的"大勇"品格,是担当传道重任的必备条件。他说:

---

① 刘宝楠:《论语正义》,第461页。
② 朱熹:《四书章句集注》,第231—232页。
③ 黎靖德编,王星贤点校:《朱子语类》卷五十二,第1248页。
④ 黎靖德编,王星贤点校:《朱子语类》卷五十二,第1259—1260页。
⑤ 朱熹:《四书章句集注》,第355页。

只观孔子晚年方得个曾子，曾子得子思，子思得孟子，此诸圣贤都是如此刚果决烈，方能传得这个道理。若慈善柔弱，终不济事。如曾子之为人，《语》《孟》中诸语可见。子思亦是如此。……孟子亦是如此，所以皆做得成。学圣人之道者，须是有胆志。其决烈勇猛，于世间祸福利害得丧不足以动其心，方能立得脚住。若不如此，都靠不得。况当世衰道微之时，尤用硬着脊梁，无所屈挠方得。①

需要进一步指出的是，曾子重视内省和道德自觉功夫的修心论，经子思的发挥，形成了一套向内求索的心性修养学说，成为思孟学派的一大特色。在修养方法上，曾子提倡"日旦就业，夕而自省"②的自我反省之道。曾子说："十目所视，十手所指，其严乎！"③意思是君子无论是独处之时，还是身处众人之中，都必须保持"终日乾乾，夕惕若厉"的自觉精神，致力于道德的修养。对于"十目所视，十手所指"，朱熹解释说："不是怕人见。盖人虽不知，而我已自知，自是甚可惶恐了，其与十目十手所视所指，何以异哉？"④这样一种修身方法，发展到《大学》《中庸》，就是备受后人推崇的"慎独"理论。《大学》中说：

> 所谓诚其意者，毋自欺也。如恶恶臭，如好好色，此之谓自谦，故君子必慎其独也。小人闲居为不善，无所不至，见君子而后厌然，掩其不善，而著其善。人之视己，如见其肺肝然，则何益矣。此谓诚于中，形于外，故君子必慎其独也。⑤

慎独是指人们在修身时，在独处之际尤其应该戒慎戒惧，不能因为失去外在的监督，而做出违背道德和礼法的事情。曾子一生持守慎独之道，直到

① 黎靖德编，王星贤点校：《朱子语类》卷五十二，第1243—1244页。
② 黄怀信主撰：《大戴礼记汇校集注》上册，第589页。
③ 朱熹：《四书章句集注》，第7页。
④ 黎靖德编，王星贤点校：《朱子语类》卷十六，第340页。
⑤ 朱熹：《四书章句集注》，第7页。

生命行将结束的时候,依然战战兢兢,以终身免于刑戮为莫大的幸事。慎独的思想,进一步影响了子思。《中庸》说:"天命之谓性,率性之谓道,修道之谓教。道也者,不可须臾离也,可离非道也。是故君子戒慎乎其所不睹,恐惧乎其所不闻。莫见乎隐,莫显乎微,故君子慎其独也。"[①]很明显,子思的"慎独"思想正是沿着曾子的思路,在曾子思想基础上进一步发挥的。因此,宋儒列出的孔子—曾子—子思—孟子的道统传承体系从文化观上来讲,自有其内在的依据。

当然,曾子在儒学史上地位的确立,也和其"孝道"思想普遍施行于现实社会有莫大的关系。曾子思想概括起来,主要包括两个方面,一是重视仁和内省,二是重视孝悌。仁和内省思想由子思、孟子所发展,孝道思想则由乐正子春所继承,分别形成以"仁"和"孝"为核心的思想体系。《韩非子·显学》对孔子之后儒家学派的分化、流变情况有"儒分为八"的说法:"自孔子之死也,有子张之儒,有子思之儒,有颜氏之儒,有孟氏之儒,有漆雕氏之儒,有仲良(或作梁)氏之儒,有孙氏之儒,有乐正氏之儒。"其中的"子思之儒"指的是曾子弟子中重视道德内省的一派,"乐正氏之儒"指的是曾子弟子中以乐正子春为首的孝道派。

曾子作为孔子最忠实的学生之一,在孔子去世之后,"继续'修道鲁卫之间,教化洙泗之上',以著书立说和聚徒讲学的方式维持儒学于不坠"[②]。在全面继承和发挥了孔子的孝道思想的基础上,将孔子的仁本论转换为孝本论,建立了独具特色的孝道思想体系,这是曾子对儒学发展作出的最大的理论贡献。

曾子门徒众多,据《孟子·离娄下》记载,曾子有弟子七十余人,单居离、公明仪、阳肤、子襄、沈犹行、乐正子春等,都是他的学生。乐正子春是曾子弟子中的佼佼者,《大戴礼记》"曾子十篇"中的《曾子本孝》、《曾子立孝》、《曾子大孝》、《曾子事父母》等篇章可能就出自他手。这四篇当中,尤以《曾子大孝》最为重要。该篇的内容又见于《礼记·祭义》和《吕氏春

① 朱熹:《四书章句集注》,第17页。
② 王钧林:《中国儒学史》(先秦卷),第169页。

秋·孝行览》,说明是当时颇有影响的作品。该篇对孝的推崇到了无以复加的高度,孝成为其他一切德行实践的动机、目标和理由,仁义忠信等都围绕孝而展开,孔子开创的以仁为主导的思想方向遭到扭转和颠覆。这样,曾子—乐正子春一系就建构了以孝为核心的孝道理论框架。这种重孝思想在先秦儒学发展史上无疑具有特殊的地位和意义。

曾子—乐正子春孝道论的一个重要特征是重视"全身",认为"父母全而生之,子全而归之,可谓孝矣",反映了对个体生命的关注。同时,又试图将事亲与事君统一起来,把孝扩大到社会、政治领域,贯彻于社会各个阶层之中。乐正子春的孝道思想为《孝经》所吸收,将原本作为对父母责任和义务的孝与作为对君主责任和义务的忠混同起来,孝被进一步政治化、功利化,成为后世"以孝治天下"的理论先导。

曾子之学以修身为本,其孝以守身为要,他不仅是践行孝道的典范,更是一个成功的传道者,在儒家的道统谱系中,具有极为重要的地位。宋儒程明道云:"颜子默识,曾子笃信,得圣人之道者,二人也。"[1]孔门弟子中,颜子之外,只有曾子被后世尊为儒学正宗。之所以如此,最为关键的原因就是他继承了由孔子初开端绪的"仁学",进一步发展为仁为内心之德的理论,为儒学的发展提供了源头活水。曾子"仔肩道统,传之思孟,以广洙泗之脉,复开濂洛关闽之源"[2],使得儒学沿着仁学的发展方向传承递进,生生不息。清儒崔述曰"圣道之显,多由子贡;圣道之传,多由曾子。子贡之功在当时,曾子之功在后世"[3],已将曾子传道之功与历史地位彰明无遗。随着儒学研究的深入发展,以及新出史料的不断发现,曾子在中国传统文化发展中的卓越贡献和历史地位,将会日益充分而全面地为世人所认识。

---

① 程颢、程颐著,王孝鱼点校:《二程集·河南程氏遗书》卷十一,第119页。
② 顾琮:《乾隆重修宗圣庙碑记》,曾国荃重修,王定安辑:《宗圣志》卷九《祠庙》,第417—418页。
③ 崔述:《洙泗考信余录》卷一,顾颉刚编订:《崔东壁遗书》,第373页。

第四章　封赠优渥

——曾氏家族与皇朝的交融

自从汉武帝时期儒家学说登上统治阶级意识形态的宝座之后,崇儒重道、孝治天下几乎成为此后历代封建王朝奉行的基本国策。历代帝王由尊崇孔子而推尊其门人,在不断推崇孔子的同时,给予孔门弟子以较高的地位。崇尚之心愈远而愈隆,祀封之典有增而无减,以故"封爵之显赫,章服之焜耀,奠祀之启毖,祠墓之丰窿,有隆无替,礼斯极矣!"①曾子为孔门大贤,有功于圣道之传,自唐代受封以来,由太子少保、太子太保而伯而侯而公,由十哲升至四配位,至明代嘉靖年间,定称"宗圣曾子",臻于极盛。从明中期开始,曾子嫡裔也承祖先遗泽,得授翰林院五经博士,世世承袭。清沿明制,对曾子嫡系子孙恩渥倍加,代增隆重。由于统治者的眷顾和优渥,曾氏家族与孔、颜、孟三氏家族一起成为中国古代社会的世袭贵族世家。

第一节　曾子封赠与宗圣祀典

一、历代对曾子的尊崇与封赠

　　孔子弟子三千,贤人七十二,但要论对后世有最大影响且得到最高尊崇者,颜子之外,当数曾子。相传《孝经》成于曾子,《论语》成于曾子之门人,《大学》、《中庸》又由曾子传于子思。孔子之学,只有曾子与闻"一贯"

---

① 吕兆祥:《宗圣志》卷三《追崇志》,四川大学古籍整理研究所编:《儒藏》史部第 8 册,第294 页。

之道,得其心法,后经子思、孟子接续,浩瀚其流,蔚成大观,被宋儒奉为孔学"正宗"。但隋代之前,人高"四科",罕有推崇曾子者。唐开元中,始封曾子为郕伯,跻于十哲之次。宋代大中祥符二年(1009),晋为瑕丘侯(后改武城侯)。咸淳三年(1267),诏封郕国公,与颜子、子思、孟子并为四配。元至顺元年(1330),加封郕国宗圣公,"宗圣"之称自此始。明代嘉靖年间,改称"宗圣曾子",相沿至今。纵观历代对曾子的尊崇与封赠,大致可分为以下三个阶段:

(一) 隋代之前,曾子以孔门弟子的身份附祭孔子

曾子以孝著称,自战国中期开始,曾子就以孝子、贤人的典型形象受到世人的赞扬。《孟子》书中记载了两个孝子典型,一个是舜,另一个就是曾子。舜的父亲瞽瞍对他很残暴,但舜却依然克尽事亲之道,在瞽瞍杀人之后,舜不惜丢弃君主的权位而背父逃奔到海滨,终身供奉父亲。而曾子侍奉父亲曾晳,每餐都有酒有肉;撤除的时候,一定要问,剩下的给谁;曾晳若问还有剩余吗,一定回答说有。所以孟子称赞说:"事亲若曾子者,可也。"①荀子认为曾参、闵子骞、殷高宗的太子孝己都有至孝之行,他们之所以能够成全孝子的美名,不是因为上天偏爱他们,而是因为他们能够矫正自身不好的行为,尽力实行礼义的缘故。

不仅《孟子》、《荀子》等儒家著作有关于曾子孝行的记载,而且《庄子》、《韩非子》、《吕氏春秋》等道家、法家、杂家的著作也一再提到曾子其人。如《庄子·让王》篇记载:"曾子居卫,缊袍无表,颜色肿哙,手足胼胝。三日不举火,十年不制衣,正冠而缨绝,捉衿而肘见,纳屦而踵决。曳纵而歌《商颂》,声满天地,若出金石。天子不得臣,诸侯不得友。故养志者忘形,养形者忘利,致道者忘心矣。"②可见,庄子对曾子的"养志"十分推崇,把他作为追求仁义的道德典范。《吕氏春秋·劝学》篇载曾子曰:"君子行于道路,其有父者可知也,其有师者可知也。夫无父无师者,余若夫何哉!"③曾子认为一个道德高尚的君子尊敬师长应当像侍奉父亲那样。曾参

---

① 朱熹:《四书章句集注》,第285页。
② 郭庆藩:《庄子集释》,第977页。
③ 许维遹集释,梁运华整理:《吕氏春秋集释》,第90页。

的孝行,在当时及后世多有称述。

　　曾子政治地位的抬高,是随着汉代尊孔重儒、强化伦理教化开始的。汉初,汉高祖刘邦以太牢(牛、猪、羊三牲各一)祭祀儒家鼻祖孔子,开历代帝王祭孔之先风。自此以后,"诸侯卿相至,常先谒然后从政"①,以表示对孔子和儒家学说的重视。汉武帝"罢黜百家,表章六经",使儒家思想从诸子百家思想中脱颖而出,成为独占鳌头的官方学说,孔子祭祀也因此而纳入国家祀典。

　　《左传·成公十三年》有言:"国之大事,在祀与戎。"②《礼记·祭统》也说:"凡治人之道,莫急于礼;礼有五经,莫重于祭。"③于此可见,祭祀对于国家的重要性。就古代的祭祀而言,除了祭祀天神、地祇之外,中华文明史上的圣贤祭也由来已久。《礼记·祭法》中说:"夫圣王之制祭祀也,法施于民则祀之,以死勤事则祀之,以劳定国则祀之,能御大灾则祀之,能捍大患则祀之。"④所以,世人就以祭祀的形式表达对尧、舜、禹、汤、文、武、周公等伟人的崇敬和怀念,并希望获得神灵的佑护。在这些众多的崇拜对象之中,"师"受到人们格外的尊重。祭祀先圣先师,是学者立学之礼。《周礼·春官》载:"凡有道者有德者,使教焉,死则以为乐祖,祭于瞽宗。"⑤《礼记·文王世子》亦曰:"凡学,春官释奠于其先师,秋冬亦如之。凡始立学者,必释奠于先圣先师。"⑥孔子为道统之源,儒者宗师,孔庙祭祀以孔子为主,就是古代祭祀先圣先师之礼的体现。

　　不言而喻,祭祀孔子,自然是为了尊崇道统。明代程徐说:"孔子以道设教,天下祀之,非祀其人,祀其教也,祀其道也。"⑦因此,孔庙的祭祀对象,除了孔子之外,自然也包括历代衍续儒学道统的承继者。但值得注意的是,古来并没有弟子从祀于师之礼,孔庙从祀制度中的"配享"与"从祀"均

---

① 《史记》卷四十七《孔子世家》,第 1946 页。
② 杜预注,孔颖达疏:《春秋左传正义》,阮元:《十三经注疏》下册,第 1911 页。
③ 孙希旦:《礼记集解》下册,第 1236 页。
④ 孔希旦:《礼记集解》下册,第 1204 页。
⑤ (清)孙诒让:《周礼正义》卷四十二,中华书局,1987 年,第 1720 页。
⑥ 孙希旦:《礼记集解》中册,第 559 页。
⑦ 《明史》卷一百三十九《钱唐传》,第 3982 页。

带有挪借或转化昔存礼制的痕迹。在官方举行的祭祀天地之礼中,"配位"与"从祀"之典是从汉代以来才形成惯例的。①

西汉时期,孔庙逐步由"私庙"转化为官庙。此后,文献中开始出现孔庙从祀的记录。《后汉书·明帝纪》载东汉永平十五年(72),明帝过鲁,"幸孔子宅,祠仲尼及七十二弟子。并亲御讲堂,命皇太子、诸王说经"②。明帝祭祀孔子兼及孔门弟子,不仅开启了弟子从祀于师的先例,而且也成为后世帝王之惯例。此后,汉章帝元和二年(85),祠孔子于阙里,以及七十二弟子。③汉安帝延光三年(124),祠孔子及七十二弟子于阙里。④曾子作为孔门弟子之一,自然属于附祭孔子之列,但其地位则隐而不显。

七十二弟子之中,颜回德行高超,居门人之首,其重要性不容置疑。因此,颜子在祀孔礼制中居于突出地位,从孔门弟子中首先脱颖而出陪祀孔子。三国魏黄初元年(220)二月初,"以太牢祀孔子于辟雍,以颜渊配享"⑤,这是关于颜渊配享孔子的最早记载。但从祢衡(178—198)《颜子庙碑》所言"配圣馈,图辟雍"⑥来看,至迟在东汉末年祢衡之时,颜子已经配享孔子。魏晋以后,祀孔均以颜子配享⑦。总而言之,东汉明帝以降,孔庙附祭制度已渐次形成配享(颜子)、从祀(七十二弟子)两大位阶。

(二)唐至元代,曾子封爵,荣膺四配之位

在隋末大乱之后如何实现天下大治,是唐朝统治者首先思考的问题。唐太宗的选择是尊儒崇经,推行仁政。在这种思想指导下,他极力抬高孔子的地位。贞观二年(628),"诏停周公为先圣,始立孔子庙堂于国学。稽

---

① 黄进兴先生对孔庙从祀制的形成有详细解析。参见黄进兴:《圣贤与圣徒》,北京大学出版社,2005年,第51—54页。
② 《后汉书》卷二《明帝纪》,第118页。
③ 《后汉书》卷三《章帝纪》,第150页。
④ 《后汉书》卷五《安帝纪》,第238页。
⑤ 《三国志》卷四《魏书四》,中华书局,1982年标点本,第119页。
⑥ 吕兆祥:《陋巷志》卷四《恩典志》,四川大学古籍整理研究所编:《儒藏》史部第8册,第202页。
⑦ 据《阙里志》记载,东晋孝武帝宁康三年(375),帝释奠于中堂,以颜子配享。北魏始光三年(426),起太学于城东,祀孔子,以颜回配。北齐文宣帝天保元年(550),令祭酒领博士及国子诸学生每月朔日出行事,拜孔圣,揖颜子。隋文帝初,诏国子寺每岁以四仲月上丁释奠先圣、先师。(明)陈镐纂修:《阙里志》,山东友谊出版社,1989年,第234—238页。

式旧典,以仲尼为先圣,颜子为先师,两边俎豆干戚之容,始备于兹矣"①。四年(630),又"诏州县皆立孔子庙",至唐高宗时,孔子之庙已遍及天下,孔庙祭祀也随之推行于全国。唐初的尊孔建庙活动,虽然有利于扩大儒学的影响,但是随着孔子声势的高下,唐初的孔庙从祀制仍是起伏不定的。② 如唐朝初建之时,唐高祖李渊就下诏,国子学立周公、孔子庙各一所,四时致祭。但到武德七年(624)的时候,唐高祖亲诣国子学释奠,又以周公为先圣,把孔子降为先师,配享周公。③

贞观二十一年(647)二月,太宗诏以左丘明、卜子夏、公羊高、穀梁赤、伏胜、高堂生、戴圣、毛苌、孔安国、刘向、郑众、杜子春、马融、卢植、郑康成(玄)、服子慎(虔)、何休、王肃、王辅嗣(弼)、杜元凯(预)、范宁、贾逵等二十二人,代用其书,垂于国胄,自今有事于太学,并令配享尼父庙堂。④ 以上诸儒,都是唐代以前的经学大师。孔门七十二子除颜回、子夏外,都没有进入享祀之列。个中缘由,大概是以是否有功于经为标准。子夏得与从祀,亦因为其有功于《诗》而非关乎孔门弟子的身份和地位。这些经学大师师承有别,流派不同,但却都立名孔庭,清楚地反映了当时广采博取、兼收并蓄的学术风向。贞观初年,唐太宗鉴于南北儒学版本不一、注释分歧、章句繁杂等问题,诏命孔颖达等考定五经。贞观十六年(642),《五经正义》撰成,结束了南北经义崩析分裂的局面,开创了中国历史上的经学统一时代。贞观二十一年(647)诏定从祀诸儒,即将《五经正义》的历代注疏名家囊括无遗,其意图自然是着眼于发挥二十二贤"规范朝廷官学的作用"⑤。

唐高宗永徽中期,朝廷复以周公为先圣,黜孔子为先师,招致了当时一些儒者的激烈反对。高宗显庆二年(657),太尉长孙无忌等议曰:

圣则非周即孔,师则偏善一经。……所以贞观之末,亲降纶

---

① (唐)吴兢:《贞观政要》卷七《崇儒学》,《四库全书》第407册,第494页。
② 黄进兴:《圣贤与圣徒》,第56页。黄氏以为,东汉以来,孔庙附祭制度是朝向从祀建制的完成迈进,唯一例外,即"唐初之逆流"。
③ 《新唐书》卷十五《礼乐五》,第373页。
④ (宋)王溥:《唐会要》卷三十五《褒崇先圣》,中华书局,1955年,第636页。
⑤ 黄进兴:《圣贤与圣徒》,第60页。

言……正夫子为先圣,加众儒为先师。永垂制于后昆,革往代之纰缪。而今新令,不详制旨,辄事刊改,遂违明诏。……仲尼生衰周之末,拯文丧之弊,祖述尧舜,宪章文武,宏圣教于六经,阐儒风于千世,故孟轲称生民以来,一人而已。自汉以降,奕叶封侯,崇奉其圣,迄于今日,胡可降兹上哲,俯入先师?且左丘明之徒,见行其学,贬为从祀,亦无故事。今请改令从诏,于义为允。其周公仍依别礼配享武王。①

所谓“改令从诏”,就是改正永徽时期孔子黜为先师等不合理之处,回到唐太宗制定的正确轨道上来。最后,朝廷上下就此事达成共识:周公仍依礼配享武王,孔子复为先圣。

唐高宗总章元年(668)二月,皇太子李弘释奠于国学。当年三月,唐高宗下诏赠颜回太子少师,曾参为太子少保。诏书说:“皇太子弘近因释菜,齿胄上庠,祗事先师,驰心近侍,仰崇山而景行,眷曩哲以勤怀,显颜曾之特高,扬仁义之双美。请申褒赠,载甄烈芳。朕嘉其进德,冀以思齐,训诱之方,莫斯为尚。颜回可赠太子少师,曾参可赠太子少保。”②唐高宗并赠颜子、曾子官,为孔子弟子赠官之始,也预伏了日后曾子晋升“四配”的契机。

曾子荣膺封爵,与统治者推崇《孝经》有莫大关系。汉唐统治者均大力提倡儒家伦理道德,有所谓“治身有黄帝之术,治世有孔子之经”③的说法,而《孝经》因倡导“孝始于事亲,中于事君,终于立身”,不仅在儒家经典中占据着独特而重要的地位,更为历代统治者所推崇。贞观十四年(640),唐太

---

① 王溥:《唐会要》卷三十五《褒崇先圣》,第636—637页。
② 曾国荃重修,王定安辑:《宗圣志》卷七《祀典》引《册府元龟》,第318页。按:《文献通考》称:“总章元年,颜回赠太子少师,曾参赠太子少保,并配享孔子。”(马端临:《文献通考》卷四十三《学校四》,第407页。)《新唐书》又称:睿宗太极元年,曾子配享孔子(《新唐书》卷十五《礼乐五》,第375页。)如依以上所说,则曾子在总章元年或太极元年已配享孔子。黄进兴先生认为,曾子总章元年配享孔子的记载,是正确的。参氏著:《圣贤与圣徒》,第61页。实际上,开元八年之前,配享只有颜子及左丘明等二十二人,而曾子则在七十二弟子之列,未豫配享,故有开元八年李元瓘请以曾子配享之事。其间之举废,难以详考。
③ (汉)王符著,(清)汪继培笺,彭铎校正:《潜夫论笺校正》,中华书局,1985年,第78页。

宗观释奠于国子学,诏祭酒孔颖达讲《孝经》①,足见其对《孝经》的重视。而传统上曾子被视为《孝经》一书的作者,因而"连带使得曾氏地位水涨船高"②,到了唐睿宗先天元年(712),又加赠曾参为太子太保,皆配享③。

　　贞观从祀以传经之儒为主,而大多数孔门弟子未能列名享祀,以致后人总觉美中不足。开元八年(720),国子监司业李元瓘奏称:

　　　　京国子监庙堂,先圣孔宣父,配坐先师颜子。今其像见在立侍,准礼授坐不立,授立不跪,况颜子道亚生知,才充入室,既当配享。其像见立,请据礼文,合从坐侍。又四科弟子闵子骞等,并伏膺儒术,亲承圣教,虽复列像庙堂,不参享祀。谨按祠令:何休等二十二贤,犹沾从祀。岂有升堂入室之子,独不沾配享之余? 望请春秋释奠,列享在二十二贤之上。七十子者,则文翁之壁,尚不阙如,岂有国庠遂无图绘? 请令有司,图形于壁,兼为立赞,庶敦劝儒风,光崇圣烈。曾参孝道可崇,独受经于夫子,望准二十二贤从享。④

李元瓘认为,左丘明等二十二经师俱在侑食之列,而孔门高第弟子除颜渊之外,反而不得预祀,实为礼制之缺。故唐玄宗从其议,诏曰:"颜回等十哲,宜为坐像,悉令从祀。曾参大孝,德冠同列,特为塑像,坐于十哲之次,因图画七十弟子及二十二贤于庙壁上。"诏书所称"十哲",指的是孔门弟子中德行、言语、政事、文学等方面各具所长、俊秀优异者,包括"德行:颜渊、闵子骞、冉伯牛、仲弓。言语:宰我、子贡。政事:冉有、季路。文学:子游、子夏"⑤。"四科十哲"深为孔子所器重,历代朝廷称誉有加。此次从祀孔

---

① 《新唐书》卷十五《礼乐五》,第373页。
② 黄进兴:《圣贤与圣徒》,第61页。按,马端临《文献通考》谓总章元年曾子与颜回并配享孔庙,孔尚任《阙里志》亦载曾子此时与颜回并配享孔子庙庭。吕兆祥《宗圣志》未载"配享"之事。王定安《宗圣志》认为"总章元年配享说"有误,他认为:"开元八年以前循贞观之制,配享惟颜子及左丘明以下二十二人。自汉以来,非祀七十二弟子,不及曾子。"(第319页)
③ 《新唐书》卷十五《礼乐五》,第375页。欧阳氏"配享"之说,为正史中曾子配享的最早记载,但欧阳修似将"配享"与"从祀"合而为一,故以"配享"笼统称之。
④ 王溥:《唐会要》卷三十五《褒崇先圣》,第639页。
⑤ 刘宝楠:《论语正义》,第441页。

子庙堂,自然是实至名归。尤其值得留意的是,曾子成为孔门"四科"之外的唯一弟子,得与"十哲"同列,并居于何休等二十二子之上。那么,曾参与"十哲"的具体位次究竟又如何呢?《新唐书》说"诏十哲为坐像,悉豫祀。曾参特为之像,坐亚之",似乎是坐于十哲之末。然而《大唐郊祀录》关于颜子及十哲之位次,却有这样的记载:"以兖公颜子配座于左而西向稍前,以闵子骞等一十一人为素像侍坐于左右。五人居左:兖公颜子渊、赠费侯闵子骞、赠徐侯冉有、赠齐侯宰我、赠吴侯言子游。六人居右:赠成伯曾参、赠卫侯子路、赠黎侯子贡、赠魏侯子夏、赠郓侯冉伯牛、赠薛侯冉仲弓。"①曾子之位,其实仅亚于颜子。曾子从祀地位的跃升,应与唐玄宗对《孝经》的推崇有直接的关联。正如前述,唐初诸帝都主张"以孝治天下",而唐玄宗对《孝经》的重视尤其突出。他认为孝是政治之本,古代圣王治国之道,故把孝作为政治、教化手段,主张因孝施政。开元七年(719),唐玄宗就诏令群儒讨论《孝经》今古文的优劣,开元十年(722),唐玄宗亲自对《孝经》进行注释,系统阐发孝治理论。苏颋奉敕撰写的《曾子赞》也赞扬曾子"百行之极,三才以教。圣人叙经,曾子知孝。全谓手足,动称容貌。事君事亲,是则是效"②。由此可见,曾子从祀孔庙的政治意涵是极为突出的。

开元二十七年(739)八月,唐玄宗再次下诏,追赠曾子为郕(又作"成")伯。诏曰:

夫子既称先圣,可谥曰文宣王。……先时,孔庙以周公南面,而夫子坐西墉下。贞观中,废周公祭,而夫子位未改。至是,二京国子监、天下州县夫子始皆南向,以颜渊配。赠诸弟子爵公侯:子渊兖公。子骞费侯,伯牛郓侯,仲弓薛侯,子有徐侯,子路卫侯,子我齐侯,子贡黎侯,子游吴侯,子夏魏侯。又赠曾参以降六十七人:参成伯……公西蒧祝阿伯。③

① (清)王泾:《大唐郊祀录》卷十《释奠文宣王》,《大唐开元礼》附《大唐郊祀录》,民族出版社,2000年,第799页。
② 曾国荃重修,王定安辑:《宗圣志》卷十八《赞颂》,第767页。
③ 《新唐书》卷十五《礼乐五》,第375—376页。

与开元八年(720)诏令从祀诸儒相比,此次从祀封爵的范围已扩大到孔子所有弟子,但封爵之等级与从祀之位阶高下不同。从封爵等级上看,颜子爵秩最优,赠"兖国公",其他十哲赠为"侯",曾参以下门人及二十二贤则赠为"伯"。在从祀位阶上,则是夫子南面坐,十哲等东西行列侍,可谓"阶级森严,尊卑立判"①。但唐玄宗在诏令中特别对曾子之位作了说明:

> 又,夫子格言,参也称鲁,虽居七十之数,不载四科之目。顷虽参于十哲,终或殊于等伦。允稽先旨,俾循旧位。庶乎礼得其序,人焉式瞻。②

又诏曰:

> 道可褒崇,岂限今古?追赠之典,旌德存焉。夫子十哲之外,曾参等六十七人同升孔门,博习儒术。子之四教,尔实行之,亲授教言,式扬大义。是称达者,不其胜欤!钦若古风,载崇元圣。至于十哲,亦被宠章,而子舆之伦,未有称谓。宜亚四科之士,以疏五等之封。俾与先师咸膺盛礼。③

在玄宗看来,曾子不在孔门"四科"之目,开元八年(720)虽然诏列十哲之次,但毕竟与十哲不同。尽管如此,唐玄宗仍坚持给予曾子列于十哲之次的褒遇,其原因就在于,和其他孔门弟子相比,曾子显然更具有道德典范的意义。对此,唐人皮日休的理解与玄宗可谓心有戚戚焉:

> 孔子之封赏,自汉至隋,其爵不过公侯,至于吾唐,乃策王号。七十子之爵命,自汉至隋,或卿大夫,至于吾唐,乃封公侯。曾参之孝道,

---

① 黄进兴:《圣贤与圣徒》,第66页。
② 王溥:《唐会要》卷三十五《褒崇先圣》,第637—638页。
③ 孔继汾:《阙里文献考》,四川大学古籍整理研究所编:《儒藏》史部第2册,第487页。

动天地,感鬼神。自汉至隋,不过乎诸子,至于吾唐,乃旌入十哲。①

皮氏之说,一方面揭示了唐代孔庙从祀诸儒封爵背后的历史渊源,另一方面也表露了曾参旌入十哲,备受褒遇的缘由。此后,孔庙从祀人选与名额虽因各种原因而屡有变迁,但开元二十七年(739)所确立的以孔门弟子和传经之儒为主体的从祀制度,成为后世严格遵守并奉行的典范。

北宋建立后,尤其看重儒家的纲常伦理在维护社会秩序和巩固统治方面的作用,大力推行尊孔崇儒的文教政策。建隆元年(960),宋太祖赵匡胤刚刚登上帝位,就下令增修国子监学舍,"塑先圣、亚圣、十哲像,画七十二贤及先儒二十一人像于东西庑之木壁"②,并拜谒文宣王庙,给予孔子以及孔门弟子以最高的殊荣。宋真宗大中祥符元年(1008),封禅泰山,为表严师崇儒之意,又率大臣到曲阜朝圣,亲制《文宣王赞》,歌颂孔子为"人伦之表",儒学是"帝道之纲"。并追谥孔子为"玄圣文宣王",后因国讳改谥"至圣文宣王"。次年五月,诏追封十哲为公,七十二弟子为侯,先儒为伯或赠官。③ 这次封赠的详细情况,《文献通考》中有所记载,具体的封爵是:"诏追封孔子弟子兖公颜回兖国公,费侯闵损琅琊公,郓侯冉耕东平公,薛侯冉雍下邳公,齐侯宰予临淄公,黎侯端木赐黎阳公,徐侯冉求彭城公,卫侯仲由河内公,吴侯言偃丹阳公,魏侯卜商河东公,郕伯曾参瑕丘侯。"④并命廷臣尚书右仆射张齐贤撰《宗圣赞》曰:"孝乎惟孝,曾子称焉。唐虞比德,洙泗推贤。服膺受旨,终身拳拳。封峦饬赠,永耀青编。"⑤

与开元二十七年(739)相比,宋真宗大中祥符二年(1009)的封爵提升了十哲和曾参等孔门弟子的地位,十哲晋封为"公",曾参等其他孔门弟子晋封为"侯",而左丘明等二十二人则是仍然追封为"伯"。宋徽宗政和元年(1111)六月,又因曾参的封爵"瑕丘侯"的"丘"字与孔子名相同,有失弟子

---

① 皮日休:《皮子文薮》卷九《请韩文公配享太学书》,上海古籍出版社,1981年,第99页。
② 《宋史》卷一百五《礼八》,第2547页。
③ 《宋史》卷一百五《礼八》,第2548页。
④ 马端临:《文献通考》卷四十三《学校四》,第410页。
⑤ 曾国荃重修,王定安辑:《宗圣志》卷十八《赞颂》,第767—768页。

尊师之礼,故改封曾参为武城侯①。

宋代从祀制的一大变化,发生在元丰七年(1084)。晋州州学陆长愈奏请:春秋释奠,孟子宜于颜子并配。宋神宗令礼部会议,礼官以为:"孟子于孔门当在颜子之列⋯⋯请自今春秋释奠,以孟子配食⋯⋯自国子监及天下学庙,皆塑邹国公像,冠服同兖国公。"②礼部的意见为朝廷所采纳,神宗下诏孟子配享孔庙。

孟子政治地位的变化,与宋儒对其特别的推崇有关。中唐以后,韩愈大倡道统学说,以孟子为直接传承孔子之道的第一人,也是最后一人。韩愈的"道统说"被宋儒普遍接受。二程对孟子大加赞扬,认为"孟子有功于道,为万世之师"③,"孟子有功于圣门不可言"④。朱熹虽然在孔子之后,续上了颜子、曾子和子思,但他明确指出,孔子之后承先圣之"统"者为孟子,子思作《中庸》后,"再传以得孟氏,为能推明是书,以承先圣之统,及其没而遂失其传焉"⑤。因孟子有传道之功,所以,朱子将《孟子》收入"四书",正式成为儒家经典,尊孟成为当时学术思想界的主流思潮。另一方面,孟子学说也深受范仲淹、王安石的推崇,成为北宋"庆历新政"和"熙宁变法"等政治改革的重要精神力量。故孟子的地位在宋代得到了全面提升,异军突起,超越曾子、十哲,与颜子并肩配享于孔庙。

孟子荣登孔庭,但是其师子思乃至于子思之师曾子皆在其下,学者认为礼有未安。孝宗淳熙三年(1176),洪迈上疏朝廷称:"孟子配食与颜子并,其师子思、子思之师曾子皆在其下,于礼仪实为未然,乞改正。"⑥洪迈之议,虽然当时未获朝廷同意,但已引起朝廷的重视。理宗端平二年(1235),诏升子思为"十哲"⑦。宋度宗咸淳三年(1267)春,帝将临太学,诏曰:

① 马端临:《文献通考》卷四十三《学校四》,第415页。
② 《宋史》卷一百五《礼八》,第2549页。
③ 程颢、程颐著,王孝鱼点校:《二程集·河南程氏遗书》卷五,第76页。
④ 程颢、程颐著,王孝鱼点校:《二程集·河南程氏遗书》卷十八,第221页。
⑤ 朱熹:《四书章句集注·中庸章句序》,第15页。
⑥ 孔继汾:《阙里文献考》,四川大学古籍整理研究所编:《儒藏》史部第2册,第491页。
⑦ 孔继汾:《阙里文献考》,四川大学古籍整理研究所编:《儒藏》史部第2册,第491页。按,宋徽宗崇宁元年(1102),子思已封为沂水侯。《阙里文献考》卷十四载:"孔伋圣人之后,孟氏之师,作为《中庸》,万世宗仰。眷惟鲁郡,实有旧祠,追加爵封,以示褒典,可特封沂水侯。"

惟孔子独称颜回好学,固非三千之徒所同也,而其学不传。得圣传者,独曾子。曾子传子思,子思传孟轲。忠恕两语,深契一贯之旨,《中庸》一书,丕阐前世之蕴,而孔子之道益著。向非颜、曾、思、孟相继演绎,著书垂训,中更管商扬墨佛老,几何其不遂泯哉!今大成惟颜、孟侑食,曾、思不预,尚为缺典。先皇帝迹道统之传,自伏羲以来,著十三赞,孔子而下,颜、曾、思、孟昭然具在,其非以遗我后人乎?其令礼官议,可升曾、思侑食。①

二月,宋度宗就下诏"封曾参郕国公,孔伋沂国公,配享先圣"②,位在孟子上。③其配享位次是,颜、思居左,曾、孟居右。将曾子晋升为四配,一方面是解决洪迈等学者所说的礼有未安的问题,另一方面也是对曾子传道之功的认可与肯定。正如宋度宗在《加封郕国公制》中所说的那样:"孔氏之道,曾氏独得其宗,盖本于诚身而然也。观其始于三省之功,卒闻一贯之道,是以友于颜渊而无愧,授之思孟而不湮者与?"④既然曾子之功不亚颜回,那么配享孔庙自然是顺理成章之事。所以,在颜子配享千年、孟子配享近一百八十余年之后,儒者最为辉煌的一刻终于降临到曾子身上。自此,"国无异论,士无异习"⑤,曾子作为儒家"传道之儒",正式确立了从祀孔子的"四配"之位。

颜、曾、思、孟配享孔庙,在一定程度上显示了孔子日后从祀诸儒的选取标准及尊卑原则,即传道之儒高于传经之儒。正如朱熹所说,"配享只当论传道,合以颜子、曾子、子思、孟子配"⑥。可见,以颜、曾、思、孟配享孔庭,其本意即在尊崇道统。

元朝入主中原之后,为巩固统治,将尊孔崇儒的教化之道推向一个新的高潮。元成宗在至元三十一年(1294)七月发布的诏书中说:"孔子之道,

① 孔继汾:《阙里文献考》,四川大学古籍整理研究所编:《儒藏》史部第9册,第491页。
② 《宋史》卷一百五《礼八》,第2554页。
③ 吕兆祥:《三迁志》卷三《爵享》,四川大学古籍整理研究所编:《儒藏》史部第9册,第467页。
④ (清)觉罗普尔泰,(清)陈顾联修:乾隆《兖州府志》卷二十五《艺文志一》,《中国地方志集成·山东府县志辑》第71册,凤凰出版社,2004年,第518页。
⑤ (清)顾炎武著,黄汝成集释:《日知录集释》卷十四《配享》,上海古籍出版社,2006年,第852页。
⑥ 黎靖德编,王星贤点校:《朱子语类》卷九十,第2294页。

垂宪万世,有国家者,所当崇奉。"①大德十一年(1307)武宗继位诏对孔子更是尊崇备至:"盖闻先孔子而生者,非孔子无以明;后孔子而圣者,非孔子无以法。所谓祖述尧舜,宪章文武,仪范百王,师表万世者也。……加号大成至圣文宣王。"②但因为与南宋政权的隔阂,元初袭用的是亡金之制,以颜、孟配享,而不是采用咸淳从祀之制,以致南北之礼各异。一直到延祐三年(1316),元仁宗才接受御史中丞赵世延的建议,"诏春秋释奠于先圣,以颜子、曾子、子思、孟子配享"③,遂使南北一制,天下尽同。至顺元年(1330)闰七月,元文宗又加封曾子为郕国宗圣公。④ 其制曰:"朕惟孔子之道,曾氏独得其宗,盖本于诚身而然也。观其三省之功,卒闻一贯之妙,是以友于颜渊而无愧,授之思孟而不湮者欤! 朕仰慕休风,景行先哲,爰因旧爵,崇以新称。呜乎! 圣神继天立极以来,道统之传远矣! 国家化民成俗之功,《大学》之书具焉。其相予之修齐,兹式彰于褒显。可加封郕国宗圣公。"⑤曾参"宗圣"之称,即自此而来。

　　(三) 明清时期,定称"宗圣曾子",褒遇优隆

　　明太祖把尊孔作为维护专制统治的手段,力图用孔子之道来规范臣民的思想和行为。为此,他大力提倡儒术,带头尊崇孔子。洪武元年(1368),登基典礼刚过,他就命令以"太牢祀孔子于国学",制定春秋释奠礼,配祀诸儒悉如旧制。其后,虽有罢孟子配享的事件,但到洪武十五年(1382),朱元璋再次下诏,令天下儒学,每岁春秋仲月通祀孔子,并颁布释奠仪注,以颜、曾、思、孟配享,来表明自己对孔子之道的尊崇。

　　明正统九年(1444),明英宗特敕天下有司修治应祀神庙,嘉祥教谕温良以曾子庙倾圮,奏请修葺。明英宗便下诏命山东地方督工重建。此后于弘治十八年(1505),正德九年(1514)又多次重修曾子庙。

　　明代,和从祀相关的最大事件是嘉靖九年(1530)厘正孔庙祀典。大学

---

① 陈镐纂修:《阙里志》卷十四,第686页。
② 孔继汾:《阙里文献考》,四川大学古籍整理研究所编:《儒藏》史部第2册,第492页。
③《元史》卷七十六《祭祀五》,第1892页。
④《元史》卷七十六《祭祀五》,第1893页。另见《元史》卷三十四《文宗本纪》,第763页。
⑤ 吕兆祥:《宗圣志》卷四,第305页。

士张璁奏称："先师祀典,有当更正者。叔梁纥乃孔子之父,颜路、曾皙、孔鲤乃颜、曾、子思之父,三子配享庙庭,纥及诸父从祀两庑,原圣贤之心岂安? 请于大成殿后,别立室祀叔梁纥,而以颜路、曾皙、孔鲤配之。"①张璁所言孔庙从祀"子尊父卑"的现象,其实早就受到儒者的关注,南宋洪迈、元熊禾、明初宋濂等都对此事有所议论,如洪迈曾说:"自唐以来,相传以孔门高弟颜渊至子夏为十哲,故坐祀于庙堂上。其后升颜子配享,则进曾子于堂,居子夏之次以补其缺。然颜子之父路,曾子之父点,乃在庑下从祀之列,子处父上,神灵有知,何以自安? 所谓子虽齐圣,不先父食,正谓是也。……特相承既久,莫之敢议耳。"②颜子、曾子都是父子同为孔子弟子,子思则是孔子之孙,颜子、曾子、子思配享,位居殿堂之上,而其父颜路、曾点、孔鲤却卑处两庑。虽然历代都有学者指责这种子尊父卑的现象有违人伦,但由于此制相沿以久,未尝深究。明正统三年(1438),孔、颜、孟三氏子孙教授裴侃提出了一个解决矛盾的办法,他说:"天下之庙,惟论传道,以列位次。阙里家庙,宜正夫子,以叙彝伦。"③故在阙里孔庙大成殿西别创启圣王殿,以颜子、曾子、子思、孟子之父配享孔子之父——启圣王叔梁纥。此时,以藩子入嗣帝统的嘉靖帝,正因为追崇本生父兴献王的事情而与朝臣相持不下,对于张璁"崇人伦"之议深以为然。于是,把正统三年颜子、曾子、子思、孟子之父配享启圣王的家庙模式,推广至天下孔庙。

张璁再疏曰:"孔子宜称先圣先师,不称王。祀宇宜称庙,不称殿。祀宜用木主,其塑像宜毁。笾豆用十,乐用六佾。配位公、侯、伯之号宜削,止称先贤、先儒。"④嘉靖帝命礼部会同翰林院速议更正。虽然翰林院编修徐阶、御史黎贯、给事中王汝梅等相继提出激烈的反对意见,但都遭到嘉靖帝的严厉斥责和惩处。在这种情况下,礼部与诸臣商议后,提出了初步意见:

人以圣人为至,圣人以孔子为至。宋真宗称孔子为至圣,其意已

① 《明史》卷五十《礼四》,第1298页。
② 洪迈:《容斋随笔·四笔》卷一《孔庙位次》,第1055页。
③ 《明史》卷五十《礼四》,第1297页。
④ 《明史》卷五十《礼四》,第1298页。

备。今宜于孔子神位题至圣先师孔子,去其王号及大成、文宣之称。改大成殿为先师庙,大成门为庙门。其四配称复圣颜子、宗圣曾子、述圣子思子、亚圣孟子。十哲以下凡及门弟子,皆称先贤某子。左丘明以下,皆称先儒某子。不复称公、侯、伯。遵圣祖首定南京国子监规制,制木为神主。仍拟大小尺寸,着为定式。其塑像,即令屏撤。……凡学别立一祠,中叔梁纥题启圣公孔氏神位,以颜无繇、曾点、孔鲤、孟孙氏配,俱称先贤某氏。①

嘉靖九年(1530)十一月,礼部将讨论结果上奏朝廷,嘉靖帝下诏悉如议行。制曰:"朕少读子书,长行其道,无非仰往古以佐治也。自昔以来,达而在上,三代传列圣洪模;舍之则藏,六经仰前贤雅范。溯渊源于泗水,绵道脉于武城。《大学》篇章,载百世治平之要;《孝经》问答,具万民感化之机。省身严于日三,慎其独也;传道捷于唯一,妙乃贯之。故超赐非也而有余,即并颜庶乎而无愧。精英自乾坤钟毓,赫然为含灵秉曜之宗,神爽与日月光辉,炜矣。称神明普照之圣,兹尊为宗圣曾子,钦承荣封,以昭师表。"②从此,曾子与其他圣人一起被削去封爵,改称"宗圣曾子"。

清代沿袭明制,仍尊称曾子为"宗圣",配享孔庙。清太宗崇德元年(1636),建庙盛京,遣大学士范文程致祭于孔子庙,"以颜子、曾子、子思、孟子配享"。清代帝王对曾子褒崇有加,多次派遣官员到嘉祥曾子庙致祭,敕修庙墓,钦赐祭田户役,并给予曾子嫡裔以较高的政治待遇。

二、释奠礼制与曾子祭祀

祖先祭祀,是我国最重要的祭祀活动之一。《周礼·王制》记载周代礼制:"天子七庙,诸侯五庙,大夫三庙,士一庙,庶人祭于寝"③。《韩诗外传》载曾子自言"吾尝仕为吏",又载"曾子仕于莒,得粟三秉",④官职虽微,但

---

① 《明史》卷五十《礼四》,第 1299 页。
② 曾国荃重修,王定安辑:《宗圣志》卷七,第 346—347 页。
③ 孙希旦:《礼记集解》上册,第 343 页。
④ 韩婴著,许维通集释:《韩诗外传集释》,第 246、1 页。

也与庶民不同。从曾子临终易箦一事推测，既然曾子以用大夫之箦为越礼，那么，以"士"待之似无不可。因此，曾子身后自有立庙的资格。王定安《宗圣志》云："宗圣庙在嘉祥县城南四十五里，南武山之阳，创建无考。"[1]虽不知其所始，但也说明在曾子故里嘉祥建有祭祀曾子的庙堂。西汉末年曾据率曾氏族人南迁之后，即于播迁之地建庙祭祀，而嘉祥曾庙则因历岁滋久，风雨震陵，逐渐荒废。汉代以来，曾子主要是作为孔子的附祭弟子享受官方祭祀。至明嘉靖年间，嘉祥重修曾庙后，才有曾氏宗子主持祀事。

释奠，原为古代学校的祭祀典礼。周代官学有释奠先圣先师之礼，《礼记·文王世子》记载："凡学，春官释奠于其先师，秋冬亦如之。凡始立学者，必释奠于先圣、先师。"[2]究竟何为先圣、先师？《礼记》没有明指。汉郑玄对"先师"的解释是："若汉，《礼》有高堂生，《乐》有制氏，《诗》有毛公，《书》有伏生，亿可以为之也。"又注"先圣"为"周公若孔子"，[3]以"先圣"指周公或孔子。汉以来，释奠之礼始见于三国魏正始二年（241），帝讲《论语》，使太常释奠，以太牢祀孔子于辟雍，以颜渊配。这是国学释奠以弟子配享的开端。此后，释奠孔子成为常典：

晋武帝泰始三年（267），诏鲁国四时备三牲祀孔子。七年（271），皇太子讲经，亲释奠于太学。

东晋元帝大兴二年（319），皇太子亲释奠先圣于太学庙。穆帝升平元年（357），亲释奠，如故事，权以中堂为太学。武帝宁康三年（375），帝释奠于中堂。

南宋文帝元嘉二十二年（445），释奠孔子。牲劳祭器悉依上公之礼，舞六佾，设轩悬之乐。

北齐文宣帝天保元年（550），令鲁郡以时修葺庙宇，遣使致祭。又制春秋二仲行礼，每月朔行礼。是年，释奠，行三献礼。

隋文帝诏国子寺每岁以四仲月上丁，释奠先圣先师；州县学以春秋仲月。

---

[1] 曾国荃重修，王定安辑：《宗圣志》卷九《祠庙》，第395页。
[2] 孙希旦：《礼记集解》中册，第559—560页。
[3] 孙希旦：《礼记集解》中册，第559—560页。

唐代,天下州县普建孔庙,通祀孔子,释奠被正式纳入国家祭祀系统。贞观二十一年(647),中书侍郎许敬宗等上疏请求厘定释奠礼仪。许敬宗奏称:"天子视学,有司总祭先圣、先师。秦汉释奠无文,魏则以太常行事,晋宋以学官主祭。且国学乐以轩县,尊俎须于官,非臣下所可专也。请国学释奠以祭酒、司业、博士为三献,辞称'皇帝谨遣'。州学以刺史、上佐、博士三献,县学以令、丞、主簿若尉三献。"①由此,确立了国学遣官释奠及州县学由地方守令主祭的基本模式。唐开元末,孔庙升为中祀。开元二十七年(739),唐玄宗定祭祀先圣孔子之礼,"乐用宫县,舞用六佾"。宫县,为天子之乐。次年,又下诏令于春秋二仲月上丁祭文宣王,以三公摄事。②

宋太祖建隆年间,三次到国子监释奠孔子,乐用永安之曲。高宗绍兴十年(1140),将文宣祭升为大祀,与社稷并。③ 宁宗庆元年间,又改归中祀。

明宪宗成化十二年(1476),国子监祭酒周洪谟请增孔庙礼乐,笾豆增为十二,舞用八佾。④

清代,又将孔庙升为上祀,行三跪九叩头礼。

随着孔子释奠礼制的详备和曾子在孔庙从祀地位的不断升高,与曾子相关的祭祀礼仪也呈现出日渐优隆的面貌。

宋神宗熙宁八年(1075),国子监新庙落成。在孔子及七十二贤等从祀诸儒神像的冕服问题上,朝臣进行了讨论。国子监常秩上疏称:"宣圣神像,旧用冕服九旒。七十二贤、二十一先儒并用朝服。检《唐会要》,开元中,尊孔子为文宣王,内出王者衮冕之服以衣之。详此,则孔子冕,宜用天子之制十二旒。孔子既用冕旒,则七十二贤、二十一先儒当各依本爵用冕服。"曾子于大中祥符二年(1009)封瑕丘侯,按照常秩所言,当服七旒七章。太常寺、礼部官员对宋太祖建隆三年(962)和宋真宗大中祥符二年(1009)的庙制进行了梳理,他们发现,建隆三年庙门准议制令立戟十六枝,采用的

① 《新唐书》卷十五《礼乐五》,第 374 页。
② 陈镐:《阙里志》卷六,第 241 页。按:释奠祭期的选择,亦有深意。沈德潜说:"其月用仲,以四时之正也;其日用丁,取阴火文明之像也。"见沈德潜:《圣门志考略》卷下,四川大学古籍整理研究所编:《儒藏》史部第 7 册,第 86 页。
③ 陈镐:《阙里志》卷六,第 246 页。
④ 陈镐:《阙里志》卷二十二,第 1258 页。

是正一品之礼。大中祥符二年赐曲阜文宣王庙桓圭一,采用的是上公之制。春秋释奠,则用中祀。而充国公颜子、瑕丘侯曾子等都是以宋代郡国县封爵。所以,礼部官员提出:"古今礼制不一,难以追周之冕服。宜如旧制,依官品衣服。今文宣王冕用九旒。颜子以下各依郡国县侯伯正一品至正四品冠服制度,庶合礼令。"①礼部的意见为朝廷所采纳。

宋徽宗崇宁三年(1104),国子监丞赵子栎对文宣王庙的章服制度提出批评,他说:"唐封孔子为文宣王,其庙像,内出王者衮冕衣之。今乃循五代故制,服上公之服。七十二子皆周人,而衣冠率用汉制,非是。"从赵子栎的奏疏中,我们不难看出,熙宁八年议定的采用宋朝冠服的制度似乎并没有真正实行。根据赵子栎的建议,朝廷议定"孔子仍旧,七十二子易以周之冕服"。因为朝廷没有把孔子冕服问题一同解决,上述定议并没有得到普遍的认同。次年八月,国子司业蒋静上疏请求"考正先圣冕服",他说:"先圣与门人通被冕服,无别配享、从祀之人。当从所封爵服。周之服,公之衮冕九章,侯伯之衮冕七章。……今既考正配享、从祀之服,亦宜考正先圣之冕服。"于是,增文宣王冕为十二旒,服十二章,如王者之制。② 曾子之冕服,即据崇宁年间所议而定。吕兆祥《宗圣志》云:"崇宁五年,考正文宣王冕十二旒,服九章。瑕丘侯曾子,依《五礼新仪》,合用七旒七章。"③

明嘉靖九年(1530),孔庙祀典更制,其中的重要一项内容是毁塑像,用木主。孔子图像在汉末似已流行,汉灵帝光和元年(178),置"鸿都门学",画孔子及七十二弟子像。④ 东晋孝武帝太元十年(385),国子学之西立"夫子堂",画有夫子及十弟子像。⑤ 至于塑像,据东魏孝静帝兴和三年(541)十二月兖州刺史李珽所立《李仲璇修孔子庙碑》,有"乃命工人,修建容像……

① 孔继汾:《阙里文献考》卷十四,第489—490页。
② 孔继汾:《阙里文献考》卷十四,第490页。
③ 吕兆祥:《宗圣志》卷三,第295页。按,吕《志》又记载,金大定十四年(1174),国子监起大成殿圣像,以郕国公像九旒九章。"九旒九章"之说,《金史》中未见记载。据《金史·礼志八》,金封郕伯曾参为侯在章宗承安二年(1197),此前宋大中祥符二年(1009)已封曾参为侯,曾参封郕国公时在宋咸淳三年(1267)。吕《志》所载,封爵、章数皆误。
④ 《后汉书》卷六十下《蔡邕传》,第1998页。
⑤ (唐)许嵩:《建康实录》卷九,中华书局,1986年,第277页。

雕素十子,侍于其侧"①之语,可知至迟在东魏时期,已在孔庙塑像纪念孔
子。② 但一直到唐代,孔子的塑像才得到官方的支持,推行于天下孔庙祭祀
的实践中。③ 嘉靖九年(1530),将塑像撤去,改立木主。四配神位木主,各
高一尺五寸,阔三寸二分,厚五分;座高四寸,长六寸,厚二寸八分。④ 毁塑
像易木主的改革,王定安说当时只有山东未奉诏,像祀如故。其实,这一祀
典改革,在其他地方也没有得到切实执行。据顾炎武《日知录》记载:"嘉靖
九年,诏革先师孔子封爵塑像,有司依违,多于殿内添砌一墙,置像于中,以
塞明诏。甚矣,愚俗之难晓也。宋文恪《国子监碑》言:'夫子而下,像不土
绘,祀以神主,数百年夷习乃革。'是则太祖已先定此制,独未通行天下
耳。"⑤可见,顾炎武认为孔庙祭祀当以木主。然而,地方官之所以依违从
事,其原因大概是出于对圣贤的尊重,不忍毁掷其像。而朝廷对此似乎也
没有严加追究,以致以塑像改易木主的规定,至明末已形同虚设。万历七
年(1579),宗圣六十二代孙翰林院五经博士曾承业在宗圣庙大殿"增塑孟
子像,偕子思像,配享殿上"⑥,由增塑孟子、子思像,我们可以猜想,曾庙
大殿奉祀之曾子像应当也是塑像或者塑像、木主兼有。

　　在祭祀仪节方面,主要有释奠仪、释菜仪、上香仪等。宋大中祥符二年
(1009)诏太常礼院定州县释奠器数:先圣先师每坐酒尊二、笾豆八、簠二、
簋二、俎三、垒一、洗一、篚一,尊皆加勺、幂各置于坫,巾共二,烛二,爵共
四。有从祀之处,诸坐各笾二、豆二、簠一、簋一、俎一、烛一、爵一。明太祖

① 骆承烈:《石头上的儒家文献——曲阜碑文录》(上),齐鲁书社,2001年,第80—81页。
② 关于孔子造像的源起,前人已有讨论。《圣门志考略》云:"塑像之设,中国无之,至佛教入中国
　始有也。三代以前,祀神皆以木主,无有所谓像设也。彼异教用之,无足怪者。及李元瓘言颜子
　立侍,则孔子之像在唐前已有矣。后世莫觉其非,亦化其道而为之,郡异县殊,不一其状。"沈德
　潜:《圣门志考略》,四川大学古籍整理研究所编:《儒藏》史部第7册,第85页。今人陈登原也
　说:"孔子造像,约与佛教来华相距不远,而其成为习惯,则见于魏晋六朝,隋唐到宋,相沿不
　废。"见氏著:《国史旧闻》卷十三《孔子造像》,中华书局,2000年,第365页。
③ 雷闻:《郊庙之外——隋唐国家祭祀与宗教》,生活·读书·新知三联书店,2009年,第65页。
④ 曾国荃重修,王定安辑:《宗圣志》卷七引王圻《续通考》,第346页。
⑤ 顾炎武著,黄汝成集释:《日知录集释》卷十四《像设》,第850—851页。按,明太祖厘正祀典,百
　神封号凡前代所封者,尽行革去,只有孔子封号仍存其旧。孔子塑像除南京太学用神主外,天下
　府州县学仍沿袭前代,奉祀孔子塑像。
⑥ 曾国荃重修,王定安辑:《宗圣志》卷九《祠庙》,第434页。

洪武十五年(1382)曾专门颁布《释奠仪节》，据《明会典·释奠仪》所记，四配位前，每位羊一、豕一、登一、铏一、笾豆各十、簠簋各一、爵三、帛一、篚一、口一。《大清通礼》载清代春秋释奠先师孔子之礼，四配位前，各羊一、豕一、登一、铏二、簠二、簋二、笾八、豆八、炉一、镫二。四配释奠仪与孔子相同。明清皇帝临雍释奠或者亲诣阙里致祭，释奠曾子的分献官的等级都比较高，如明熹宗天启四年(1624)、崇祯十四年(1641)，由太子太保袭封衍圣公孔允植任分献官；崇祯三年(1630)，由少保尚书大学士李标芬分奠宗圣曾子。清顺治九年(1652)，清世祖视学释奠，由太子太保袭封衍圣公孔兴燮分奠曾子；康熙二十三年(1684)，康熙帝到阙里祭先师孔子，由翰林学士常书分献宗圣曾子。

清顺治二年(1645)，定每月初一圣庙行释菜礼[1]，设酒、芹、枣、栗，于先师位及四配位前，奠帛献爵。十哲、两庑位前，由监丞、博士等官分献。

在祭器、祭品等具体事项上，也给予四配以较高的待遇。如雍正二年(1724)，议准大成殿四配、十一哲每位一案，两庑二位共一案。乾隆四年(1739)，四配祭品增添一铏等。后来，乾隆皇帝到曲阜祭孔时，四配位的祭器、祭品已经采用新制，其祭器有：篚一、爵并坫三、铏二、簠二、簋二、笾八、豆八、俎三、香炉并几一、烛台大小八、东西罇并案各一。其品：帛一端、檀香一盒、烛二、酒东西各一罇、羊一、豕一、和羹二铏、黍饭一簠、稷饭一簠、稻饭一簠、粱饭一簠、榛一笾、菱一笾、芡一笾、枣一笾、栗一笾、鹿脯一笾、形盐一笾、鱼一笾、韭菹一豆、醯醢一豆、兔醢一豆、鱼醢一豆、芹菹一豆，各一坛。[2]

曾子除了以四配身份在孔庙附祭孔子之外，随着曾子地位的突显，曾子还享有国家公祭的优遇。一般意义上讲，曾庙的祭祀分为两种，公祭和家祭。公祭又可分为国家派员致祭、曾氏家族举行的春秋二丁祭和地方州

<hr/>

[1] 释菜，为孔庙祭礼之一。古代凡新入学者，必释菜，礼祭先师。《周礼·春官·大胥》曰："春入学，舍采，合舞。"《圣门志考略·释奠释菜义》引文公曰："释菜之礼，犹贽也。妇见舅姑，其贽枣栗腶修，若庙见，则释菜。弟子见其师，其贽束修，若礼于先师，则释菜。"北齐天保元年(550)，始命国子监每月朔日行礼。清代，释菜仅有菜、枣、栗三种祭品，每月朔日举行。和释奠礼相比，释菜礼较为简易，不酌鬯、不列馔、不作乐、不授器。
[2] 徐振贵、孔祥林：《孔尚任新阙里志校注》，吉林人民出版社，2004年，第186—187页。

县官员举行的次丁祭。遣官致祭，就是朝廷专门派遣官员祭祀曾子，一切费用由国家开支。皇帝遣官致祭曾子，历代多有。如宋代有《遣官致祭通用文》，其祭曾子文曰："维某年月日，大宋皇帝遣官致祭于先贤郕国公曰：惟公以鲁而得，以唯而悟。传得其宗，一贯忠恕。谨以制币牲齐，粢盛庶品，式陈明荐，从祀配贤。尚飨。"元至正二十一年（1361），元惠宗也曾派遣银青光禄大夫、中书平章政事、知河南山东等处行枢密院事兼陕西诸道行御史中丞察罕帖木儿致祭郕国宗圣公。

　　明代，朝廷对曾子祭祀更为重视。弘治四年（1491），明孝宗曾下诏书，以春秋次丁有司永远致祭曾子专庙，并颁祭文，勒石曾庙。孝宗颁示春秋祭文曰："维某年某月某日，某官某敢昭告于郕国宗圣公，曰：孔门道学，公得其宗。庭庭配享，海宇攸同。矧兹乡邦，钟灵所自。时惟仲（春、秋），特申专祀，伏惟尚克飨之。"正德元年（1506），山东巡抚赵璜、巡按李玑又奏请照弘治四年例，春秋次丁有司永远致祭曾子专庙。有明一朝，遣官致祭非常频繁。自明弘治至嘉靖年间，载之于史志者就有七次，但其详细过程皆不可考。兹据吕氏《宗圣志》、王氏《宗圣志》选录祭文如下：

　　巡抚陈凤梧祭文："维某年某月某日，钦差巡抚山东等处地方都察院右副都御史陈凤梧，敢昭告于郕国宗圣公，曰：'洙泗之门，高弟云从；惟公之传，独得其宗。早事三省，晚闻一贯；《大学》之书，有经有传。由思而孟，至于关闽。其派益远，曰诚而明。惟兹公乡，坟祠俱在；高山仰止，景行千载。梧少读公书，长未闻道；备员兹土，敬用谒告。牲醴之奠，以昭斯虔；斯文万古，如日中天。谨告。'"

　　巡抚曾铣祭文："维某年某月某日，钦差巡抚山东等处地方都察院右金都御史曾铣，敢昭告于先贤宗圣曾子之墓，而系之以铭，曰：'呜呼！吾道之在天地间，亘古今而未尝变也。其间或明或晦，或通或塞，则存乎其人焉耳。是故达而在上，如尧、舜、禹、汤、文、武、周公者，行乎此道者也。穷而在下，如孔子、颜子者，明乎此道者也。明斯行矣。颜子早世（逝），道统之传，谁与继者？此尼父丧予之叹，盖伤之矣。幸而吾子者在，以弘毅之资，肆重远之学，三省既竭，一贯斯唯。爰作《大学》十传，发明夫子遗经。一传而为子思，再传而为孟子。当衰周之余，吾道灿然复明，继往开来，于今为烈，是皆吾子之功也。夫七十子丧而大义乖，三千之徒，其流弊不入老庄，则入申韩；不为权谋术数，则为言语文字；而独得其宗，赖有吾子。是吾子之道即孔子之道，孔子之功亦吾子之功也。铣也鄙人，受恩罔极，承命东抚，道经鲁乡。望先贤之故垒，念哲人之长游，感翔凤之日远，慨易篑之风微。偕我属僚，造拜宫墙；薄陈一奠，展此向慕之素悰而已。呜呼！天地高厚兮，吾道之范围；日月照临兮，吾道之光辉。南有邹封之翼翼兮，东有尼山之巍巍。维斯墓之中峙兮，建天地并日月而不违。安得起吾子于瓜台兮，将以究夫忠恕之微。尚飨。'"

巡按宋经祭文："维某年某月某日，巡按山东监察御史宋经，敢昭告于郕国宗圣公，曰：'维公山川钟秀，间气所生；家世鲁西，曰南武城。鲁钝之资，诚确之学。真积力久，一贯先觉。卒传圣道，《大学》书成。格致诚正，修齐治平。孝行尤笃，酒肉养志。动求诸身，日省三视。启手启足，保身全归。任重道远，不亚于回。身虽逝矣，斯道犹在。道在万世，后学是赖。经承上命，巡视东藩。恭诣祠下，仰止高山。兹蠲牲醴，竭诚致祭。公其不昧，鉴此微意。尚飨。'"

兵备张九叙祭文："维某年某月某日，钦差整饬曹濮等处兵备山东按察司副使张九叙，敢昭告于郕国宗圣公，曰：'惟公孔门道学，独得其宗。庙庭配享，海宇攸同。睠兹武城，钟灵所自。遗像有俨，报崇无既。叙钦承上命，守御斯土。越寇甫平，瓜丘式睹。修此墙屋，以绥公灵。伏惟降鉴，佑启后生。文思武烈，靖寇安民。式绵国祚，永庇斯文。尚飨。'"

提刑王金祭文："维某年某月某日，山东等处提刑按察司副使王金，致祭于郕国宗圣公，曰：'惟公三省修身，一贯契道；传孔氏之心法，得斯文之体要。《大学》之书，垂世立教；诚正之学，比于典诰。金生也晚，望洋门墙，未知所造。盖将有志于治平修齐，功实未到。兹尝巡历，拜瞻新庙。俾不至迷其所行，冀精神旷千古而永照。尚飨。'"

兵备王庭诗祭文："维某年某月某日，钦差整饬曹濮等处兵备道山东按察司副使王庭诗，谨致奠于郕国宗圣公曾子，曰：'惟公祥毓鲁甸，秀产齐封；渊源泗水，怙恃岱峰。亲炙至圣，独契真宗；开来继往，抗迹永雍。治国修身，嘉惠章缝。诗昔也下学，殚心篇简，寤寐相从。顷承纶命，观风兹土，仰止高踪。

道经祠下,恍惚仪容。瓜田在彼,舞雩欣逢。徘徊瞻顾,顿豁心胸。心依翠巘,意仁长松。薄陈牲醴,用表虔恭。灵祀洋洋,鉴我夙悰。尚飨。'"

提学潘桢祭文:"维某年某月某日,钦差提督学政山东按察使佥事潘桢,敢昭告于郕国宗圣公,曰:'惟我先贤,与麟俱生此地。麟生非时,则斯文之不幸可知。先圣之所以泣之者,岂惟麟耶?虽然,斯文一脉,实流天下,与同长春,矧在瞻仰,领会于心神者也。敬谒祠下,敢荐微诚,神其有知,佑我斯文。尚飨。'"

清代前期,遣官致祭更为频繁。据王定安《宗圣志》记载,仅乾隆一朝,遣官致祭或拈香就达六次之多。如:

乾隆十三年(1748),乾隆皇帝亲诣阙里祭孔,听说颜、曾、思、孟四贤故里各有专庙,特意派遣大臣前往致祭,并亲制祭文,以表达崇重先贤之意。其御制祭文曰:"维乾隆十三年岁次戊辰二月乙卯朔越二十八日壬午,皇帝遣日讲起居注官詹事府詹事兼翰林院侍读学士裘曰修,致祭于宗圣曾子神位前,曰:'惟宗圣曾子,秀毓武城,业宗泗水。三省勤于夙夜,允称笃实之功;一贯悟于须臾,弥征真积之久。独受《孝经》之训,用迪临深履薄之修;永绵《大学》之规,式启明德新民之要。衍薪传于勿替,以鲁得之;开绝学于无穷,其功大矣。追崇允合,昭报攸宜。朕稽古东巡,至于东鲁。念先型之未远,心切溯洄;瞻故里之非遥,情深仰止。虔修祀事,敬遣专官,惟冀神灵,尚其歆格。'"

乾隆二十一年(1756)三月,乾隆帝到曲阜,先赴孔庙拈香,次日正式行释奠礼。又遣刑部左侍郎觉罗勒尔森致祭宗圣,其御制祭文曰:"维乾隆二十一年岁次丙子三月己巳朔越四日壬申,皇帝遣刑部左侍郎镶红旗满洲副都统兼管钦天监监正事务觉罗勒尔森致祭于宗圣曾子神位前,曰:'惟宗圣曾子,秀毓武城,学宗泗水。懋懋修于笃实,三省勤夙夜之功;崇真积于躬行,一贯悟精微之旨。端治国齐家之本,大人之学昭垂;示至德要道之原,教孝之经永著。衍孔门之圣脉,以鲁得之;启孟氏之师传,其功大矣。尊崇允协,报享攸宜。朕以礼时巡,遄临鲁甸,情深仰止。瞻故里之非遥,心慕典型;念德辉之如在,虔申禋祀。敬遣专官,惟冀神灵,庶其歆格。'"

皇帝遣官致祭,不但祭祀规格高,而且祭仪也非常隆重。《大清通礼》

详细记载了乾隆帝东巡释奠颜、曾、思、孟之礼,主祭官员赍祝文、香帛分别到所在专庙行礼。具体到曾子庙的祭祀,可分祭前准备和正式祭祀两个阶段。祭前,曾氏族人以及地方官员均要做好祭祀的各项准备工作,如曾氏子孙率礼生洁扫殿庑内外,地方官员戒办牲牢、器物,备执事人,司祝、司香、司帛、司爵、通赞、引赞均以曾氏家族奉祀生及弟子员充任。先一日,遣官抵达嘉祥,乃斋。当天晚上,嘉祥县令着公服眠割牲如仪,祭器陈设与京师太学四配每位器数相同。

正式祭祀的仪程为:祭日,有司供具,质明遣官,朝服,诣庙。引赞二人,引正献官入;二人引分献官随入。诣东阶下,盥手,升东阶,至阶中,前后序立,均北面。通赞赞:“就位!”引赞分引遣官就拜位立。通赞赞:“迎神!”司香二人各奉香盘进至正位、配位前立。引赞引正献官入,自阄东诣正位前,引分献官随入,诣配位前。赞:“跪!”遣官跪。赞:“上香!”遣官上炷香三,上瓣香,兴。赞:“复位!”遣官均复位立。赞:“跪叩,兴。”遣官均行二跪三叩礼,兴。通赞赞:“行初献礼!”司帛各奉篚跪奠于案,三叩,兴。司爵各奉爵献于案正中,皆退。通赞赞:“读祝!”引赞赞:“跪!”遣官皆跪。司祝至祝案前跪,三叩。奉祝文跪案左。读毕,将祝文置于案上,三叩,兴,退。引赞赞:“叩,兴。”遣官三叩,兴。亚献各奠爵于左,终献各奠爵于右,如初仪。通赞赞:“送神!”引赞赞:“跪叩,兴。”遣官均行二跪六叩礼,兴。执事官各奉祝帛、香由中道送燎如仪。遣官避立拜位东竢过。引赞引遣官眠燎礼毕,引遣官出。执事官皆退。

遣官致祭之外,有时又遣官拈香。拈香,又称“行香”,属于一种仪式较为简单的祭祀礼,只上香、行礼,不设供品。乾隆四十九年(1784),乾隆帝南巡,道经曲阜,第七次驾临阙里朝拜孔子,行释奠礼。特遣内阁学士兼礼部侍郎尹壮图,前往嘉祥曾子庙拈香。

对于曾子祭祀的重视,不仅体现在遣官致祭上,也表现在御赐礼器上。礼器,就是祭祀所用的器具。历代皇帝祭孔,自汉代至清,曾多次御赐孔庙礼器,最为著名的是乾隆三十六年(1771)钦颁礼器——商周十供,被孔府视为参天恩泽,只在四大丁祭和孔子诞辰等重要祭祀典礼上使用。为表示对曾子的崇敬,乾隆十五年(1750)还御赐宗圣曾子庙礼器一宗,计有:铏一件、簠十件、簋十件、笾四十件、豆四十件、爵十一支、帛匣五件。宗圣爵三、铏一、簠二、簋二、笾八、豆八、帛匣一。曾子庙两配各爵一、簠一、簋一、笾四、豆四、帛匣一。两庑各三坛,爵三、簠三、簋三、笾十二、豆十二、帛匣一。

　　无论是遣官致祭、拈香还是御赐祭器,无不向世人显示了封建皇帝对宗圣曾子的优礼与尊崇,也带给曾氏家族以无上的荣耀。

　　相比并非常态的朝廷遣官致祭而言,曾子庙祭祀的主要形式是春秋二丁祭,这是在每年春秋二仲月(夏历二月、八月)的上丁日,由曾氏宗子世袭翰林院五经博士主祭的祭祀活动。据吕兆祥《宗圣志》记载,明代,曾庙祭祀宗圣公曾子的祭品为:羊一、豕一、爵三、登一、铏一、簠二、簋二、笾八、豆八、镡一、筐一、帛一、香案一、香炉一、烛台二。东配沂国述圣公子思子、西配邹国亚圣公孟子祭品为:羊一(分作二分,每位一分)、豕一(分作二分,每位一分)、爵六(每位三爵)、登二(每位一)、铏二(每位一)、簠簋八(每位四)、笾豆十六(每位八)、筐二(每位一)、帛二(每位一)、香案二(每位一)、香炉二(每位一)、烛台四(每位二)。两庑从祀祭品为:每位肉一分,爵一、簠一、簋一、笾四、豆四、镡一、香案一、香炉一、烛台二。①《武城家乘》详细记载了明代春秋二丁祭的祭祀过程,其祭仪为:祭礼举行前一日,宗子翰博公服视牲。祭祀当天,具朝服。鸣赞唱:"主祭官就位,陪祭者各就位,瘗毛血,迎神,行二跪六叩头礼,兴。"鸣赞唱:"奠帛,行初献礼!"引赞赞:"升坛!"诣盥洗所,酌水净巾;诣酒尊所,司奠者举幂酌酒。诣宗圣神位前,跪,上香,献爵、帛,行一叩头礼,兴。鸣赞唱:"行分献礼!"引赞赞:"诣述圣子思子、亚圣孟子神位前,上香,献爵、帛。"如正位仪。奉祀生各诣寝殿、两庑行礼。鸣赞唱:"读祝文。"引赞赞:"诣读祝位,跪。"引赞赞:"读祝文。"宗子翰博宣读祝文,其文曰:"维某年某月某日,某官敢诏告于郕国宗圣公,曰:'惟公夙钟间气,毓秀兹土,道学宗传,昭示万古。惟兹仲(春、秋),谨以牲帛醴齐,粢盛庶品,用伸常祭。以门人沂国述圣公、阳肤、子襄、沈犹行、乐正子春、公明仪、

---

① 吕兆祥:《宗圣志》卷三《追崇志》,第297—298页。

公明高、公明宣配,尚飨。'"①祝毕,鸣赞唱:"撤馔,送神,跪,行二跪六叩头礼,兴。"鸣赞唱:"读祝者捧祝,进帛者捧帛,恭诣燎位。"引赞赞:"诣望燎位!"望燎、祝、帛焚毕,引赞赞:"复位!"鸣赞唱:"礼毕!"至此,整个祭祀程序才圆满结束。

举行丁祭典礼的同日,启圣殿先贤曾氏及在城书院,俱以曾氏族中职员及奉祀生致祭,祭仪相同。

属于公祭层面的祭祀还有地方州县对曾子的祭祀活动。明代弘治、正德年间,朝廷曾经专门下诏,定于春秋次丁致祭曾子专庙。次丁祭,在每年春秋二仲月的次丁日由兖州府嘉祥县知县主祭。宗圣曾子教职主祭先贤曾氏,两庑俱以县学生员分献。翰博及奉祀生配祭。祭仪与上丁相同。次丁祭祀曾子祝文曰:"维某年某月某日,兖州府嘉祥县知县某人敢昭告于宗圣曾子神位前,曰:'惟神夙钟间气,毓秀兹土。宗传圣道,昭示万古。兹逢仲(春、秋),谨以牲帛醴齐,粢盛庶品,用伸常祭。述圣子思子、亚圣孟子暨从祀先儒,伏惟配飨。'"

曾氏家族对于曾子的祭祀,除了在曾子专庙举行的春秋二丁祭之外,还有墓祭和岁时祭祀。在每年的清明节、七月望、十月朔,曾氏族人都要祭扫宗庙、祖墓。墓祭由曾氏宗子、世袭翰林院五经博士主祭。

岁时祭祀则是在每年的元旦、冬至日,由宗子翰博率领族人以牲醴致祭宗圣曾子、先贤曾氏及两寝殿。另外,岁时祭祀还包括每月朔望日(夏历每月的初一、十五),由嘉祥知县、教官在嘉祥宗圣书院举行的曾子祭祀活动。

第二节 敕 修 庙 墓

曾子庙,又称曾庙、宗圣庙,是曾子和儒家思想在中国古代社会崇高地

---

① 《宗圣志》又载清代《上丁祝文》,内容如下:"维某年某月某日,几代孙世袭翰林院五经博士某名敢昭告于始祖宗圣神位前,曰:'惟祖传道圣门,独得宗风。尊称师表,万世攸隆。兹逢仲(春、秋),俎豆洁丰;敬伸昭告,鉴此微衷。附以述圣子思子、亚圣孟子,伏惟配飨。'"曾国荃重修,王定安辑:《宗圣志》卷十九,第503页。

位的象征。作为祭祀曾子的专庙,自明正统十年(1445)重建以来,明清两代多次由朝廷拨款整修。曾子墓,又称宗圣墓、宗圣林,自明弘治年间创修,明清时期不断修治。之所以对宗圣庙、宗圣墓如此重视,自然是朝廷崇尚儒家道统、推行教化政策的结果,但修治庙墓由家事变为国事,也恰恰反映了曾子思想在现实社会修齐治平的实效与古今"愿治之君"强化政权的意图。

在人类社会初期,就已经产生了自然崇拜、祖先崇拜等观念。古人认为祖先灵魂不灭,可以佑护子孙,使家族繁衍昌盛。至西周时代,无论大小宗族,均建有宗庙以享祀先祖。《中庸》云:"宗庙之礼,所以祀乎其先也。"①可见,对祖先的孝道,主要表现在宗庙祭祀上。如果忽视对祖宗、天神的祭祀,就会招致水旱灾害等恶果,故《汉书·五行志》曰:"简宗庙,不祷祠,废祭祀,逆天时,则水不润下。"②也正是因为这个原因,历代王朝都把祭祀先贤看作是教化百姓的大事,对于异代山陵、前贤先哲的庙墓都会修葺保护,严禁樵采践藉,希望通过祭祀前代先哲,劝勉后人,移风易俗。《宋书·武帝纪》载,宋武帝永初元年(420)曾下诏:"名贤先哲,见优前代,或立德著节,或宁乱庇民,坟茔未远,并宜洒扫。"③曾子为孔门大贤,孝道著于后世。自明代开始,曾子庙、曾子墓的修葺就受到朝廷的格外重视,不断增修,以彰显朝廷右文稽古、重道尊师的盛意。

曾子庙在嘉祥县城南四十五里,南武山之阳,"邑人以义起之,不知所始"④。曾子后裔曾据,避新莽之乱远迁庐陵,以致故土祠墓不守,阅岁寖远,其制遂湮。明朝正统九年(1444),明英宗特敕天下有司修治应祀神庙。曾子为孔庙四配之一,名在天下通祀之列,而郕国宗圣公庙宇历经岁月风雨,久已倾圮,所以,嘉祥县教谕温良特上疏奏请重修宗圣公庙。明英宗命山东参议马凉、佥事萧启、兖州府知府焦福、嘉祥县知县宋善督嘉祥、金乡两县吏民并工兴建。宗圣公庙自正统十年(1445)八月开工重建,至次年二

---

① 朱熹:《四书章句集注》,第 27 页。
② 《汉书》卷二十七上《五行志第七上》,第 1342 页。
③ 《宋书》卷三《武帝本纪》,第 56 页。
④ (明)许彬:《正统重建宗圣公庙记》,吕兆祥:《宗圣志》卷十《艺文志二》,第 384 页。

月落成,共计正殿三间,寝殿三间,两庑、戟门各三间。塑曾子像于前殿(正殿),并依曾子庙原来型制,祀曾父莱芜侯曾点及曾母于寝殿之中,曾子、曾元并坐于左右,各以夫人配,曾申、曾西侍坐于南旁,东西相向。正统十二年(1447),山东承宣布政使右参议马凉拜谒宗圣庙,看到曾子、曾点父子位次失序,慨叹地说"天叙之典未正,人心有所不惬"①,于是亲自绘制图纸,捐俸金米具,命兖州府同知姚昱、金乡主簿方伯辉,在宗圣庙西新建莱芜侯庙。莱芜侯庙的建设工程在马凉的倡议下,进展迅速,自正统丁卯(1447)冬开工,次年正月就完工了,然后就把曾点夫妇像迁入庙内享受专祭。宗圣庙正殿中设曾子像,东西列其弟子:子思、阳肤、沈犹行、公明高、子襄、公明仪、乐正子春、公明宣等数人配食。寝殿置宗圣公同夫人像,中座,旁以曾西侍之。曾元、曾申位于两廊,东西相向,各以夫人配。至此,父子之伦粲然而尊卑定,夫妇之别肃然而内外分。整个宗圣庙形制初定,颇具规模。

宗圣庙重建完工后,到了弘治四年(1491),明孝宗又下诏,令有司于春秋次丁致祭曾子专庙。弘治十八年(1505),山东巡抚金洪因为宗圣庙规模小而简陋,上疏请求按照颜子庙、孟子庙的规模进行扩建,明孝宗命山东左布政使张泰、佥事毛广、知府赵继爵等人用官府银两修建。这一年明孝宗去世,明武宗即位,改元"正德"。山东巡抚都御史赵璜、巡按御史李玑、督学副史陈琳等奉命委派分巡佥事盛仪、潘珍相继督理,自正德二年(1507)动工,历时七年,宗圣庙增修工程方才告竣。扩建后的宗圣庙宏敞壮丽,仅亚孔庙。正德九年(1514)宗圣庙增修落成后,山东巡按御史李玑、督学副使陈琳提出"庙貌既新,祀典且举",便又向朝廷请旨,定以春秋上丁由地方官员祭祀曾子庙,如文庙制,又请奎章以宠贲之如制,皆为朝廷所批准。曾子庙的增修以及春秋丁祭的礼制化,被时人赞为"二千余年,遗典坠章,一旦创睹,薄海之内,近悦远慰"②的盛事。

嘉靖、隆庆年间,曾子庙两次毁于大火。万历七年(1579),曾子六十二代孙、翰林院五经博士曾承业奏请重修。山东巡抚赵贤、巡按钱岱等奉诏

① (明)卢与龄:《正统创造莱芜侯庙记》,吕兆祥:《宗圣志》卷十《艺文志二》,第387页。
② 臧麟:《正德增修宗圣公庙王公德政碑》,曾国荃重修,王定安辑:《宗圣志》卷九《祠庙》,第404页。

以官府银两修建，万历七年九月始修，当年十一月完工。这次重修，曾子庙
大扩旧制，广正殿为七间，绿瓦重檐，华榱石柱。正殿中设宗圣曾子像，并
增塑孟子像，子思子像配享。其位为东配子思子、西配孟子。东庑五间，以
阳肤、公明仪、公明高、公明宣、孟仪从祀，西庑五间，以乐正子春、沈犹行、
单居离、公孟子高、子襄从祀。① 前为御碑亭一座。左增三省门、三省堂、斋
宿厅、神疱、神厨各三间。前面戟门三间，右侧咏归门三间，内为启圣殿五
间，覆以绿瓦。宗圣正殿前戟门三间，戟门外左侧为景圣门，右侧为育英
门，各三间。大门三间，内左右值房各三间。大门外石坊三座，中曰"宗圣
庙"，左坊书"三省自治"，右坊书"一贯心传"，前为影壁一座。庙基南北长
一百三十四步，东西宽六十六步。②

　　明末，曾子庙又毁于战乱。清朝顺治初年，地方官绅集资对曾子庙做
了简单维修。康熙五十四年（1715）冬，兖州知府金一凤到嘉祥拜谒曾子
庙，"见栋宇颓倾，廊庑圮败，不特有失观瞻，而且何以慰宗圣在天之灵？"遂
慨然自任，倡议捐资修庙，并与嘉祥县知县宋躬壁共襄其事，"朽者易之，倾
者正之，颓败者葺之，圮废者完之，材取其良，甓取其精"，勉力为之，终于使
宗圣庙严严翼翼，壮丽辉煌，较诸往昔，灿然改观。③

　　在雍正二年（1724），曾子庙发生了一件非常奇异的事情。咏归门内的
一株古柏枝突生凤形，长喙修尾，翠羽披拂，宛然雍喈和鸣之盛，一时间被
学士大夫传为文明之瑞，竞相题咏，赞为"圣道之休征益新，国家之景庆更

---

① 据王定安《宗圣志》载：乾隆三十九年（1774），宗圣六十九代孙毓塪奉移元、申、华、西四木主于
宗圣庙两庑先儒孟仪、子襄之次。乾隆五十年（1785）增祀宋儒曾巩于西之次。嘉庆二十二年
（1817）又增祀曾侗庵（王定安注：未详何名，木主题名非是）于曾巩之次。嘉庆二十四年
（1819），嘉祥学校官谓：明大学生顾文康公请采访曾氏后裔一疏，阐发曾子传道之功，且俾无后
而有后，其功与孔氏道辅访得孟墓等，援孔氏从祀孟庙之例，由报功祠移位于曾氏巩之下，曾氏
侗庵之上。同治末年，曾广甫翰博援文定、文康之例，增祀湘乡相国太傅曾文正公国藩与曾氏侗
庵之后。见曾国荃重修，王定安辑：《宗圣志》卷九《祠庙》，第436—437页。另据《孔府档案》
记载，道光元年（1821）及光绪年间，曾氏翰博曾向朝廷呈报曾庙两庑从祀贤儒的位次。见《曾
氏世袭翰博等呈明从祀宗圣曾庙两庑贤儒位次》，《孔府档案》卷五千二百四十八。
② 曾国荃重修，王定安辑：《宗圣志》卷九《祠庙》，第407—408页。参见吕兆祥：《宗圣志》卷三
《追崇志》，第298—299页。
③ （清）金一凤：《康熙重修宗圣庙记》，曾国荃重修，王定安辑：《宗圣志》卷九《祠庙》，第414页。

著"①。次年八月初五日,清世宗御书"道传一贯"四字匾额,钦赐宗圣庙。

雍正十三年(1735),曾子六十九代孙、翰林院五经博士曾衍橓,以庙宇倾圮门庑墙院仅存故址,具呈抚院令有关官吏进行查看。经嘉祥县知县李松勘查,估需工料银八千四百余两,呈报抚院,请出官帑重修。朝廷以宗圣得圣学之传,宜崇庙貌为由,特颁内府金万镒(20万两),革故鼎新,大修曾庙。乾隆元年(1736)竣工之后,整个曾庙"广殿中峙,修廊外列,丹彩焕发,蔚为伟观"②。乾隆十三年(1748),乾隆亲至阙里躬谒林庙,大礼庆成之后,推恩颜、曾、思、孟,钦赐曾庙祭器若干。

乾隆二十六年(1761),嘉祥县又请准藩司用官银四百七十余两修葺曾子庙。道光十年(1830),湖广道监察御史王兆琛奏称:"曾子庙林自雍正年间重修,迄今百余年,未经补葺,碑庭寝殿及廊庑门墙,均多倾圮,急需动项修理。"道光帝颁布上谕说:"宗圣庙林倾圮,祀典攸关⋯⋯该处藩旧有民捐庙工生息一项,着山东巡抚讷尔经额即派委员前往勘估兴修。"当年九月,山东巡抚讷尔经额亲到嘉祥,督同济宁知州王镇、嘉祥知县李心莲详细勘估,大致需要工料银二万五千二百余两。经藩司刘斯湄查明,庙工生息一项及嘉庆十四年(1809)民人李联芳呈捐庙工专款给发兴修。此次修缮曾子庙,历时较久,自道光十一年(1831)开工,断断续续,一直到道光十四年(1834)方才建成。光绪十六年(1890),曾子七十四代孙、翰林院五经博士曾宪祐又因曾子庙林坍塌过甚,请署嘉祥知县陈善会同江南采访委员洪恩波诣视详情,经山东巡抚部院张耀派员查勘,上奏朝廷请修。曾子后裔、两江总督一等威毅伯曾国荃捐银千两为修庙之助。

明清时期,不仅重建增修曾庙,同时对曾子林墓也进行了修整。曾子墓在何处?现存明清《曾氏族谱》多载曾子卒后葬于山东嘉祥县南四十里武山西南,距武城旧居五里的元寨山之麓。但曾子墓的具体位置,却不为人所知。明代天顺四年(1460),许彬所撰《正统重建宗圣公庙记》云,宗圣庙西南有曾子墓③。成化初年,山东守臣上言:"嘉祥县南武山西南,元寨山

---

① (清)曾兴烈:《凤树记》,曾国荃重修,王定安辑:《宗圣志》卷九《祠庙》,第416页。

② (清)顾琮:《乾隆重修宗圣庙碑记》,曾国荃重修,王定安辑:《宗圣志》卷九《祠庙》,第419页。

③ 许彬:《正统重建宗圣公庙记》,吕兆祥:《宗圣志》卷十《艺文志二》,第399页。

之东麓,有渔者陷入穴中,得悬棺,碣曰'曾参之墓'。"①明宪宗下诏加以修治,因即痊碑而为之茔。

弘治十八年(1505),经山东巡按金洪奏请,建享堂三间,东西斋房各三间,中门一座,角门二座,大门一座,石坊一座,匾曰"宗圣墓"。并起园栽柏,修饰坟垄。

嘉靖元年(1522),山东巡按确定:每年清明,委教职一员,以羊一、豕一,致祭曾子墓。直到曾子后裔曾质粹奉祀宗圣祠墓之后,有司之祀始止。

但此后二百年间,宗圣墓没有进行修缮,宗圣墓园坟垄荒芜,几乎荒废。雍正七年(1729),阙里孔庙新建将成,为表示自己崇儒重道之意,雍正帝下旨行查宗圣墓是否岁久倾圮。嘉祥知县李松前往查勘,因宗圣墓仅存遗址,无从修葺,便没有向朝廷详细申明,以致历任相沿,都没有向朝廷报告宗圣庙荒废的实情。

由于宗圣墓所在四围皆山,周围百姓常常上山砍柴放牧甚至凿山开石。乾隆九年(1744)旧历八月,兖州知府鄂晓喻及嘉祥、金乡两县知县分别发出告示,严禁在宗圣林庙周围四山樵牧、开山凿石。

因为曾子墓享殿门垣倾塌,曾子六十八代孙、世袭翰博曾兴烈于乾隆二十年(1755)呈请重修,所有应盖享堂、牌坊、大门、围墙等项需工料银六百三十余两。当年八月,山东巡抚白钟山咨报工部称:"曾子陵寝,自前明弘治间创修,今经剥落,享堂、阖卫、表坊、棂门,遗迹虽犹在,丹腹其莫施。"奉部议:"圣贤祠墓遇有损坏坍塌,所需在千金以下者,俱准以藩库公项报部修葺。"②山东便用库存公银修葺,越明年完工,宗圣墓得以重展新貌。

乾隆三十六年(1771),兖州知府福森布拜谒宗圣庙,嘉祥县令李楫趁此机会请帑修葺庙林书院,知府说"捐资稍易举"。过了没多久,山东兖沂曹兵备道松龄到嘉祥致祭曾子,看到宗圣林、庙、书院都出现严重倾圮,愀然曰:"先圣贤庙宇,意其必美轮美奂,历久而弥新,何可使稍有摧残,致与

---

① 《明史》卷二百八十四《儒林三》,第7301页。
② 徐绩:《重修宗圣林记》,曾国荃重修,王定安辑:《宗圣志》卷十《林墓》,第451页。

古道苍凉,同伤湮没哉!"①马上命令邹邑典史王赓飓查勘,估需银一千三百余两。松龄与嘉祥县、兖州府一起筹划,号召各属官员捐资以重修宗圣书院及林墓,计筹资白银一千二百余两。乾隆三十八年(1773)秋,庙林告竣,次年书院落成,共用银一千一百两。

乾隆四十九年(1784),增建宗圣林翁仲、石首、华表及神道坊,并于宗圣墓左侧修筑远代诸墓望祭之坛。

嘉庆初年,宗圣林墙及享堂、斋厅、仪门被水泡倒,嘉祥县令遵例请修,但因司库不充,一直拖延下来。一直到嘉庆十二年(1807),山东督粮道道员孙星衍署理山东布政使,宗子博士曾毓墫再次请求重修曾子林庙,孙星衍同意"在于漫工余项下动支,给发修葺"②,于是莱芜侯寝殿、门庑、林墙、享堂等皆得到修葺。

第三节　后　裔　优　遇

明清时期,重道崇儒达到一个新的高潮。明世宗嘉靖年间,访曾子后裔于江西,便援引孔、颜、孟三氏例,授世袭翰林院五经博士,并赐祭田、庙户,设奉祀生、礼生以赞礼执事。清代,皇帝太学释奠,还准许曾氏嫡裔陪祀,并由礼部赐宴。王定安说:"我朝临雍之典,四氏裔皆得陪祀,赏赐优隆,宗圣之尊于斯极矣!"③明清两朝对曾氏家族的优渥程度,可谓前所未有。

一、世袭翰博

宋咸淳三年(1267),曾子封郕国公,与颜子、子思、孟子升为四配。明景泰三年(1452),诏以颜、孟子孙长而贤者各一人,至京官之。后遂授颜子五十九世孙颜希惠、孟子裔孙孟希文为翰林院世袭五经博士,正八品。自

---

① (清)曾毓墫:《曾毓墫募修宗圣林庙及书院题名碑记》,曾国荃重修,王定安辑:《宗圣志》卷十《林墓》,第454页。

② 《生员曾衍东杨抱槐记》,曾国荃重修,王定安辑:《宗圣志》卷十《林墓》,第463页。

③ 王定安:《宗圣志序》,曾国荃重修,王定安辑:《宗圣志》卷首,第13页。

此之后，颜孟二氏有祭田以供时享，有庙户以供洒扫。与颜孟二氏相比，曾氏之后却泯然无闻。弘治四年（1491），山东嘉祥县儒学训导娄奎上疏曰："本县系郕国宗圣公曾子阙里，庙堂配享有子思、阳肤、公明宣等数人。……颜孟子孙皆传博士主祭，曾子子孙乃流落他所。乞如例封其门人，访子孙遗派之在江西赣榆二处者，择贤而有学者官之，俾之主祭，以昭圣代祀典。"①嘉靖十二年（1533），吏部左侍郎顾鼎臣上疏言："曾子传道之功优于颜子，而孟子私淑于曾子、子思，今颜孟子孙皆世袭博士，曾子之后独不得沾一命之荣，岂非古之缺典也？"②请求朝廷派员详访曾子之后，授以翰林院五经博士，世世承袭，以主曾子祀事。嘉靖十四年（1535），江西抚按督同提学副使徐阶奉旨查得曾子五十九代孙曾质粹，诏徙山东兖州府嘉祥县以衣巾奉祀宗圣祠墓。嘉靖十八年（1539），授曾质粹为翰林院五经博士，世世承袭，此为曾氏世袭之始。又比照颜孟二氏，在嘉祥城内兴建曾氏翰林院五经博士府第。曾翰博府由山东巡按蔡经监修，占地约十余亩，在嘉祥城内南隅，文庙以西，前界南城，后至东西大街，与县治相对。嘉祥曾氏翰博府比照颜孟二府修建，为前堂后宅式建筑：抱厦三间，前坊一座，东西厢房各三间，大门三间，影壁一座；二门三间，左右二角门，门外东西房各三间，堂设东西书房，堂后为内宅。③

嘉靖三十九年（1560），曾质粹病故。由于曾质粹之子曾昊先卒，未得世袭。曾昊之子曾继祖遭父祖连丧，心情悲痛，再加自小双目失明，行动不便，兼以家道穷迫，以致迁延日久，没有向朝廷请求办理袭封之事。然而到了万历元年（1573），袭封一事却突然横生波澜。

嘉靖十二年（1533）诏访圣裔，曾氏嫡裔曾辉之后曾嵩、曾衮兄弟拒辞北徙。但在曾质粹承袭五经博士并得钦赐兴建翰博府以后，曾衮等又馋羡五经博士的尊崇与荣耀。万历元年（1573），曾任攸县知县而因赃败官的曾

---

① （明）林尧俞：《礼部志稿》卷九十四，《四库全书》第598册，第704页。
② （明）顾鼎臣：《请采访曾子后裔疏》，曾国荃重修，王定安辑：《宗圣志》卷十二《荫袭》，第515页。
③ 曾国荃重修，王定安辑：《宗圣志》卷十五《院第》，第680—681页。

衮因应贡到京,"见有可乘之机,遂动鱼税之念"①,大肆营求,自称曾参嫡支,朦胧袭职。无奈之下,曾继祖携子曾承业赴诉于朝廷,痛陈曾衮奸谋朦越冒袭之事。而曾衮则自称曾子嫡裔,奏称质粹原系支派借袭,有私约可证。礼部移文都察院转行抚按衙门查审,曾嵩如有子孙,明白开报,合其世袭。若果嵩后无人,方许曾衮承袭。江西御史温儒宦查勘之后,将结果上报礼部,略谓:"曾嵩仍不愿北迁,欲让弟曾衮。断以立嫡之义,要将曾嵩长子曾枢起送袭职。"对此结果,吏科给事中李盛春、都给事中刘不息、山东道御史刘光国先后上疏参劾曾衮冒袭五经博士,请下旨命礼部再议,将曾衮削夺官爵,仍命曾质粹子孙承袭博士,以期永杜争端。

对曾衮自称曾子嫡裔理应袭封之语,刘光国指出:世宗嘉靖皇帝下诏遍求天下以继宗祧之时,"止以得人为幸,固无择于嫡与支也",假若曾衮真的是曾子嫡裔,则当追念远祖,先曾质粹而来,乃云"不愿北徙",兄弟一词,是忘本始矣。"即使其为真嫡也,而义亦非嫡矣。前此则惮迁,今日则争袭,衮亦非欲为曾子后也,为世官也。"②刘不息也说,曾嵩、曾衮"果曾氏之嫡也,何为不愿北耶? 嵩、衮而果不欲北也,则于君命、祖茔若秦越相视,邈不关心,而伦理恩义咸泯绝矣……坐视质粹未命之前,而眇浩荡之鸿恩;攘夺于质粹既没之后,而违已成之明命,若衮者,诚奸巧之尤,而欺罔之甚者矣"③。

对其指责曾质粹为支派借袭,依据所谓的"质粹以昔年族众推往山东追访坟庙袭职,一代之后,仍归嵩、衮嫡派子孙"私约,提议曾嵩之子曾枢承袭之事,刘光国质疑礼部不遵成命而据私约,曲徇私情,令人疑惑。退一步说,即使私约可信,也必两词具案,然后方可。现在仅凭江西结勘,而山东竟无只字,参详始末,"通属悖谬,衮之贪缘捏舞,益可见矣……质粹未膺爵之先,岂惟嵩、衮得与? 凡为曾氏之裔者,皆可得也。质粹既膺爵之后,受

---

① 《山东等道掌道事湖广道监察御史刘光国等参劾冒袭疏》,吕兆祥:《宗圣志》卷九《艺文志》,第364 页。

② 《山东等道掌道事湖广道监察御史刘光国等参劾冒袭疏》,吕兆祥:《宗圣志》卷九《艺文志》,第363—364 页。

③ 《吏科等科都给事中等官刘不息等参劾冒袭疏》,吕兆祥:《宗圣志》卷九《艺文志》,第360—361 页。

之朝廷,传之后裔,质粹之所有,嵩、衮恶得而夺之?"①李盛春指出,如果曾质粹以支派冒袭,"当于其存日告争",为什么非要等到曾质粹去世之后才争袭封之事?何况曾氏系出山东、江西,"必当取两省勘结,二氏合族情词,乃为无弊",但是曾衮却"奏行江西而不行山东,专取亲属保结而不同质粹一支对理,则偏徇之情难凭,朦胧之弊莫掩"②。刘不息也说:"继、衮之是非不待辨,而继祖之子与嵩之子,其承袭亦不必辨……曾衮既革而以嵩子承之,是衮之奸不幸而不得行于身,犹幸而得行子侄,何异于垄断之登而扬州之鹤耶?其于世庙明旨,均为背矣。"③最后,经吏部会同礼部查勘,并据曾庙亲族里邻人等相同具结,确认曾承业实系曾子六十一代孙曾继祖之子,并无诈伪情弊,曾氏之嗣当属承业。随后礼部奏请朝廷,褫夺曾衮冒袭官职,勒令其返回原籍,翰林院五经博士由曾继祖之子曾承业世袭。但曾承业年仅十三岁,身体孱弱,故先入四氏学学习,等到十六岁再起送承袭。万历五年(1577)八月二十三日,曾承业正式袭封翰林院五经博士,主奉祀事。

因旷袭日久,庙祀多荒,曾承业袭封之后,便于万历七年(1579)奏请重修曾子庙,扩大旧制。万历十七年(1589)又疏请补拨曾氏祭田。此外,还兴建大学书院,创修《宗圣志》,自辑《曾子全书》三卷。曾承业主持宗圣祭祀五十余年,可谓百废俱举。

曾承业去世之后,其子曾弘毅于崇祯元年(1628)承袭五经博士。但曾弘毅袭封之后,又发生了一起争袭事件。

崇祯五年(1632),浙江绍兴府会稽县生员曾益托名曾巩之后,自称其祖曾南明为曾子嫡裔,上奏朝廷称"象贤嫡裔宜清",意图争袭。自嘉靖十八年(1539)曾质粹封翰林院五经博士至崇祯元年(1628)曾弘毅袭封,已历经曾质粹、曾昊、曾继祖、曾承业、曾弘毅五世。至崇祯五年(1632)曾益上疏争袭,曾弘毅一派袭封五经博士已近百年之久。在宗圣曾子裔嗣久定之时,忽起争端,再加上有曾衮冒袭于前,又经科道纠驳改正之例,礼部认为

---

① 《山东等道掌道事湖广道监察御史刘光国等参劾冒袭疏》,吕兆祥:《宗圣志》卷九《艺文志》,第365页。
② 《吏科给事中李盛春参劾冒袭疏》,吕兆祥:《宗圣志》卷九《艺文志》,第359页。
③ 《吏科等科都给事中等官刘不息等参劾冒袭疏》,吕兆祥:《宗圣志》卷九《艺文志》,第362页。

曾益此举“于例有碍”，故而“立案不行”。宗圣六十三代孙世袭翰林院五经博士曾弘毅认为，曾益“虽经参寝，尚未除根，终留他日起争之地”，所以累次上疏，陈明“臣祖质粹为受封之始祖，臣为主祀之嫡孙”，指斥曾益欺罔奸伪，鬼蜮百端，“意欲冒充嫡派”，请求朝廷“正先贤荫袭，以惩奸悻，以明公道”，永杜后争，以确保“奸谋不生，而宗祀不致紊乱”①。礼部遂请浙江地方查勘，曾益所言曾子嫡裔一事是否属实。浙江回文称：“史传谱牒墓文，亦似有据。然能知南明为巩、忞之孙，不能定为宗圣之裔”，并称“南明不早辩证，觉有可疑矣”。② 浙江答复模棱两可，一方面说“亦似有据”，另一方面又说“觉有可疑”，令人难以信从。因浙文含糊，而曾益也争之愈烈，竟至“咆哮部堂，凌侮司官”，礼部复令山东、江西两省彻底清查。

山东、江西两省地方官员经过详细勘核，将稽查结论上报礼部，以决疑情。山东巡抚都院朱大典会同巡按御史王邦柱等上奏称，曾质粹应征北徙，袭爵奉祀，业有岁年，曾益之祖曾南明如果确是曾子嫡系，“乃不争于质粹应诏之初，又不争于曾衮争夺之候”，时至今日，历世已五，历年且百，突然间有此举动，不是很令人奇怪的事情吗？他指出，曾子后裔之封爵问题如不能得到公平解决，必会导致绅士氓庶，纷然交斗。对于浙江方面的闪烁其词，朱大典也持理解的态度，他说“宦越者在越言越，述其史传谱乘，似凿凿可据；而宦东者在东言东，何能敚此予彼？”③因此，他建议礼部依据事实，斟酌裁断。但山东兖州府及嘉祥县等处勘结回文则称曾质粹为曾子嫡派，据实受爵，严词斥责曾益“敢起奸心，妄冀染指，视世爵为奇货，藐国典若弁髦”，为名教不容，王法不赦。更有衍圣公孔胤植、复圣后裔颜光鲁、亚圣后裔孟闻玉等公结曾弘毅确为宗圣六十三代嫡孙，并无冒滥。既然曾弘毅以圣脉嫡裔承袭祖职，膺爵奉祀，“似难以一时之争喙，而更张五世之的据”。④

曾质粹迁出之地江西永丰县知县陆运昌，追述当年嘉靖皇帝诏访曾子后

① 《曾弘毅奏为诈冒欺争抗违明旨恳恩干断究勘正法以彰国宪以隆皇恩事》，吕兆祥：《宗圣志》卷九《艺文志》，第368—372页。
② 《礼部题覆书》，吕兆祥：《宗圣志》卷九《艺文志》，第380页。
③ 《山东勘结回文》，吕兆祥：《宗圣志》卷九《艺文志》，第376—377页。
④ 《山东勘结回文》，吕兆祥：《宗圣志》卷九《艺文志》，第374—375页。

裔之事,"内而部科,外而院司守令,勘结其奏,始授以爵,杜诈冒也",而当日曾氏袭封"经几许勘核,不为不详;五年授职,不为不郑重;非其种者,锄而去之,不为不明确;禀成在昔,缵绍迄今,不为不长久",既然"久远之谱系可稽",近日之明纶自当坚守不移。① 江西布政使司左布政使朱之臣也说:"追贤锡爵,乃国朝崇道之重典,非其种者,安敢冒援?"他认为,曾弘毅是武城曾子之后,"考诸文献传谱,世系昭然",而"曾益以会稽生员,觊觎同姓,冒争妄认,指鹿为马,谁其信之!"江西巡抚都院解学龙会同巡按御史李宗著上奏称,应对冒籍争袭的行为予以严惩:"五经博士曾弘毅,考之世系,委系先贤嫡派。当日诏访天下,勘结犁然。若曾益果为嗣嫡,何以不鸣于诏访中外之时,而争于五世久荫之后? 则其旁引杂证,冒籍显然。尚应严惩,以警其后。"②

因宗圣祀典,关系匪轻,礼部对宗圣后裔谱系及曾质粹应诏主祀的来龙去脉作了详细了解,礼部尚书黄士俊、侍郎陈子壮、仪制司郎中吴之屏在《礼部题覆书》中对曾弘毅、曾益之派别,嘉靖年间诏访曾子后裔等情况作了如下说明:

> 宗圣后裔,世居东鲁之武城。至十五世孙曾据者,避新莽之乱,自武城徙豫章,则曾弘毅之派也。又数十世,而有曾巩之孙曾忠,自豫章宦越,流寓会稽,则曾益之派也。往者恭遇世宗肃皇帝崇儒重道,特诏访求,于是山东以曾守仁应③,江西以曾质粹应,浙江以曾南明应。当

---

① 《江西勘结回文》,吕兆祥:《宗圣志》卷九《艺文志》,第378页。
② 《江西勘结回文》,吕兆祥:《宗圣志》卷九《艺文志》,第379页。
③ 曾守仁为曾氏后裔,居鲁,应当是嘉靖十二年(1533)诏访曾氏后裔时所得之人。曾益疏中称曾质粹"初与曾守仁争袭,许祀田均分,袭后背约"。此语为曾弘毅所驳斥。详见《曾弘毅奏为诈冒欺争抗违明旨恳恩干断究勘正法以彰国宪以隆皇恩事》,吕兆祥:《宗圣志》卷九《艺文志》,第368页。但《明世宗实录》却有关于曾质粹与曾守仁争执之事的记录,《明实录》云:嘉靖帝下诏访求曾子嫡派子孙时,"兖州府嘉祥县曾守仁与江西吉安府永丰县曾质粹各以谱至,质粹虑守仁争袭,乃与其父积庆约:袭官后以所赐供祠田产均分。十八年(1539),质粹授五经博士,居积庆所,遂背约。凡所领房值赐地,绝不分给二人者,遂交恶,讦诉不已。有司以赐地量分守仁,质粹复诬奏守仁夺赐地事"。经巡按御史刘瑶核勘,认为"质粹言多诬,并得其伪冒狡狯状",嘉靖二十八年(1549)六月,下诏将五经博士曾质粹下按臣逮问。见《明世宗肃皇帝实录》卷三百四十九,嘉靖二十八年(1549)六月。此事之经过,《明史》、吕兆祥《宗圣志》、王定安《宗圣志》等史志均未见记载。立约之事之有无,限于史料,难以详索。

日庙堂之上，几经咨勘，几经参详，乃始舍南明、守仁，而独以质粹主祀。[1]

黄士俊等认为曾质粹主祀为朝廷所确认，确有凭据，应当"永为信从"。而在当时定议之时，曾守仁相安无言，同在访求之列的曾南明也仅仅是上疏请求旌表其祖曾志忠节，并未提及宗圣主祀之事。而详勘山东、江西两省就此事的调查文书，都认为曾弘毅的确为宗圣嫡裔，且曾衮冒承之事，已为科臣李盛春、刘不息及台臣刘光国等纠劾，有前例在先。时至今日，南明之孙曾益忽与曾质粹之孙曾弘毅争此世爵，互相诋攻，虽然曾子宗支难以远溯，但"虚心而断之，以理则划然不可移易耳"。况且，曾质粹奉命授五经博士世袭，皆为曾嵩、曾衮、南明、守仁等人所共知共遵。礼部综合浙江、山东、江西三省意见，认为曾益争袭于理有三不可："南明不敢争于同应访求之初，曾益争之于后，而谓于理可乎？曾衮不能争于质粹方故之日，曾益争之于今，而谓于理可乎？至查三省抚按回文……曾益欲以祖巩、志者，即以世爵嗣宗圣，而谓于理又可乎？"既然曾益争袭于理不可，曾质粹之孙曾弘毅又"世承爵秩，主宗圣祀"，自然是"理无容更"。但曾益之先祖曾巩为宋代大儒，曾志又阖门死节，均符合祀典，故礼部请旨"给以衣巾，俾世祀巩、志家庙，用继南明当年疏乞表扬之志"。[2]

崇祯八年（1635）九月，崇祯帝下旨称"曾弘毅既系宗圣嫡派，曾益何得纷争冒陈，姑不究"[3]，曾氏后裔袭封之事最终尘埃落定。

曾弘毅之后，曾氏世袭翰林院五经博士。其承袭详情如下：

曾子六十四代孙曾闻达，曾弘毅长子，字象舆，崇祯十四年（1641）八月袭翰博。

清朝定鼎中原之后，山东巡抚方大猷向摄政王多尔衮和顺治帝上呈《恭陈平定山东十二要策》，疏言开国之初，首宜尊崇先圣，其中谈到优礼圣裔的问题。奏疏说：

---

[1]《礼部题覆书》，吕兆祥：《宗圣志》卷九《艺文志》，第380页。
[2] 以上见《礼部题覆书》，吕兆祥：《宗圣志》卷九《艺文志》，第380—381页。
[3]《礼部题覆书》，吕兆祥：《宗圣志》卷九《艺文志》，第381页。

先圣孔子为万世道统之宗。本朝开国之初，一切纲常培植于此，礼应敕官崇祀，复衍圣公并四氏学博等之封，可卜国脉灵长，人文蔚起。……古来启运之主，尽有崇祀之文，礼宜先施。①

经清廷议准，孔、颜、曾、孟四氏照旧袭封，一切优崇之典"悉照前朝旧制相沿"。顺治元年（1644），授曾子六十四代孙曾闻达为翰林院五经博士，正八品，掌奉先世曾子祀事。② 顺治三年（1646），改授曾闻达为内翰林国史院五经博士。十四年（1657）又改隶翰林院，如旧制。曾闻达承袭翰博，主鬯二十八年。

六十五代孙曾贞豫，曾闻达长子，字麟野（一说字和庵，号麟野），康熙七年（1668）三月袭翰林院五经博士③，主鬯二十三年。

六十六代孙曾尚溶，曾贞豫长子，字汇伯，康熙二十九年（1690）十二月袭翰博，主鬯四十年。长子曾衍模，未娶早卒。依承袭之例，无嫡长子，则以嫡次子承袭。故衍圣公专咨吏部，由曾尚溶次子曾衍榑袭封。

六十七代孙曾衍榑，曾尚溶次子，字雍若，雍正八年（1730）袭翰博，主鬯九年。

六十八代孙曾兴烈，曾衍榑之子，字起祚，乾隆四年（1739）五月袭翰博，主鬯二十二年。

六十九代孙曾毓墫，曾兴烈之子，字注瀛，乾隆二十六年（1761）袭翰博，主鬯近五十年。

七十代孙曾传镇，曾毓墫长子，字巨山，嘉庆元年（1796）袭翰博。

七十一代孙曾纪琏，曾传镇之子，字仲鲁，袭翰博（袭封年代失载）。据《宗圣志》记载，曾纪琏袭封之后，因事革职，不准其后裔承袭。曾氏族人共

---

① 《孔府档案》卷七十九之三，见《曲阜孔府档案史料选编》第3编第3册，齐鲁书社，1981年，第1页。
② 《清史稿》卷一百十五《职官志》，中华书局，1977年，第3321—3322页。
③ 吕兆祥：《宗圣志》卷四《世系》，第210页。另据《孔府档案》记载，曾贞豫在康熙九年九月《咨行河督鲁抚优免孔颜曾孟四裔地亩摊派河工帮贴一应杂差》中自称"内弘文院世袭五经博士"，可知康熙初年曾氏世袭五经博士由翰林院一度改隶内弘文院。见《孔府档案》卷一千四百五十之七，《曲阜孔府档案史料选编》，第3编第2册，第186页。

推曾传镇仲弟曾传锡之子曾纪瑚主祀,道光四年(1824)经衍圣公会同礼部奏准,曾纪瑚承袭翰林院五经博士。

七十二代孙曾广芳,曾纪瑚长子,字汝陟,应承袭翰博。早卒,以弟广莆长子曾昭嗣入继为后。曾广芳去世后,曾氏翰博悬袭数十年。因曾广莆是曾昭嗣本生父,曾氏族人呈请衍圣公批准,由曾广莆暂代翰博之任。

七十三代孙曾昭嗣,曾广芳继子,字纂庭。未及承袭,卒。曾氏翰博又悬袭数十年。

七十四代孙曾宪祏,曾昭嗣之子,字奉远(又字石斋),光绪十三年(1887)袭翰博。曾宪祏承袭后,因案革职,经礼部批准,由其子庆源接袭。但因庆源尚未满周岁,曾氏族人仍推曾宪祏摄理祀事。

七十五代孙曾倩源(原名庆源,因庆字同三十七代祖讳,故以倩字代),字养泉,例袭翰博。

1911 年,清朝灭亡,中国的皇权专制统治走向历史的终点,但衍圣公仍保留了世袭的爵号。民国二年(1913)二月,袁世凯发布大总统令,"所有衍圣公暨配祀贤哲后裔,膺受前代荣典,均仍照旧",并颁发给衍圣公一等大绥宝光嘉禾章。民国三年(1914)二月二十一日颁布了《崇圣典例》,此《典例》经民国三年(1914)四月二十七日,四年(1915)一月十九日两次修正,共有七章十八条。《典例》除承认了衍圣公在清代的全部特权外,还规定了给衍圣公以专门的俸禄。1935 年,国民政府下令废除孔氏衍圣公及颜、曾、孟三氏"世袭五经博士"封号,委任"奉祀官"。《续修曲阜县志》记载:"二十四年(1935)乙亥一月,国府十八日令:一、兹以孔子嫡系裔孙为大成至圣先师奉祀官,以特任官待遇。二、兹以颜子嫡系裔孙为复圣奉祀官,以曾子嫡系裔孙为宗圣奉祀官,以孟子嫡系裔孙为亚圣奉祀官,均以简任官待遇。"根据这一规定,曾子七十六代孙曾繁山被委任为宗圣奉祀官。当年,孔、颜、曾、孟四氏奉祀官专程到南京参加就职典礼。至此,曾氏"世袭翰林院五经博士"历经三百九十六年,正式宣告终结。

二、赐祭田户役

宋大中祥符元年(1008),宋真宗到曲阜拜谒孔庙,命赐祭田一百顷,供孔庙祭祀之用,肇启钦赐圣裔家族祭田的先例。元朝元统二年(1334),改封颜子考妣,割益都邹县牧地三十顷,征其岁入,以给常祀。① 而曾氏后裔一直到明代嘉靖年间,始有祭田。

曾质粹于嘉靖十八年(1539)授翰林院五经博士,承主宗圣祀事。四月,嘉靖帝就下旨命都察院与山东巡抚、巡按急将"护坟、供祀田土、住第等项事情逐一议处停当,不许迟慢"②。经翰林院五经博士曾质粹奏准,朝廷仍照颜孟事例,赐田六十顷,其中庙田五十顷,以供庙祭;墓田十顷,以供墓祭。庙田当时查出四十四顷,在郓城县境内。墓田十顷,全部在嘉祥县境内。庙户十四户,其中嘉祥四户,济宁三户,汶上一户,邹县四户,郓城二户,免除差徭,专事林庙洒扫护卫。

曾质粹病故之后,其孙曾继祖因眼疾未袭,而其曾孙曾承业年幼,也没有及时办理袭封事宜,祭田庙户疏于管理,以至于嘉祥县地方的祭田几乎荒芜,嘉祥县令便招官民承种纳粮,郓城县地方的祭田则被隐占盗卖,而庙户也散归各州县,应当民差。所以,到万历初年,曾承业袭封翰林院五经博士的时候,嘉靖年间原拨祭田已经被军民人等侵没无遗。曾承业迫于无奈不得不上疏请求照例补给祭田、佃户,曾承业说:

> 臣祖曾子其有功于圣门,既与颜孟相同……二氏子孙久蒙厚典,臣尚未沾实惠。且春秋二祀,殊乏笾豆簠簋之品,老稚数口,实鲜兼辰荐岁之需。③

从曾承业的奏疏来看,曾庙祀品之供给及曾翰博府日常支出确实捉襟见肘,难以维持。朝廷接到曾承业的奏疏之后,十分重视,但因年远荒废,已无从追查,而且明朝在万历六年到九年间,已在全国清丈田亩,版籍大定之余,更难给予曾氏新增祭田。所以,户部请求朝廷先行令山东抚按衙门等清查颜孟二氏原给祭田、户数,再商讨依例补给曾氏祭田、庙户之事。

---

① 《元史》卷七十七《祭祀六》,第 1920 页。
② 《除授曾质粹五经博士札付》,曾国荃重修,王定安辑:《宗圣志》卷十二《荫袭》,第 526 页。
③ 《曾承业请祭田疏》,曾国荃重修,王定安辑:《宗圣志》卷十三《祭田》,第 573 页。

经山东兖州府查勘,曲阜县世袭博士颜胤祚庙佃户四十六户,祭田五十顷。邹县博士孟彦璞旧有佃户四十六户,现存三十九户,祭田五十顷。故比照颜孟二氏例,丈量出祭田五十顷,拨给曾庙,暂供祀用,应纳钱粮,准予豁免。又赐给林庙佃户二十四户,其中嘉祥县四户,济宁州四户,汶上县六户,郓城县五户,邹县五户。万历十九年(1591),经户部审议,决定将郓城县地方开荒闲地再给五顷,等日后审编之日再给庙户十九户。

明天启三年(1623),经工部尚书姚思仁题准,增拨嘉祥县南旺湖水田三十中顷,以供曾子庙祀。又经山东巡抚题准,拨白莲教产五顷补祭田,再拨一顷六十亩以修官廨。山东抚院王准于天启五年(1625)拨汶上县张栋等五户,东平州李学耕等四户,作为洒扫庙户赴曾庙供祀。崇祯八年(1635),宗子博士曾宏毅又具呈省抚、礼部,准拨汶上县附近八户供曾庙洒扫。至明末,共四次拨给曾庙洒扫庙户,计有汶上县十七户,济宁州六户,郓城五户,邹县四户,嘉祥四户。以上每户六七十丁至一二十丁不等。

入清以来,沿袭旧例。但日久弊生,一些地方官员为了中饱私囊,肆意混乱庙户。清顺治二年(1645),汶上县知县边惟明将三次拨给曾氏的庙户共十九户三百七十余人,尽入汶上民籍,派征丁粮,夹归私囊。在边惟明因贪腐被参劾离任后,宗子博士曾闻达向兖州府陈明详情,才将庙户拨归曾氏,仍供庙祀。除了地方官员以强权侵扰外,一些地方豪强也借机窃夺。顺治九年(1652),汶上县恶民孙学孟借清地编丁之机,又将钦拨庙户王化蛟等十九户三百七十余人暗编民籍,狼贪鲸吞。曾闻达遂将孙学孟假冒公直之名,希图诈骗之事上呈抚院。经兖州府确查,孙学孟戕害祀典、紊乱版籍之事属实,法应重治,但因孙学孟已死,故免穷究,原拨庙户仍归曾庙供祀。

为避免豪民妄生觊觎之心或恃强抢占,翰博曾衍榑又于乾隆三年(1738)、乾隆五年(1740)两次呈请,将祭田等处注明界址,载入郡邑志,以垂永久。同治五年(1866),曾国藩驻师济宁,特到嘉祥拜谒始祖宗圣庙,并出俸银千两,增置祭田二顷有余。同治十三年(1874),代翰博曾广莆呈请河东河道总督,将南旺湖被淹祭田抵换调于湖荒段落,计四段三十中顷,并咨请户部查明议复,令其"世守管业,以隆祀典"。

　　除庙户外,另有礼生及奉祀生负责曾庙、曾墓的具体事务及祭祀仪礼。
所谓礼生就是在曾子祭祀活动中负责礼仪方面的生员,又分为"赞礼生"和
"爵帛生"。礼生在祭祀时担任赞礼,爵帛生则在祭祀时捧献爵帛。由于礼
生在曾庙执役,所以享有优免差徭的特权。曾庙礼生之设,最早的记载是
在明嘉靖二十二年(1543),曾质粹以"有庙则有田,有田则有祭,有祭则有
礼生"为由,上请于礼部,礼部依议在嘉祥附近州县"令民间俊秀子弟娴礼
度者充是选,得若干人"[1]。宗子博士曾承业再于万历十九年(1591)奏请:
"准照颜孟二庙事例额,设礼生六十名,于民间选俊秀子弟,除去民徭,在庙
执事。"[2]从此,曾庙礼生始有定额。

　　奉祀生主要负责嘉祥曾子庙墓以及其他地方曾氏族人设立的宗圣祠
等祭祀活动中的具体事务。奉祀生从曾氏后裔中选拔,经礼部审查注册,
给以衣巾奉祀。清雍正四年(1726),有奉祀生十八名。乾隆年间,陆续增
置,设奉祀生二十四名:曾子专庙一人,东西两庑各一人,寝殿一人;先贤正
殿一人,东西两庑各一人,寝殿一人;三省堂二人;在城书院正殿二人,东西
庑各一人;三省亭一人,影堂二人,耘瓜堂一人,济宁祠一人,滕县祠一人,
费县祠一人,城武祠一人,郯城祠二人。曾子六十八代孙世袭翰博曾兴烈
又请求增加奉祀生九名,其中郓城祠二人,临朐祠二人,江西永丰县木塘祠
二人,河南上蔡祠一人,江南怀宁祠、舒城祠各一人。六十九代孙翰博曾毓
墫又请增设六名,宗圣墓、先贤曾氏祠各一人,先儒曾元、曾申、曾华各一
人,聊城祠一人。奉祀生合计四十一名。

　　奉祀生的充补,朝廷有明确规定。乾隆三十一年(1766),礼部奏准:
山东一省奉祀生缺出,仍令衍圣公会同山东巡抚、学政咨部充补,而江西、
浙江等六省奉祀生则令该省学政会同督抚详选嫡裔顶补。乾隆三十五年
(1770),礼部又规定奉祀生不许隔省充补。这样,江西、安徽、河南等省奉
祀生五名,改归当地管理,山东省内奉祀生仍由曾氏翰博申送衍圣公咨部

①《庞经曾庙礼生题名碑记》,曾国荃重修,王定安辑:《宗圣志》卷十二《荫袭》,第550—551页。
② 吕兆祥:《宗圣志》卷六,第334页。按,曾庙设礼生的时间,王定安《宗圣志》亦系于万历十九年
(1591),但吕氏《宗圣志》卷五又记为万历十七年(1589)。此事《明史》、《明实录》均不见记载,
未知孰是,暂取万历十九年(1591)说。

领照。自此,嘉祥县境内奉祀生二十四名,外州县祠十二名,共有三十六名。

三、临雍陪祀

明清尊孔,注重释奠之礼,将尊师重道视之为教化之本。明清皇帝释奠孔子,一般都是在国子监或太学举行。自汉明帝起,有皇帝亲到太学讲学之礼。明代在国子监设御座于彝伦堂。清沿明制,均诣国子监视学,释奠孔子,并在彝伦堂讲书,称之为“视学之礼”,此时祭祀孔子的礼仪被称为“视学释奠”。乾隆四十九年(1784),在国子监集贤门内建成辟雍,此后皇帝亲诣国子监讲学均在辟雍,“视学之礼”改称为“临雍之礼”,“视学释奠”也随之改称“临雍释奠”。明清临雍视学礼极崇,皇帝每临雍,先期派官员行取衍圣公与孔、颜、曾、孟四氏五经博士及各先贤族裔赴京观礼,由礼部设宴款待,并予以各种赏赐。曾氏后裔能够参加封建帝王临雍释奠大典,不啻为莫大的荣幸。

曾氏翰博陪祀皇帝释奠孔子,始于明熹宗时期。天启四年(1624),熹宗视学,释奠先师,特遣中书舍人杨中极行取翰林院五经博士曾承业陪祀。但因熹宗患鼻衄,视学大典改期举行,仍依例赐祭服四套、中单朝裙、玎珰锦绶、木笏、金冠、蔽膝、祖缘忠孝带、云履、夹袜革带等,宴于礼部,以礼遣归。此后,曾氏翰博多次赴京陪祀:

崇祯二年(1629)正月,崇祯帝视学,释奠先师,遣中书舍人梁招孟行取四氏博士族人陪祀。翰林院五经博士曾弘毅率生员曾承祐、族人曾继荣赴召,赐冠带、宫锦、袭衣,宴于礼部。

崇祯十四年(1641)八月,崇祯帝驾幸太学,遣中书舍人鲁近暹行取四氏博士赴京陪祀。但上年十一月曾弘毅因偶感寒疾病故,为不耽误临雍大典,衍圣公孔胤植便从速向吏部请示,准许曾弘毅之子曾闻达“先袭职而后守制”,吏部随即依例题授曾子六十四代孙曾闻达为翰林院五经博士,入京陪祀。

清朝时期,曾氏家族等圣裔家族与封建朝廷之间的关系进一步加强。早在清军入关之前,皇太极就曾遣官致祭孔子庙,崇德五年(1640)又定春秋二丁行释奠礼。顺治元年（1644）九月，清军"定山东"。十月，清廷就颁发了优礼圣裔的圣旨。次年，又定每月初一日圣庙行释菜礼，设酒、芹、枣、栗，祭酒于先师位及曾子位前，行三献礼。如上种种，表明清朝统治者已经认识到崇儒重道对于建立稳定统治的重要性。在清帝释奠孔子的典礼上，也总是可见曾氏后裔的身影。

顺治九年（1652）九月，清帝首次驾幸太学，举行视学释奠礼。遣行人司张九徵行取宗圣六十四代孙、内翰林国史院五经博士曾闻达及族人生员曾闻道、奉祀生曾弘仕赴京陪祀，赐六云缎衣一袭，族人各缎衣一套，宴于礼部。

康熙八年四月，幸太学，遣行人司陈调元行取宗圣六十五代孙、翰林院五经博士曾贞豫，族人奉祀生曾闻迪、生员曾闻进，赴京陪祀，赐六云缎衣一袭，族人各赐六云缎衣一套，准贡生入国子监，宴于礼部。

雍正二年（1724），世宗认为"帝王临雍大典，所以尊师重道，为教化之本。朕览史册所载，多称幸学。而近日奏章仪注，相沿未改。此臣下尊君之词，朕心有所未安"①。嗣后，清代奏章仪注，均将"幸"字改为"诣"字，以表达对先师孔子的崇敬。雍正八年（1730）三月，世宗诣太学释奠，遣官行取衍圣公及曾氏博士族人赴京。礼毕，召见衍圣公及各博士，宴请赏赐依旧例。

乾隆三年（1738），清高宗亲临太学，先期诏取衍圣公率曾氏博士族人陪祀观礼，荷宴赐如例。

嘉庆三年（1798）二月，清仁宗临雍释奠，诏取衍圣公及曾氏博士族人赴京陪祀观礼。嘉祥承袭五经博士曾传镇率恩监生曾传锡、附生曾毓升及廪生曾衍伟、廪生曾克诚、监生曾毓堡，奉祀生曾兴淇、曾兴琛、曾兴泳、曾衍兰、曾传铨等八人参加。荷宴赉有差。

道光三年（1823）二月，清宣宗临雍，祭奠孔子，诏取衍圣公及曾氏博士族人赴京陪祀观礼。当时曾氏博士率附生曾继丰、曾广芬及贡生曾克诚、

---

① 《清世宗实录》卷十六，雍正二年（1724）二月辛酉，《清实录》第7册，中华书局，1985年，第277页。

廪生曾兴楷、监生曾可权，奉祀生曾兴诗、曾兴槎、曾毓哲，俊秀曾兴德、曾纪理应诏，宴请赏赐如旧例。

咸丰三年(1853)，清文宗临雍，诏取衍圣公及曾氏五经博士族人陪祀观礼。当时，曾氏应袭翰博曾广芳已去世，衍圣公与礼部商议，以曾广莆代理，率附生曾传信、曾毓芝及俊秀曾传金、曾纪瑾、曾纪顺、曾毓鉴、曾传珍、曾昭吉、曾经正、曾传升等八人入京，受宴请赏赐依旧例。

除赴京参加临雍释奠大礼外，在清帝到阙里致祭孔子之时，曾氏翰博也承蒙皇恩参与其中。

康熙二十三年(1684)十一月，康熙帝到阙里致祭先师孔子，扈从王公大臣官员照例陪祀，地方官文官知府、武官副将以上，衍圣公及孔、颜、曾、孟各氏子孙现有官职者，都陪祀。命翰林学士常书分献宗圣曾子位，各氏博士陪祀。各赐书三部，蟒袍褂一套。康熙二十八年(1689)，清圣祖御制颜、曾、思、孟四子赞，勒石摹榻，颁发直省。其《宗圣曾子赞》曰："洙泗之传，鲁以得之。一贯曰唯，圣学在慈。明德新民，止善为期。格至诚正，均平以推。至德要道，百行所基。纂承统绪，修明训辞。"[①]由此可以看出，清代皇帝对曾氏后裔的眷顾之隆盛，是史无前例的。

清朝乾隆时期，尊孔崇儒达到最高峰。自乾隆十三年(1748)起，到乾隆五十五年(1790)，乾隆帝八次到曲阜朝圣致祭，曾氏后裔参与陪祀的就有六次。如：

乾隆十三年(1748)二月，乾隆帝驾诣阙里释奠，钦取曾氏博士族人陪祀观礼。翰林院五经博士曾兴烈率族人曾衍榶、曾应榶应诏。礼成，被乾隆帝召入行宫，赐座茶宴之后，并观赏御乐。又于诗礼堂颁赐《日知荟说》、《朱子全书》、《唐宋文醇》各一部。

此后，乾隆二十一年(1756)、三十六年(1771)、四十一年(1776)、四十九年(1784)、五十五年(1790)诣阙里释奠的时候，都诏取曾氏博士族人陪祀观礼，并给予赏赐。

---

① 曾国荃重修，王定安辑：《宗圣志》卷十八《赞颂》，第774—775页。

四、优学优试

自隋炀帝始设进士科,创立科举制度以来,一直到明清,科举考试都是选拔人才、铨选官员的主要途径。上至太学,下至州县学,都担负着为国家"养士"之责。为优崇圣贤后裔,宋代始设庙学,后改称"四氏学",招收孔、颜、曾、孟四氏子弟入学。四氏学生员除参加科考之外,还享有岁贡、恩贡的优遇。

宋大中祥符二年(1009),诏就孔庙之侧建学名"庙学",专供孔氏子孙入学受读,也称孔氏家学。宋哲宗元祐元年(1086)开始,置庙学教授。元中统三年(1262)诏立曲阜庙学,仁宗延祐年间,又增加颜、孟二氏子孙受业。为使孔、颜、孟三氏子弟学业有成,元代王恽曾上疏请求选三氏学生送国子监读书,他说"国朝尊师重道,德及后裔,其孔、颜、孟子孙。故往者特设教官使之养育,比年以来,不闻有一人有学业闻望者。虽亲炙祖庭,其渊源闻见,终是寡陋。今后有无选三家德性颇明俊者,使入京师国学读书,令学士等官教育,庶几有成"①,未果。明朝崇文教,洪武二年(1369),始定学名,为孔、颜、孟三氏子孙教授,设教授一员,学录一员。学录本为国子监所设之教职,府、州、县学设教谕,不设学录。《阙里志》载:"天下学官皆用教谕,独四氏学用学录者,盖以比隆国学,亦以圣贤之孙不与他学同也。"而教授、学录之任用,衍圣公也有决定权。史载:"教授一员用异姓,学录一员以圣裔任,俱听衍圣公保举咨部铨除。"②各生入学习礼,并无生员之名,一般以"儒士"身份应试京闱或由府学应试。后随着学徒日盛,正统九年(1444),衍圣公孔彦缙奏请准许三氏学学生参加山东乡试。成化改元,应衍圣公孔弘绪之请,朝廷颁给"三氏学"官印,改名曰"三氏学"。并命每三年选有学行者一人贡入太学,首开岁贡之例,"其优待先圣、先贤之后,良法美意至是无以加矣"③。嘉靖十年(1531)照州学例,设廪、增各三十名;岁贡亦照州学,四年贡三人。其后,孔、颜、孟三氏学按年充贡之法,间有增减。

---

① 《王恽请教孔颜孟子孙事状》,陈镐:《阙里志》卷二十二,第1251页。
② 陈镐:《阙里志》卷八,第366页。
③ 《大学士刘健三氏学记》,于慎行:《兖州府志》卷四十二《艺文志四》。

岁贡始设之时,必考学行端正、文理优长者以充之。其后,但取食廪年深之生员。三氏学生员虽然都是圣贤后裔,享有免差特权,但家庭贫穷的人也很多。礼部仪制郎中葛守礼向朝廷请求,照其他郡邑州府县学廪膳生员事例,由兖州府通融处给三氏学生员廪米,以助养赡①。此后,三氏学中的贫穷子弟得以无衣食之忧,安心就学。

曾质粹北归嘉祥之后,对曾氏子孙入学习礼之事极为看重,嘉靖二十八年(1549)九月就奏请朝廷,希望"将子孙与三氏子孙均沾教化,改为四氏儒学",朝廷遂命令礼部行文查勘,"曾氏子孙见有若干,有无堪以作养"。②但因为曾氏初还故里,子孙稀少,繁衍未多,所以此事就暂时搁置下来。直到万历二年(1574),待袭翰博、年方十三岁的曾承业才作为曾氏第一位入学者入三氏学读书。万历十五年(1587),山东抚按李戴奏称:"国家设立三氏学,优崇圣贤后裔,亦以胥教诲而育才俊也。但止及孔、颜、孟,而不及曾氏者,缘曾氏子孙流寓江西,至嘉靖年间奉钦依世袭博士,始复还山东依守坟庙。今虽子孙微弱,尚未藩衍,但今系先贤之后,教养作兴,委不可独缺。"③经朝廷议准,以后曾氏子孙如果读书向方,勘以培养者,俱许送入,其考选应试、廪增起贡,皆照三氏例施行。因此,自万历十六年(1588)起,又增入嘉祥曾氏,改名"四氏学"。设四氏教授一员,训课四氏生徒。

四氏子弟在乡试中享有特别优厚的待遇,明天启元年(1621),礼部议准在乡试科考时,将孔氏后裔另编"耳"字号。填榜之时如无孔氏中式,则于该耳字号卷内择文理稍优者中式一名,加于东省原额之外。自辛酉科开始,后历五科,孔氏后裔每科都中式二名。顺治十四年(1657),又规定"将原旧二名仍归四氏学,不拘孔氏,亦不拘颜、曾、孟三氏",以后历科都是孔氏额中一人,孔、颜、曾、孟四氏取佳卷者中一人。④雍正二年(1724)又规定,每科乡试,取中三名,先孔氏而后及于三氏。此后,四氏学每科考中的

---

① 《葛守礼奏三氏学廪米》,觉罗普尔泰修、陈顾联纂:乾隆《兖州府志》卷二十五,第520页。
② 《作养曾氏子孙》,林尧俞:《礼部志稿》卷九十四,《四库全书》第598册,第7029页。
③ 《请改四氏学疏》,吕兆祥:《宗圣志》卷十二《荫袭》,第545页。
④ 徐振贵、孔祥林:《孔尚任新阙里志校注》卷十二《学校志》,第299页。

举人,都在三名以上。另外,在清代乾隆时期和咸同时期两次大规模的增广学额中,四氏学都得到优遇,如乾隆十三年(1748)增广山东学额的上谕称:"国家崇儒重道,尊礼先师……念鲁国诸生素传礼教,应加恩黉序,广励人才。"①这样,就使更多的四氏子弟通过广额得以入学而获得生员的身份。

显而易见,曾氏子孙进入四氏学,为晋身仕途提供了优越的条件。不仅如此,曾子后裔还享有岁贡、恩贡等优遇。明清时期的国家最高学府是国子监,主要培养文职官员。能够在国子监就学,不仅是一种极高的待遇,也是儒生乃至宗族的荣耀。国子监的学生分为两类,一称贡生,一称监生。所谓贡生,指的是由地方州县学生员中贡入国子监者,分岁贡、恩贡、拔贡、优贡、副贡、例贡等六种。所谓监生,指不以生员身份在国子监肄业者,分恩监、荫监、优监、例监四种。岁贡,也就是按照规定的时间和定额,选拔资深廪生送国子监读书者。明嘉靖十年(1531)规定,三氏学照州学例,岁贡四年贡三人。万历三年(1575),又经提学道陈瑛会巡按御史冯嘉会题准,三氏学照府学增、廪四十名,自后岁贡亦照府学,每年贡一人,遂为定制。②清代,四氏学岁贡生定额,较明代有所增加。恩贡,指的是在国家举行庆典时,由皇帝恩诏增加贡额而进入国子监读书者。恩监,即由皇帝恩赐国子监生资格者。按照惯例,孔、颜、曾、孟四氏族人、生员临雍陪祀者,俱准送国子监读书。据陈镐《阙里志》、吕兆祥《宗圣志》、王定安《宗圣志》所载,自明天启到清咸丰年间,曾氏后裔经朝廷恩赐进入国子监者就有四十人之多:

曾承祐,字自天,曾继祖次子,曾承业之弟。明天启五年(1625)准入恩贡,授河南通许县教谕。

曾继荣,明崇祯二年(1629)准入恩贡。

曾弘仕,字峄东,曾承祐之子,奉祀生员,清顺治九年(1652)太学陪祀,准为恩贡,考授州同。

曾闻道,字心维,翰博曾弘毅第三子,四氏学生员,清顺治九年(1652)

---

① 《清高宗实录》卷三百九,乾隆十三年(1748)二月庚辰,《清实录》第13册,第54页。
② 徐振贵、孔祥林:《孔尚任新阙里志校注》卷十二《学校志》,第301页。

太学陪祀,准为恩贡,考授州同。

曾闻迪,字景舆,翰博曾弘毅次子,奉祀生员,清康熙八年(1669)太学陪祀,准贡入监。康熙二十八年(1689)任福建福宁直隶州州同。

曾闻进,字绍舆,曾弘仕之子,四氏学生员,清康熙八年(1669)太学陪祀,准贡入监。授正红旗教习。康熙二十五年(1686)任湖广云梦县知县。

曾贞震,字省庵,翰博曾闻达第三子,奉祀生员。康熙二十三年(1684),康熙帝亲临阙里致祭孔子,准为恩贡。考授州同。

曾尚溥,字广渊,翰博曾贞豫次子,奉祀生员。康熙二十三年(1684),康熙帝亲临阙里致祭孔子,准为恩贡。雍正八年(1730)任广西全州州同,升广东连平州知州。

曾尚淇,字卫滨,四氏学生员,雍正二年(1724)太学陪祀,准作恩贡,考授县丞。

曾衍枢,字紫垣,曾尚溥之子,四氏学生员,雍正二年(1724)太学陪祀,准作恩贡,考授县丞。

曾尚淳,字凝池,曾闻道之孙,四氏学生员,乾隆三年(1738)太学陪祀,准作恩贡。

曾尚谓,字映华,曾闻进之孙,四氏学生员,乾隆三年(1738)太学陪祀,准作恩贡。考充武英殿校对,选授山西大同县县丞。

曾传锡,恩监生(恩赐时间不详)。

曾传锡、曾毓升,清嘉庆三年(1798)准作恩贡。曾传锡考授直隶州州判。

曾衍伟、曾克诚,清嘉庆三年(1798)准作贡生。

曾兴淇、曾兴琛、曾兴泳、曾衍兰、曾传铨,清嘉庆三年(1798)准俱作监生。

曾继丰、曾克诚,清道光三年(1823)准作恩贡。

曾兴楷,清道光三年(1823)准作贡生。

曾兴诗、曾兴槎、曾毓哲、曾兴德、曾纪理,清道光三年(1823)准作监生。

曾传信、曾毓芝,清咸丰三年(1853)均作恩贡。

曾传金、曾纪瑾、曾纪顺、曾毓鉴、曾传珍、曾昭吉、曾经正、曾传升,清咸丰三年(1853)均作监生。

贡、监生在国子监学习期满,就可以分别就职。恩贡、岁贡生学满,咨部考试,上上卷者以通判用,上卷以知县用。凡考试未取者,咨回本籍,由学政会同巡抚等依科按名次、年份,恩贡以教谕用,岁贡以训导用。监生学满,咨部考试,分别用州同、州判、县丞、吏目。凡以恩贡、岁贡、恩监入仕者,与科甲出身者皆为"正途"出身。因此,岁贡、恩贡、恩监成为曾氏子弟在科考之外获得出身的重要阶梯。

五、差徭优免

在中国古代社会中,差徭优免是一种政治特权。为了维护统治,封建国家一方面强迫民众承担繁重的赋役差徭,另一方面又给予各级官僚豁免差徭的权力。从明清两代的"优免则例"中,我们可以看到,官员品级越高,优免的特权就越大。世袭翰林院五经博士虽然仅是正八品官员,但因为有优崇圣裔的因素在内,其优免远不在定例之限,而属于朝廷额外的"特恩"。因此,封建帝王优渥曾氏家族,不仅给予曾氏翰博及其族人免粮当差的特权,而且依附于他的钦拨庙户、佃户以及礼生等都可以得到优免差徭的待遇。

明嘉靖十八年(1539),准照颜孟二氏例授曾质粹翰林院五经博士,奉祀曾子祠墓。此后,嘉祥曾氏族人即享受一切差徭优免的待遇。

庙户、佃户是曾翰博府经济上的支柱,因此,庙户、佃户免差在整个曾翰博府的免差特权中占有非常重要的地位。所谓庙户,原来都是一些中下层自耕农,封建统治者为了优遇曾氏后裔,运用国家权力将他们赐予曾翰博府。这样,他们的承役关系就由向国家负担差徭转而变为给曾翰博服役。而佃户则是一些经济地位更为低下的贫民,这些人除了以供应"粢盛"的形式缴纳粮银外,还要负担繁重的力役,如林庙洒扫、护卫等事。曾氏之有祭田佃户,始于明嘉靖十八年(1539)授曾质粹为翰林院五经博士之时。当时,朝廷就已申明,庙户"免除差徭,专事林庙洒扫、护卫"。

曾庙礼生之设,始于明嘉靖二十二年(1543)。因为常常在庙供役,需要补贴盘缠耗费,于是也在优免差徭之列。优免礼生差徭,对于保证曾庙各项祭祀典礼的正常进行,以及巩固曾子后裔在政治上的地位,具有重要的象征意义。吕兆祥《宗圣志》载,万历年间"比照孔、颜、孟三庙旧例,遴选民间俊秀子弟六十名,除去民徭,给予衣巾,常行在庙,赞礼执事,照生员例,一体优免"[1]。

清代沿袭明代旧制,对圣贤后裔的钦拨庙、佃户、礼生的差徭优免重新加以确认。清顺治元年(1644)所下恩诏内说"圣门典例,俱应相沿,期于优渥",根据这一规定,孔、颜、曾、孟等圣贤后裔所有"在屯佃户见丁记亩,开垦荒田,专供祭祀,而有司杂差从不役焉"[2],其庙户的杂项差徭也尽行蠲免,"专供洒扫,而有司一应杂差,自不报复"[3]。可见,嘉祥曾氏等圣贤后裔在经济上、政治上的特权和礼遇,并没有因为朝代的更迭而削弱,而是历代相沿的。康熙初年,曾子六十五代孙、内弘文院世袭五经博士加一级曾贞豫就对河道总督、山东巡抚说:

> 孔、颜、曾、孟久荷历朝优崇,承袭世职,除钦赐祭田佃户不入地粮丁差外,所有续置民田并族人庙户地亩,册报该县,止输正供,豁(免民)差,盖非一代为然,更非一处为然也。[4]

所以,当绅衿不免差徭的康熙新例颁布后,嘉祥曾氏即宣称:"职等原不与绅衿同列,固不在一品以至九品之例也。……四氏世袭圣裔原非□各州县科第乡绅也,四氏豁免民差,原不同一品以至九品之粮石优免也。借曰绅衿不免系属新例,不知绅衿亦有钦赐屯地庙丁,亦有历朝恩宠,亦有部文申饬否耶?"[5]这突出反映了嘉祥曾氏不同于一般科第乡绅的特殊政治地位。

---

① 吕兆祥:《宗圣志》卷五《恩典志上》,第321页。
② 吕兆祥:《宗圣志》卷六《恩典志下》,第323页。
③ 吕兆祥:《宗圣志》卷六《恩典志下》,第329页。
④ 曾贞豫:《咨行河督鲁抚优免孔颜曾孟四裔地亩摊派河工帮贴一应杂差》,《孔府档案》卷一千四百五十之七,见《曲阜孔府档案史料选编》第3编第2册,第186页。
⑤ 《曲阜孔府档案史料选编》第3编第2册,第186—187页。

　　但差徭优免的规定在清初并没有得到很好的贯彻。其原因在于明清之际长达半个世纪的战乱,对社会经济造成了严重破坏,山东一带"一户之中止存一二人,十亩之田止种一二亩"①。社会经济的残破,使得清廷赋税不充,地方官府财政也严重困难。在这种情况下,兖州所属各州县有的遵例蠲免,有的则推诿不办,甚至将曾氏族户人等及庙内礼生一概摊派,以致蠲免之例形同虚设。顺治七年(1650),宗子博士曾闻达因经济拮据,不得已具呈户部,请求优免庙、佃二户差徭。经直省总督、东抚部院查勘,颜、曾、孟三圣后裔,乃历朝以来崇儒重道,设有庙户、佃户,优免杂差,以供洒扫祀典之用,确有往例可循,似应准从,以示隆重圣贤之德意。顺治八年(1651),户部咨准免除曾氏庙佃二户差徭②,但地方官员仍复一概派扰。顺治十三年(1656),宗子博士曾闻达再次上呈户部,请求优免曾氏族户、礼生一切杂项差徭。随由户部移咨山东抚院,严饬地方官员遵例施行,免除曾氏族户、礼生一切杂差。③ 此后,康熙十三年(1674)、二十二年(1683)两次由户部行文重申免除曾氏族人差徭。

　　不独曾氏家族在差徭问题上与地方官府存在矛盾,孔、颜、孟三氏家族也面临着同样的问题。康熙四十九年(1710),五经博士孔传铣、颜崇敷、曾尚溶、孟贞仁等共同上疏称,"职等仰承祖业,蒙历朝优崇,凡属圣贤后裔以及庙丁、礼生、乐舞一切地亩杂项差、徭概行蠲免,后州县捺案不行"④,请户部移咨山东省地方官员严加申饬遵行。而当年嘉祥县生员张岗等以宗圣后裔概行优免差徭,虑受偏累,与翰博曾尚溶争讼于官府。兖州府经详细调查后称"四氏优免,历奉部文申饬通行在案。非独靳于宗圣之后裔,亦非独靳于宗圣之梓里也。今张岗抗部颁之明文,其悖已甚"。在对张岗严厉申饬之后,兖州府又称"圣贤后裔杂泛差徭,既奉部文概行优免,而庙丁、礼生、乐舞人等冒滥者亦应分别,毋致偏累小民",因此,又专门制定革除冒滥优免之法,规定自康熙四十九年(1710)起,"其庙丁、礼生、乐舞人等自奉准

①《清世祖实录》卷十三,顺治二年(1645)正月己丑,《清实录》第3册,第119页。
②《户部准免庙佃二户差徭》,吕兆祥:《宗圣志》卷六《恩典志下》,第332页。
③《户部二次查免族人庙户礼生差徭》,吕兆祥:《宗圣志》卷六《恩典志下》,第333页。
④《优免孔颜曾孟四氏差徭碑记》,曾国荃重修,王定安辑:《宗圣志》卷十四《户役》,第623页。

部文为始,以前有名者照例准其优免,以后投充者概行严禁不免……如庙丁、礼生、乐舞人等如有死亡事故革除者,应报明本县并报明衍圣公方许顶补,永杜冒滥"①。乾隆二十年(1755),四氏学孔传是等又以各州县对免除差徭奉行不善,呈请山东省抚、都院严饬,依例优免一切杂项差役。经山东布政使查实,依例优免圣贤后裔以及庙户、礼生、乐舞生一切地亩杂项差徭,并勒石立碑以垂久远。②

再如,治河和水利等方面的杂项蠲免,也存在争执。清初黄河水患严重,仅康熙元年至十六年间(1662—1677),黄河大的决口就有六十七次之多,给沿岸百姓的生活生产造成极大危害。所以,治理黄河是清初的一项重要工程。康熙九年(1670),嘉祥生员秦维亨等扳派黄河夫草,将曾氏五经博士本身所属地亩并族人庙户按数摊派。内弘文院世袭五经博士曾贞豫将此事向衍圣公申诉,并咨行河道总督、山东巡抚,才得以免除河工杂役差徭。③

不过,从总体上看,嘉祥曾氏作为圣贤后裔在封建社会中的政治、社会、经济地位还是相对稳定的。在崇儒重道的社会氛围里,对于宗圣曾子家族的差徭优免不仅仅局限于嘉祥曾氏,还扩展到留居江南的曾子后裔。明崇祯四年(1631)初,湖南宁乡县曾日新自称为曾氏嫡派,"不应当差"为由,上诉宁乡知县周瑞豹,请求同嘉祥曾氏一样给予优免。经嘉祥宗圣后裔世袭翰林院五经博士曾弘毅详查家谱,确认曾日新一支与嘉祥曾氏是一脉相传,为曾氏嫡派长房。湖南省布政使接到山东咨复之后,既转饬长沙府对曾氏族人加意优恤。当年十月,长沙府牌饬宁乡县地方官:"曾子三十七代御史庆生儿子,长伟,次骈,山东博士尚属次房,宁乡曾日新实为长嫡。虽未袭翰博,应别齐民。凡属差徭,例应优免。合亟牌饬为此仰县官吏遵照抚、藩宪牌,所有杂派差徭,该县曾氏子孙应与山东一例优

① 《山东藩司为圣贤庙庭人役地亩免差应分别处理事》,《曲阜孔府档案史料汇编》第3编第16册,第212—214页。
② 《优免孔颜曾孟四氏差徭碑记》,曾国荃重修,王定安辑:《宗圣志》卷十四《户役》,第625页。
③ 《嘉祥曾氏后裔请优免河工杂役差徭事》,《曲阜孔府档案史料汇编》第3编第2册,第186—187页。

免。……自后曾氏子孙,如有棍徒程刁不遵、胆敢混扰,许该族人等指名禀究。"①清初规定,凡圣贤后裔,人无丁役,地无差徭。以嘉庆十二年(1807)曾氏流寓宁乡族人所立碑记为例,曾氏子孙除正供外,"凡遇保甲区首、团总社长、运丁夫役、行铺船户、采买谷仓及一切杂派差徭,毋得任派曾氏子孙承办"②。可见,全国各地曾氏后裔的丁役、杂泛的优免范围,仍是非常广泛的。

不仅如此,嘉祥曾氏作为圣贤后裔,还有集市征税之权。如嘉庆二十五年(1820),城武县绅士张凤鸣等捐修宗圣祠,因工费浩大,募告不足,曾氏翰博曾纪连就向衍圣公禀请维护原有集市征税权益,将集市行税用作维修城武县宗圣祠的资费。③

"德盛则享名宜隆,功高则食报宜厚。"④自宋以来,随着曾子孔门传道者的形象渐为世人所认可,对曾子的尊崇也达到了前所未有的高度。由是而推恩世胄,并锡宠章,使曾氏后裔荣胄有爵、守庙有户、供祭有田、陈奠有器,从而登上了曾氏家族辉煌的顶峰。但实质上,封建帝王对于曾子的尊崇无不将"孝"的政治内涵置于首位,视"孝亲"为"忠君"的基础和前提。而所谓的优崇圣裔也不过是统治者利用崇礼圣裔标榜崇儒重道,引导世风,以此来巩固现实的专制统治和既定名分的手段。

---

① 《曾日新准免差徭公牍》,曾国荃重修,王定安辑:《宗圣志》卷十四《户役》,第626—637页。
② 《署长沙府为勒石优免该地曾氏一切杂差不得混派滋扰事》,《孔府档案》卷一千二百四十一之二,见《曲阜孔府档案史料汇编》第3编第2册,第188页。
③ 《圣贤后裔世袭翰博等禀请维护原有集市征税权益》,《孔府档案》卷四千八百六十四之七,见《曲阜孔府档案史料汇编》第3编第2册,第189页。
④ 徐振贵、孔祥林:《孔尚任新阙里志校注》卷四,第160页。

第五章

孝悌传家

——曾氏家族文化

曾氏家族是中国古代四大圣裔家族之一,孝悌传家是曾氏家族的优良传统。在中国历史上,尽管孝的观念出现甚早,但把孝的观念上升为孝道理论,并且亲身实践孝道,对中国传统社会产生最大影响的却是曾子。自从汉代董仲舒提出"独尊儒术"之后,系统阐释儒家孝道的经典《孝经》就被历代统治者奉为治理天下的至德要道,"孝"成为上至帝王将相、下至布衣百姓普遍推崇和遵守的基本道德准则,而孝德孝行也被世家大族竞相标榜为维持家声不坠的重要家族文化传统。

中古时期,门阀士族的家学家风是其特殊的身份性标志,正如陈寅恪所指出的:"士族之特点即在其门风之优美,不同于凡庶,而优美之门风实基于学业之因袭。"①故士族子弟大都致力于经学以备见用,《颜氏家训·勉学》曰:"士大夫子弟,数岁以上,莫不被教,多者或至礼、传,少者不失《诗》、《论》。"②钱穆曾论及魏晋南北朝的士族门风,他认为:"当时门第传统共同理想,所期望于门第中人,上自贤父兄,下至佳子弟,不外两大要目:一则希望其能具孝友之内行,一则希望其能有经籍文史学业之修养。此两种希望并合为当时共同之家教,其前一项之表现,则成为家风;后一项之表现,则成为家学。"③苏绍兴也说,两晋南北朝之士族,多凭借政治势力与学业世传

---

① 陈寅恪:《唐代政治史述论稿》,商务印书馆,2011年,第260页。
② 王利器:《颜氏家训集解》(增补本),中华书局,1993年,第143页。
③ 钱穆:《略论魏晋南北朝学术文化与当时门第之关系》,香港《新亚学报》第5卷第2期(1964年8月),第54页。

而致显,更需经学文章、道德品行维持地位于不坠。① 于此可见,世家大族的发展与学术文化、家族风尚的密切关系。

宋明以来,中国的家族制度进入一个新的历史阶段,世家大族丧失政治优势与特权,名德学行成为维系家族兴盛的必备条件。明嘉靖十八年(1539)开始承袭世职的曾氏家族,以其在封建国家的特殊政治地位和圣贤后裔身份,而有别于科第仕宦之家。但是,对于王莽时期挈族南迁,侨家江右,千余年后才返回旧里,得享朝廷优遇的曾氏来说,其对家族能否长盛不衰、传之久远的期待,则较之孔、颜、孟三氏或一般仕宦家族更显殷切。因此,曾氏家族,尤其注重秉承曾子遗教,以孝立身,敦宗睦族,形成了特色鲜明的孝悌家风,为加强家族团结、巩固家族社会政治地位起到了积极作用。

第一节　淳朴的家训

曾氏家族的家教,可称为孝悌传家。在曾子的生命与思想中,"孝"具有极其重要的地位。曾子思想以"孝"总摄仁、礼、信、义等一切道德范畴,把"孝"看作"置之而塞于天地,衡之而衡于四海"的终极法则。而曾子的孝行在孔门诸弟子中也是最为突出的,他躬耕事亲、耘瓜受杖、孝事后母的故事,尤其为后人称道。所谓"曾子质孝,以通神明"、"孝乎惟孝,曾子称焉",就是后人对曾子孝行的褒扬与推崇。曾子的子孙曾元、曾申、曾华、曾西等人,也从曾子的言传身教中深深体悟到孝道的重要,并将其落实到自己的日常生活当中。从此,曾子后代恪遵祖训,孝悌传家,代代承继。

家庭是社会的细胞,在中国传统社会,家庭被视作一切人伦教化的核心场域,是儒家圣人之学与政治教化的中心。② 因此,中华民族历来重视家庭教育。早在先秦时期,就出现了著名的"畴人之学",也就是家庭世代相传的学问。《史记·鲁周公世家》记载,伯禽受封鲁国,周公以自己"一沐三

---

① 苏绍兴:《两晋南朝的士族》,联经出版事业公司,1987 年,第 4 页。
② 吕妙芬:《颜元生命思想中的家礼实践与"家庭"的意涵》,高明士编:《东亚传统家礼、教育与国法(一):家族、家礼与教育》,华东师范大学出版社,2008 年,第 131 页。

捉发,一饭三吐哺"的礼待贤能的事例,告诫他要修养德行,尊贤容众,不要以国骄人。《论语》里记载有孔子教育儿子孔鲤学诗、学礼的故事,《礼记》亦有曾子向儿子曾申传授丧礼的记载,这都说明中国的家教传统具有悠久的历史。秦汉以降,便出现了为教育子孙而专门撰写的家诫、家规、家范等训导之词,教给子女修身治家、为人处世、敦亲睦族的道理。家训作为古代家长教育子女的基本形式,经过长时期的历史演变,逐步从一家一族的训示而发展成为书香门第、仕宦之家,乃至普通百姓普遍认同的教子、治家之良方,并由此形成了良好的家教传统。

曾子自幼生活在"周礼尽在"的鲁国,承孔子之教,勤学好问,默识深思,以反躬三省的精神致力于道德境界的提升,终于赢得"宗圣"的尊荣,世代称颂。曾子注重家教,强调从身边小事做起,言而有信。《韩非子·外储说左上》记载的曾子"杀猪示信"的故事,堪称千古教子的典范:

> 曾子之妻之市,其子随之而泣。其母曰:"女还,顾反为女杀彘。"妻适市来,曾子欲捕彘杀之。妻止之曰:"特与婴儿戏耳。"曾子曰:"婴儿非戏也。婴儿非有知也,待父母而学者也,听父母之教。今子欺之,是教子欺也。母欺子,子而不信其母,非所以成教也。"遂烹彘也。①

从表面上看,为了一句戏言而杀掉一头猪,似乎是小题大做。但曾子却认为,父母身教重于言教,对孩子的许诺,要说到做到。只有这样,才能给孩子树立一个良好的榜样。曾子杀彘,不仅彰显了家庭教育对于孩子心灵成长的重要性,同时也揭示出道德人格的培养正是家庭教育的核心内容。

中国传统的家庭教育,主要包括修身、齐家两个方面。中国古代的政治伦理思想尤其重视修身与齐家、治国、平天下之间的密切联系,认为只有做到身修、家齐,方能实现国家的长治久安和天下太平。所谓修身,就是修养身心,躬行实践,进德修业,塑造德才兼备的完美人格。《大学》云:"大学

---

① 王先慎:《韩非子集解》,第 287 页。

之道,在明明德,在亲民,在止于至善。"①要达到至善之境,就必须以修身作为立身处世的根本。所谓齐家,指的是以礼教来规范父子、兄弟、夫妇等各种人伦关系,和睦家庭,端正门风。齐家处于修身、治国的中间链环,既是修身的目标,又是治国的基础。身修,则家可教;家齐,则国可治。所以,《大学》强调:

> 所谓治国必先齐其家者,其家不可教而能教人者,无之。故君子不出家而成教于国:孝者,所以事君也;弟者,所以事长也;慈者,所以使众也。②

显然,践行孝悌之道,正是经由修身、齐家而达于治国、平天下的重要途径。

"孝悌"是曾氏家训的一大主题,在曾氏家族的家庭教育中占有极其重要的地位。曾子六十七代孙曾衍咏把"孝"看作曾氏家族的家教传统,对宗圣提倡的孝道表现出由衷的崇敬之情和以孝为教垂训子孙之意,他在《武城曾氏族谱叙》中说:"《孝经》一书,家教也。……我祖大圣大贤,门第高矣。父子公孙,载诸经传。羽翼大道,维持人心,其功炳燿天壤。而其最者,孝之一事。问答成经,垂训万世。凡读书种子,无不祖之宗之,常恐有玷其门墙。况为其后者,其于先训,又当为何如也?"③就曾氏家族孝悌教育的主要内容来看,大致包括孝敬父母、友爱兄弟、和顺夫妇等几个方面,《曾氏族谱》中的《家训》对此有非常详细的规定:

> 一、孝父母。自受气成形,十月怀胎,分严父之血脉,三年乳食,慈母之膏脂,举动则跬步不离,疾痛则梦魂不安,罔极深恩,其不可不报也明矣。我族子姓思报生成之德,服古者务宜显亲扬名,俾二人有丰厚之糈,即食力者亦宜衣帛食肉,庶二人无冻馁之嗟,此虽未克尽孝道,无遗憾于天亲也。……至若为父母者,亦宜垂暮自重,毋或枯杨生

---

① 朱熹:《四书章句集注》,第3页。
② 朱熹:《四书章句集注》,第9页。
③ 曾燦光等纂修:《武城曾氏族谱·咏叙》,上海图书馆藏民国十一年(1922)石印本。

稊,凯风致慨,驯至前后参差,子媳吞声,饮泣门内,渐生诟谇,俾显然坐不孝之罪,贻祸无穷,不惜叮宁,各宜猛省。

一、敬伯叔。语云:十年以长,以父辈事之;五年以长,以兄事之。属在他人,尚宜敬重,况一家伯叔与吾父敌体者乎? 近见人间子侄辈罔识长上之理,藉口简易之便,呼名道字,行坐毫无退让,说你叫他,应对全不谦逊。《礼》曰:"立爱惟亲,立敬惟长。"伯叔之前,尚且如此倨傲,其放荡于礼法也可知。我族子姓,凡遇伯叔于道,宜趋进敬立,拱手徐行,侧足视往来为准,侍坐必隅。凡奉伯叔命,唯而起,趋承不遑,无失幼仪。令旁观道,家法森严,子弟受用亦大。至若为伯叔者,亦宜端重自处,无嬉戏效尤,在我既有庄厉之风,子弟自无亵玩之意。倘遇不肖,尤宜以中养不中,以才养不才。故曰:人乐有贤父兄也。否则,父兄之教不先,子弟之率不谨,是谁之愆? 可不懔诸!

一、宜兄弟。壎篪迭吹,和气昭于《乐记》;友恭是笃,天显垂于《尚书》。是则兄弟虽形分而气异,实同胞以共乳。当孩提时,左提右挈,俨若禽鸟同林,至长成,日较长论短,几类雁行折翼。……语云:兄弟同居忍便安,莫因毫末起争端,眼前生子又兄弟,留于儿孙作样看。一体谊深,孔融有分梨之让;同枝情切,姜氏有同被之眠。效乃前徽,勿蹈后辙,庶太和聚于一室,嘉气彰于门内矣。①

诸如此类的伦理教化原则,平实易行,人人都可以切实践履,做一个孝顺子孙。那些不孝子弟,由本族房长用家法惩戒,"倘怙恶不悛,其父母衰迈,不能处治者,可具状投祠,查询不虚,协同祠首,送官惩办"②。值得注意的是,曾氏家训不单单规定了为人子、为人弟的伦理义务,对长辈的伦理责任也给予了相当的重视。如父母应当垂暮自重,伯叔应当端重自处等,都强调了家长以身作则、正身率下的重要性。无论是小辈的善事父母与尊长,还是长辈的端庄自重,其所要达到的目的皆在于维系家族内部秩序的稳定。

---

① 曾传禄等纂修:《石莲曾氏七修族谱》卷五《三修家训》。
② 曾炽繁纂修:《富顺西湖曾氏祠族谱》卷一《祠规参订十六条》。

为了使子弟养成良好的德行,曾氏家族尤其注重教导子弟要读书明理,勤俭持家。《富顺西湖曾氏祠族谱》录有明弘治年间翰林院编修曾朝节所撰曾氏家训,其称:

> 同族之人,当以读书为上,投明师,交益友,通五经之理,详六艺之文,究诸子百家之言,黜异端邪说之弊。居家可以教子弟,庭训堪型;用世可以事明君,尽忠报国。①

曾氏家族源出宗圣,世代传衍省身守约之学,其教育子弟读书的重点在于学习圣贤嘉言懿行,以变化气质,增强道德修养。曾氏家训明确指出:"读数十卷书,便自高自大,陵忽长者,轻慢同列,亦先儒所谓以学求益,今反自损,不如无学者。"人之读书,务必摒弃恃才傲物的恶习,将修德做人放在第一位,"故士农工商,所习不必一业,务要温厚和平,不许半点粗豪,间有气质难驯之辈,尤宜涵育熏陶,俾渐摩既久,自然变化,将来涵养成而生气质。古有明训,何可忽也? 抑亦家教所攸赖也,先务岂不在此乎!"②这与社会上教子弟读书以获取功名利禄的做法显然大不相同。科举时代,读书入仕成为光宗耀祖、显亲扬名的不二法门,许多读书人埋头八股,两耳不闻窗外事,忘却了读书明理的初衷。对于这种片面追求科第或者谋生之术的弊端,曾氏家族的家训中有着尖锐的批评,《溧阳曾氏族谱》曰:"今俗,教子弟,上者教之作为取科第功名止矣,功名之上道德未教也;次者教之杂字束笺,以便商贾书计;下者教之状词活套,以为他日刁滑之地。虽教之,实害之也。"③正是基于这样的认识,曾氏家族更为重视族人的蒙学教育,一般的学龄儿童,都必须接受蒙学教育以陶熔德性。《溧阳曾氏族谱》称:

> 闺门之内,古人有胎教,又有能言之教,又有小学之教、大学之教,

---

① 曾炽繁纂修:《富顺西湖曾氏祠族谱》卷一《家条十戒》。
② 曾传禄等纂修:《石莲曾氏七修族谱》卷五《二修家训》。
③ 《溧阳曾氏族谱》卷首《宗规十六条》,上海图书馆藏清同治二年(1863)木活字本。

> 是以子弟易于成材。……族中各父兄，须知子弟之当教，又须知教法
> 之当正，又须知养正之当豫也。七岁便入乡塾，学字习书，随其资质。
> 渐长便择端正师友，将五经书史严加训迪，务使变化气质，陶熔德性
> 也。他日若作秀才、作官长，能为良才、为廉吏。就是为农、为工、为
> 商，亦不失为醇厚君子。①

可见，曾氏家族家庭教育的目的并非仅仅着眼于科第功名的追求，而是重
在培养醇厚君子，告诫子弟不要假蹈风流，装成儒雅，却把传统的伦理道德
抛之身外。正如曾国藩所说："吾辈读书，只有两事，一者进德之事，讲求乎
诚正修齐之道，以图无忝所生；一者修业之事，操习乎记诵词章之术，以图
自卫其身。"②在传统社会中，读书作为士人的晋身之阶，自然是士大夫家庭
保持政治社会地位的必要手段。但从家族发展的长远角度上看，能否遵从
圣贤之道、崇尚礼仪道德，更关系到门户之盛衰、家业之兴替。明王直在
《上模曾氏族谱序》中就称赞曾氏族人："其前辈长者皆惇厚谨礼法，为弟子
者，亦多聪敏好学，以儒业相尚。……笃恩谊，厚伦理，诗书礼乐相与维持
于久远，则虽至于百世可也。"③

　　勤俭持家是齐家的重要环节。李商隐《咏史》诗曰："历览前贤国与家，
成由勤俭败由奢。"古往今来，上自豪门仕宦，下至布衣百姓，勤俭二字都是
家庭持久兴旺的根本。曾氏家族自曾子开始，就以耕读为业。曾氏后人在
鼓励子弟读书的同时，也恪守祖上的家教传统，崇尚勤俭持家，把勤俭看作
维系家族发展的持久之计。《石莲曾氏族谱》中的家训就详细论述了"务农
桑"的道理：

> 人生一日不再食则饥，终岁不制衣则寒。是欲不饥不寒，农桑实
> 为保身切要、王道始基。最恨男子游手好闲，拍肩执袂，虽名耕耤，实

---

① 《溧阳曾氏族谱》卷首《宗规十六条》。
② 《曾国藩全集·家书一》，道光二十二年(1842)九月十八日，致澄弟温弟沅弟季弟，岳麓书社，
　1985年，第35页。
③ （明）王直：《抑庵文集·后集》卷二十，《四库全书》，第1241册，第821—822页。

多失时；妇人贪眠爱睡，鼓舌摇唇，虽曰纺绩，每见机空，其家空乏可以立待。不知立春之日，天子、后妃尚躬耕躬桑，重天下本务。士庶之家，岂容以耕织少休乎？今族内除诵读外，耕织大是先务，果令男无舍其耒耜，自有余粟；妇无休其纺绩，自有余布。男妇相资，彼此通用，衣食之资不竭，诵读亦于以多赖。①

这些议论从日常生活经验出发，指出一家之兴旺，唯在一"勤"字。即使建立不世之功、一门荣显的曾国藩，在功成名就之时，仍然一再要求族中子弟戒奢傲、去骄佚。曾国藩在给儿子曾纪泽的家书中说道："居家之道，惟崇俭可以长久，处乱世尤以戒奢侈为要义。衣服不可多制，尤不宜大镶大缘，过于绚烂。尔教导诸妹，敬听父训，自有可久之理。"②曾国藩以"吾家累世以来，孝弟勤俭"③自豪，也常为"余虽力求节俭，总不免失之奢靡"④自责，所以，对于家人能否以勤俭持家，曾国藩时时挂念在心。他说："近日家中内外大小，勤俭二字做得几分？门第太盛，非此二字断难久支，务望慎之！"⑤他在给欧阳夫人的家书中常常告诫妻子从勤俭入手，做长远打算。他说："居官不过偶然之事，居家乃是长久之计。能从勤俭耕读上做出好规模，虽一旦罢官，尚不失为兴旺气象。若贪图衙门之热闹，不立家乡之基业，则罢官之后，便觉气象萧索。凡有盛必有衰，不可不预为之计。望夫人教训儿孙妇女，常常作家中无官之想，时时有谦恭省俭之意，则福泽悠久，余心大慰矣！"⑥

　　一般认为，"勤"就是尽力耐劳。所谓"士农工商，业虽不同，皆是本职。勤则职业修，惰则职业隳。修则父母妻子仰事俯畜有赖，隳则资身无策，不免訾笑姻里"。那么，尽力于业是否就可以称得上"勤"了呢？其实不然。《溧阳曾氏族谱》曰：

---

① 《石莲曾氏七修族谱》卷五《三修家训》。
② 《曾国藩全集·家书一》，咸丰十一年(1861)八月二十四日，谕纪泽，第770页。
③ 《曾国藩全集·家书二》，同治二年(1863)十二月十四日，谕纪瑞，第1066页。
④ 《曾国藩全集·家书二》，同治三年(1864)正月二十四日，致澄弟，第1081页。
⑤ 《曾国藩全集·家书二》，同治三年(1864)八月十四日，致澄弟，第1162页。
⑥ 《曾国藩全集·家书二》，同治六年(1867)五月初五日，致欧阳夫人，第1338页。

　　所谓"勤"者,非徒尽力,实欲尽道。如士则先德行,次文艺,切勿因读书识字舞弄文法,颠倒是非,造歌谣、匿名帖。举监生员不得出入公门,有玷品行;仕宦不得以贿致官,贻辱祖宗。农者不得窃田水,纵畜牧,欺赖田租。工者不得做淫巧,售伪器。商者不得纨绔冶游,酒色浪费,亦不得越四民外,为僧道、为胥吏、为优戏、为椎埋屠宰。①

将"勤"由"尽力"提升到"尽道"的高度,可以说是曾氏家族家庭教育思想的一大特色。举凡士农工商,无论贵贱贫富,尽力之外,尤当谨言慎行、奉公守法。只有这样,才算是真正践行了修身做人、仁民爱物之道。

　　对于"俭"字,曾氏族人亦有更为深切的体认。《溧阳曾氏族谱》中的家训对"俭"的作用和意义进行了深刻的阐发:

　　人生福分,各有限制。若饮食衣服、日用起居,一一俭朴,留有余不尽之享,以还造化,是可以养福。奢靡败度,俭约鲜过,不逊宁固,圣人有辨,是可以养德。多费则多取,多取不免奴颜婢膝、委曲徇人,自丧己志。少费则少取,随分自足,浩然自得,可以养气。且以俭示后,子孙可法,有益于家;以俭率人,敝俗可挽,有益于国。

古人说"俭以养德",而在曾氏家训中,俭则兼具养福、养德、养气三方面的作用,不仅有益于家,也有益于国。但现实生活中随处可见的是奢靡之风、骄纵之气,这种以俭治家的原则与实际状况之间的巨大差异,原因何在?我们来看曾氏家训对此是如何认识的:

　　其弊在于好门面一念始,如争讼好赢的门面,则鬻产借债,讨人情,钻刺不顾利害吉凶;礼节好富厚的门面,则卖田嫁女,厚赂聘媳,铺张发引,开厨设供,倡优杂还,击鲜散帛,浪用绫纱。又如招请贵宾,宴

---

① 《溧阳曾氏族谱》卷首《宗规十六条》。

新婿,兴搬戏许愿,预修祈福,力实不支,设法应用。不知剜肉医疮,所损日甚,此皆恶俗。①

这种铺张浪费之风对于社会的良风善俗造成巨大的冲击,有鉴于此,曾氏家族严禁一切有损德行、有害门风的不良行为。《石莲曾氏族谱》所载《二修家训》共十二条,有关这方面的戒条就有五条之多,对违反者也制定了严厉的处罚措施。兹摘录如下:

一、禁淫欲。淫为万恶之首,丧德之源,如鲁男子闭门不纳,柳下惠坐怀不乱,其善行足称,与天地相终始矣。他如《敬信录》、《阴骘文》诸书所详,当局不迷而获福报者,尤指不胜屈。近来世俗薄恶,以窥窃为良能,以奸淫为长技。不知律例所载,黑夜无故入人家室,登时杀死勿论。恶之不极则无是律,淫邪之报近则杀身亡家,远则覆宗绝祀,可不畏乎? 至若家庭之内,乖舛伦常,尤宜痛哉!

一、禁发冢。古云无主孤坟,四邻掌禁。周有西伯之仁,泽及枯骨;明有太祖之圣,不伤古墓。自古帝王,鲜不推德于此。世人多不存心,或于田园之间,平古堆而便种植,或于庐舍之侧,迁朽骨以作垣墉,任意施为,毫无忌惮。岂知律例所载,掘冢而见棺者,杖流;见尸者,绞。皆为不赦之条。凡吾族众,宜知畏法,各自存心,遇有古坟平塌及骸骨暴露者,则必以土覆之。倘终不免于暴露,则迁之高深处可也。用力无多,而阴功则大矣。

一、禁邪说。怪力乱神,圣人所不语;邪说淫辞,帝王所甚疾。近来世俗每于聚首谈心之会,不以德业劝人,含沙射影,妄谈是非,矫语祸福。不惟口言,且录不经之语而成书,愚者不知止,知者习为常。律载:凡造谶纬妖言及传册惑众者斩,宪行何等严切! 儆戒族人务遵常经、近正人,法言须留心听受,善行必寻思体认。在读书子弟,尤宜知所用心。

① 《溧阳曾氏族谱》卷首《宗规十六条》。

一、禁赌博。骰子乃唐元宗与贵妃戏局,纸牌乃好事者演宋公明故事,混江又袭纸牌余意,后人以骰为速酒之令,以牌为延宾之术,习俗相沿,逢场作戏,竟轻千百于一掷,胜负孤注,日夜痴迷,废事荒时,倾家荡产,有渐至窘迫而为盗者,更有互相争斗而伤命者。律例所载,抽头之人责四十,充军;赌博者责四十,流三千里。此虽戏局,惑众不小。凡吾宗族子孙,宜各务本业,痛戒前非。倘违不悛,父兄放纵,一并连坐。

一、禁谣谤。唐尧之世,其谣有曰:"不识不知,顺帝之则。"又曰:"日出而作,日入而息,凿井而饮,耕田而食,帝力何有于我?"此谣也,非谤也。后世人心不古,每以口舌伤人,或诮及闺门,或讥谈官长。律载:兴谣造谤者,拟以杖徒,况以下毁上,如子孙之犯祖父,罪莫大焉。凡吾宗族少壮有才者,务作诗文以登云路;衰老养德者,或为词赋以乐余年。慎毋兴谣造谤以损德行,以干罪戾也。①

其《三修家训》,又有补充戒律两条:

一、戒争讼。上刚下险健成讼,大易垂戒甚明。世人经术不娴,动辄以健讼为事,及至两败俱伤,噬脐已自无及。愿我族人各宜安分守己,毋以强凌弱,毋以众暴寡。遇雀角鼠牙,平心解释,切勿逞一时之愤,登三尺之廷。况官府断不徇情,徒饱吏胥之橐,发肤身体,无端受其摧残,不孝莫大于是。而家产之破碎,又不待言矣。若族中子弟有不守此戒而以争讼为能者,须以违家法处治。如再不悛,必鸣官长,按以健讼之律,庶惩一戒百,不惟身家可保,门户亦不败坏,优游化日光天,无或罹于桁杨狴犴,教国不出教家,其是之谓乎?

一、禁戏场。败坏风俗之事非一,演戏亦其一端。平空将有限之财,费诸无益之地,数千百人,肩摩踵接,奔走若狂,男女混杂,饮食若流,遂至浪荡子弟昼夜啸聚,喝雉呼卢,废业荡产,其祸不可胜言。告

<hr>
①《石莲曾氏七修族谱》卷五《二修家训》。

我族人,他姓相沿演戏,听其自便,若我族则不许沿此积习,酿成祸胎,并不宜暂入其场,荡心淫志,其或不遵家规,身为领袖以及挽入场内饮酒赌博,此等不肖子孙,断不容少纵。盖暴殄天物,既获罪于天,游戏失时,亦贻笑于人,天人俱嫉,将何以自立?言之痛心,各宜刻骨。①

这些以整个家族的名义制定的家规、家训,对于族人的约束力是相当强大的,也在一定程度上保证了社会礼义道德规范能够得到切实的遵守,有利于促进家族内秩序的稳定与和谐。

当然,曾氏家族对于读书、勤俭的倡导,其最终的落脚点还是在孝悌之道的践履上。读书,是为了进德修业,践行孝悌仁义之道。勤俭,是为了戒奢防逸,力尽敬养安亲之心。曾子后裔认为只有在"孝悌"上用功,才能维持家风不坠,家门昌盛。比如,曾国藩就常常告诫家中子弟"于叔祖各叔父母前尽些爱敬之心。常存休戚一体之念,无怀彼此歧视之心,则老辈内外必器爱尔,后辈兄弟姊妹必以尔为榜样,日处日亲,愈久愈敬"②。他认为孝友于家庭至关重要,"孝友为家庭之祥瑞"③,只有将"耕读"与"孝友"结合在一起,世家的基业才能传之久远。他在写给弟弟的信中说:

　　吾细思凡天下官宦之家,多只一代享用便尽。其子孙始而骄佚,继而流荡,终而沟壑,能庆延一二代者鲜矣。商贾之家,勤俭者能延三四代;耕读之家,谨朴者能延五六代;孝友之家,则可以绵延十代八代。我今赖祖宗之积累,少年早达,深恐其以一身享用殆尽,故教诸弟及儿辈,但愿其为耕读孝友之家,不愿其为仕宦之家。
　　诸弟读书不可不多,用功不可不勤,切不可时时为科第仕宦起见。若不能看透此层道理,则虽巍峨显宦,终算不得祖父之贤肖,我家之功臣。④

① 《石莲曾氏七修族谱》卷五《三修家训》。
② 《曾国藩全集·家书一》,咸丰八年(1858)十二月三十日,谕纪泽,第452页。
③ 《曾国藩全集·家书二》,同治九年(1870)六月初四日,谕纪泽纪鸿,第1371页。
④ 《曾国藩全集·家书一》,道光二十九年(1849)四月十六日,致澄弟温弟沅弟季弟,第187页。

曾国藩对于"孝友"的见解,发人深省,有着非常强烈的现实意义。正是由于家族对"孝悌忠信"的提倡,曾氏家族出现了许多以"孝"著称的人物,如曾巩、曾几、曾开、曾继祖等。

北宋著名散文家曾巩,早年丧母,在父亲去世后,他尽心尽力侍奉继母,抚育弟妹。《宋史·曾巩传》载:"巩性孝友,父亡,奉继母益至,抚四弟、九妹于委废单弱之中,宦学婚嫁,一出其力。"①曾巩立言于欧阳修、王安石间,卓然自成一家,王安石曾赞叹说:"曾子文章众无有,水之江汉星之斗。"②曾巩虽然少负才名,却长期担任外官,仕途偃蹇,但他并未因此而忽视自己为人子、为人兄的责任,而是对继母越发孝敬,对弟弟妹妹严格教育,督促他们读书成才。他的弟弟曾肇、曾布以及妹婿王无咎、王彦深等后来都考中进士,一门显宦。南丰曾氏也被后人推崇为"以道德文章名天下,天下称之为名族,与汉之华阴杨氏、唐之河东柳氏并称"③。

又如,南宋名臣曾几、曾开兄弟,同以孝名世。曾几的父亲去世的时候,他才十余岁,已能执丧如礼,终丧不肉食。后来,母亲又去世了,他十分悲痛,"既祥犹蔬食凡十有四年,至得疾颠胹乃已。每生日拜家庙,未尝不流涕也"④。曾几的哥哥曾开也是"孝友厚族,信于朋友"⑤。曾几兄弟孝悌忠信、刚毅质直的品格,在南宋偏安江南的政治舞台上,迸发出闪亮的光彩。高宗绍兴二十七年(1157),金军南侵。在面临强敌的情况下,曾几力阻宋高宗"浮海避敌"的想法,坚决反对纳币请和,并请缨北上,亲率将士与敌死战。曾开因主张抗金,遭秦桧构陷免职,但他仍铁骨铮铮,毫不屈挠。《宋史》对曾几兄弟二人移孝作忠,忠诚谋国,以天下兴亡为己任的精神,尤为赞扬:"曾几积学洁行,风节凛凛,陈尝胆枕戈之言,以赞亲征,亦壮矣哉!……弥逊、曾开同沮和议,废绌以没,无怨怼心,所谓临大节而不可夺者欤!"

---

① 《宋史》卷三百十九《曾巩传》,第10392页。
② (宋)王安石:《临川先生文集》卷十三《赠曾子固》,中华书局,1959年,第188页。
③ (明)何乔新:《椒邱文集》卷十二《南丰曾氏族谱序》,《四库全书》第1249册,第200页。
④ 陆游:《渭南文集》卷三十二《曾文清公墓志铭》,《四库全书》第1163册,第561页。
⑤ 《宋史》卷三百八十二《曾开传》,第11771页。

再如,曾子六十一代孙、世袭翰林院五经博士曾继祖,"事母孝,母卒,庐墓三年,奉旌孝子"①。作为曾氏宗子,曾继祖的恪守孝道在曾氏家族中更具典范性的意义。曾继祖的祖父曾质粹于嘉靖初年北徙嘉祥,授翰林院五经博士,祀守曾子祠墓。在曾继祖两岁的时候,曾继祖的父亲曾昊就去世了。其母徐氏,含辛茹苦,抚育孤子。到曾继祖十三岁的时候,他的祖父曾质粹又去世了。曾继祖"三世一身,孑然孤立"。万历元年(1573),又遭曾衮冒袭,曾氏一门"呼天吁地,含酸怆神",在家境艰难的情况下,曾继祖卧薪尝胆,矢志陈情,终于将曾衮冒袭世荫一事大白于天下,曾继祖得以重守豆笾,世袭翰博。为了避免族人"凭其宠灵,席其晏安",曾继祖撰写了《曾氏永思碑铭》,告诫族中子弟秉承宗圣学行,遵纪守法,振兴家邦。其铭曰:

> 追思往事,时为泫然,虑我后人,知末忘颠。爰陈训词,示亡极焉。我闻世家,鲜克由礼。陵德以荡,灭义以侈。远悖家学,上乖国纪。安享厥成,罔恤厥始。用勒贞珉,藏之庙垝。思之思之,孙孙子子。②

当然,中国传统家庭的伦理教育主要是针对家庭内的男子来说的,在一般人的观念中,父子、兄弟有血缘亲情,和睦相处,理所当然。但成家之后,兄弟、父子之间往往因毫末而生嫌隙,争长竞短,以致阋墙起衅,分家争产。在这种家庭裂变的过程中,妻子因为是外姓之人,遂被指为引致兄弟不睦、家庭失和的根源。因此,对女子"三从四德"的教化也是古代社会家族教育的一大重心。曾氏家族自然也不例外。当曾国藩从九弟来信中听闻家中妯娌之间不太和睦,十分着急,谆谆劝导说:"尤望诸弟修身型妻,力变此风。若非诸弟痛责己躬,则内之气象必不改,而乖戾之致咎不远矣。望诸弟熟读《训俗遗规》、《教女遗规》,以责己躬,以教妻子。此事全赖澄弟为之

① 曾国荃重修,王定安辑:《宗圣志》卷四《世系》,第207页。
② 徐宗幹修,许瀚纂:道光《济宁直隶州志》卷九《艺文·曾氏永思碑》,《中国地方志集成·山东府县志辑》第77册,第93页。

表率,关系至大,千万千万! 不胜嘱切之至!"①其对家庭和谐的期望,溢于言表,他常说"兄弟姒娣,总不可有半点不和之气。……和字能守得几分,未有不兴;不和未有不败者"②。曾国藩常常以家中妇女奢逸为忧,故一再告诫儿子,撑持门户"宜自端内教始"③。

对家族中女子的教育,曾氏家族是非常严格的。曾子六十九代孙、翰林院五经博士曾毓墫专门撰写《家诫》一篇,着重谈到女子为父母服丧的礼节。按照古礼,出嫁之女为父母服丧一年就可以了,但曾毓墫却认为此法于情理未允,违背圣言。他说:"吾家之女,应从夫家之便。吾家之妇,为其父母,必服三年。余所遵者,孔子曰:'子生三年,然后免于父母之怀。'又,父母之丧无贵贱,一也。又曰:'三年之丧,自天子达于庶人,三代共之。'圣贤之书,并未指明嫁女降服,今若降服期,则于古礼之上为生身亲母服杖期,下为已生长子斩衰三年,轻母重子,一同出乎? 天理人情之外矣。"④因此,他坚持家中之妇,为其父母必须服丧三年。曾氏家族内教之严,于此可见一斑。至于其出嫁之女,为父母服丧,则根据夫家的规矩行事,而不强求服孝三年,由此亦显示出曾氏家族的敦厚之风。

为严饬内教,曾氏家族倡导"闺门当肃",对不能相夫教子、孝事父母的妇女严加戒斥,溧阳曾氏《宗规》中说:

> 男正位乎外,女正位乎内,圣训也。君子正家取法乎此,其闺门未有不严肃者。纵使家道贫富不齐,如馌耕采桑操井臼之类,势所不免,而清白家风自在。……若徇财妄取,家教无闻,又或赋性不良、凶悍妒忌、傲僻长舌、私溺子女,皆为家之索,罪坐其夫。若本夫冥顽,化诲不改,夫亦无如之何者,祠中据本夫告词,询访的确,当祖宗前,合众词以

---

① 《曾国藩全集・家书一》,道光二十七年(1847)二月十二日,致澄弟沅弟季弟,第144页。
② 《曾国藩全集・家书一》,咸丰四年(1854)八月十一日,致澄弟温弟沅弟季弟,第275页。
③ 《曾国藩全集・家书二》,同治四年(1865)闰五月初九日,谕纪泽纪鸿,第1194页。
④ 徐宗幹修,许翰纂:道光《济宁直隶州志》卷十《杂稽》,《中国地方志集成・山东府县志辑》第77册,第125页。

相戒斥,或屏之外氏之家,亦有所警矣![1]

对于社会上妇女结社讲经、拜神祈福、搬弄是非等闲家之道,曾氏家族也严厉禁止,濮阳曾氏《宗规》又规定:

> 近世恶俗,人家女妇有相聚二三十人,结社讲经,不分晓夜者;有跋涉数千里外,拜神祈福者;有朔望入庙烧香;有春秋佳节任其看灯者;有纵容妇女往来,搬弄是非者。闲家之道,一切严禁,庶无他患。

从齐家的角度看,师巫邪术,左道惑众为害不小,早加预防,杜其往来,是"齐家最紧要的事"。这些规定,涉及妇女信仰等多方面的社会生活,虽然在一定程度上限制和束缚了妇女的对外活动,但对于形成简静、朴实的家风,维护家庭的和谐安定,维系社会人心善俗,也有着不可忽视的作用。

无论古今,家庭教育除了父兄之外,母亲也起着至关重要的作用。母亲作为孩子的第一任老师,其文化修养、治家方法、处世之道对于孩子的成长有着潜移默化的影响。因此,婚姻历来被看作培育子孙良好德行、维系家族永久延续的根本,正如《礼记·昏义》所言:"婚姻者,合二姓之好,上以事宗庙,下以继后世。"[2]曾氏家族尤重嫁娶之道,"婚姻之际,务择善良"[3]。曾氏还居嘉祥之后,所娶女子多出身于圣裔家族,都有着良好的家教,文化素质较高。如曾子六十二代孙、世袭翰林院五经博士曾承业,配杨氏,继娶孔氏;其子曾弘毅配朱氏,鲁藩王之女;其孙曾闻达配颜氏,为世袭翰林院五经博士颜光鲁之女;曾闻达之子曾贞豫配宋氏,为东平县知县宋楒英之女;曾子六十六代孙、世袭翰林院五经博士曾尚溶配孔氏,为衍圣公之侄女;曾子六十九代孙、世袭翰林院五经博士曾毓墫配仲氏,为世袭翰林院五经博士仲耀青之女。曾氏联姻之家大都是世代文化家

---

[1]《濮阳曾氏族谱》卷首《宗规十六条》。
[2] 孙希旦:《礼记集解》下册,第1416页。
[3] 曾炽繁纂修:《富顺西湖曾氏祠族谱》卷一《家条十戒》。

族,能够较好地承担起教育子女的职责。良好的家庭教育,使得曾氏家族的成员养成了孝悌传家的优良传统,其美善的家风为曾氏家族的辉煌奠定了坚实的基础。

　　为保持后裔兴旺和家族繁衍,在家族婚姻方面,曾氏家族和中国古代各个家族一样,都坚持"同姓不婚"。《左传·僖公二十三年》载:"男女同姓,其生不蕃。"可见,当时已经认识到血缘近亲的婚配,会影响后代的健康成长。这种同姓不婚的习俗,在中国出现很早,到了唐代就明确禁止同姓为婚:同宗共姓,不得为婚,违反者,男女双方各判徒刑两年,若没出五服,加重处分。①《富顺曾氏族谱》所载《祠规》严禁同姓通婚:"同姓不得为婚……家训昭垂,如违,罪及该支亲属并其父兄,以家法从严惩办。"②古人在反对同姓通婚时,虽然对中表婚在观念上有所反对,在行动上却并不顾忌。中表婚指的是儿子与母亲兄弟姊妹的女儿或者与父亲姊妹的女儿通婚,这是一种姨舅姑内外亲戚之间的宗族联姻。尽管这种婚俗在古代相当流行,但曾氏家族却认为这是一种"陋俗",有违礼教。《石莲曾氏族谱·家训》指出:"近世鲜克由礼,有姑表而结匹偶,姨表而缔好逑。又有同姓为婚,而曰我不同宗。不知赐姓受氏,其初原属一本,况夫妇为人伦之始,闺门乃王化之源,若只图目前之好合,不顾他日之声名,六礼告成之后,竟以兄妹姑姨俨调琴瑟之欢,廉耻安在?"③所以,告诫族内子孙,务必鉴此积弊,恪懔先哲遗规,显明夫妇之道。

　　综合来看,曾氏家训所涉及的范围是较为广泛的,但都围绕着修身、齐家而展开,其核心在于倡扬孝道,移孝忠君,目的是教育子女养成良好的道德品行,把家庭治理好。这种以孝悌为核心的伦理教化,对于巩固家族制度、维护家庭和社会的和谐,无疑有着很突出的现实意义。虽然,古代社会各个家族都强调孝、悌、忠、信等伦理道德的培养,但"孝悌"作为曾氏祖训,曾氏后裔努力将其发扬光大,其普遍而深远的教育价值以及事亲立身的典范作用,自非一般家族可比。

---

① (唐)长孙无忌等:《唐律疏议》卷十四《同姓为婚》,中华书局,1983年,第262页。
② 曾炽繁纂修:《富顺西湖曾氏祠族谱》卷一《祠规参订十六条》。
③ 曾传禄等纂修:《石莲曾氏七修族谱》卷五《三修家训》。

第二节　曾氏家族的祭祖活动

祭祀祖先是中国人的传统,这种习俗起源于远古时代灵魂不朽的观念,是祖先崇拜的一种表现形式。祭祖是尊祖敬宗的人伦观念的展现,其根本在报本返始、慎终追远,发扬尊尊、亲亲的精神,建立亲疏有等的社会秩序。《礼记·大传》曰:"上治祖祢,尊尊也;下治子孙,亲亲也。旁治昆弟,合族以食,序以昭缪,别之以礼义,人道竭矣。"①由此可知,宗族祭祀不仅是强化祖先崇拜的重要手段,也是建立秩序社会的人伦基础。因此,宋代理学家程颐将是否孝敬父母、祭祀祖先看作人与禽兽的区别之一,程颐坦言:"凡物,知母而不知父,走兽是也;知父而不知祖,飞鸟是也。惟人则能知祖,若不严于祭祀,殆与鸟兽无异矣!"②

礼有五经,莫重于祭。祭祖与祭天、祭社并称中国古代三大祭礼。周代,祭祖之礼初步定型,祭祖成为宗法制度下体现儒家孝道、维系宗族凝聚力的重要活动,《礼记·祭统》曰:"祭者,所以追养继孝也。"③儒家将祭祀祖先看作践行孝道的重要内容,孔子曰"生,事之以礼;死,葬之以礼,祭之以礼"④,曾子说"慎终,追远,民德归厚矣"⑤,荀子也说"事死如事生,事亡如事存"⑥,都强调要以礼安葬和祭祀去世的父母等先人。祭祖的内涵由原先对祖先的敬畏和祈求,经儒家先哲的提倡,转化为报本返始的孝亲伦理,渲染出极为浓郁的人文精神。周代宗法制崩坏之后,祭祖行孝的观念一直保留下来。宋代,为重振社会伦理道德,维护专制统治,以"敬宗收族"为特征的新型宗族制度开始确立,家族的祭祖活动也逐渐制度化、规范化,其社会伦理功能得到了更有效的发挥。

---

① 孙希旦:《礼记集解》中册,第905页。
② 程颢、程颐著,王孝鱼点校:《二程集·河南程氏遗书》卷十八,第241页。
③ 孙希旦:《礼记集解》下册,第1237页。
④ 刘宝楠:《论语正义》,第46页。
⑤ 刘宝楠:《论语正义》,第23页。
⑥ 王先谦:《荀子集解》下册,第378页。

孝子事亲有三项主要内容：生养、死葬、丧后之祭，祭祀祖先是尽孝的基本内容之一。祭祀祖先有家庭之祭、宗族之祭。家族祭祀祖先的主要形式，主要有两种：一是祠祭，二是墓祭。就祭祀对象而言，宋元之后的家族普遍祭祀始迁祖以下的历代祖先，主要限于高、曾、祖、祢等三到四代的近亲祖先。但宋元时期还出现了祭祀始祖的现象，按照规定，天子之外，任何官民不得祭祀始祖，但朱熹认为："今法制不立，家自为俗，此等事若未能遽变，则且从俗可也。"主张依从民俗，允许民间祭祀始祖。不过，朱熹强调，祭祀始祖只有"继始祖之宗者得祭"①，其他支派是不可以祭祀始祖的。祭祀地点，则因品官士庶的不同，或在家庙，或在祠堂。宋仁宗庆历元年（1041），"文武臣僚许立家庙"②，这种贵族官僚设立家庙祭祀祖先的规定，明清相沿。普通士庶家族由于不能立庙，便建祠堂以祭祖。朱熹撰写《家礼》，将祠堂列在通礼之首，并且说"君子将营宫室，先立祠堂于正寝之东"③，把建筑祠堂看得比日常生活必不可少的住房还要重要。之所以如此，其根本原因就在于立祠堂"以祀其先祖，俾族姓不忘其所自出"④。于是，祠堂便在社会上推广开来。自元代开始，在住宅内或住宅附近祭祀群祖的祠堂渐渐多了起来，如清代史家赵翼就说："今世士大夫家庙皆曰祠堂。……近世祠堂之称，盖起于有元之世。"⑤发展到明代中期，凡是稍有经济实力的宗族，一定建立宗祠以祭祖，江西、湖南、福建、广东等地的祠堂散布乡村、市镇，形成了大宗祠、小宗祠、支祠等多层级结构的家族祭祀网络。明清时期，家族祠堂随处可见，不仅是体现儒家孝道的祭祖之地，还是家族进行各种事务活动的中心场所，甚至成为了宗族的代称。

曾氏家族同其他家族一样，都是以父系血缘关系为纽带联结而成的一种社会关系。但曾氏家族作为圣贤后裔，由于得到历代统治者的优渥，封

① 朱熹：《家礼》卷五《祭礼》，朱杰人、严佐之、刘永翔主编：《朱子全书》第7册，第941页。
② 李焘：《续资治通鉴长编》卷一千三百四十，庆历元年（1041）十一月丙寅。
③ 朱熹：《家礼》卷一《通礼》，朱杰人、严佐之、刘永翔主编：《朱子全书》第7册，第875页。
④ 钱大昕：《潜研堂集·文集》卷二十一《钱氏祠堂记》，第342页。
⑤ （清）赵翼：《陔余丛考》卷三十二《祠堂》，商务印书馆，1957年，第691—692页。

建宗法制度对其家族的支配和影响远较其他家族为甚,这也使得曾氏家族内部各房系的联系比较紧密。尽管曾子十五代孙曾据挈族南迁之后,"累朝恩礼之盛,曾氏独阙"①,但在明朝统治者的刻意扶植之下,以曾质粹为首的宗圣后裔又重回东鲁故地,此后瓜瓞绵绵,繁衍不息。宗圣曾子是备受尊崇的儒家圣贤,配享孔庙天下通祀。同时,曾子故里嘉祥也建有专庙。在曾氏家族的祭祀活动中,由曾氏宗子博士主持,祭祀宗圣曾子的春秋二丁祭,显然是最为重要而又具象征意义的。嘉祥曾氏作为世袭翰博、曾氏大宗,其祭祀始祖曾子的活动对于维系曾氏家族的宗亲关系无疑具有重要作用。

因宗圣已有专庙,且通祀天下,故不再祀于家庙。嘉祥曾氏家庙之设,始于万历四十年(1612),由曾子六十二代孙、世袭翰林院五经博士曾承业上疏朝廷,请准建立。曾氏家庙在曾翰博府内,正殿五间,额曰"影堂";大门三间,立匾一方,曰"曾氏中兴祠";影壁一座,二门三间,东便门一座。曾氏家庙建立之时,曾子后裔还居嘉祥已近百年,人更四代。曾质粹作为曾氏后裔第一位世袭翰林院五经博士,对于曾氏家族的发展绵延居功自伟。因此曾氏家族仿孔氏故事,也将曾质粹尊奉为"中兴祖",这也是曾氏家庙称为"曾氏中兴祠"的原因。

家庙祭祀以祖先为主,但宗族祭祀的祖先并非一个家族的所有祖先,而是根据世代的不同有所选择。宋儒对于宗族祭祀世代的议论也很不一致,程颐主张根据祭祀的情况区别对待祭祀的世代:"冬至祭始祖,立春祭先祖,季秋祭祢。他则不祭。……先祖者,自始祖而下,高祖而上,非一人也,故设二位。常祭止于高祖而下。"又说:"自父而推,至于三而止者,缘人情也。"②朱熹则主张祭祀高、曾、祖、祢四世。但宋代自始祖以下合祀的现象非常多。明清时期,家族祭祀大多依《朱子家礼》,祭祀高、曾、祖、祢等近亲祖先。曾氏家庙的祭祀也是如此,除尊奉始封世爵、翰林院五经博士曾质粹偕夫人杨氏为中兴祖考妣,神主南向,永不祧迁外,祔以现在宗子的

---

① 焦竑:《宗圣志序》,吕兆祥:《宗圣志·旧序》,第271页。
② 程颢、程颐著,王孝鱼点校:《二程集·河南程氏遗书》卷十八,第240页。

高、曾、祖、祢四代神主,皆旁列东西向。六十代以下祖考妣神主,设祧位于
两次间。乾隆四十九年(1784),宗子曾毓塨于近祖林内创建享殿、石仪,又
在翰博府东偏建祠三间,奉藏历代祖考妣祧主,移奉四亲神主于影堂左右
次间,皆南向。这是曾氏大宗家庙的基本情形。曾氏小宗之支子孙,则自
以始分支之祖,别于其家立庙奉祭。

古代宗族的祠祭,以四时祭最为重要。《礼记·祭统》曰:"凡祭有四
时:春祭曰礿,夏祭曰禘,秋祭曰尝,冬祭曰烝。礿、禘,阳义也;尝、烝,阴
义也。禘者阳之盛也,尝者阴之盛也。故曰:'莫重于禘、尝。'"①所谓四
时,也就是元旦(即春节)、清明、端午、中秋、秋分、冬夏至等重大时令节
日,都有举行祭祀,尤其春秋两次大祭最为重要,这是全族的大祭祀。四
时祭之外,还有平常的祭祀,如每月的朔望日,祖先的忌日等都要祭告
祖宗。

曾氏家庙的祭祀也依四时之序举行,由于每年春秋上丁日都要在曾庙
举行祭祀曾子的大祭活动,所以曾氏家庙的祭祖活动选在每年的春秋上丁
之次日举行。祭祀是家族一项严肃庄重的活动,因此任何宗族都把祭祖的
仪式视为神圣的典礼,讲究祭礼的诚敬、规范、隆重。曾氏是圣贤后裔,其
祭礼参用了曾庙祭祀仪式,据王定安辑《宗圣志》所载,曾氏家庙的祭祀仪
式是这样的:

(祭日,曾氏翰博率族人盛服)恭诣中兴祖考妣及高、曾祖考妣
位前,焚香叩头,启椟出主,扫尘、陈设。鸣赞唱:"执事者各司其
事,就位! 降神!"鞠躬,四拜,平身盥洗。引诣盥洗所,酌水净巾。
鸣:"行初献礼!"引诣酒樽,所执樽者酌酒,诣神位前,跪,上香,献
爵、献帛,伏俯,兴。平身(起立)。鸣:"读祝文!"引诣读祝位,跪
读祝文。

其祭文曰:"维某年某月某日,几代主鬯孙某名敢昭告于中兴祖考
妣暨高、曾祖考妣神主前,曰:'我祖东归,迄今数世。绵绵瓜瓞,相传

---

① 孙希旦:《礼记集解》下册,第1249页。

奕祀。穆穆一堂,岁月流易。时惟仲(春、秋),享祀攸宜。追远报本,历久弗替。恪具羊豕酒醴,祗荐禋祀。伏冀灵爽,来格来尝。尚飨。'"伏俯,兴。平身,复位。鸣:"行亚献礼! 行终献礼!"亚献礼和终献礼皆如初献仪,但不读祝文。终献礼毕,鸣:"辞神!"鞠躬,四拜。焚帛文,揖礼毕,奉主入椟。①

至此,庙祭仪式宣告结束。通过庄严而隆重的祭祖仪式,族人的宗亲关系再一次得到强化,而曾氏翰博的宗子地位也在仪式中再一次得到体现。家族的庙祭不仅起到了凝聚宗族的作用,而且作为一种家族教育方式,也使得孝道思想在实践中快速传播于下一代,充分显示出道德教化的伦理功能。

家族祭祀活动的另一项重要内容是墓祭。墓祭,是我国追念祖先的一种祭奠方式,也就是岁时致祭于祖先墓茔。孔子说"葬之以礼",他在母亲去世之后,最大的愿望就是将母亲与父亲合葬在一起。孔子重视丧葬之事,对后人有很深的影响,"孝子之事,莫重于葬",成为世人普遍认同的思想意识。中国古代实行族葬制度,也就是一个家族共有一个墓地,体现了尊远祖、辨昭穆、亲逖属的宗法观念。

孔子以前,本无墓祭,墓祭的习俗到春秋时期才开始兴起。《礼记·曾子问》载:"曾子问曰:'宗子去在他国,庶子无爵而居者,可以祭乎?'孔子曰:'祭哉!'请问:'其祭如之何?'孔子曰:'望墓而为坛,以时祭。若宗子死,告于墓,而后祭于家。'"②这一记载,可视为古人祭墓之始。《史记·孔子世家》:"孔子葬鲁城北泗上……鲁世世相传以岁时奉祠孔子冢。"③可见春秋时期,已开墓祭之端。此后,墓祭逐渐成为世人遵行的一种风俗。清人赵翼说:"盖自西汉时早有上冢之俗,明帝遂因以为定制耳。……又因上陵之制,士大夫效之,皆立祠堂于墓所。庶人之家不能立祠,则祭于墓,相

---

① 曾国荃重修,王定安辑:《宗圣志》卷十一《祭告·宗子家祭仪》,第507—509页。
② 孙希旦:《礼记集解》中册,第540页。
③ 《史记》卷四十七《孔子世家》,第1945页。

习成俗也。"①墓祭在时间上比较固定,大致在每年的清明节、七月望(十五)、十月朔(初一)、春节。墓祭最重要的时节是寒食(后改为清明节)和春节。在清明节祭祀逝去的祖先,这一习俗形成于唐代,开元二十二年(734),诏令将寒食上墓编入五礼,永为常式。清明祭墓的情景,正如诗人杜牧所描绘的:"清明时节雨纷纷,路上行人欲断魂。借问酒家何处有?牧童遥指杏花村。"清明节这一天,人们追思祖先之恩,有感于"子欲养而亲不待",心情倍显凄凉哀婉。宋代,"凡新坟皆用此日(清明节)拜扫……自此三日,皆出城上坟"②。年祭也是规模较大的祭祀活动,族中子孙都必须到祖先墓前致祭,以表孝思。家族举行墓祭的另一个目的,是定时打扫维修祖先的墓茔。平时,除了岁时祭祀之外,人们很少到祖先墓茔去清扫整理,致使许多墓茔杂草丛生,或因雨水冲刷而损坏,族人正可借墓祭的时机察看祖茔,清扫维修。所以,中国民俗又把春秋墓祭称为"扫墓",也正是为了表达内心的虔敬之意。

　　曾氏家族的祭扫宗圣祖墓的祭期是清明节、七月望和十月朔,祭祀仪式与庙祭礼仪相同,其祭仪大致为:祭祀前一日,斋戒,并置办祭品。祭日,洒扫,布席,陈列供品,行初献、亚献、重献礼。由曾氏宗子宣读祭墓文,其祭墓文曰:"维某年某月某日,几代孙翰林院五经博士某名谨致奠于宗圣祖墓,曰:'圣门传道,惟我始祖。配飨有典,专祀有俎。南武之阳,封域如故。瞻望松楸,不胜景慕。兹逢(清明、孟秋、冬),岁序既易,牲醴既成,特伸祀事。尚飨!'"③

　　曾氏家族的墓祭除了祭祀宗圣墓外,还有坛祭。曾质粹还归嘉祥之后,因宗圣墓林"世经久远,沧桑之变,明清之水流,蔡河之壅滞,山前艰于平旷,繁衍孔多,次序转为狭隘",便卜地于城西小青山之阳,曾氏"后世子孙皆窀穸于此,而南武山遂无附葬者焉"。④ 乾隆四十九年(1784),曾子六十九代孙、宗子博士曾毓墫于宗圣墓左侧筑远代诸墓望祭之坛,将曾氏家

---

① 赵翼:《陔余丛考》卷三十二《墓祭》,第 677 页。
② (宋)孟元老撰,邓之诚注:《东京梦华录注》卷七《清明节》,中华书局,1982 年,第 178 页。
③ 曾国荃重修,王定安辑:《宗圣志》卷十一《祭告》,第 507 页。
④ 曾国荃重修,王定安辑:《宗圣志》卷十《林墓》,第 465—466 页。

族自二代祖曾元以下至六十代曾昊刻名于碑。每年墓祭之时,也于望祭坛祭祀远代诸祖。始袭世职祖曾质粹以下诸墓,皆行一献礼。这样看来,嘉祥曾氏家族的墓祭是在两个地方举行的,一是在宗圣墓祭祀曾子及远代诸祖,一是在小青山墓地祭祀曾质粹以下曾氏诸祖。

除了岁时祭祀之外,还有专祭。专祭,指的是冬至祭始祖,以及高祖、曾祖以下遇诞辰、忌辰皆致祭。

儒家所倡导的人子事亲之礼与对祖先的虔敬祭祀,自古以来就被世人看作人子恪尽孝道的本分,不孝亲、不祭祖的人会被看作灭绝人伦的不孝子孙,遭受人们的谴责。因此,对祖先的祭祀不仅仅是一种礼仪,更是一种行为规范。如富顺《曾氏族谱》就说:"祖宗者,子孙之根本也。子孙者,祖宗之枝叶也。后之人生百世下,不见祖宗之面目,祭祀不失其礼,完然祖宗之在耳目也。苟不肖,废祭侵葬,或贫穷而变卖,是皆逆天之罪也。如此者,不但求富贵而不得,丧败且立至矣。为子孙者重戒之。"①诸如此类的严禁规条,很大程度上维护了宗族祭祀的严肃性,强化了尊尊亲亲的宗族伦理。宗族祭祀可以展现出人们诚挚的感恩之情,促使族人向祖先学习,形成不同于其他宗族的习俗和家风,起到"崇祖睦族"的效果,同时,"还有着向外显示家族力量和树立家族声誉的意义在内"②。从这个意义上说,曾氏家族的祭祖活动对宗族文化的影响是多方面的。

第三节 曾氏族谱与宗族文化

族谱,又称家谱、宗谱、家乘,是以血缘关系为主体记载家族或宗族渊源、世系繁衍和重要家族人物事迹的史籍文献。中国的家族谱学由来已久,有学者认为,中国的家谱起源可以上溯至文字产生以前母系氏族社会

---

① 曾炽繁纂修:《富顺西湖曾氏祠族谱》卷一《家条十戒》。
② 陈支平:《近五百年来福建的家族社会与文化》,中国人民大学出版社,2011年,第125页。

时代的结绳家谱和口传家谱,所谓口传家谱,也就是氏族口传家族世系。
文字产生之后,在传世的甲骨文、金文中都有关于家族世系的记录。① 由后
人辑录的《世本》一书,记录了自黄帝至春秋时期帝王、诸侯及卿大夫的世
系,可以说是中国谱牒的开山之作。周代设有专掌修谱的史官,《周礼·春
官》记载"小史掌邦国之志,奠世系,辨昭穆",其意即在尊人道而报本始。
鉴于族谱在维系宗族延续方面的重要功能,在重视血统门第的魏、晋、隋、
唐时期,修谱之风兴盛一时。郑樵《通志》说:"自隋唐而上,官有簿状,家有
谱系,官之选举必由于簿状,家之婚姻必由于谱系。"②但这一时期私家纂谱
的情形较为少见,族谱编修主要是由官府主持,目的是为政府选拔人才、士
族出仕、门第婚姻提供依据。

唐末五代门阀士族制度的衰落,使得特权阶级的家庭地位处于极不稳
定的状态。同时,由于记载士族门第高下的谱牒在五代战乱中大都化为灰
烬,人们对于家族中世系稍远一点的亲戚也有些分不清了,以致"人家不知
来处,无百年之家,骨肉无统,虽至亲,恩亦薄"③。面对宗法人伦关系的弱
化,宋代理学家大力倡导宗法观念,张载说:

> 管摄天下人心,收宗族,厚风俗,使人不忘本,须是明谱系世族与
> 立宗子法。……且如公卿一旦崛起于贫贱之中以至公相,宗法不立,
> 既死,遂族散,其家不传。……今骤得富贵者,止能为三四十年之计,
> 造宅一区及其所有。既死则众子分裂,未几荡尽,则家遂不存,如此则
> 家且不保,又安能保国家!④

---

① 参见杨东荃:《中国家谱起源研究》,中国谱牒学研究会编:《谱牒学研究》第一辑,书目文献出
版社,1989 年,第 57—77 页。对于氏族血缘系谱与家谱起源问题,有学者肯定氏族谱系对家谱
起源和早期家谱的发展具有直接的影响。但也指出,氏族谱系反映的原始氏族血缘关系并非严
格意义的、嫡亲的母女或父子关系,与家族谱系一脉相承的嫡亲关系不应混同。从家谱的起源
晚于家族,家庭起源这一基本概念出发,家谱的起源当不早于母系氏族的晚期。见黎小龙:《从
民族学资料看家谱的起源》,中国谱牒学研究会编:《谱牒学研究》第三辑,书目文献出版社,
1992 年,第 16—18 页。
② 郑樵:《通志二十略·氏族略第一》,第 1 页。
③ 程颢、程颐著,王孝鱼点校:《二程集·河南程氏遗书》卷十五,第 162 页。
④ (宋)张载:《张子全书》,《四库全书》第 697 册,第 154 页。

在这样的环境氛围下,以官僚士大夫为核心的统治阶级和理学家们纷纷倡导尊祖孝亲等封建伦理道德观念,族谱编撰重新提上议事日程。由于家族谱系与选官已无关系,所以官府对于家族修谱也不再过问,宋元以后私家修谱开始盛行,其目的更为关注推本联支,以存尊尊、亲亲之道。元人刘诜在为《龙溪曾氏族谱》所作的序中论述了族谱的功能,他认为:"族不可以无谱。族有谱,然后不以疏为戚、戚为疏,不以尊为卑、卑为尊。戚疏尊卑秩然不可紊,而后孝弟之心生焉。……然尊卑疏戚之序素紊者,始于义不亲、情不密,义亲情密无是病矣。故明吾谱者,所以使吾义亲情密也。"①由此,纂修族谱,成为强化血缘关系、增进宗族和睦以及进行伦理教化的重要措施。作为封建宗法制度的一部分,族谱也体现着宗法精神。②

一家有谱,就如一国有史。由于族谱记载着一个家族的历史变迁,同时也保存了宗族世系、族人事迹、宗规家训以及族内的各种文献,所以族谱的资料价值历来为史家所重视。清人章学诚就认为:"家牒不修,则国之掌故,何所资而为之征信耶?"③即他把地方家族的谱牒看作一地一国史志的基础。近代学者罗香林也指出:"族谱为中国史籍之一类,与中国民族及文化之维系,关系甚巨。"④

一、曾氏族谱的纂修

修族谱有利于纯洁家族血统,密切宗亲关系,联络宗族,教育后人并提高本家族在社会生活中的声望,在社会政治、经济、文化以及人际交往中都具有重要作用。因此,历代都比较重视家谱的编修。宋元以后尤其是明清时期,民间修纂族谱逐渐呈现普遍化的趋向,许多家族都把修纂族谱当作家族的特等大事和后代子孙应尽的义务。曾氏族人也充分认识到修谱的重大意义,对族谱的纂修极为关注,付诸了许多心力。

---

① (元)刘诜:《桂隐文集》卷二《龙溪曾氏族谱》,《四库全书》第1195册,第157页。
② 常建华:《试论中国族谱的社会史资料价值》,中国谱牒学研究会编:《谱牒学研究》第一辑,第11页。
③ (清)章学诚著,叶瑛校注:《文史通义校注》卷六《和州志氏族表序例上》,中华书局,1985年,第621页。
④ 罗香林:《中国族谱研究》,香港中国学社,1971年,第1页。

　　武城曾氏家族从何时开始纂修族谱,今天已无从可考。①《宋史》卷二
〇四《艺文志三》著录有"曾肇《曾氏谱图》一卷",是目前所能见到的关于
曾氏族谱的最早记载。曾肇撰著谱图的时间大概在宋元丰六七年间,其体
例应是采用由欧阳修创立的谱图之法。近年发现的江西南丰《二源曾氏族
谱》录有元丰六年(1083)曾巩所撰《修谱图法》,其文曰:

> 　　欧阳子因采太史司马子长《史记·表》、郑玄《诗谱》,略依其上下、
> 旁行作其谱图。上自始祖,下止元孙,而列为谱系。别为代数者,上承
> 其祖为元孙,下系其孙为始祖。凡代再别,而九族之亲备。推而上下
> 之,则知源流之头目;旁行而列之,则见子孙之多少。夫惟多与久,其
> 势必分,此物之常理也。凡元孙别而为代者,各系其子孙,上同其出
> 祖,下别其亲疏。如此,则子孙虽多而代数不乱,传远而无穷,此谱图
> 之法也。吾宗族属日蕃,弟肇有志于谱,故书之俾之使取法焉。②

曾肇有志于纂修曾氏族谱,而曾巩则为其弟略述修谱之法,可见,曾氏兄弟
对于家族谱牒的纂修是非常重视的。虽然,曾肇所撰《曾氏谱图》已佚,我
们难以知其详细,但从曾巩《修谱图法》所言来看,宗族世系、分徙源流必是
其核心内容。这一点,我们也可从南宋著名学者邓名世所撰《古今姓氏书
辩证》关于曾氏的记载中略窥一斑。③ 宋代曾氏族谱除了曾肇所撰《曾氏谱
图》,见于记载者还有南宋理宗宝祐年间曾德卿纂修吉水《石濑曾氏族谱》,

---

① 曾子六十三代孙曾弘毅所撰《武城曾氏重修族谱序》中说:"八传炜、十九传谭,均尚书也,前后
笔系于汉。……自是以来,二十九传兴、三十二传谊,作《唐谱》。三十九传上柱国辉、东宫史
耀,始叙而作《吴谱》。四十、四十九等传著作郎匪,推官朝阳秘书少监涣,作《宋谱》。"其实际情
形究竟是否如此,根据既有资料,尚无法证实。但由这项记载来看,至少可以推知,在宋代之前,
曾氏家族曾进行过族谱的编修。见曾燦光等纂修:《武城曾氏族谱》,上海图书馆藏民国十一年
(1922)石印本。又见山东嘉祥曾氏宗亲联合总会藏:《武城曾氏重修族谱》。
② 转引自文师华、包忠荣:《曾巩家族的〈二源曾氏族谱〉》,《文学遗产》2007年第5期。
③ 参见邓名世撰,邓椿年编:《古今姓氏书辩证》卷十七《十七登·曾》,第247—248页。另,曾唤
文纂修《江西省赣州府长宁县圹田曾氏三修族谱》录有曾肇元丰七年撰《曾氏总谱旧序》,对宋
代之前曾氏族谱所载曾氏源流及迁徙情况作了概述。上海图书馆藏清光绪二十七年(1901)木
活字本。

明李时勉称赞其纂辑的曾氏谱系"明正详备"①。

宋元易代之际，战乱频仍，许多家族谱牒毁于兵火。浙江人胡助说："近世故家大族，兵燹之后，谱牒悉多散佚，而又子孙卑微不学，其能存先世之谱者，百无一二焉。"②但南丰曾氏族谱至元代尚存，虞集在《跋曾氏世谱后》中说，他见到的南丰金谿曾氏世谱，不仅载有曾文昭公（曾肇）于宋神宗元丰七年（1084）所作的族谱序言，而且"曾氏自南丰而金谿，三百年间，人门并著，谱无遗阙"③。这在宋谱几乎丧失殆尽的元代，尤为罕见，也说明曾氏后人对于族谱是极其珍重的。

元代曾氏族谱有在宋谱的基础上加以增修者，也有"精搜博访"④，采集文献，重新辑修者。《四库全书》所收元代别集中，保留了有关曾氏族谱的序言、题跋等资料。翻检所及，所见者有四：一、吴澄《罗山曾氏族谱序》，二、刘诜《龙溪曾氏族谱》，三、虞集《跋曾氏世谱后》（南丰金谿），四、黄溍《书曾氏家谱后》（江西赣州）。就曾氏族谱所涉及地域而言，大体上都在江西一境，这和曾氏家族在宋元时期主要的聚居区域也是一致的。这些族谱序跋虽然没有谈及曾氏族谱的纂修体例，但令人惊喜的是，刘诜在《龙溪曾氏族谱》序中谈到了曾氏族谱的叙述法则，他说："龙溪曾氏族谱……注其族自一世、再世以至十四世、十五世，其派分源别，凡其徙、其复、其藩、其绝，罔不存且明者，其意殆欲至于百世而未已。"⑤从这一记载，我们大略可以看出，元代的曾氏族谱不仅记载了家族世系，同时也记载了家族世派的分化、迁徙情形以及家族各支派的繁衍情况，较之宋代族谱，在内容上有所丰富。

明清时期，民间修纂族谱极为盛行。随着曾氏家族的繁衍移徙，各地曾氏支庶后裔大都注重族谱的纂修。现存曾氏族谱，大都是明清两代编修的，而其中绝大多数是清代流传下来的。《四库全书》所收明代别集中，涉及曾氏族谱的序言、题跋史料有：一、杨士奇《东里集》卷二十三《上模曾氏

---

① （明）李时勉：《古廉文集》卷四《石濑曾氏族谱序》，《四库全书》第1242册，第722页。
② （元）胡助：《纯白斋类稿》卷二十《吴氏谱牒序》，《四库全书》第1214册，第679页。
③ （元）虞集：《道园学古录》卷四十《跋曾氏世谱后》，《四库全书》第1207册，第566页。
④ （元）黄溍：《文献集》卷四《书曾氏家谱后》，《四库全书》第1209册，第344页。
⑤ （元）刘诜：《桂隐文集》卷二《龙溪曾氏族谱》，《四库全书》第1195册，第157—158页。

族谱后》,二、王直《抑庵文集》卷六《南溪曾氏族谱序》,三、王直《抑庵文集·后集》卷二十《上模曾氏族谱序》,四、李时勉《古廉文集》卷四《石濑曾氏世谱序》,五、何乔新《椒邱文集》卷十二《南丰曾氏家谱》,六、罗玘《圭峰集》卷九《南团曾氏族谱序》,七、罗玘《圭峰集》卷十《长兴曾氏族谱序》,八、罗洪先《念庵文集》卷十二《庐陵王田曾氏族谱序》,九、罗钦顺《整庵存稿》卷九《上模曾氏重修族谱序》。另,《曾氏族谱》中所见明代曾氏族谱序言有:一、永乐二十二年(1424)福建延平府南丰县事徐中撰《温陵曾氏族谱序》①,二、成化十一年(1475)南京兵部右侍郎李震撰《长溪曾氏族谱序》②,三、明弘治年间曾朝节撰《岭南曾氏族谱序》③,四、万历二十八年(1600)曾同亨撰《南丰曾氏支谱序》④,五、万历年间罗洪先撰《曾氏老族谱序》⑤,六、崇祯八年(1635)曾化龙撰《重修温陵曾氏全谱序》⑥。从这些序跋所反映的明代曾氏族谱数量来看,较之元代族谱的数量,已大为增加。在明清两代曾氏族谱的修纂过程中,一个值得注意的现象是,东南两宗开始共同编纂两宗通谱,这在曾氏族谱的编修史上具有至关重要的意义。

　　曾氏东宗、南宗的问题,起始于明嘉靖年间。嘉靖十二年(1533),诏访曾子嫡裔,曾子五十九代孙、永丰曾质粹经阖族共推奉命北还,徙居嘉祥,授翰林院五经博士,世袭罔替,祀守曾子祠墓。曾质粹由此成为统率曾氏族人的大宗主,曾氏家族自此便有了东宗、南宗之分。从曾氏家族的世系上看,曾子三十七代孙曾庆有二子,长子曾伟,次子曾骈。曾骈二十二传为曾质粹,袭翰博,是为东宗。曾伟十四传为曾晞颜,徙居龙潭,曾晞颜之子曾巽申四传为曾集,曾集长子曾芝徙居湖南宁乡县,是为南宗。按照严格的宗法关系,东宗属曾氏庶支,但因为嘉祥是宗圣故里,东宗又以朝廷世官

---

① 曾鹗荐等纂修:《温陵曾氏族谱》。
② 曾鹗荐等纂修:《温陵曾氏族谱》。
③ 曾炽繁纂修:《富顺西湖曾氏祠族谱》,上海图书馆藏民国十一年(1926)石印本。
④ 曾唤文纂修:《江西省赣州府长宁县圹田曾氏三修族谱》,上海图书馆藏清光绪二十七年(1901)木活字本。
⑤ 曾崇球纂修:《吉阳曾氏族谱》,上海图书馆藏清咸丰间抄本。
⑥ 曾鹗荐等纂修:《温陵曾氏族谱》。

的身份主持曾子祀事,所以东宗便取代南宗成为曾氏大宗,曾氏家族宗法名分自此确定。

鉴于明嘉靖、万历年间,两次发生争袭翰博的事件,曾质粹之曾孙曾承业在承袭翰林院五经博士之后,为严宗法而正名分,对曾氏族谱的纂修甚为重视和关注,"欲续海内嫡谱,未克而卒"①。崇祯元年(1628),曾承业之子曾弘毅(清代避讳,改"弘"为"宏")承袭翰博之后,即联络南宗,重修族谱,以成先志。于是,便开始了东南两宗首次共同编订曾氏族谱的活动,由东宗宗子、曾子六十三代孙、翰博曾弘毅和南宗宗子、曾子六十一代孙、寺丞曾日新(字正宇,号洁盤)主持。曾弘毅在崇祯十二年(1639)春所作《武城曾氏重修族谱序》中记载了东南两宗考订曾氏族谱的情形:"余也身羁主邑不可出走,而洁盤先生迹遍海内,乃得汇各房系,与大宗谱互相校对,补缺正讹,存真杜冒,竭十余年之力,乃告成焉。"对此次修谱之宗旨,曾弘毅在序中表达得清楚明白,他说:"余以为得此谱而证之,应自愧反本之不速也,有何混冒者之难一哉!第卷繁等身,总谱例归我两大宗子,惟虑各房数典而忘祖也,则摘两宗与伊房系而给之,庶各考究勉旃自力,以血脉而绵道脉也。"

曾弘毅"绵延道脉"思想的提出,掀开了曾氏族谱纂修史上新的一页。也正是从这时起,曾氏族谱亦仿孔子世谱以孔子为孔氏始祖之例,把有传道之功的宗圣曾子作为曾氏始祖。《武城曾氏重修族谱·合族总系》曰:"旧谱开派以点公(指曾点,曾参之父),盖推宗圣所自出也。第学官从祀,既奉莱芜侯配宗圣而武城家庙亦仿学官定制,建庙另祭,此列朝以来崇儒重道之盛典,俾贤贤亲亲,并行不悖。矧沐圣朝洪恩,翰博荫袭,原推自宗圣,则家系之修,应尊庙制。谨以宗圣开派者,非敢故出臆见,正以见我族敬今恪守之意也。"②同时,曾氏族谱自六十三代起开始使用全国统一的字辈排行。字辈既是血缘关系的一种表现,又是宗法关系的象征。曾氏家族与孔、颜、孟三氏均为圣贤后裔,自袭封世官后,大都采用孔氏钦赐行辈取

① (清)曾弘毅:《武城曾氏重修族谱序》,见曾燦光等纂修:《武城曾氏族谱》。
② 《武城曾氏重修族谱·合族总系》。

名训字,以表圣贤一体、万世一系之意。明洪武三十一年(1398),明太祖朱元璋钦赐孔氏子孙命名行辈,共十字,即"希、伯、公、彦、承、弘、闻、贞、尚、衍"①,曾氏徙居嘉祥之后,从六十二代曾承业开始就已经采用这一行辈。通过首次联修族谱,这一规定也被渐次推广于全国各地的曾氏族人。

由于千余年来曾氏家族首次进行跨地域的联修族谱,涉及范围较广,涉及支派繁多,所以,这次修谱历时十多年才得以完成。从中我们也可以看出,曾氏东南两宗对修纂族谱的慎重之情和付诸心力之大。这次东南两宗联合修谱,对于辨清曾氏世系源流,加强东南两宗的联系和交往,消弭前嫌,增进两宗族人的血缘情感,都起到了非常好的效果。自从首次联修族谱之后,曾氏族谱的修纂就形成了南宗设局、东宗查核,嫡谱掌归嘉祥、宁乡东南两大宗子的惯例,对保证曾氏族谱的及时续修和不断完善作出了积极贡献。

时至清嘉庆三年(1798),曾氏东南两宗又进行了新一轮联合修谱活动。这次修谱由曾子六十九代孙、东宗世袭翰博曾毓墫(字注瀛),曾子六十七代孙、南宗曾衍咏(字雩台)共同主持,东宗宗子、曾子七十一代孙、世袭翰博曾纪连等参与,至嘉庆十一年(1806)告成。这次修谱是在旧谱基础上的增修,"锄异核真,正讹补缺,几易裘葛,将旧谱而新之"②,使得曾氏各分支派别世系井然,有条不紊。其修谱之宗旨则着重于遵行祖训,倡扬孝道。这次修谱为以后曾氏族谱的修纂也创下新规:一是立下族谱三十年一续修的规矩;二是为防混冒、紊乱宗支,制定了族谱必须加盖东南两宗及衍圣公府印记的措施。具体程序是:族谱先由东宗核盖钤记,南宗再将清雍正三年(1725)钦赐的"省身念祖"四字图章逐页戳盖,然后呈送衍圣公府核盖印记。只有族谱盖有衍圣公府暨翰博印谱,方准优免差徭。自此之后,凡有恳请优免杂派差徭者,先行移咨宁乡县学,协同南宗核对老谱,如果代数相符,即赍送东省翰博处,复加查核,由衍圣公府咨复办理优免事宜。若核对不符,显有假冒情弊,则将伪造之谱更正,优免之案注销,并交地方官

---

① 《孔府档案》卷一千一百六十二之一。
② 曾毓墫:《武城曾氏重修族谱序》,见曾毓墫等纂修:《武城曾氏重修族谱》,上海图书馆藏嘉庆十二年(1807)木活字本。

照例治罪。曾氏家族通过这样严格的规定,既避免了庶宗逃差之弊,又保护了宗圣后裔优免杂派差徭的利益。

道光十四年(1834),东宗宗子、曾子七十一代孙、翰博曾纪瑚与南宗曾兴槎兄弟续修曾氏族谱,曾纪瑚在《武城曾氏谱序》中对修谱经过及纂修原则有这样的叙述:"甲午(道光十四年)秋,乞假南下,与南宗兴槎伯仲踵先人旧迹,以重新之。合列省谱系,详所自来,推所自及,信者虽潜必录,疑者虽盛必锄。"①从曾纪瑚序言中,我们可以知道,纯洁血统、存真杜冒仍然是编纂统宗世谱时面临的一个难题。因为宗圣后裔享有免除差徭的权力,于是在南方冒称曾氏族人、希图鱼目混珠、逃避赋役的现象在所难免。据《曲阜孔府档案史料选编》所载,自嘉庆十二年(1807)至道光二年(1822),十五年间就有湖南宁乡县、攸县,江西上饶县等地曾氏族人恳请援例优免差徭。②作为东宗宗子,曾纪瑚亲往南宗谱局主持修谱,足以显示其对甄别支派真伪的重视和"混冒杜而圣裔清"的期待。由曾纪瑚主持纂修的《武城曾氏重修族谱》,历时三年,至道光十七年(1837)告成。这部族谱的道光十七年刊本,共十一册,现收藏于台湾。

道光二十年(1840),鸦片战争爆发,列强交侵,烽烟四起。咸丰初叶,太平军又占据两江。南北道途梗塞,往来不便,曾氏修谱总局一度停滞。同治十年(1871),南宗倡修族谱,仍设谱局于湖南。次年春,南宗曾毓郊向时任湖北巡抚的曾国荃面陈倡议重修曾氏族谱一事,经各族绅公举,由曾毓郊领衔开局重修。曾毓郊又至嘉祥恭谒宗圣庙墓,与东宗主鬯翰博曾广莆商议此事。曾广莆听闻之后跃跃称快,便委托曾毓郊"清厘嫡系,涤除积弊,以成报本笃亲、收族敬宗之美"③。东南两宗重修族谱的行动,得到了广大曾氏族人的积极参与,同治十年(1871)五月,时任直隶总督的曾国藩在家书中就说,"江西义宁州武宁县有本家曰曾承恩曰崇实曰位兰曰启祥曰维新者,自江西两千里来此,携有湖南省曾氏谱局公启一纸,令渠等携谱至余处呈览(启曰金陵家大人处),限五月到局修谱云云。……曾承恩等意欲

<hr>

① (清)曾纪瑚:《武城曾氏谱序》。
②《曲阜孔府档案史料选编》第3编第2册,第188—197页。
③ (清)曾毓郊:《谱叙》。

至湖南一寻宗支而笃族谊。"①

为做好修谱工作,东南两宗于同治十一年(1872)特别编订了《武城曾氏重修族谱例言》十二条,规范了修谱细则,其主要内容为:

一、谨遵开派,便数典也。自明奉旨世袭以来,谱均以宗圣为一派。凡算子孙若干代数均从此起……兹敬守之,不敢有易,以便数典。

一、绘具像图,兴观感也。

一、谱联东南,重宗子也。余族繁衍,谱各分修。每支冠东南两房者,重大宗也。

一、恪守谱鹄,明去取也。

一、标明排行,清圣裔也。宏、闻、贞、尚、衍、兴、毓、传、纪、广、昭、宪、庆、繁、祥、令、德、维、垂、佑、钦、绍、念、显、扬,此廿五字,圣裔排行也。以之命名,故谓之名派。各房先人,手定字句,以之取字,故谓字派,即房派也。

一、严查混冒,杜紊宗也。

一、谱图款式,率旧章也。族衍海内,均曰"武城曾氏",昭祖籍也。中封处注,家某县、衍某处,易查徙也。服图仅四代,仍括原名,毋太涣也。分房必五代,取服阕也。

一、详略配氏,重大伦也。

一、斟载子女,杜含混也。

一、曲全过继,省事端也。以鹄谱绳各谱,有舍己祖,而祖别房者,即宜查明代数,更正归宗,此正理也。如伊支别有事故,历多案宗,积重难返,执理归宗,便生一番讼事,则于昭穆相当者,遂曲全作继以嗣之。于其生父下为之注明,另册备查。如鹄谱无生父,是混冒矣,万不可入。

一、节发闲文,省卷帙也。艺文除冠首以诏、祭、赞、诗、论、序、區、乐、诰、封、案、牍、殿,后以各处与图外,其余旧谱中之叙记闲文,另入《武城志》内,不必再为订入房系,为之节发可也。

① 《曾国藩全集·家书二》,同治十年(1871)五月初十日,致澄弟沅弟,第1406页。

一、加请盖印，杜混冒也。除呈请优免之谱，东宗核盖钤记，南宗戳盖图章，呈明衍圣公府加盖紫印，暨嘉祥、宁乡两处宗子所在地方官长，互核盖印外，凡续修、初修谱本，必须呈请宁乡县宪儒学，于每册世系首页，各盖印信。南宗仍逐页戳盖"省身念祖"四字图章，以昭慎重，而杜混冒。①

按照这一修谱原则，曾毓郯于光绪三四年间，亲到吴越、粤东、豫章、鄂北等处，搜访支庶嫡传，揭各支而为总册，于光绪五年（1879）编纂完成。

以上所述，是历代纂修曾氏族谱的大致情形。实际上，在明清以来长江以南地区宗族势力普遍发展的情况下，除了东南两宗联修的族谱之外，以曾氏各支派为主纂修的区域性族谱为数众多，其中不乏未参与合修族谱者。如四川重庆府江津县石充房，嘉庆年间曾参与东南两宗的联修族谱，但此后百余年间石充房既没有参与联修，也没有续辑本房家谱。曾祥瑞作于民国十一年（1922）的《武城曾氏续修族谱序》说："我石充房所存之谱，乃衍咏公经修之谱也。至今百年，尚未续辑。前清同治间，川东镇提督宪儒，湖南湘乡人也，同巴东县武举提督元倡修谱首，谱局设立，重庆回东谒庙，虽来征启，而我房未能合修。"②又如，湘乡曾国藩家族，自清顺治元年（1644）曾孟学由湖南衡阳迁往衡山县，再迁湘乡，定居于沙溪，湘乡一脉遂绵延开来。清末，由于曾国藩、曾国荃兄弟在平定太平天国之役中立下的功勋，湘乡曾氏家族的地位异常隆盛，因此湘乡曾氏更为注重本房系族谱的纂修。光绪二十六年（1900）曾广祚等修成《曾氏四修族谱》十六卷，分《艺文》四卷、《齿录》（即世系图）十二卷，其中就详载了湘乡曾氏源流及世系，以及曾国藩、曾纪泽父子的事迹。③这种随着后裔繁衍，族各立宗、宗自为谱的情况，在散居全国的曾氏支派中恐怕不是少数。上海图书馆收藏了九十一种清代至民国时期纂修的曾氏族谱，从地域上看包括了江西、福建、湖南、浙江、江苏、四川、广东、河南等地区，尤以湖南、江西为最多。这些保

① 《武城曾氏重修族谱例言》。
② 曾祥瑞：《武城曾氏重修族谱序》，见曾燦光等纂修：《武城曾氏族谱》。
③ 罗香林：《中国族谱研究》，第247—250页。

存至今的曾氏族谱除了少量的联谱外,大部分都是区域性族谱,主要反映一个支派迁徙、繁衍的历史。

二、曾氏族谱的文化意义

族谱主要记载了某一个家族的家族起源、各支谱系、族规家训、宗族祭祀等内容,具有溯渊源、分疏戚、序尊卑、敬宗收族等作用。由于曾氏家族所拥有的圣贤后裔的特殊地位,曾氏族谱的纂修显然具有更为重要的社会文化意义。

首先,曾氏族谱体现了强烈的血缘意识。对于任何一个家族的族谱来说,家族的世系源流、血缘统系都是最为核心的内容。中古以来,伴随着家族流动的加快,子孙繁衍的众多,族人的血缘关系逐渐疏远。为了有效联络这种逐渐疏远的血缘关系,修纂族谱以理清家族的血缘关系便不能不成为一件极为重要的事情。[①] 因此,"子孙既多,支分派别,而服尽、而亲尽、而谱有不能及者,遂至如途之人,士大夫家著谱尝病之"[②]。

为了使家族内部的血缘关系上下有序,清晰可辨,从明代开始,曾氏纂修族谱时就开始实行名字排行制度,也就是同一辈分的兄弟姐妹,必须用家族统一规定的单字来命名取字。这样,一闻其名,便可知其为几代,世系辈分关系了然明白。纂修族谱对于字辈的强调,实际上是族如一家的血亲观念的体现。古人对"五服"血缘关系特别重视,因此字辈谱多采用五言句式。中国古代各个家族的字辈谱是十分严肃的,家族字辈最先一般由祖父辈临时决定排行用字,后来便由某一祖先选定一系列的排行用字,记载于族谱中,俾后世子孙沿用,以避免世系紊乱。时至今日,这种传统的命名方式仍被广泛沿用。

曾氏族人从宋代起已注意订定行辈,同辈人多采用同一偏旁或者同一字作为行辈字,如晋江曾氏,曾公亮、曾公奭、曾公望、曾公定等皆用"公"字以明行辈,其下一代则用"孝"字,如曾孝宽、曾孝广、曾孝纯、曾孝

---

① 陈支平:《近五百年来福建的家族社会与文化》,第35页。
② 虞集:《道园学古录》卷四十《跋曾氏世谱后》,《四库全书》第1207册,第565页。

序等。但这种行辈用字并不严格，如南丰曾氏曾巩、曾布、曾肇兄弟，就没有用行辈字，他们的下一代才采用"丝"字偏旁的字作为取名的标准，如曾统、曾绎、曾纡等。这种情形下，就会出现不同支派同一辈分的用字并不相同的现象。明嘉靖十八年（1539），宗圣曾子后裔曾质粹得授翰林院五经博士，与孔、颜、孟三氏后裔一样，代代享受封建帝王的世袭优遇。所以，曾氏家族在崇祯年间联修族谱时，就规定从六十三代开始采用御赐名派十字"希、言、公、彦、承、弘、闻、贞、尚、衍"，东宗宗子、六十二代曾承业用"承"字，六十三代曾弘毅用"弘"字。清代因避清高宗弘历名讳，改"弘"为"宏"。

清乾隆五年（1740）二月，又钦赐孔、颜、曾、孟四姓统一名派十字"兴、毓、传、继、广、昭、宪、庆、繁、祥"。道光十九年（1839）又定十字"令、德、维、垂、佑、钦、绍、念、显、扬"。① 民国九年（1920），因行辈用字将次届满，衍圣公孔德成又将续派二十字，呈请时任民国大总统徐世昌颁行使用：

> 呈为衍圣公续拟本族世系行辈字样，据情呈仰钧鉴事：
>
> 准衍圣公孔德成咨称，孔氏世系按照行辈命名，每遇行辈字样届满之先，由宗子衍圣公继续拟字，咨部奏请颁行，以绵圣裔而昭郑重，历经办理在案。现在行辈将次届满，遵照旧章，酌拟：建、道、敦、安、定、懋、修、肇、彝、常、裕、文、焕、景、瑞、永、锡、世、绪、昌二十字以为预备，次请查核。转呈大总统训示。中华民国九年十月五日。②

曾氏家族使用御赐统一名派，不仅使得家族内部的血缘关系和尊卑关系易于辨识、核查，而且从观念上增强了曾氏族人的荣誉感，有助于凝聚不同区域内的同宗族人的血缘情感。

为了保证家族血缘的纯正，曾氏家谱在记载血缘世系时特别注意以下

---

① 《孔府档案》卷1162。
② 《孔府档案》卷6601。按，实际上，此二十字名派为孔德成之父、七十六代衍圣公孔令贻所拟，于1919年由内务部核准备案，未及颁行，孔令贻即于当年去世。遗腹子孔德成于1920年2月出生，4月，大总统令孔德成为衍圣公，故孔府以衍圣公孔德成的名义，再次呈请颁行续立字派。

情况的处理：

> 一、子出抚异姓，或随母嫁，均书"寄居某家"，冀归宗也。
>
> 一、随母子数岁而来，带孕子数月而生及义子、赘婿，均异姓也，概不收录，明非一本。
>
> 一、抚子，唯有本姓侄辈最好，一子可承两房宗祧。……抚异姓子，例载"异姓乱宗，杖六十"，其人绝矣，应书圈乙。然异姓既得我姓产业，又葬我祖坟山，年岁久远，彼归宗而强我山，不几为彼山而抹我祖耶？故书抚某姓子，例不详而圈乙。①

在纂修族谱时对这些非正常的继嗣情况严格加以区分勘载，一方面维护了家族血统的纯洁，另一方面也可以避免家族财产为外姓所侵掠。在自然经济为主的古代社会，财产的积聚十分不易，而宗祧继承与财产继承有着密不可分的关系，继子拥有家庭财产的继承权。② 所以，古代家族都提倡立本姓侄辈为继子，以保证一个宗族或家庭的财产能够有秩序地传承下去，对异姓继子则持排斥态度。如石莲《曾氏族谱》中所载家训中说："世俗积弊，无子者往往以随男女婿或舅姑姨子抚而为嗣，甚至有以义男为子者，其教养婚配视若己出，而不知张非张类，李非李种矣。可不念哉！吾族不准蹈此流弊，有子者勿再继，无子者择本房侄辈或本族侄辈以承其嗣。"③明确禁止异姓入继，以防异姓乱宗。不仅如此，在本族正统血缘世系中，曾氏族谱也非常注意明宗派、别亲疏、序尊卑，《武城曾氏重修族谱例言》中就有关于记载族人世系的详细规定：

> 其人仅娶一妻，生子于其本名后注"生子几，名某者"，固无论矣。

---

① 《武城曾氏重修族谱例言》。
② 王善军指出，通过立继来确定宗祧继承的家庭，在财产继承方面存在各种复杂的情况。同时也指出，宋代宗祧继承的普遍和社会上下对它的重视，从一个侧面说明了中国古代社会作为一个宗法社会的某些特征。见王善军著：《宋代宗族和宗族制度研究》，河北教育出版社，1999 年，第132—138 页。
③ 曾传禄等纂修：《石莲曾氏七修族谱》卷五《二修家训》。

惟子女系嫡、继、妾生，其出非一，而总数若干，要由夫算，示子统于父也。第继出，按其子之长幼，知其生母。若嫡妾并生，必于嫡妾生则年庚时下、没则葬向了处注"子名某"，然后于生子行中又总契之，曰"生子几，名某；生女几，摘其母姓某出。长适某某；出，次适某"。一则有所统，一则无所混也。

正因如此，曾氏家族在纂修族谱时，历来注重锄异核真、清厘嫡系，通过血缘纽带联络各地族人，增强家族的向心力，有利于凝成浓厚的家庭和家族观念，为曾氏家族的和睦发展奠定了良好基础。

其次，曾氏族谱突显了宗法观念。宗法制度是中国古代传统社会的典型制度之一，其核心是通过宗族内部嫡庶的区分来确立大宗、小宗的等级秩序和权力分配原则。大宗、小宗之分，一方面是嫡庶之别，另一方面是迁与不迁之别。就宗族内部而言，嫡为大宗，这是宗族的主干，为百世不迁之宗。庶为小宗，为宗族的分支。小宗之嫡在本支为大宗，小宗之庶在本支仍为小宗，以此类推。《礼记·大传》对西周的宗法制度有系统的解释：

> 别子为祖，继别为宗，继祢者为小宗。有百世不迁之宗，有五世则迁之宗。百世不迁者，别子之后也。宗其继别子之所自出者，百世不迁者也。宗其继高祖者，五世则迁也。尊祖故敬宗，敬宗，尊祖之义也。
>
> 自仁率亲，等而上之至于祖；自义率祖，顺而下之至于祢。是故人道亲亲也。亲亲故尊祖，尊祖故敬宗，敬宗故收族，收族故宗庙严，宗庙严故重社稷，重社稷故爱百姓……①

从这段论述来看，宗法制度是在亲亲的基础上，延展为尊祖敬宗，乃至于收族，也就是把同一宗族的亲属按照亲疏、贵贱聚合起来，实现上治祖祢，下

---

① 孙希旦：《礼记集解》中册，第914、916—917页。

治子孙,旁治昆弟,合族以食的目的,其实质就是在宗族内部秩序上体现礼制的等级差别。

　　宋明以后的家族制度是在特定历史条件下对古代宗法制度的延续和发展,宋儒张载着眼于宗法的政治伦理功能,提出了"立宗子法"的主张,以管摄天下人心,收宗族,厚风俗。他认为:"宗子之法不立,则朝廷无世臣。……宗法若立,则人人各知来处,朝廷大有所益。"①程颐也指出:"若立宗子法,则人知尊祖重本。人既重本,则朝廷之势自尊。"②从张载、程颐的论述中,我们可以清晰地看出他们倡立宗法的终极目标。在张载、程颐看来,纂修族谱正是推本联支、尊祖收族、彰明宗法的有效途径。这种立宗法以维护政治统治的思想,对后世影响极大。明代王直在《南溪曾氏族谱序》中就这样说道:"古者世族大家必有宗法,以端其本、联其支,则伦理正、恩谊笃,而可以久且大矣! 自宗法废,族无所统,于是有服尽、亲尽而相视如途人者,君子病之,此谱牒之所以作也。谱牒之作,凡同本者皆录焉,明其所自出而谨其所由分,尊卑疏戚粲然甚明,是宗法虽废而伦谊不悖者,赖谱以维持之也,是以君子重之。"③

　　曾氏东宗是在皇权的支持下,以小宗承祧大宗。因此在纂修族谱时,曾氏特别重视宗法观念,希望以大宗的身份"收宗合族",通过纂修族谱,把散居全国的曾氏族人组织成一体,确立大宗、小宗的上下尊卑名分。但一个值得注意的现象是,明末崇祯年间曾氏联修族谱以来,无论是合修族谱还是各分支支谱,每支前大都冠以东南两房世系。这和孔子世家谱有明显的不同。从孔氏家族的发展史来看,从南宋建炎二年(1128)孔子第四十八代嫡裔、衍圣公孔端友渡江南下,定居衢州开始,孔氏家族就有了南北宗之分,至元代至元十九年(1282)南宗衍圣公孔洙让爵于北宗,长达一百余年的南北宗之争才宣告结束。此后,衍圣公均由北宗承袭,并统摄宗姓。孔氏家族编修宗谱时,均由衍圣公负责,以北宗大宗主为核心。北宗编修的族谱中,只在孔端友下注明"南渡于衢",孔玠下注明"奉端友祀",并不将南

① 张载:《张子全书》卷四《宗法》,《四库全书》第697册,第154页。
② 程颢、程颐著,王孝鱼点校:《二程集·河南程氏遗书》卷十二,第242页。
③ 王直:《抑庵文集》卷六《南溪曾氏族谱》,《四库全书》第1241册,第121页。

宗世系收录于内。《阙里文献考》在"世系"中将南宗每一代衍圣公录入，并置于同代北宗衍圣公之前，但在"谱系源流"中仅把南宗作为流寓支派之一附于北宗之后，于此可见，北宗并不承认南宗的宗子地位。但是，曾氏家族修纂族谱时，却是南宗设立谱局、北宗核查，且将南宗世系与东宗房系同冠于各分支之前。名为"重大宗"，实际上却是南宗以此自重。雍正三年（1725），清世宗钦赐曾氏东宗宗子、世袭翰博曾衍橚"省身念祖"匾，并申教天下曾氏族人，其中之深意自不待言。而此后曾氏东南两宗联合修谱时，南宗将"省身念祖"四字刻成图章，在族谱上逐页戳盖，虽有"严查混冒"之说，其自警之意亦隐然而显。

　　曾氏族谱每支冠以东南两房世系的做法，为后世纂修族谱时所沿用。但是，"南宗"之所指，已悄然发生了一些内涵上的变化。嘉庆三年（1798），东南两宗由曾毓墫、曾衍咏牵头联合修谱，至嘉庆十一年（1806）告成。就目前所见曾氏族谱所载《谱叙》，北宗宗子曾毓墫之序作于嘉庆十一年（1806）五月，而南宗曾衍咏之序却作于道光元年（1821），晚于族谱修成将近十五年的时间，且署名称"先贤莱芜侯嫡裔南宗子、前请翰林院五经博士"[①]。曾衍咏笔下自称的"南宗子"，已非先前奉宗圣曾子为始祖的南宗宗子，而是奉曾子之父、先贤曾氏莱芜侯为始祖的南宗宗子。据现有资料，嘉庆十二年（1807）的时候，曾衍咏还以"宗圣曾子嫡裔"为名，向朝廷申请优免差徭。[②] 道光元年（1821），曾衍咏忽然自称"先贤莱芜侯嫡裔"，这是怎么一回事？他所称的"前请翰林院五经博士"，又是什么来由呢？据王定安《宗圣志》记载，嘉庆十三年（1808）曾衍咏援引先贤闵、冉、仲、卜等诸先贤后裔封袭世官以及孔氏南宗设置翰博之例，以先贤曾氏嫡裔之名，呈请题袭先贤曾氏莱芜侯翰林院五经博士，分祀先贤曾氏于南楚。嘉庆十六年（1811）六月，湖南巡抚将增置先贤曾氏翰博一事上奏朝廷，但

---

① 曾燦光等纂修：《武城曾氏族谱·咏叙》。
② 《署长沙府为勒石优免该地曾氏一切杂差不得混排滋扰事》载："据宁乡县谢攀云通详生员曾衍咏禀称，咏氏族众原籍山东，分居楚宁，实系宗圣曾子嫡裔，请照孔、言（颜）氏例优免差徭采买……本府查曾衍咏支传，一贯迹寄三湘，宗圣后裔派系昭然可考。溯源流之有自，当共沐夫殊恩。"见《曲阜孔府档案史料选编》第3编第2册，第188页。

此事最终并没有被批准。①平心而论,曾衍咏请求增置先贤曾氏翰博,似乎并无不妥,但在曾氏东宗已袭世职,奉祀宗圣曾子的情况下,曾衍咏的行为就不免有"曲线立宗"的意味。因为在孔子弟子中,不仅仅是曾点、曾参父子同门受教,也有颜无繇、颜回父子。在孔门高弟中,颜回之地位,自然是首屈一指,而颜无繇亦在先贤之列。但颜氏家族以复圣颜子为始祖,朝廷也仅设翰博一员,奉祀复圣颜子。至于孔氏南宗另置翰博,自有其复杂的背景,亦非曾氏所能比拟。当然,曾氏族谱中东南两宗世系并存的情形,并不是曾氏家族自身的问题,而是特殊的历史原因造成的。

曾氏族谱纂修注重宗法的观念,也体现在与孔、颜、孟三氏用同字辈谱上。字辈谱是血缘关系的见证,一般情况下,血缘关系不同,字辈谱就不同。所以,在各个家族当中,都会出现不同支派采用不同字辈谱的现象。然而,孔、颜、曾、孟四氏采用的却是同一字辈,这在全国姓氏中都是独一无二的。而形成这种使用同一字辈谱的深层次原因,自然与儒家道统说紧密相关。

孔子是儒家学说的创始人,被尊为"至圣先师",为"万世道统之宗",颜子、曾子都是孔门弟子,于传道皆有功。孟子不仅与曾子思想有承传关系,也是孔子之后儒家的重要代表。从师生关系上讲,孔、颜、曾、孟具有师承之间的宗法关系。因为中国古代的宗法制社会,除了以血缘关系为纽带的宗法关系外,还有非血缘的师弟之间的宗法关系②。孔子后裔衍圣公负有统率圣贤后裔的职责,自明代起,颜子(回)、曾子(参)、孟子(轲)、闵子(损)、冉子(耕)、冉子(雍)、端木子(赐)、仲子(由)、言子(偃)、卜子(商)、颛孙子(师)、有子(若)、周公(姬旦,子孙复姓东野)等圣贤后裔的袭封均由衍圣公查明,咨请朝廷题授,并由衍圣公颁给钤印,受衍圣公管理节制。他们对外如有免差、拨田、诉讼等事与官府的交涉,必须通过衍圣公府行文官府解决,对内如立嗣争继、礼生奉祀生的拣选以及家族讼案、主佃纠纷等,最后都要禀呈衍圣公裁决。诸贤裔各氏族谱修成后,也必须呈送衍圣公府核盖紫印,方为

---

① 详见《湖南巡抚咨礼部请荫先贤曾氏南宗翰博公牒》,曾国荃重修,王定安辑:《宗圣志》卷十二《荫袭》,第553—569页。
② 何龄修等:《封建贵族大地主的典型——孔府研究》,中国社会科学出版社,1981年,第532页。

嫡派,准请优免。因此,对于诸贤裔而言,衍圣公具有宗主的地位,而诸贤裔则与孔氏小宗的地位相当。他们尊奉衍圣公,俨然小宗之尊奉大宗,与衍圣公见面以师生相称,行师生礼,故称衍圣公为宗官、宗师、大宗主,称孔府为大宗府。这种特殊的宗法关系,是道统与血统的结合,可看作宗族关系的延伸。曾氏历代宗子翰博都恪守与衍圣公的宗法关系,如曾氏六十三代宗子曾弘毅就提倡"以血脉而承道脉"①,七十一代宗子曾纪瑚也勉励族人"敬所尊,爱所亲,追宗芳躅,以血脉而传道脉"②。所谓"祖传亲炙",所谓"追宗芳躅",无不在强调以血缘之宗法延续道统之宗法。

再次,曾氏族谱强调了伦理道德教化。家国一体是中国传统社会的主要特征,在传统社会中,家庭一直是维系国家长治久安的主要支柱之一。自汉代以来,历代帝王就宣扬孝道,实行以孝治天下的政策,通过诵《孝经》、举孝廉、旌表孝子等种种措施,在全社会倡导移孝作忠的观念,以巩固专制皇权统治。家庭、宗族由此成为教化人伦、推行孝治不可或缺的渠道。清朝初年,康熙帝为正风俗,兴教化,颁布《圣谕十六条》,雍正帝又作《圣谕广训》予以诠释。在《圣谕十六条》中,康熙帝将"敦孝弟以重人伦"列于首位,第二条就是"笃宗族以昭雍睦",明确昭示了孝亲睦族的宗族伦理和道德教化功能。

就家族内部而言,分疏戚、序尊卑、崇宗法、立族规、扬美善、惩恶行,不仅对于族人有良好的劝勉和规诫作用,同时也是一个家族兴盛久远的基础。如王直在《南溪曾氏族谱序》中就对曾氏家风表示赞赏:"仁义行而孝弟之风兴,惇睦之俗成,尊卑疏戚各安其分,而后子孙又力行仁义,以继续不穷,则南溪曾氏将愈久而弥昌,虽传之百世有耀矣!"③而一个家族孝亲睦族的良好外部形象,对于社会公序良俗的形成也有积极的促进作用。因此,曾氏家族在编修族谱时,尤其注重倡扬道德,教化人伦。曾纪瑚《武城曾氏族谱序》说曾氏族人理学、文章、德行、治绩、忠孝、节义,代有闻人,"特

---

① 曾弘毅:《武城曾氏重修族谱序》。
② 曾纪瑚:《武城曾氏谱序》。
③ 王直:《抑庵文集》卷六《南溪曾氏族谱》,《四库全书》第1241册,第122页。

加笔载,既确且详。俾后之人,竞慕阐扬,用伸激劝,非浅鲜也"①。

　　中国传统文化的核心是以儒家学说为主体的伦理文化,这种文化最突出的体现是"父子有亲,君臣有义,夫妇有别,长幼有序,朋友有信",简而言之,不外乎忠孝二字。《孝经·开宗明义章》一开始就揭示了孝的宗旨和根本:"夫孝,德之本也,教之所由生也。……始于事亲,中于事君,终于立身。"②人子行孝,首先要内事其亲,出仕为官尽忠事君,忠孝皆备,才能扬名荣亲,实现修身立世的志向。所谓"中于事君",也就是提倡事君以忠。《大戴礼记·曾子本孝》载曾子曰:"忠者,其孝之本与!"把孝子事亲与忠臣事君紧密联系在一起。曾子被后世奉为孝道的楷模,其孝行更为曾氏后裔做出了榜样,孝悌传家成为曾氏后裔世代相守的家教门风。曾氏族谱对于忠孝之德的提倡,尤其明显。曾子六十九代宗子曾毓墫在《曾氏族谱序》中对子孙殷殷告诫:

　　　　心正身修,身修家齐,此吾家《大学》之教;由立身以事亲,由事亲以事君,此吾家《孝经》之教。阴光子曰:"知之者得祖分付,不知者对面千山。"又曰:"道远乎哉? 触事而真;圣远乎哉? 体之则神。"勉旃族子,以吾曾氏之人,读吾曾氏之书,守吾曾氏之教,省吾曾氏之身,只求诸己而不求诸人也。果能惟日省之,是无辱先;忝为宗圣之后,即无负我圣朝博士有袭、差徭优免之作育也。③

曾衍咏也说:"吾祖以《孝经》垂训,赫赫在人耳目,固不系于府庙与谱之有无,然有之,更足以动人之心思,鼓人之气力,怦怦向往而不能已。"④曾氏族谱力图通过对祖先的孝思,激发族人的向善行孝之心。正如元代吴澄在《罗山曾氏族谱序》中所言:"曾以国灭改氏,未及百年,而武城子舆父子以学显于鲁。历秦、汉、晋、隋、唐,又千有余年,而南丰子固兄弟以文显于宋。

---

① 曾纪瑚:《武城曾氏谱序》。
② 李隆基注,邢昺疏:《孝经注疏》,阮元:《十三经注疏》下册,第2545页。
③ 曾毓墫:《武城曾氏重修族谱序》,曾毓墫等纂修:《武城曾氏重修族谱》。
④ 曾燦光等纂修:《武城曾氏族谱·咏叙》。

子舆师孔而友颜氏,子固祖韩而祢欧阳,其声实殆将与天地日月相终始。曾氏之有此,它族所之所无也。……曾,圣贤之后也。……至于今,尚存诗书礼义之风。"①

明代确立了以宣扬和实践"三纲五常"的修谱宗旨,记载光宗耀祖的"恩荣"业绩,颂扬"忠臣孝子"、"义夫节妇"的不凡行实,构成了族谱的重要组成部分。"父为子纲"、"夫为妻纲"即以父子和夫妻为中心的宗法关系,由父权引申出夫权和族权;"君为臣纲"则是以父子为中心的宗法关系的扩大,是政权和皇权的体现。君臣、父子、夫妇构成了封建宗法等级关系的主轴。"仁、义、礼、智、信"等"五常",就是保证"三纲"得以实现的道德伦理规范。曾氏族谱在纂修时严守三纲五常的宗法伦理,《武城曾氏族谱例言》中说:

> 详略配氏,重大伦也。夫妇,人伦之首,明(名)分不可不正。妻虽与夫敌体,然必统于所尊。兹以配某氏旁注而不大书,特表与夫并立者,示夫为妻纲也。
>
> 勘载子女,杜含混也。其人仅娶一妻,生子于其本名后注"生子几,名某"者,固无论矣。惟子女系嫡、继、妾生,其出非一,而总数若干,要由夫算,示子统于父也。②

曾氏族谱对于"三纲五常"的宣扬,更是通过家训、族规的形式渗入到每一个族人的内心深处。明代中后期,以宗族为单位的族规的兴起成为一时之风尚,进一步凸显了宗族制度的性质,族规中强化伦理道德和睦族方面的内容也比较多。③ 明代成化年间翰林院修撰曾雅彦撰写的曾氏家族《家训八箴》,可谓是倡导人伦纲常的典型,兹录于下:

> 一、族本盛大,或徙居穷谷,或徙居异方,虽无文章著世,而本分营生者,于其派而收录之。如不守家刑者,黜之。

---

① (元)吴澄:《吴文正集》卷三十二《罗山曾氏族谱序》,《四库全书》第1197册,第339—340页。
② 《武城曾氏重修族谱例言》。
③ 常建华:《明代宗族研究》,上海人民出版社,2005年,第420—421页。

一、凡徙居外处,昭穆次序可征者,详注其派,重族党也。若世代久远无征者,则以派下严以核之,防僭妄也。

一、凡谱派下有名书名,无名书字、书号,记行生岁、月、日时,序长幼也。有官书官,有爵书爵,无官无爵,则书德行,示惩劝也。书嫁娶,重婚姻也。记埋葬,为久远足征也。

一、凡无子者,以本族继承,书之以承宗也。如继女婿及养身携子者,则异姓也。

一、凡亲子年幼,恩养同宗之子,亦与亲子同派者,崇宗嗣也。恩子次居派者,别亲疏也。

一、凡妇女有德行者书之,饬内德也。若夫亡而弃子他适,但书其姓氏,不知其名,愧其不节也。

一、凡历代坟墓,自有禁戒,如有侵葬及卖别人者,会同族长房长,告官除平之。

一、凡孝子贤孙,立祭田以追远,而伸孝敬之心。为子孙者,宜世守之。不许贪利占取、私卖别人。使轮祭者,不失其祭祀之礼可也。①

家训族规既是一种道德规范,又具有约束族众行为的法纪效能。就这样,"三纲五常"通过家训、族规等形式,直接推动了族权的形成和发展,而族权的形成和发展反过来又促进了族谱功能的强化。② 明代何乔新在谈到曾氏族谱对族人的伦理教化功能时说:"所贵乎名家之有谱牒者,非惟使子孙知其源流所自而已,正欲其知祖宗之德业而趾美承休焉。曾氏之先郕国公,以道德鸣于周,而莱芜实启之。文定公(曾巩)以文章鸣于宋,而文昭(曾肇)实和之。其立德、立言,皆所谓不朽者也。闻其风者,咸思而效之,况其子孙也哉! 曾氏之子孙,尚思祗遹前休,仕则推乃祖之道于用,使膏泽洽于民;居则体乃祖之道于躬,使德业熏于乡,斯不忝名贤之裔胄矣。"③

族谱一方面扬善,另一方面惩恶,对那些恃强凌弱、倚重暴寡、以富欺

---

① 曾炽繁纂修:《富顺西湖曾氏祠族谱》卷一《家训》。
② 张海瀛:《明代谱学概说》,中国谱牒研究会编:《谱牒学研究》第三辑,第113页。
③ 何乔新:《椒邱文集》卷十二《南丰曾氏族谱》,《四库全书》第1249册,第200页。

贫、以邪害正等破坏宗族伦理的行为严加惩处。我们来看湘潭石莲《曾氏族谱》的规定：

一、禁越葬坟墓。古制：一家择其地之宽舒、草木土石兼美者，立为茔域，安厝祖父母，其后祔葬者，必照次序昭穆，如生事尊长之礼。至于近今鲜知此礼，每至后来居上。……遂至骑头越葬，破家伤棺，无所顾忌。人心至此，天理全无，地理安在？敬告族人，凡葬公山，必须昭穆不紊，方许祔葬。如敢越分，族长即以家法责罚……

一、禁久搁不葬。近世不达礼法，溺于风水，不尽丧葬之礼，竟将死骨停阁，为求富求贵之具。或曰山头不利，风水不吉；或曰岁时不丰，人事不齐，延至三周五载而始葬者，暴露之惨有不忍言者矣。又有听信地术，将已葬之祖父母私行发掘，而迁葬别处者。更有火焚枯骨而偷葬他山者。种种不良，心安在哉？吾族子孙不准蹈此恶习。即或贫不能葬，族众助赀以葬之。倘或不遵，公同鸣官，以惩不孝。

一、禁拖欠粮饷。从来任土作贡，古今不易。……近奉部文，不论夏秋统于二月开征，四月完半。又以七月开征，九月完半。不容拖欠。……今人完纳有谓先期者不加赏，后期者不加罚，所以有逾限经年而尚未完者。不思蒙上恩泽、食上水土、士民爱戴之诚，不于此输将，忠上之心安在？吾族输纳务宜争先，不为部限所拘则善。倘有疲玩过限经年者，直斥之，以惩不忠。

一、禁分受不均。律礼所载：一夫一妇，庶人之分也。无子方许娶妾。今世俗无知，有子亦买妾，至妾生子，分受家产，往往不照嫡子均分，谓庶子幼，不及嫡子长，均分不可得也。迨庶子成立，从而议均，均之不得则不能无讼，讼则终凶，是谁之过欤？若居心在德者，有子继娶妾，即或娶妾而生子，家产必照嫡子均分，俾合大义，庶几尊卑长幼之间，永敦雍睦，有嫡庶子者，其可不监于此乎？

一、禁异姓入继。

一、禁淫欲。淫为万恶之首，丧德之源，如鲁男子闭门不纳，柳下惠坐怀不乱，其善行足称，与天地相终始矣。他如《敬信录》、《阴骘文》

诸书所详,当局不迷而获福报者,尤指不胜屈。近来世俗薄恶,以窥窃为良能,以奸淫为长技。不知律例所载,黑夜无故入人家室,登时杀死勿论。恶之不极则无是律。淫邪之报,近则杀身亡家,远则覆宗绝祀,可不畏乎? 至若家庭之内,乖舛伦常,尤宜痛戒!

一、禁发冢。古云无主孤坟,四邻掌禁。周有西伯之仁,泽及枯骨;明有太祖之圣,不伤古墓。自古帝王,鲜不推德于此。世人多不存心,或于田园之间,平古堆而便种植,或于庐舍之侧,迁朽骨以作垣墙,任意施为,毫无忌惮。岂知律例所载,掘冢而见棺者,杖流;见尸者,绞。皆为不赦之条。凡吾族众,宜知畏法,各自存心,遇有古坟平塌及骸骨暴露者,则必以土覆之。倘终不免于暴露,则迁之高深处可也。

一、禁邪说。怪力乱神,圣人所不语;邪说淫辞,帝王所甚疾。近来世俗,每于聚首谈心之会,不以德业劝人,含沙射影,妄谈是非,矫语祸福。不惟口言,且录不经之语而成书,愚者不知止,知者习为常。律载:凡造谶纬妖言及传册惑众者,斩。宪行何等严切! 傲戒族人务遵常经、近正人,法言须留心听受,善行必寻思体认。在读书子弟,尤宜知所用心。

一、禁赌博。后人以骰为速酒之令,以牌为延宾之术,习俗相沿,逢场作戏,竟轻千百于一掷,胜负孤注日夜痴迷,废事荒时,倾家荡产,有渐至窘迫而为盗者,更有互相争斗而伤命者。……凡吾宗族子孙,宜各务本业,痛戒前非,倘违不悛,父兄放纵,一并连坐。

一、禁谣谤。唐尧之世,其谣有曰:"不识不知,顺帝之则。"又曰:"日出而作,日入而息,凿井而饮,耕田而食,帝力何有于我哉?"此谣也,非谤也。后世人心不古,每以口舌伤人,或诮及闺门,或讥谈官长。律载兴谣造谤者,拟以杖徒,况以下毁上,如子孙之犯祖父,罪莫大焉。凡吾宗族少壮有才者,务作诗文以登云路,衰老养德者,或为词赋以乐余年。甚(慎)毋兴谣造谤以损德行,以干罪戾也。①

————————
① 曾传禄等纂修:《石莲曾氏七修族谱》卷五《二修家训》。

族谱提倡以孝悌忠信为核心的伦理道德,扬善惩恶,对于维护家族团结、树立家长、族长在全族的权威,自然有着非常重要的作用。冯尔康先生说,在不同的历史时期,族谱具有不同的功能。官修时代的宗谱是为政府用人政策和宗法贵族、世族、士族政治服务,有着强烈的政治作用。私修时代的族谱,被宗族上层用作对族人进行思想伦理教育的教材,也是个人修养的工具,起着维系和强化作为社会群体的宗族和家庭的作用,主要发挥的是社会功能。① 但我们也应看到,族谱的伦理教化并不仅仅局限于家庭、家族内部,同时也有着维护封建统治秩序的意义。比如清代《吉阳曾氏族谱》就明确宣称以康熙《圣谕十六条》为家训②,规劝族人和睦乡党、奉公守法。虽然宋明以来家族与官府之间的权益冲突始终存在,但家族通过纂修族谱,宣扬伦理教化,对稳定地方基层社会起到了举足轻重的作用。尤其是曾氏家族这样在皇权支持下享有经济和政治特权的圣裔家族,其注重伦理教化的宗族文化,起到了良好的敬宗睦族的效果,也对其他家族产生了积极的示范和推动作用。

第四节　曾氏家族文献的编辑与整理

孝道,不仅体现为一种观念文化,同时也具有极强的实践精神。《中庸》载孔子曰:"夫孝者,善继人之志,善述人之事者也。"③在孔子看来,继承祖先的遗志,弘扬祖先的道德,光大祖先的事业,是特别值得称赞的孝德孝行。孔子认为弟子曾参能通孝道,"故授之业,作《孝经》"。同时,曾子也以其诚笃的孝行为后人树立了效法的典范。作为曾子后裔,曾氏家族不仅

---

① 冯尔康:《中国古代的宗族与祠堂》,商务印书馆,1996 年,第 169 页。
② 曾崇球纂修:《吉阳曾氏族谱》,上海图书馆藏清咸丰间抄本。康熙九年(1670)十月,颁《圣谕十六条》,其内容为:"敦孝悌以重人伦,笃宗族以昭雍睦,和乡党以息争讼,重农桑以足衣食,尚节俭以惜财用,隆学校以端士习,黜异端以崇正学,讲法律以儆愚顽,明礼让以厚风俗,务本业以定民志,训子弟以禁非为,息诬告以全善良,诫匿逃以免株连,完钱粮以省催科,联保甲以弭盗贼,解仇忿以重身命。"
③ 朱熹:《四书章句集注》,第 27 页。

恪守孝悌传家的家风,而且进一步发扬孝道精神,辑录《曾子》书,编纂《宗圣志》,为保存、丰富曾氏家族文献作出了贡献。

一、《曾子》书的辑录

曾子的言行,在《论语》、《孟子》、《荀子》、《韩非子》、《吕氏春秋》等先秦诸子的著作中已有不少记载。但较为系统地记载曾子言行、事迹的著作是《汉书·艺文志》著录的《曾子》十八篇,由于此书在六朝时期大半亡佚,到隋唐时期,仅剩二卷十篇,其内容与《大戴礼记》"曾子十篇"基本相同。不过,《隋书》著录的二卷本《曾子》到南宋时又亡佚了。所以,南宋刘清之、汪晫相继重新辑录《曾子》一书。

明代万历年间,曾子六十二代孙曾承业承袭翰林院五经博士之后,有感于《曾子》一书佚而不传,而汪晫所辑《曾子》一卷又割裂补缀,难窥先祖言行、事迹之全貌,于是编辑《曾子全书》三卷,共十一篇。曾承业所辑《曾子全书》的篇目为:卷一《主言》一篇,卷二《修身》、《曾子事父母》、《曾子制言上》、《曾子制言中》、《曾子制言下》、《曾子疾病》、《曾子天圆》七篇,卷三《曾子本孝》、《曾子立孝》、《曾子大孝》三篇。和《大戴礼记》所载"《曾子》十篇"相比,《曾子全书》将《曾子立事》改为《修身》,与《群书治要》的篇题相同,又多出了《主言》一篇,全书次序也与《大戴礼记》有所不同。曾承业辑录《曾子全书》收入《四库全书·儒家类存目》,但对《曾子全书》的编排方式以及内容的增添,清儒并不十分赞同,四库馆臣认为曾承业所编"与王应麟《玉海》所云今十篇,自修身至天圆皆见于《大戴礼》者,又多出《主言》一篇,而分合迥异。不知其何所依据,殆亦以意为之也"①。冯云鹓辑录的《曾子书》八卷虽然沿袭了曾承业补入《主言》(冯书作"王言")的做法,但也批评其"颠倒次序"②。但是,如果我们换个角度来看的话,曾承业辑录《曾子全书》,在提升曾氏族人对于东宗的认同感以及传承曾氏家族文化方面,自然有非同寻常的意义。

---

① 永瑢等:《钦定四库全书总目》卷九十五《子部五·儒家类存目一·〈曾子全书〉提要》,第801页。
② 冯云鹓:《圣门十六子书·凡例》,四川大学古籍整理研究所编:《儒藏》史部第7册,第255页。

　　清光绪十六年(1890)，曾国荃嘱托王定安重刊吕兆祥《宗圣志》，王定安因吕氏所撰颇多遗漏，于是另撰《宗圣志》，"复以余闲，旁搜载籍，得五万余言，仿宋薛据《孔子集语》例，编为二十四篇，谓之《曾子集语》"。王定安将所辑《曾子集语》呈送曾国荃审订，曾国荃认为"《大戴记》所录曾子篇目，名义复沓，甚无谓"，建议他将《大戴礼记》中的十一篇合为六篇，并删除唐以后书若干条，萃为十八篇，"以复班书《艺文志》之旧"。曾国荃还说："吾衡阳湘乡诸曾，皆来自江右，其为曾子苗裔与否不可考，要其祖汉关内侯载诸往牒，子孙世守，由来久矣。今请名曰《曾子家语》，可乎？"王定安认为："昔孔子没，其子孙守其遗书藏之家，号曰'家语'。……后之人于茫茫坠绪中掇佚补亡，存什一于千百。苟有录也，皆足贵也。况曾子为孔门高第，书之存于今者至累牍而不已，则以《家语》续孔子之后，又孰得谓之僭乎？"[1]因此，对于曾国荃的建议欣然接受，将书名改为《曾子家语》，又定《曾子家语》为六卷十八篇。

　　王定安所辑《曾子家语》的篇目次序为：

　　卷一：《大孝第一》(合《大戴礼记》中的《曾子大孝》、《曾子事父母》、《曾子本孝》、《曾子立孝》四篇为一篇)、《至德要道第二》(即《孝经》)；

　　卷二：《养老第三》、《慎终第四》，《大学第五》；

　　卷三：《三省第六》、《立事第七》(即《大戴礼记·曾子立事》)；

　　卷四：《制言第八》(即《大戴礼记》中的《制言》上、中、下三篇合为一篇)、《全节第九》、《兴仁第十》、《王言第十一》(即《大戴礼记·王言》)、《闻见第十二》；

　　卷五：《吊丧第十三》、《礼问第十四》(即《大戴礼记·曾子问》)；

　　卷六：《天圆第十五》(即《大戴礼记·曾子天圆》)、《吾友第十六》、《有疾第十七》、《杂说》第十八。

　　在《曾子家语叙》中，王定安解释了篇目次序编排的原则。他说："向来书录家载《曾子》书，多本《大戴记》十篇，兹合《大孝》、《事父母》、《本孝》、《立孝》四篇为一篇，以所语皆孝道也；《制言》上、中、下三篇为一

----

[1] 王定安：《曾子家语叙》，王定安辑：《曾子家语》，《续修四库全书》第 932 册，第 298 页。

篇,以所语皆制事也;《立事》、《王言》、《天圆》仍各为一篇;《疾病》则先以《论语》、《礼记》,从其类也;凡《大戴记》十一篇,仅并为六篇。《孝经》、《大学》、《曾子问》三篇,皆录全文。《孝经》未宜名篇,则以《至德要道》冠之;《曾子问》未便独标曾子,则以《礼问》该之;《大学》用《礼记》古本,而以朱子《章句》附之。此外,《养老》、《慎终》、《三省》、《全节》、《兴仁》、《闻见》、《吊丧》、《吾友》、《杂说》九篇,皆杂采经史子集,依古例以首章二字名篇。"①

王氏所辑、曾国荃审定的《曾子家语》,采唐以前古书九十七种,于唐以后之书,除类书所引古书之逸文外,皆不取。体例为:"凡所引必注明出处,原书有异本者,不臆改。采用善本,必注明取此本之故。同一条并见于二种以上古书者,以较古之书为本文,较晚之书为附录。其搜辑之广,采录之慎,远在汪晫之上。"②从辑录资料的丰富性上讲,《曾子家语》可以说是历代辑录《曾子》书中最为全面的。

二、《宗圣志》的编纂

孔、颜、孟三氏之有《志》,始于明成化年间。山东布政使张泰领衔,邹县儒学教谕、浙江永嘉人(今浙江温州)刘濬考证孔子、颜子、孟子三氏世系以及褒崇诸典,汇辑《孔颜孟三氏志》六卷。后因《孔颜孟三氏志》流传未广,山东提学副使陈镐参阅孔氏所藏《祖庭广记》以及碑刻、其他诸书所载,辑成《阙里志》二十四卷。正德初年,陈镐复又编辑《陋巷志》四卷。万历中,御史杨光训又进行了续编。嘉靖时,沂州道金事、苍溪史鹗撰《三迁志》。《阙里志》、《陋巷志》、《三迁志》并称鲁三大《志》。因为曾氏《志》付之阙如,曾承业承袭翰林院五经博士之后,深愧曾氏典籍残缺,所以他便搜集资料,草创《曾志》初稿,然后请山东兖西道金事李天植修饰润色,李天植"取旧志而衷集之,汰什一,益什五,为一家言"③。此为曾氏《宗圣志》创修之始。

曾承业向姚思仁自述其编辑《曾志》的缘由:

① 王定安辑:《曾子家语》,《续修四库全书》第 932 册,第 302—303 页。
② 蒋伯潜:《曾子考》,《诸子通考》,第 271 页。
③ (明)李天植:《宗圣志序》,吕兆祥:《宗圣志·旧序》,第 273 页。

　　粤自圣师,为万世教父。吾先子亲则及门,甫逾冠而聆一贯,殆垂老而著称书。其在孔堂,虔始要终,以肩道统,即颜氏无多让焉,思孟可知已。而以我一二宗人,越在他国,庙器之不守,而典籍之多残,余实恧也。属者承业再世以上,始应诏命,归奉家祀,一介羁孤,胡与诸未复之畸。而今厥家渐定,乃捃拾为此书。①

自曾质粹从江西永丰东归嘉祥,单门弱祚,勉力支撑,中经曾衮夺袭之争,至万历五年(1577)曾承业承袭翰林院五经博士,方才安定下来。曾承业"感于前之变迁,非《志》无以彰往;又惧后之湮晦,非《志》无以训来"②,遂有仿效颜孟二氏,创修《曾志》之举。

　　时任山东巡按的姚思仁是个非常重视文化的官员,李天植称赞他"观风东鲁,奋猷展采,尤注意典籍焉"③。姚思仁看到孔、颜、孟三氏皆有志,以纪世系暨累朝恩礼之盛,"而曾氏身负道宗,侪颜启孟,顾独缺此杀青一编书,以致武城之地望几埒于凡封,而皇帝神明之胄无别于下姓"④,非常期望有人能够纂修曾氏《志》,以彰显曾子之功及曾氏后裔袭封之荣。因此,当他看到曾承业呈送的《曾志》初稿,喜悦之情油然而生。他感慨地说:"是书初订,讵曰不刊,而一意为述,则孔氏窃比之义存焉。以进于史,则列在章而非在野;以降于乘,则副在司存而非家。千载获麟之野,恍若重瞻乎瑞物。而是编甫竣于事,则谓为《曾氏春秋》,其可乎?"⑤可见,他将《曾志》看作曾氏家族的历史,倍加珍重。

　　正是出于这种文化传承的责任感,姚思仁责成山东兖西道佥事李天植主持《曾志》刊刻事宜,并对他说:"《曾志》成,何不付杀青,岂以曾有功于圣门,在颜孟下耶? ……是编也,载曾氏之孝大备,博士家家传而户诵之,则经翼而传,不必衍矣!且圣天子以孝徵兴理,锐意治平,用是以备

① (明)姚思仁:《宗圣志序》,吕兆祥:《宗圣志·旧序》,第270页。
② (明)万民命:《宗圣志序》,吕兆祥:《宗圣志·旧序》,第272页。
③ 李天植:《宗圣志序》,吕兆祥:《宗圣志·旧序》,第273页。
④ 姚思仁:《宗圣志序》,吕兆祥:《宗圣志·旧序》,第269页。
⑤ 姚思仁:《宗圣志序》,吕兆祥:《宗圣志·旧序》,第270页。

献纳、待顾问,其为益非鲜小也,岂直曰备曾氏典籍云乎哉?"姚思仁的这段话,主要表达了两个意思,一是在孔门弟子中,曾子的传道之功值得肯定。正如焦竑所说:"《孝经》为曾子而作,《论语》成于曾子之门人,戴记《学》、《庸》二篇,表章于家,又曾子以授子思者也。由此观之,孔子之学,惟曾子得其宗,岂诬也哉?……此学道者非断乎以曾子为宗不可也。"①另外一层意思,就是《曾志》的纂修既可弥补史志之阙,又可"备献纳、待顾问",有益于世。在姚思仁的大力支持下,《曾志》于万历二十三年(1595)刊刻行世。因李天植在《曾志》编纂过程中,出力尤多,所以,《曾志》题名为李天植纂修。

《曾志》的主要内容为:首列图赞,瞻颂足以启敬;次详谱系,稽览足以明世;搜举当时之芳躅,则仰止如见美墙;胪列历代崇典,则显荣可垂来裸;而遗文往什,备载无余,亦可以明人心之景慕,千载而常新也。《曾志》的纂修,当时多获赞誉,翰林院修撰朱之番赞扬《曾志》之纂修使得"道统增明,儒林生色"②,万民命亦称"先贤道脉,至是而复明"③,都对曾承业继往开来创修《曾志》之功给予了肯定。

明朝末年,浙江海盐吕元善、吕兆祥父子相继增修东鲁诸志,自万历癸丑(万历四十一年[1613])至崇祯己巳(崇祯二年[1629])十七年间,成有二十余部,其中就包括吕兆祥撰修的《宗圣志》④。吕氏《宗圣志》成于崇祯二年(1629),初刻于崇祯末,现存刻本为清康熙间增修本。因曾承业、李天植所修《曾志》中多遗漏,吕兆祥网罗载籍,荟萃故实,详述"曾氏南北传源,详其端委"⑤,撰成《宗圣志》一书。全书共分十二卷,"一之为图像,若见乎三省之丰容也;二之为世家,见枝胤绵邈,南北一宗也;三、四之为追崇,代褒王言、林墓祀祠之足重也;五、六之为恩典,受官翰院、赐续祭亩之为异数也;七、八之为事迹,经集所传格言尚论之可风世也;九、十、十一、十二之为

---

① 焦竑:《宗圣志序》,吕兆祥:《宗圣志·旧序》,第271页。
② (明)朱之番:《宗圣志序》,吕兆祥:《宗圣志·旧序》,第274页。
③ 万民命:《宗圣志序》,吕兆祥:《宗圣志·旧序》,第272页。
④ 《清史稿·艺文志》著录有"《宗圣志》十二卷",作者题为孔允(胤)植,误。《清史稿》卷一百四十六《艺文志》,第4283页。
⑤ (明)樊维成:《宗圣志序》,吕兆祥:《宗圣志·序》,第266页。

艺文、奏章、记序、碑志、诗词之能章隐传远也"①。吕兆祥纂修《宗圣志》得
到了曾子六十三代孙、世袭翰博曾弘毅的鼎力支持,《宗圣志》编纂完成后,
曾弘毅请序于衍圣公孔胤植,太子少保、南京工部尚书丁宾,中宪大夫、原
任山东学政项梦原,户部浙江清吏司主事樊维城,吏部观政、安阳吕化舜等
人。项梦原通览全书,赞叹《宗圣志》"仰承宗圣两千年之道容,若在吾眼;
远绍六十三代之懿脉,足畅家风"②。

　　清乾隆四十六年(1781),曾子六十九代孙、翰林院五经博士曾毓墫在
吕氏《宗圣志》的基础上,续撰《武城家乘》。曾毓墫在曾氏家族发展史上是
一个非常关键的人物,他在乾隆二十六年(1761)袭翰林院五经博士,主邑
五十余年。他袭封之初,就致力于曾子林庙的维护,"凡庙林、书院、家庙,
黏补最勤。纪事碑版亦多,俾后有可查考"③。另外,曾毓墫还联合南宗联
修《武城曾氏族谱》,又著《家诫》、《训后要言略》等。曾毓墫在曾氏家族文
献的保存方面,作出了很大贡献。王定安说,论曾氏宗子功德,曾毓墫仅次
于曾承业。曾毓墫续修《宗圣志》主要有两个方面的原因,一是他在乾隆三
十六年(1771)、四十一年(1776)乾隆帝亲诣阙里释奠的时候,他两次陪祀,
"即欲敬陈于言,而取旧《志》一为披读,巨典无征,更不胜惶惶如也。缘以
谫陋无闻、铅椠未习为歉"④。从崇祯二年(1629)吕氏《宗圣志》修成到清
乾隆年间,一百五十多年里《宗圣志》没有续修,曾氏优崇之典、家族事迹缺
乏翔实的记载。另一方面,一些熟悉曾氏典故的人年岁渐长,存世无多,如
何更完整地保存曾氏事迹,成为曾毓墫面临的一个重要问题。曾毓墫在
《武城家乘序》中说:"十余年来,老成凋谢,斑白者半归乌有。恐闻者异辞,
传者又异辞。世远年湮,异日不惟贻数典忘祖之羞,而于国家煌煌承祀之
仪,徒令载纪天渠。而考古者适以询,转置焉而弗详。"为了使曾氏事迹传
流于后世,曾毓墫以吕氏《宗圣志》为基础,去繁芜、阙疑会,增补史料,修成

---

① (明)吕化舜:《宗圣志序》,吕兆祥:《宗圣志·序》,第267页。
② (明)项梦原:《宗圣志序》,吕兆祥:《宗圣志·序》,第261—262页。
③ 曾国荃重修,王定安辑:《宗圣志》卷四《世系》,第212页。
④ 曾毓墫:《武城家乘序》,广西曾氏宗亲联合会藏:《邕江宗圣源祠族谱》,清光绪二十二年
　　(1896)抄本。

《武城家乘》八卷,于乾隆四十六年(1781)刊刻行世。①

清光绪十六年(1890)春,担任两江总督的曾国荃收到南宗曾氏寄来的吕氏《宗圣志》,希望取得曾国荃的支持,重新梓刻,以传后世。曾国荃便嘱托王定安校订《宗圣志》。王定安,字鼎丞,同治元年(1862)中举。因校注曾国藩汇编的《十八家诗钞》,得到曾国藩的赏识,被推荐为江苏昆山知县。任满后,又入曾国藩幕,担任幕僚长达二十年之久。王定安工古文,长于史志,他于光绪十五年(1889)修成的《湘军志》,资料详备,为时人称道。他翻读吕氏《宗圣志》,发现自崇祯迄于光绪,"二百五十余年宗裔之袭代,祀典之增加,林墓祠庙之兴替,祭田户役之存没,皆阙焉无考"②。于是,他征得曾国荃的同意,与桐城州同洪恩波亲赴嘉祥宗圣故里,同曾子七十四代孙、翰林院五经博士曾宪祏一起搜讨曾氏家乘、碑记,又经山东巡抚张曜派遣济宁州牧蹇念猷、嘉祥县令陈宪等人辅助,历时半年,将入清以来曾氏相关事实搜集略备。由于吕兆祥《宗圣志》所载"曾子言行颇多疏漏且不详,所本盖沿明人臆断锢习,芜杂不复成章"③,乃悉变其体例,由丹徒(今江苏镇江)陈庆年将曾氏事实依类汇编,采之于吕氏《宗圣志》者十不及二三。至于世系、邑里,伪托、臆撰、舛戾之处,王定安则详加辩订,"赝者纠之,漏者补之",于光绪十六年(1890)十二月纂成《宗圣志》二十卷。

王定安所撰《宗圣志》,卷一、二为图像,卷三为传记,卷四为世系,卷五为邑里,卷六为述作,卷七、八为祀典,卷九为祠庙,卷十为林墓,卷十一为祭告,卷十二为荫袭,卷十三为祭田,卷十四为户役,卷十五为院第,卷十六为弟子,卷十七为私淑,卷十八为赞颂,卷十九、二十为旁裔,卷末附崇祯续修《宗圣志》序二首。全书材料翔实,取舍慎重,体例严谨。由于《宗圣志》的编纂由曾国荃主持,故此书题名曾国荃重修、王定安编辑。这是所有《宗圣志》中资料最为全面的一部,也是流传最为广泛的一部。

---

① 曾毓墫编纂的《武城家乘》,国内难得一见,日本藏有清乾隆四十六年(1781)《武城家乘》序刊本八卷六册,美国藏有乾隆四十六年(1781)《武城曾氏家乘》木活字本一卷,其分卷情形、具体内容如何,尚待以后查阅。

② 曾国荃重修,王定安辑:《宗圣志序》,《宗圣志》卷首,第9页。

③ 王定安:《曾子家语叙》,《曾子家语》,《续修四库全书》第932册,第298页。

自明万历二十三年（1895）曾承业始撰《宗圣志》，中经崇祯二年（1629）吕兆祥续修，清初曾毓墫增益，到清末光绪十六年（1890）曾国荃重修，共有四部《宗圣志》。《宗圣志》的编纂和重修，对于保存曾氏家族文献，起到了极为重要的作用，也为后人了解曾氏家族的历史提供了便利。

从曾氏家族发展史的角度考察，我们不难发现，与其他家族相比，孝悌观念在曾氏家族文化中具有十分突出而重要的地位，无论是曾氏家族的家训、族规、祭祀活动，还是联修族谱、编纂《宗圣志》，实质上都是践行先祖遗训，倡扬孝道的表现。钱穆先生说："家族是中国文化一个最主要的柱石，我们几乎可以说，中国文化全部都从家族观念上筑起，先有家族观念，乃有人道观念，先有人道观念，乃有其他的一切。……孝悌之心，便是人道之核心。"①以钱穆先生之说来观照曾氏家族，其孝悌传家的家族文化更能显示出积极意义。

---

① 钱穆：《中国文化史导论》，商务印书馆，1994年，第51页。

第六章

家族精英

——曾子后裔名人

在中国古代历史上,曾氏家族是一个绵延千载、人才辈出的家族。曾子随父亲曾皙受业于孔子之门,质鲁而笃学,传孔子之道,启思孟之续。其子曾元能养其亲,曾申学《诗》于子夏,学《春秋》于左丘明,都是当时的名儒。曾子的孙子曾西恪守祖训,赋质刚毅,有先祖之风。曾氏四代前赴后继,德行高迈,被前人称许为"孔门弟子四世著闻者,推鲁曾氏"①。自汉代以来,曾氏子孙虽播迁于江南,而其真源实长发于东鲁。所以,明代嘉靖年间朝廷访求曾氏嫡裔,授给翰林院五经博士的官职,奉祀归鲁。迄于今,曾子后裔已繁衍八十余代,遍布全国乃至世界各地,哲胤贤裔,代有闻人,出类拔萃者可谓不胜枚举。在两千余年的历史发展中,尽管物换星移,沧桑巨变,但曾子后裔们进德修业,勤勉自励,建功立业,不仅继承和发展了曾氏家族的传统美德和良好的家族文化传统,同时,也以其自身的杰出成就,彰扬光大了曾氏家族的煌煌美名。

第一节　先秦时期

春秋时期(前 770—前 476),是中国古代历史上的剧烈动荡时期,自西周以来形成的宗法等级制度和礼乐文化规范,在政治、经济剧烈变动的社会条件下,遭到前所未有的冲击,整个社会出现了礼崩乐坏、秩序失范的混

---

① (清)郑晓如:《阙里述闻》卷四,四川大学古籍整理研究所编:《儒藏》史部第 3 册,第 356 页。

乱现象。

随着周天子统治地位的衰微,周室诸侯为争夺土地和霸权展开了激烈的混战,弱国被强国所翦灭,人民因战乱而穷困流散。这样的社会形势,对曾子家族的形成和发展,也产生了重要影响。曾子的祖先原为鄫国诸侯,其远祖则为殷商后裔。春秋时期,鄫国因国势弱小,备受欺凌。鲁襄公六年(前567),鄫国被莒国所灭,鄫太子巫因失国而奔鲁,此后即定居于鲁国,四传而生曾子。这是曾子之前其家族的演变概貌。

这一时期,一个更为显著的特征是思想文化的飞跃发展。春秋后期,各种思想如雨后春笋一样破土而出。孔子祖述尧舜,宪章文武,把先王之道作为自己的旗帜,创立儒家学说,以强烈的历史使命感致力于礼乐秩序的重建。曾子得孔子一贯真传,注重道德修养,努力弘扬孝道,为儒家文化的发展,作出了卓越贡献,成为中国儒学史上承前启后的重要人物,同时,也由此奠定了曾氏家族在中国历史上的地位。曾子之子曾元、曾申、曾华,其孙曾西等人,顺承曾子之教,不负庭训,成为这一时期曾氏家族的杰出代表。

一、曾　元

曾元,曾参长子,字子元,仕鲁,任兵司马。曾元一生谨慎,《曾氏族谱》说他"素敬慎,生平身若不胜衣,言若不出口,洞洞属属而无尤焉"①。《荀子·大略》记载了曾元的一则事迹:齐国大夫公行子之到燕国去,在路上遇到曾元。曾元适自燕返,公行子之问道:"燕君怎么样啊?"曾元回答说:"燕君志气卑下,不求远大。志气卑下的人,不以事物为重。不以事物为重的人,就不肯寻求贤才来辅佐自己。假若不求辅佐之人,那么政事何由实施呢?最终一定会为西方的氏羌之族所俘掠。可是燕君这样的人却愚蠢到不以被俘掠为忧,反而担忧其死后氏羌之人不焚其尸(氏羌风俗,死则焚尸)。眼光只是利于秋毫之细,而灭害国家。像这样不恤其大而忧其小的人,与氏羌之虏又有什么区别呢?他这样做,哪里称得上是有智谋大略的

①《石门荣庆堂曾氏族谱》(江西上饶)。

人呀!①从曾元对燕君的评价,我们不难看出曾元是一个志向远大、恪守大义的人。明山东提学道金事王宇《曾元赞》曰:"易箦之命,武王之心。卑志之说,伯牙之音。顺承严父,逆料时君。庶乎克肖,宜哉有闻。"吕元善也有诗赞扬曾元:"莱芜闻孙,宗圣冢嫡。于孟志养,于礼志箦。生死之际,可悲可忆。转令后来,孝思追则。"②其事迹见于《礼记》、《孟子》、《荀子》。

二、曾　申

曾申,曾参次子,字子西,约生于公元前475年,卒于公元前405年。曾申跟随子夏学《诗》,传魏人李克。又从左丘明学《春秋》,传卫人吴起,在儒家经典的传授方面具有一定地位。不仅如此,曾申在当时还以知礼闻名。《礼记·檀弓》记载,鲁穆公的母亲去世的时候,鲁穆公专门派人去问曾申,说:"应该怎么办丧事?"曾申答道:"我听我的父亲说,以哭泣来表达内心的哀痛,身穿着齐衰或斩衰③来纪念父母的恩情,为父母守丧时每天只喝点稀饭过日子。这些原则,从天子到庶人都是相同的。至于用麻布做幕,那是卫国的习俗;用绸布做幕,是鲁国的习俗,这种微文小节倒不必尽同了。"在曾申看来,国家礼俗不同,只要严守治丧大节,其他小节可以自己参酌使用,由此可以看出,曾申不仅对礼非常精通,而且也主张因时而变,使礼具有更大范围的适应性,也更贴近日常生活。后人对曾申的变礼主张非常钦佩,有诗赞曰:"精通变礼,审择安身。善于问对,明乎屈伸。兼得友资,不负庭训。每服嘉言,思攀令闻。"④

三、曾　西

曾西,曾元长子,生于公元前444年,卒于公元前369年,字子照,仕于鲁。曾西从叔父曾申学《诗》,尽得其传,故涵养有本,以经术著称于鲁。在

---

① 《荀子·大略》篇载:"公行子之之燕,遇曾元于涂,曰:'燕君何如?'曾元曰:'志卑。志卑者轻物,轻物者不求助;苟不求助,何能举?氐羌之虏也,不忧其系垒也,而忧其不焚也。利夫秋毫,害靡国家,然且为之,几为知计哉!'"见王先谦:《荀子集解》下册,第501页。
② 吕兆祥:《宗圣志》卷四《追崇志下》,第314页。
③ 齐衰(zī cuī)和斩衰,是丧服最重者。衰缉其末为齐衰,母丧服之;衰不缉为斩衰,父丧服之。
④ 吕兆祥:《宗圣志》卷四《追崇志下》,第314页。

礼崩乐坏、争霸战争风起云涌的时代,曾西倡导仁政、王道,反对霸道。《孟子·公孙丑上》记载了曾西对子路和管仲的不同评价,较为突出地反映了曾西的王道主张。当时有人问曾西:"你和子路相比,谁更贤能一些?"曾西说:"子路,是我父亲所敬畏的人。"那人又问:"那么你和管仲相比,又如何呢?"曾西听了,很不高兴地说:"你怎么能把我和管仲相比呢? 管仲得到齐国国君的信任是如此专一,执政时间又是那么长,但其功绩却那样卑下。你为何拿我和他相比呀?"子路是孔子的早期弟子,为人直爽豪迈,行事果断,注重修身,治政能力突出。他对孔子"为政以德"的思想有深刻的体认,提出了"君子之仕也,行其义也"①的主张,遵奉孔子教导,努力践行周礼,期望恢复周公所确立的社会等级秩序。所以,孔子曾称赞子路"千乘之国,可使治其赋也"②。而子路担任卫国蒲邑大夫的时候,以恭敬诚信、仁爱敦厚、明察果断的儒家治政理念,踏实做事,造福一方,其卓著政绩赢得了孔子"三称其善"的最高褒奖。③ 对按照儒家思想为政取得卓越成绩的子路,曾西充满了崇敬之情。辅佐齐桓公取得春秋霸业的管仲,曾被孔子称许为"仁人"。对于孔子对管仲的评价,子路也曾有"未仁乎"的质疑,孔子却回答说:"桓公九合诸侯,不以兵车,管仲之力也。如其仁,如其仁。"④但在争霸战争愈演愈烈的战国时代,曾西对于管仲的看法则有了一些改变,他认为管仲不知王道而行霸术,其功业"诡遇而获禽"⑤,并不值得推尊,故以与管仲相比为耻。而曾西本人也坚持"出仕行义"的原则,如果不符合自己的原则,宁愿不出仕做官。据《曾氏族谱》记载,周威烈王元年(前425),"曾西见子夏于魏,文侯闻其贤,欲官之,不受而去"⑥。因此,后人称赞曾西"赋质刚毅,高迈等夷,有暮春沂雩之风力。崇季路于先贤之所畏,薄管子功名

---

① 刘宝楠:《论语正义》,第 726 页。
② 刘宝楠:《论语正义》,第 172 页。
③ 《孔子家语·辩政》载:"子路治蒲三年,孔子过之。入其境,曰:'善哉! 由也恭敬以信矣。'入其邑,曰:'善哉! 由也忠信而宽矣。'至廷,曰:'善哉! 由也明察以断矣。'"杨朝明、宋立林主编:《孔子家语通解》,第 170 页。
④ 刘宝楠:《论语正义》,第 573 页。
⑤ 朱熹:《四书章句集注》,第 227 页。
⑥ 《石门荣庆曾氏族谱》。

于变色。诚侃侃如矣!"①即赞誉他是一个刚直、方正之人,有先祖之风。明人吕纯良也有诗赞曰:"克承祖训,圣门之徒。推尊子路,羞比夷吾。惟范驱驰,不事诡遇。气节廉棱,闻风悚惧。"②

第二节　两　汉　时　期

西汉武帝时期,儒学取得文化正统的地位,儒家在政治上的势力越来越盛。同时,尊孔崇儒的文化政策以及儒家政治力量的隆盛,不仅开启了以孔子为代表的圣裔家族受封袭爵的先例,也使得士人与传统宗族的结合愈加紧密。③但是,西汉时代的儒学,已经渗入了大量阴阳家的学说,儒生不仅喜好以自然现象附会现实的人事祸福,而且以儒术掩饰其劣行。王莽篡汉,与西汉末期伪风盛行有极大关系。《汉书·王莽传》曰:"王莽始起外戚,折节立行,以要名誉,宗族称孝,师友归仁。"④王莽以奸伪之行,获取士人与宗族的支持和拥戴。但其最后却以外戚代汉,并推行一些复古式的改革措施,终于招致士人、宗族的激烈反对。曾子后裔持德守义,耻与同流,遂有渡江南迁之举,星散江南,式微千载。曾据挈族南渡,为曾氏家族发展史上的一大转折。明代济宁州知州万民命曰:"于是东鲁武城故墟,无有肯构绍箕裘者,殆不得与颜、孟诸裔世奉俎豆争烈矣。讵非吾先贤道脉一厄乎!"⑤但在社会动荡之时,曾据等曾氏后裔所表现出的德操高风,亦为后人树立了榜样。

一、曾　玉

曾子第十三代孙曾顼的长子,扶风(今陕西兴平东南)人。曾任汉御史

---

① 冯云鹓:《圣门十六子书·曾子书》卷八,四川大学古籍整理研究所编:《儒藏》史部第7册,第341页。
② 吕兆祥:《宗圣志》卷四《追崇志下》,第314页。
③ 余英时先生指出,在武帝崇儒政策推行之后,士人的宗族便逐渐发展。自此以后,士与宗族的关系便日深一日。参见余英时:《士与中国文化》,上海人民出版社,2003年,第196页。
④《汉书》卷九十九下《王莽传》,第4194页。
⑤ 万民命:《宗圣志序》,吕兆祥:《宗圣志·旧序》,第272页。

大夫,后调任冀州刺史。

二、曾 据

曾据(前43—?),曾子第十五代嫡孙,字恒仁。据《武城曾氏族谱》记载,汉时封都乡侯,因功加封关内侯。曾据之弟曾援,官都乡侯。由此看来,在西汉时期,曾氏家族也具有相当的政治地位。汉宣帝以后,政权渐为外戚王氏一门所把持。王莽为王太后弟王曼之子,《汉书·王莽传》说:"莽众兄弟皆将军五侯子,乘时侈靡,以舆马声色佚游为高。莽独孤贫,因折节为恭俭,受《礼经》,归事沛君陈参,勤身博学,被服为儒生。"因此,朝野推重,声誉日隆。先后任大司马、太傅安汉公,专决国政。汉元始五年(5),以宰辅之号扶持国政的王莽毒死汉平帝,选了一位年仅两岁的刘婴为"孺子",而自为"假皇帝",又称"摄皇帝"。初始元年(8)王莽改国号为"新",正式建立新朝。王莽以外戚代汉,为前所未有之事。虽然他打着禅让的幌子,但实际上无异于倒行逆施。他篡位后实行的恢复井田制、改革币制等措施,也引起了社会的极大混乱。对王莽篡汉的行为,曾据极为不满。因"耻事新莽",曾据于始建国二年(10)十一月挈族渡江南迁,徙居豫章庐陵郡吉阳乡(今江西庐陵)。曾据被曾氏后人尊为始迁江南之祖。

三、曾 谭

曾谭,泉陵人(今湖南永州),东汉末举孝廉,有文武之才,拜尚书郎,官位终太常。

第三节 隋唐五代时期

曾氏家族自南迁之后,因丧失旧有田土、禄位,无形中削弱了自身的根基,再加上初入江南,势单力薄,其立足自然也需要相当的时间来完成。因此,在世家大族垄断政权的魏晋时代,曾氏家族几乎没有任何可资凭依的政治地位和经济基础。隋朝统一,废除九品中正制,创行科举,门阀士族制

度逐渐走向衰落,寒门仕进的机会大增。入唐,中国传统社会走向了空前
统一安定、繁荣昌盛的时期。在这一时期,曾氏家族在南方得到了长足发
展,子孙繁衍,不断向江西、福建、广州等地播迁,曾氏大家族逐渐析分为若
干小房系。从曾子第三十三代孙曾丞之后,曾氏家族在南方的三大房系开
始形成。但隋唐、五代时期,曾氏家族一直处于频繁的流动迁徙之中,仕宦
不显,因此曾氏后裔见诸于史传者极少,以致宋韩琦在《曾氏族谱序》中禁
不住叹息说:"历汉唐千有余岁,晦而罕有闻者。"[1]现据《万姓通谱》、《宗圣
志》,并结合曾氏族谱资料,略作介绍。

一、曾　芳

《万姓通谱》载:曾芳,唐朝时曾担任程乡令,为政清明,体谅百姓疾
苦。当时程乡百姓被山野间的瘴气害得苦不堪言,曾芳组织人手给百姓治
病。由于得病的人太多,他想出一个好办法,命人将配好的药投入井中让
百姓饮用,没过多久,就治好了这种病。后人为纪念曾芳的德政,把这口井
命名为"曾井"。宋代,仁宗听说了这件事,很受感动,特赐写"曾氏忠孝泉"
以示表彰。

二、曾延世

曾延世,一作延祚,曾子第三十六代孙。其父曾隐由江西永丰徙居河
南光州府固始县。唐僖宗年间,东南发生大规模的变乱,而后又有规模更
大的王仙芝、黄巢起义。王仙芝败死之后,黄巢率众南下,转入浙东,剽掠
福建。河南光州固始人王潮率领唐军攻克泉州,"招怀流离,均赋甲兵,吏
民咸服",被朝廷封为泉州刺史。曾延世是王潮的妹夫,在王潮入闽时,随
之同行,遂家于泉州晋江,被曾氏后人尊为泉州晋江曾氏始祖。

三、曾崇范

曾崇范,曾子第四十代孙,字则模,庐陵人。自幼喜爱读书,家中藏有

---

[1] 曾鹗荐等纂修:《温陵曾氏族谱·谱序》。

九经子史等书,常年手不释卷,《万姓通谱》称其"灶薪无属而读书自若"①。
五代时,南唐刺史贾皓曾到曾崇范家中求书,想自己花钱来购买曾崇范的
藏书,用以进献朝廷。崇范知道了他的来意,笑着对他说:"坟典,天下公
器。世道乱的时候藏在民间,是为了不让这些书散失;世道太平的时候就
应藏于国家。无论是藏于家还是藏于国,都是一笔宝贵的财富。怎么可以
用金钱来衡量呢?"于是,曾崇范就把自己的藏书献了出去。后来,曾崇范
学问道德俱佳,被南唐召授为太子洗马,迁东宫使。尽管曾崇范没有著述
流传,但清人所编的《全唐诗》里却保存了题名为"曾崇范妻"所作的一首
诗,诗云"田头有鹿迹,由尾著日炙",充满了田园气息。

四、曾文迪

曾文迪,江西雩都人。他对于天文、谶纬、《黄帝内经》等书都有较深的
研究,尤其精于地理。传说,五代后梁末帝贞明年间(915—920),他携弟子
云游至袁州府万载县,看到万载县北面的西山形胜俱佳,就告诉弟子们说,
"我死之后,就把我葬在此地"。曾文迪去世后,弟子就按照他的嘱咐,将他
安葬在万载县的西山。然而不久之后,弟子们却在豫章见到了他,惊骇之
下,弟子们赶回万载县,启开坟墓查视后,却发现是一具空棺,时人传为
奇谈。

五、曾文照

曾文照,五代南唐人。幼聪慧,七岁时应童子试,擢为第三名。宋太祖
平定江南后,曾文照担任永城令。他曾向朝廷上疏论江南航运的利害,奏
请废除挽船户。宋太祖同意了他的建议,仅此一项每年就为国家节省了大
量财力。他在任蒙城令的时候,对当地每年都要发生的蝗灾进行了有效的
预防,组织百姓在蝗虫未起时便对其幼虫进行捕杀,终其任,蒙城无蝗灾。
后来,升任大理司直。

---

① (明)凌迪知:《万姓统谱》卷五十七,上海古籍出版社,1994 年,第 857 页。

第三节　宋　元　时　期

　　宋朝吸取唐朝灭亡的教训,强化了中央集权制国家的控制,使门阀士族彻底退出中国政治舞台。同时,痛纠武人乱政的弊端,提倡文人政治,有所谓"半部《论语》治天下"之说。由于宋代统治者崇儒右文,科举遂为世所重,成为士人竞趋的对象。通过科举起家成为名卿重臣,为家族发展奠定基础,而后子孙相继,读书治学,出仕为官,光耀祖庭,成为宋代世家大族的一个显著特征。宋代著名史学家刘邠曾说:"本朝选士之制,行之百年,累代将相公卿,皆由此出。"①曾氏家族发展到宋代,大启书香,出现了南丰曾氏、晋江曾氏、章贡曾氏为代表的新兴文化家族。王定安说,曾氏南迁之后,几绝而延,至"南丰望族,阀阅始传"②。"江南三曾氏"的崛起,迎来了曾氏家族发展史上的一个新的阶段,人才之盛,灿若群星,辉映后先。

一、南丰曾氏名人

　　曾子第三十三代孙曾丞由江西永丰徙居庐陵吉阳上黎堡,生子三人:珪、旧、略。曾略由吉阳迁抚州西城,五传至曾洪立。曾洪立于唐昭宗时任抚州南丰县令,累升检校司空、金紫光禄大夫、典南门节度使,后定居于南丰南城。曾洪立有三子:长子延福、次子延构、三子延铎。曾延铎,即北宋著名文学家曾巩的高祖父,字振之,曾任检校右散骑常侍,生有五子:仁敷、仁昭、仁皓、仁旺、仁光。曾仁旺生有四子:致尧、从尧、咨尧、佐尧。曾致尧,为曾巩之祖。南丰曾氏自曾致尧之后,仕宦济济,卓然为当地一大名门望族。

　　曾致尧(946—1012)　字正臣,少知名江南。宋太宗太平兴国八年(983)中进士,任符离县主簿、梁州录事参军,累迁光禄寺丞,监越州酒税,

---

①《宋史》卷三百十九《刘邠传》,第10778页。
② 曾国荃重修,王定安辑:《宗圣志》卷十九《旁裔》,第793页。

召拜著作佐郎、直史馆，改任秘书丞，出为两浙转运使。

曾致尧性格刚正，直道正言，上书言事，词多激烈。曾巩在《先大夫集后序》中称赞其祖勇言当世之得失："其在朝廷，疾当事者不忠，故凡言天下之要，必本天子忧怜百姓、劳心万事之意，而推大臣从官执事之人，观望怀奸，不称天子属任之心，故治久未洽，至其难言，则人有所不敢言者。"①如曾致尧在任两浙转运使时，谏议大夫魏庠任苏州知州，仗恃朝廷旧恩，多行不法之事，当地吏民惧不敢言。他听说后，将魏庠恶行上报朝廷，建议严厉惩处。宋太宗看到奏疏，十分吃惊地说："是敢治魏庠，可畏也！"便罢免了魏庠的官职。对于人民疾苦，曾致尧则以体贴同情之心，行宽简之政，以与民休息。他在两浙，奏罢苛税二百三十余条，深为百姓所爱戴。岁终，考课最优，徙知寿州。寿州接近京师，诸豪大商交结权贵，号为难治。但在曾致尧在任时，"诸豪敛手，莫敢犯公法"②。等到任职期满，寿州民众不忍其离去，遮留数日。不得已，曾致尧只得带领两个随从悄悄离开寿州。等到离开寿州很远了，还有寿州的百姓恋恋不舍地追来送行。

宋真宗即位后，曾致尧迁主客员外郎、判盐铁勾院。当时的枢密使张齐贤欣赏他的才能，特向朝廷举荐他担任翰林院试制诰。但由于曾致尧性格刚直，遭到一些人的猜忌，最后宋真宗以"舆议未允"，转而任命曾致尧为京西转运使。

宋太宗、真宗时期，势力渐兴的西夏频频侵扰宋境。咸平初年，李继迁为获取银夏五州故地，诈降于宋，被授为定南节度使。没过两年，李继迁就发动叛乱，围灵武（今宁夏灵武）。宋真宗命张齐贤为泾原等州经略使，选曾致尧为判官，率军平叛。受命之后，曾致尧向朝廷上疏曰："西兵十万，皆属王超。超材既不可专任，而兵多势重，非易可指麾。若不得节度诸将，事必不集。"真宗未予采纳，只是下诏令王超听从经略使张齐贤的节制而已。出征之前，逢朝廷召集大臣赐金紫，曾致尧辞谢道："丞相敏中以非功德进官，臣论其不可。甫尔，臣受命，事未有效，不敢以冒赐。"因其坚决不接受

---

① 曾巩：《先大夫集后序》，《曾巩集》卷十二《序》，第194—195页。
② 欧阳修：《尚书户部郎中赠右谏议大夫曾公神道碑铭》，《居士集》卷二十，《欧阳修全集》，第328页。

朝廷的章绶之赐,宋真宗大为恼怒,诏御史府鞠其罪,贬为黄州团练副使。不久,又复官任户部员外郎,知泰州。后拜礼部员外郎,先后任泉、苏、扬、鄂等州知州。大中祥符初年,迁礼部郎中。曾致尧在扬州时,误入添支俸多一月,虽然他已向朝廷说明情况,但仍然"坐知扬州日冒请一月俸,降掌昇州榷酤"①,后转任户部郎中。

曾致尧为官清廉正直,忠诚无欺。有一次,他奉使安抚西川,因临行匆忙,误留诏书于家。副职潘惟岳帮他出主意,教他向朝廷汇报说"渡吉柏江舟破亡之",以求自解。曾致尧则说"为臣而欺其君,吾不能为也",便上疏朝廷请求惩戒。后来,潘惟岳向宋真宗详细汇报了曾致尧自请处罚的缘由。宋真宗听了,被曾致尧的正直所感动,嗟叹久之。后来,宋真宗崇信符瑞,自京师至四方,大兴土木,建造宫观。对此,曾致尧忧心不已,他上疏说:"昔周成王既卜世三十,卜年七百,然观于《周礼》,其经纬国体,人事微细无不具,则知王者受命,必修人事,以称天所以命之意,不举属之天以怠人事也。……陛下始即位,以爵禄得君子。近年以来,以爵禄得盗贼。"②他反复劝谏宋真宗绌奸邪、修人事,拳拳忠心溢于言表。

大中祥符五年(1012),卒于官,享年六十六岁,赠谏议大夫。宋神宗熙宁年间(1068—1077),又赠太师、密国公。曾致尧以文鸣当世,其为文"闳深隽美,而长于讽喻"③。著有《仙凫羽翼》三十卷、《广中台志》八十卷、《清边前要》五十卷、《西陲要纪》十卷、《为臣要纪》十五篇、《四声韵》五卷、《直言集》五卷、《文集》十卷,皆刊行于世。曾致尧生有七子:易从、易知、易直、易简、易占、易丰、易持,其中易从、易占均登进士第。

曾易占(969—1047)　字不疑,曾致尧第五子,以恩荫入仕,为抚州宜黄、临川二县县尉。宋仁宗天圣二年(1024)登进士第,迁太子中允、太常丞、博士,知泰州如皋、信州玉山二县知县。曾易占为人刚正不阿,从政期间政绩斐然。他在任如皋知县时,岁大饥,穷民无以自活,他多方设法,从外地购来粮食救济灾民,才使得老百姓度过饥荒。第二年,在庄稼刚要收

---

① 《宋史》卷四百四十一《文苑三》,第 13051 页。
② 王安石:《户部郎中赠谏议大夫曾公墓志铭》,《临川先生文集》卷九十二《墓志》,第 951 页。
③ 曾巩:《先大夫集后序》,《曾巩集》卷十二,第 194 页。

割时,州府就要求按照往年的标准征收租赋,其他各县都催收租税,但曾易占却认为此法不妥,坚持不向贫民征收租税。结果,到了年底,泰州各县百姓的粮食吃完了,不得不背井离乡,外出乞讨,只有如皋一县没有发生这样的悲剧。他还在如皋县建孔子庙,劝谕民众入学。但是曾易占的仕途并非一帆风顺,他在任玉山知县时,当地有个人叫钱仙芝,有求于曾易占却没有达到目的,就向朝廷诬告他。虽然最后真相大白,但曾易占却因为此事被罢免,归而不仕者十二年。

曾易占虽然因受构陷而落职,但他却仍然时刻关注国家大事,忧心百姓。宋仁宗宝元年间(1038—1039),李元昊反叛,契丹兵攻入宋朝边境。曾易占听到这个消息后,马上上书朝廷,他说:"天下之安危顾吾自治不耳!吾已自治,夷狄无可忧者;不自治,忧将在于近,而夷狄岂足道哉?"①后又著《时议》十卷,十余万言。所言皆天下事,古今之所以存亡治乱,至于其个人冤且困,则一言没有涉及。他这种不以一身之穷而遗天下之忧的精神,深得王安石的赞赏,王安石在《太常博士曾公墓志铭》中说:"《时议》者,惩已事,忧来者……‘其志不见于事则欲发之于文,其文不施于世则欲以传于后。后世有行吾言者,而吾岂穷也哉!’"②对于曾易占遭诬失官未能大展治世才华,王安石也遗憾地说:"公之试于事者小而不尽其材,而行之所加又近,唯其文可以见公之所存而名后世。"③

宋仁宗庆历七年(1047),曾易占因病去世。后追封鲁国公。生子六人:曾晔、曾巩、曾牟、曾宰、曾布、曾肇,皆举进士第。曾晔,字叔茂,为文气象宏大,语句华丽。一生未仕。曾牟,字子进,嘉祐二年(1057)进士,官安仁令。曾宰,字子翔,嘉祐二年(1057)进士,官潭州湘潭县主簿。

曾　巩(1019—1083)　字子固,北宋建昌军南丰人,嘉祐二年(1057)进士。曾巩是北宋中期著名文学家,以道德文章名于世,与欧阳修等人一起,为当时的古文革新运动作出了杰出的贡献。曾巩身后受到推重,与欧阳修、王安石、苏洵、苏轼、苏辙和唐代的韩愈、柳宗元并称为"唐宋散文八

---

① 王安石:《太常博士曾公墓志铭》,《临川先生文集》卷九十三《墓志》,第960页。
② 王安石:《太常博士曾公墓志铭》,《临川先生文集》卷九十三《墓志》,第960页。
③ 王安石:《太常博士曾公墓志铭》,《临川先生文集》卷九十三《墓志》,第960页。

大家",学者宗之,人称南丰先生。

曾巩自幼勤学苦读,才思敏捷,读书数万言,脱口辄诵。十二岁的时候,他便试着写《六论》一文,一气呵成,文辞优美。十七八岁时,曾巩已经名闻四方。当时的龙图阁直学士欧阳修看到他的文章后,大为赞赏,认为是天下奇才。

曾巩生于书香世家,自然毫无例外地走向科举求仕的道路。但是,曾巩虽然少有文名,但并没有得到命运之神的垂青。在科举的道路上,他也备受挫折,直到三十九岁时才考取进士,被任命为太平州司法参军,正式踏上仕途。后历馆阁校勘、集贤院校理、英宗实录检讨官。不久,曾巩外任越州通判。他到达越州后不久,就发现越州的酒场每年都要向衙门交纳一定数量的税赋,以供给衙门的开销。钱不够,就向各乡各户的百姓摊派,但是预定的七年之期期满后,衙门仍然照旧征收。曾巩查明情况后,立刻停止了这种做法。有一年,越州粮食歉收,饥荒严重,他劝谕本地富人拿出自己储存的谷物来,以稍高于常平仓的价格卖给百姓。这样老百姓能就近得到谷物,不至流离失所。同时又贷给农民种子,让他们到秋季粮食收获后再偿还,使农事没有耽误。后来,曾巩历知齐、襄、洪、福、明、亳诸州。每到一处,曾巩都以安民为要事,救荒济民,惩治豪强,"务去民疾苦,急奸强而宽贫弱"①,颇有政声。

曾巩久负才名,却长期在外郡任职,世人大多为他鸣不平,但曾巩却淡泊如故。宋神宗元丰三年(1080),留判三班院。当时,朝廷财政困窘,他上疏提出解决经费问题的意见,皇帝说:"曾巩把节用作为理财的关键,当世论理财的人,还没有谈过这样好的见解。"次年,将他调入国史馆,任史馆修撰。五年(1082),拜中书舍人。六年(1083),曾巩病逝于江宁府。理宗时,追赠"文定"。

曾巩一生从未在朝廷中枢担任要职,这不仅有性格方面的原因,也与其改革主张有很大的关系。曾巩主张改革弊政,但他认为改革应当循序渐进。这和当时改革派王安石的意见不完全一致。比如在财政方面,王安石

① 朱熹纂集:《宋名臣言行录·后集》卷九,《四库全书》第449册,第237页。

主张开源,曾巩则主张节流。另一方面,王安石为人狷急少容,无法接纳不同意见,以致很多人都不愿与之合作。曾巩年轻时与王安石交好,当王安石声誉未振之时,他还主动将王安石引荐给欧阳修,但是等到王安石为相,执掌权柄大力推行新法的时候,由于政见的不同,曾巩又疏远了他。有一次,宋神宗问曾巩:"王安石这个人如何?"曾巩说:"王安石文学和做人方面和汉代的扬雄不相上下,只因为他有些吝啬,所以又不及扬雄。"宋神宗不解地问:"王安石为人豪爽,对富贵看得很轻,你怎么说他吝啬呢?"曾巩说:"我所说的吝啬,是说他勇于任事,但是却吝于改正自己的过错。"神宗皇帝认为曾巩的话很有道理。

曾巩以文章名天下,他的文章上下驰骋,涉猎广泛,愈写愈严谨、精妙,当时擅长文词的人,很少有超过他的。中书舍人王震曾称赞他的文章:"若三军之朝气,猛兽之抉怒,江湖之波涛,烟云之姿状,一何奇也。"① 作为"唐宋古文运动"的积极支持者,曾巩的主要文学成就在散文方面。他的散文,继承、发扬了我国古代散文"文以载道"的传统,认为世之"大贤者"要"明圣人之心于百世之上,明圣人之心于百世之下","口讲之,身行之,以其余者又书存之,三者必相表里"。② 他在《南齐书目录序》中说:"古之所谓良史者,其明必足以周万事之理,其道必足以适天下之用,其智必足以通难知之意,其文必足以发难显之情,然后其任可得而称也。"③ 强调只有"蓄道德而能文章者"④,才能写明道之文,发难显之情。因此,曾巩的文章皆因事而发,内容充实,绝少空谈。他主张用儒家之道"扶衰救缺"⑤,针对古今治乱得失,民生疾苦,曾巩写下了许多指陈时弊、为民请命的奏疏、议论、表状,内容涉及边防、水利、财政、赋税、教育、宗教、外交等诸多方面。

曾巩的散文以古雅、平正、冲和见称,纡徐而不烦,简奥而不晦,叙事、

---

① (宋)王震:《南丰先生文集序》,《曾巩集》附录,第810页。
② 曾巩:《上欧阳学士第一书》,《曾巩集》卷十五,第231页。
③ 曾巩:《南齐书目录序》,《曾巩集》卷十一,第187页。
④ 曾巩:《寄欧阳舍人书》,《曾巩集》卷十五,第253页。
⑤ 曾巩:《上欧阳学士第一书》,《曾巩集》卷十五,第232页。

议论委曲周详,节奏舒缓平和,具有独特的风格。他的议论性散文立论明确,剖析微言,说理透彻,善于用充足的论据,围绕中心步步深入,从不同的角度阐明疑义,有很强的说服力。《唐论》就是其中的代表作,可与欧阳修的《朋党论》相媲美。他的记叙性散文,文字简洁凝练,记事翔实,善于用简短的文字清楚地叙述事情的始末梗概。《墨池记》、《宜黄县学记》等都是体现这一特点的名篇。

除散文外,曾巩还擅长写诗,保存在《元丰类稿》里的诗歌作品就有四百多首。或雄浑瑰丽,或清新委婉。曾巩一生多在州县任职,因此他的诗歌表现现实问题较多。如《追租》描绘了在"赤日万里灼"、"禾黍死硗确"①的灾荒年景下,官府仍旧不顾百姓死活催逼租税,以致百姓有苦无处诉,"卒受鞭捶却"的惨状,发出了"暴吏理宜除,浮费义可削"②的呼声,表达了对贫苦农民的同情和对贪官暴吏的鞭挞。他的咏物诗多富新意,别开生面。如《咏柳》诗:"乱条犹未变初黄,倚得东风势便狂。解把飞花蒙日月,不知天地有清霜。"③作者以柳树隐喻奸臣和邪恶势力,逼真生动。曾巩的诗歌创作成就虽然不能和散文相比,却古朴典雅、格调超逸,清新自然,仍为后人所称道。

曾巩力学深思,治学严谨,其文章对后世影响很大。南宋朱熹"爱其词严而理正,居常诵习"④。明清散文家王慎中、归有光、方苞、姚鼐等都把他的文章奉为圭臬。《明史·王慎中传》记载:"慎中为文,初主秦汉,谓东京下无可取。已司欧曾作文之法,乃尽焚旧作,一意师仿,尤得力于曾巩。"⑤由此可见,曾巩在中国文学史上的重要地位。

曾巩一生著述宏富,有《元丰类稿》五十卷、《续元丰类稿》四十卷、《外集》十卷行世。宋南渡后,《续稿》和《外集》散佚不传,流传至今的,只有《元丰类稿》五十卷和《隆平集》三十卷。

---

① 曾巩:《追租》,《曾巩集》卷四,第51页。
② 曾巩:《追租》,《曾巩集》卷四,第51页。
③ 曾巩:《咏柳》,《曾巩集》卷七,第109页。
④ 朱熹:《跋曾南丰帖》,《朱子全书》第24册,第3918页。
⑤《明史》卷二百八十七《王慎中传》,第7368页。

曾巩三子：曾绾，为太平州司理参军、瀛洲防御推官、知扬州天长县事；曾综，为太庙斋郎、瀛洲防御推官，知宿州蕲县事；曾纲，为承务郎，监常州税务。①

曾　布（1036—1107）　字子宣，年十三而孤，跟着哥哥曾巩学习，并一同于嘉祐二年（1057）进士及第。北宋王安石变法的主要参与者。

曾布初任宣州司户参军、怀仁县令。熙宁二年（1069）调任开封，在韩纬、王安石的举荐下，上书宋神宗论为政的两条根本：厉风俗、择人才。并提出了八个要点，即劝农桑、理财赋、兴学校、审选举、责吏课、叙宗室、修武备、制远人。由于他的建议合乎皇帝意旨，被授予太子中允，崇政殿说书，加官集贤校理、判司农寺、检正中书五房。三日之内，五次授受皇帝的敕命，一时传为美谈。

在参与王安石的变法活动之后，曾布与吕惠卿共创青苗、助役、保甲、农田水利等法，引起朝廷老臣和朝中多数官员的责难，神宗皇帝一度产生动摇。曾布上疏说："陛下以英武之才，延揽博学卓识、有远见的大臣，是想要大有作为，但现在大臣在朝堂之上玩弄法令，鼓动下面的人附和反对，许多人利用各种机会巧言诋毁陛下的法令，以哗众取宠，欺君罔上。陛下只要用诚心对待君子振奋其精神，用威刑斥退小人消除其戾气，让天下人都知道陛下威势不可违抗，法令森严不可轻慢，那么又有什么样事情不可为？什么样的想法不能成功呢？"曾布打算坚定宋神宗改革的立场，专任王安石为相，以免物议沸腾，干扰改革大局。没多久，曾布就被提拔任用，被任命为修起居注、知制诰、翰林学士兼三司使。

熙宁七年（1074），曾布弹劾判官吕嘉问借市易法之名搜刮民财，王安石认为曾布阻挠新法，罢曾布官。吕惠卿执政后，弹劾异己，又贬曾布为饶州知州。后复集贤院学士，知广州。宋神宗元丰初年（1078），以龙图阁待制的身份为桂州知州，晋升为直学士、秦州知州，历任陈、蔡、庆州知州。元丰末年，复翰林学士，迁户部尚书。司马光当政，命曾布增损役法，曾布推

① 劳格：《读书杂识》卷九《宋人世系考》，《续修四库全书》第1163册，第293页。

辞说:"免役一事,法令纤悉皆出己手,若令遽自改易,义不可为。"①就这样,曾布又以龙图阁学士的身份被调出京师,先后知太原府、真定、河阳及青、瀛二州。绍圣元年(1094),调任江宁,路过京城时,被留为翰林学士,迁承旨兼侍读,拜同知枢密院,晋升知枢密院事。在章惇为相,兴大狱,构陷大臣的时候,曾布多有附和之举。宋徽宗即位后,章惇被罢职,韩忠彦、曾布共同执掌朝政。后来,韩忠彦辞去左仆射之职,曾布独自辅政。崇宁元年(1102),蔡京担任左丞相,鼓动御史上书,以任用私人为理由弹劾曾布。二年(1103),曾布罢相,被贬为观文殿大学士,知润州。随后,蔡京又以受贿为名构陷曾布,令开封府尹吕嘉问逮捕其诸子,严刑拷问,诱使他提供佐证来诬陷曾布,以便给曾布定罪。此后,曾布一再遭贬斥。大观元年(1107)六月,曾布在润州(今江苏镇江)去世,享年七十二岁。后封赠观文殿大学士,谥"文肃"。

曾布是北宋政坛上的一个重要人物,作为王安石的得力助手,他参与了新法的筹划和起草。王安石曾经说:"自议新法,始终言可行者,曾布也;言不可行者,司马光也;余皆前叛后附,或出或入。"②虽然曾布始终坚持新法,但他又对新法执行过程中的弊端提出尖锐批评,故被看作"奸佞"之人,列入《奸臣传》。对于曾布其人,梁启超赞誉为"千古骨鲠之士",给予高度评价,他在《王安石评传》中为其辩白说:"荆公之冤,数百年来为之昭雪者,尚书十数人。而子宣之冤,乃万古如长夜,吾安得不表而出之?"③

曾布著有《三朝正论》二卷、《熙宁新编常平敕》二卷、《曾布集》三十卷、《丹丘使君诗词》一卷等。

曾布之子,以曾纡最知名,其他有功名者:曾缲,承务郎,监国子监书库;曾绲,右朝散大夫,知台州;曾纬,建炎元年(1127)通直郎通判。

曾　肇(1047—1105)　字子开,曾巩之弟,宋英宗治平四年(1067)登进士第,任黄岩主簿。后被举荐为郑州教授,擢崇文校书、馆阁校勘兼国子

---

①《宋史》卷四百七十一《曾布传》,第13715页。
② (宋)王辟之:《渑水燕谈录》,中华书局,1981年,第135页。
③ 梁启超:《王荆公传》,东方出版社,2009年,第235页。

监直讲、同知太常礼院。迁国史编修官,进吏部郎中,任《神宗实录》检讨。宋哲宗元祐初,擢起居舍人,不久,晋为中书舍人。七年(1092),入为吏部侍郎。宋徽宗时,复召为中书舍人。四月,有日食,帝命曾肇起草诏书,降诏求言。投匦者日以千数,故上得尽闻天下事。章惇恶之,欲罗织罪名将曾肇贬逐,帝不听。元祐年间被放逐的大臣,都得到赦免并加恩甄叙。曾肇为那些遭迫害而死去的人写了悼词,哀厚恻怛,读者为之感怆。迁翰林学士兼侍读。谏官陈瓘、给事中龚原以言得罪,无人敢为他们说话,曾肇却挺身而出,极力为之辩解。当时许多人认为元祐、绍圣时期的执政者政策有失误,兄布传帝命,使肇作诏谕告天下。肇见帝言曰:"陛下思建皇极,以消弭朋党,须先分别君子小人,赏善罚恶,不可偏废。"①后来,曾布拜相,曾肇起草诏书。宋朝翰林学士弟草兄制,只有韩绛、韩维与曾布、曾肇兄弟,士人都引以为荣。

宋徽宗建中靖国元年(1101),太史上奏说四月又有日食。曾肇对宋徽宗说,近年接连发生日食,灾异彰著,而其原因在于"陛下简俭清净之化,或衰于前;声色服玩之好,或萌于心;忠邪贤不肖,或有未辨;赏庆刑威,或有未当。左右阿谀,壅蔽矫举,民冤失职,郁不得伸"②,他劝谏宋徽宗反复循省,痛自克责,以免再发生天变。

曾肇之兄曾布为宰相,依照惯例避亲嫌,拜龙图阁学士,提举中太一宫。未几,出知陈州,历太原、应天府,扬、定二州。崇宁初,蔡京为相,曾肇再次被贬,谪知和州,徙岳州,继贬濮州团练副使,安置汀州。四年(1105),归润而卒,年六十一。

宋代自熙宁以来四十余年,大臣更用事,邪正相轧,党争屡起。曾肇身更其间,数不合。其兄曾布与韩忠彦并相,天天图谋排挤走韩忠彦。曾肇对此忧虑不已,写信劝告兄长说:"兄方得君,当引用善人,翊正道,以杜惇、卞复起之萌。而数月以来,所谓端人吉士,继迹去朝,所进以为辅佐、侍从、台谏,往往皆前日事惇、卞者。一旦势异今日,必首引之以为固位计,思之

---

① 《宋史》卷三百十九《曾公亮传》,第10394页。
② 《宋史》卷三百十九《曾公亮传》,第10395页。

可为恸哭。比来主意已移,小人道长。进则必论元祐人于帝前,退则尽排元祐者于要路。异时惇、纵未至,一蔡京足以兼二人,可不深虑。"①言之谆谆,听之藐藐,曾布对弟弟的劝告置若罔闻。没多久,蔡京得政,曾布、曾肇都被贬逐,一个也未能幸免。

曾肇天资仁厚,而容貌端严。自少力学,博览经传,为文温润有法。更十一州,类多善政。绍兴初,谥曰"文昭"。曾肇著述颇丰,现存《曲阜集》三十卷、《九域志》、《两朝宝训》、《西掖集》、《书讲义》八卷、《将作监式》五卷、《曾氏图谱》一卷、《元祐制集》十二卷、《曾肇集》五十卷、《滁阳庆历前集》十卷等。

生有八子,曾统最知名,官至左谏议大夫。另一子曾缤,字元礼,进士。奉使数道,历知高邮军、舒州,终承议郎,赠左中奉大夫。曾肇孙辈众多,较知名者有曾协、曾悟。其他有功名者如:曾怡,右朝奉郎,太府丞;曾恽,右从事郎。

曾叔卿 曾致尧之孙、曾巩族兄。幼年家境苦贫,但心性正直,从不欺罔。他做陶器生意,把西江的陶器贩卖到北方。有一次,他买了陶器却没能去北方,有人将他的陶器全购买下来。曾叔卿问他到哪里去卖,那人说去北方。曾叔卿赶快告诉他最近北方受灾,这些货物不一定畅销,所以我才没有前去。我不能贪图钱财而不告诉你实情。那人听了就把货物退给他,取钱离开了。曾叔卿严于律己,居乡介洁,非所宜受,一介不取。妻子困于饥寒,而抚庇孤茕,唯恐失其意。后登进士第,至著作佐郎。熙宁中,卒。《宋史》列入《卓行传》。

曾 庠 字明叔,曾致尧之孙、曾易从之子。宋仁宗嘉祐年间登进士第,任卫州常宁县令、福州福清县丞,官至秘书省著作佐郎。

曾 觉 字道济,曾易占之孙、曾晔之子,治平二年进士(1065),韶州军事判官。

曾 纡(1073—1135) 字公衮,曾布之子,自号空青先生,以恩荫补授承务郎、除大理寺主簿。宋哲宗绍圣年间,中博学鸿词科。

①《宋史》卷三百十九《曾公亮传》,第10395页。

宋徽宗崇宁元年(1102),曾布罢相。次年,曾纡坐党籍,编管永州。蔡京罢相后,起复为承奉郎监潭州南岳庙,累迁为密国军节度判官,通判镇江,知楚州、秀州。在任职楚州时,带领楚州军民,疏通漕运河渠,政绩显著。迁提举京畿、江南路转运判官、江南路转运副使。宣和年间,蔡京再掌权柄,曾纡又遭贬官,任主管南京鸿庆宫,移居湖州,曾力劝湖州郡将梁端会起兵勤王。宋高宗建炎四年(1130),再任江南东路转运副使。绍兴二年(1132),知抚州。三年(1133),除江南西路转运副使、司农少卿。四年(1134),改福建路提典刑狱,直宝文阁。五年(1135),除知信州(今江西上饶),未到任而卒,年六十三。

曾纡有志节,守忠义,工诗词。才高识明,博极书史,以文章翰墨风流蕴藉,为时人所推重。著有《空青集》十卷、《南游记旧》一卷,已散佚。

曾纡之子,以曾惇最知名。其他有功名者:曾忻,右从事郎,临安府司法参军;曾憕,右迪功郎,监潭州南岳庙;曾恢,绍兴十五年(1145)宣义郎,添差通判;曾恺,绍兴二十九年(1159)右承务郎,知宜兴县。

曾 统 字元中,曾肇之子,以恩荫补太庙齐郎,调州县官。曾布罢相后,曾统坐党籍,管在京编。后经礼部尚书蒋猷荐举,除福建提举常平,改京东,未赴而常平罢。高宗驻跸扬州,召为工部员外郎。南渡,除广东提点刑狱。时隆裕太后至虔州,从卫军溃,其将傅选以万人据郴州,且趋岭外。有人劝说曾统赶快逃跑。曾统说:"韶当贼冲,己若先去,即人人奔散,贼势张矣。且其麾下皆我师,未必人人有叛心,招之宜定。"于是,派人假借太后圣旨前去安抚,得以转危为安,升屯田员外郎。累迁枢密院检详诸房文字、左司员外郎,擢殿中侍御史,赐进士出身。他第一次上奏疏,就严厉批评朋党之风。曾统说:"陛下即位六年之间,论相者七人。一有进退,则自台谏、侍从、百执事随以升黜,适足以比周成风,公道蔽塞。乞明诏大臣,消朋党之萌,开公正之路。政无先后,惟是之从;人无彼此,唯才是用。"①后因与秦桧相忤,以秘阁修撰出知秀、徽、饶三州。召还,

---

① (宋)佚名:《京口耆旧传》卷二,《四库全书》第451册,第131页。

除太常少卿、殿中侍御史,拜谏议大夫。因足疾,恳请外放,除徽猷阁待制,知婺州。卒年六十七。

曾统文献故家,藏书素多,绍兴间曾参与重修国史,曾统出力甚多。生有四子:曾恂,字孚仲;曾惕,字强仲;曾唤,为吏部尚书。

曾忞(?—1130)　字仲常,曾巩之孙。补太学内舍生,以父任郊社斋郎,累官司农丞、通判温州,后调任越州。

建炎四年(1130),金军攻陷越州。金军统帅琶八下令城中文武官员天明前到州衙中报到,有不至及藏匿、不觉察者,皆死。文武官员畏惧金兵,纷纷按期晋见琶八,以表效忠之意,唯独曾忞没有去。后被捕,见琶八,辞气不屈,痛斥道:"国家何负汝,乃叛盟欺天,恣为不道。我宋世臣也,恨无尺寸柄以死国,安能贪生事尔狗奴邪?"①金人帐中执兵者,听闻后皆愕眙相视。由于曾忞宁死不屈,金军便将其一家老幼童仆四十多人全部杀死在越州南门外。曾忞遇难的时候,子曾宓才四岁,与乳母张皆被害。夜值小雨,乳母得以苏醒,看见宓也苏醒过来,尚吮其乳,郡卒陈海匿曾宓以归,后仕至知南安军。曾忞弟曾惢,假承务郎。

曾惇　字宏父(一作祕父),曾纡长子、曾布之孙。绍兴中,守如州、黄州。十八年(1148)知镇江府,二十六年(1156)知光州。工诗词,有《曾祕父诗词》一卷,未见传本。周泳先辑有《曾使君新词》,《全宋词》收录其词六首。

曾协(?—1173)　字同季,曾肇之孙、曾缲之子。年十九,以词赋魁胄监。绍兴中,举进士不第,以恩荫仕为长兴丞。迁嵊县丞,继为镇江府通判,迁临安通判。宋孝宗乾道七年(1171),迁吉州,后改知抚州,再知永州。乾道九年(1173),权知永州事,卒于官,赠正奉大夫。以词赋见长,词风婉约。有《云壮集》传世。

曾悟　字蒙伯,曾肇之孙。宣和二年(1120)进士,靖康间为亳州士曹。金人破亳州,悟被执,抗辞谩骂,英勇不屈,众刃刲之,尸体无存,妻孥同日被害,享年三十三。

---

① 《宋史》卷四百四十八《曾忞传》,第 13199 页。

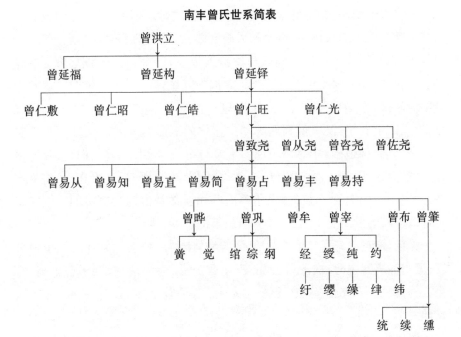

南丰曾氏世系简表

二、晋江曾氏名人

唐僖宗年间,曾子第三十六代孙曾延世由河南光州固始县徙家闽越,便在泉州晋江定居。宋代,晋江曾氏后裔科第连捷,盛况空前。曾会廷试第二,特遣殿中丞,知宣州,赐绯衣银鱼,以进士起家之盛,前所未有。曾会之子曾公亮位至宰相,封鲁国宣靖公。此后曾孝宽、曾怀、曾从龙又为宰相。晋江曾氏"一门四相",家族日益兴盛,大显于世。

曾 会(952—1033) 字宗元,宋太宗端拱二年(989)进士第二名,授光禄寺丞、直史馆,以文学政事为时人所称。大中祥符初年,任两浙转运使,适逢旱灾严重,百姓不得不离乡背井,流落他乡。可是时任检校太尉、枢密使、参知政事的权臣丁谓非但不体恤民瘼,还驱使兵卒、民夫万余人,大兴钱塘捍江之役,导致民怨沸腾。但朝野上下惧于丁谓的权势,无人敢干涉此事。只有曾会不惧强势,列其状,上疏朝廷,使罢其役,军民得安。终尚书刑部郎中、集贤殿修撰。

曾会天资聪颖,勤奋好学,少时有"神童"之誉。据说,曾会小时候有一天在上学途中突遇大雨,衣服全被大雨淋湿,有路人嘲笑他是"雨打蓑鸡",但是曾会听了并不生气,反而张口便吟五绝一首:"雨打蓑鸡形,脚上有龙鳞。五更才一唱,惊动世间人。"①路人都为其敏捷的才思而惊叹。尽管曾会学识渊博,才华出类拔萃,但仕途却一直淹滞不前。他历真宗、仁宗二世,出入四十五年,仅仅做到刑部郎中这样的五品官。宋观文殿大学士张方平在《曾会神道碑》中感慨地说:"唯诚与恕,不务世求,乃与时忤;往蹇来连,多踬少迁;郎潜一郡,四十五年;外虽不偶,中全所守;富贵在天,将复谁咎?"②尽管曾会仕途不显,但泉州曾氏的相业却是由曾会奠定的。他在泉州曾氏家族的发展史上,是一个开启新篇的重要人物。

曾会著有《杂著》二十卷、《景德新编》十卷。曾会生六子:长子曾公度,濠州钟离县主簿;次子曾公亮;三子曾公立,为大司空;四子曾公奭,官至员外郎;五子曾公望,官至光禄大夫;六子曾公定,任秘书丞、集贤殿校理。

曾公亮(999—1078)   字明仲,举进士甲科,位至丞相,以太傅兼侍中致仕,配享宋英宗庙庭。

曾公亮出身官宦之家,少力学,能文章,有抱负。宋仁宗即位之初,奉父命持表赴京入贺,授试大理评事,但他宁愿靠自己的能力由科举入仕,所以就婉言谢绝了。宋仁宗天圣二年(1024),曾公亮举进士甲科第五名,知越州会稽县,正式走上仕途。他在会稽关心民间疾苦,重视农业生产。当时会稽百姓常为镜湖水患所害,他到任后即组织民众兴修水利。镜湖原本是东汉时会稽太守兴建的大型水利工程,当地民众引镜湖水用来灌溉民田。但因长期失修,湖堤渐废,丰水季节,湖水常常溢出湖堤冲毁民田,屡屡为患。公亮就征调民夫,立斗门,泄水入曹娥江,民受其利。因父买田境中,谪监湖州酒务。归迁国子监直讲,改诸王府侍讲。岁满,试馆职,授集贤校理、天章阁侍讲,与修起居注。擢天章阁待制,赐金紫。知制诰兼史馆

① 《龙山曾氏族谱》。
② 转引自曾阁:《宋张方平撰〈曾会神道碑〉考证》,《泉州文史》第六、七辑,第53页。

修撰，为翰林学士、判三班院。以端明殿学士知郑州，为政有能声。复入为翰林学士、知开封府。擢给事中、参知政事。加礼部侍郎，除枢密使。嘉祐六年(1061)，拜吏部侍郎、同中书门下平章事、集贤殿大学士。

他在相位，常说"政事以仁民为先"①，故其志尤急于去民所疾苦，而补助其穷乏，罢弛茶禁，归之于民，籍户绝田，收其租为广惠仓，以廪食穷独。因此，与宰相韩琦戮力一心，更唱迭合，修纪纲，除弊事，数次裁撤冗兵，更革废举尤多。仁宗时期，宋朝正面临兵虚财匮、内忧外患的困境。庆历八年(1048)，为挽救政治、社会危机，宋仁宗亲自召集大臣讨论朝政得失，让他们就兵农要务、边防备御等事提出具体建议。曾公亮上疏条陈六事，其大略云："完堡栅、畜兵马，使主兵者久于其任，则敌骑不敢窥边；取之得其要，任之得其材，则将帅不患无人；损冗兵，汰冗官，节财用，省徭役，不专在农，则耕者劝。"②又陈古者取六郡良家自为宿卫及府兵番上十六卫之制，以明今宿卫之失。言狂者似直，爱憎似忠，以明听言知人之难。而人君得其言则当审覆而后行，以消谄谀之风。大都是取当世之所先急而便于施行者以为说。

曾公亮不仅以经术开导宋仁宗，至于朝廷典章故实、律令文法也无不加以注意，所以他处理政事明敏果敢。他在三班院时，发现三班院吏员冗杂，非赇谢不行，贵戚权要子弟，恃势请谒。曾公亮在三班院建章立制，严加整顿，"吏束手无能，而人亦不敢干以私，后至者莫能易也"③。欧阳修不尝轻易赞扬别人，但他到任三班院时，常常赞许曾公亮做得好。因为曾公亮熟悉朝廷的各种典章制度，就连宰相韩琦也常向他咨询法令典故。曾公亮在日常政事中，却特别注重矜慎断狱，从不滥用刑罚。他主张平恕待民，"公得奏谳，必躬自省览，原情议法"④。如，密州当地产银，民众常盗取之，大理寺主张按强盗罪论处，严刑处死。曾公亮却说："白银是禁物，盗取白

---

① 朱熹：《宋名臣言行录·后集》卷六，《四库全书》，第449册，第202页。
② 曾肇：《曾太师公亮行状》，曾枣庄、刘琳主编：《全宋文》卷二千三百八十二，上海辞书出版社，2006年，第101页。
③ 曾肇：《曾太师公亮行状》，曾枣庄、刘琳主编：《全宋文》卷二千三百八十二，第101页。
④ 曾肇：《曾太师公亮行状》，曾枣庄、刘琳主编：《全宋文》卷二千三百八十二，第103页。

银虽然也是强抢,但和盗取民间财物还是有区别的。"后来,朝廷下令比照劫禁物法处理,盗银者得不死。至和二年(1055),曾公亮知郑州。当时的郑州"居数路要冲,冠盖旁午,州将疲于应接,鲜能及民事。公独询访闾里,为之除害兴利。转运使岁多无名率敛,而辅郡尤甚。公至,一切不报,有不得已者,使民以常赋代之"①,此后,民众不再为额外税负所困扰。同时,曾公亮还大力整顿社会治安,禁戢奸盗。以前,郑州地方多盗贼。曾公亮上任之后,郑州一地"(盗)悉窜他境,路不拾遗,民外户不闭,至号公为'曾开门'"②。

英宗即位,加中书侍郎兼礼部尚书,不久又升任户部尚书。有一次,英宗身体不佳,辽国使臣前来英宗不能亲自接见,就命公亮宴请辽使,使者不肯赴。公亮质问辽国使者说:"锡宴不赴,是不虔君命也。人主有疾,而必使亲临,处之安乎?"③使者即就席。神宗即位,加门下侍郎兼吏部尚书。

曾公亮为人敦厚庄重,为相十有五年,事君接人、语默动静,一皆有法而尤小心恭慎,不立朋党,推远权势,未尝纳请谒、市私恩,故能久于其位,笃于信任。熙宁二年(1069),进昭文馆大学士,累封鲁国公。他以年老为由,请求辞去辅相之职,未得许可。三年(1070)九月,拜司空兼侍中、河阳三城节度使、集禧观使,准许五日一朝。四年(1071),出师西讨,欲得元老大臣镇关中以为重。时曾公亮虽年事已高而精力不衰,起判永兴军。曾公亮到后,缮治城壁戎器,增修政事之缺者,由是州郡晏然。居一岁,还京师,以太保致仕。无论是在朝廷任职还是在地方为官,曾公亮时刻以百姓利益为重,被人们称为贤相。曾肇在《曾太师公亮行状》中称赞他:"以儒术吏事见推一时,履和蹈义,笃行不殆,故能奋于小官,不由党援,周旋侍从,致位宰相。佐佑三世,有劳有能。定策受遗,功施社稷。知止克终,老而弥劭。为一代之宗臣,可谓盛哉!"④曾公亮致仕后四年,其长子孝宽为枢密直学士、起居舍人、金书枢密院事。父子世为公辅,一时之盛,古之未有。元丰

---

① 曾肇:《曾太师公亮行状》,曾枣庄、刘琳主编:《全宋文》卷二千三百八十二,第101页。
② 曾肇:《曾太师公亮行状》,曾枣庄、刘琳主编:《全宋文》卷二千三百八十二,第101页。
③ 《宋史》卷三百十二《曾公亮传》,第10233页。
④ 曾肇:《曾太师公亮行状》,曾枣庄、刘琳主编:《全宋文》卷二千三百八十二,第106页。

元年(1078)卒,年八十。宋神宗听到曾公亮去世的消息,十分悲痛,辍朝三日,亲临悼念,赠太师、中书令,谥"宣靖",配享英宗庙庭。及葬,御其碑首曰"两朝顾命定策亚勋之碑"。

曾公亮不仅是一位有作为的政治家,也是一位比较有影响的学者。他的著述大多已经散失,流传至今的只有《武经总要》一书。《武经总要》是一部全面系统地论述军事制度和技术的巨著,由曾公亮主编,历时四年(1040—1044)而成。全书共分四十卷,分前后两集,"前集备一朝之制度,后集具历代之得失"①。前二十卷论述了军事组织、制度及步兵骑兵教练、行军、营阵、战略、战术武器的制造和使用、边防地理等内容,并配以大量的图示,对各种兵器和攻城法作了极为详尽的阐述和介绍。其中的第十二卷载有"火炮火药法"、"毒药烟球火药法"、"蒺藜火球火药法",记述了以硫磺、焰硝(硝酸钾)、松脂以及其他物质按一定的比例和操作程序制成的不同用途的火药,这是世界上最早的火药配方和工艺流程记载;后二十卷辑录了历代用兵的故事,论述阴阳占候(气象预测),保存了大量军事史资料。

曾公亮生有四子:曾孝宽、曾孝广、曾孝纯、曾孝蕴。

曾孝宽　字令绰,曾公亮长子,以恩荫入仕,知桐城县,选调知咸平县。曾孝宽为政清廉,体恤民情,深受百姓拥戴。有一次,咸平县的百姓到官府诉说大雨把麦子毁坏了,导致小麦歉收,请求减免租税。没想到,官府不但没有减免租税,反而以为百姓说谎,杖之以示惩罚。曾孝宽亲自到田间查勘,认为百姓所言属实,便上请于朝廷减免了咸平县当年的赋税。升秘阁修撰、提点开封府界镇县。

当时,朝廷正推行保甲法,民间有人造谣说将籍丁为兵,惊慌不安。知府韩维请求朝廷待农闲的时候再施行。曾孝宽则发榜各县,悬赏捉拿蛊惑肇事者,百姓知道真相后,人心便安定下来,保甲法得以顺利推行。入知审官东院、判刑部。熙宁五年(1072),迁枢密都承旨,宋朝枢密院承旨用文臣,自孝宽始。九年(1076),擢拜枢密直学士、签书枢密院。元丰元年(1078),因父亲曾公亮去世,丁父忧。除丧,以端明殿学士知河阳,徙郓。

① 永瑢等编:《钦定四库全书总目提要》卷九十九《子部九·兵家类·〈武经总要〉提要》,第838页。

郓州建有孟子庙,孝宽在郓州任上,请封孟子为邹国公,配享孔子。召为吏部尚书。卒年六十六,赠右光禄大夫。

曾孝宽之子:曾诚,字存之,元符间,任秘书监。

曾孝广　字仲锡,曾公亮次子,北宋中期著名的水利专家。元丰末年,为北外都水丞。元祐中,朝中大臣讨论恢复黄河故道的事情,宋哲宗召曾孝广询问。孝广认为将黄河水引入故道,不利于黄河下游的安定,恢复黄河故道不可行。宋哲宗没有听从他的建议,外放保州通判。过了好几年,才恢复了都水丞的职务。

在曾孝广担任京西转运判官时,黄河在内黄决口,宋哲宗急召曾孝广进京,提升为水部员外郎,让曾孝广负责治理黄河。曾孝广疏导了苏村黄河故道,并在巨野开凿河道,让河水北流入海,消除了澶州、滑州、深州、瀛州的水患,迁都水使者。又疏浚洛水河道,累石为防,此后洛水再没有发生水患。因治水有功,外任提点永兴路刑狱,陕西、京西转运副使,又调回京师担任左司郎中,擢户部侍郎,崇宁三年(1104)晋尚书。在任户部尚书其间,由于财政赤字过大,贬为天章阁侍制、知杭州。又以他出使辽国时有失国体为由,免职。起复,知潭州,加显谟阁直学士,知郓州。后因得罪蔡京,被贬知饶州。后迁广州,历成德军、太原府,复任都水丞,得故职以卒,享年六十岁。著有《曾孝广文集》。

曾孝纯　字君施,曾公亮季子。曾公亮去世后,以恩荫仕为殿中丞,赐同进士出身。但曾孝纯不愿为官,愿将殿中丞之官让予同族之人。这样,他二十四年没有晋升官职。宋哲宗绍圣年间,擢太常寺丞,遭到当政者的暗中阻挠,从此杜门不仕。曾孝纯治家严谨,不畜私财,不置别产。曾孝纯之子:曾谊,任朝请大夫、虞部郎中。

曾孝蕴　字处善,曾公亮四子。福建泉州晋江人。绍圣年间,主管发运司籴籴事务,建议在扬州的瓜洲、润州的京口、常州的奔牛等地整治堤堰,设立闸门,以便漕运、商买。后提举两浙常平,改转运判官,知临江军,召为左司员外郎,迁起居舍人。时京邑有盗,徽宗怒,期三日不获,坐尹罪。孝蕴奏:"求盗急则遁益远,小缓当自出。"从其言,得盗。崇宁建殿中省,擢为监。居数月,有人告发他和元祐党人张商英过从甚密,出知襄州,徙江、浙、荆、淮发运使。徽宗政和年间，打算在泗州开凿运河，以消减黄河、淮河、汴河因大雨而引起的洪泛、沙石等问题。曾孝蕴以淮河、汴河不相通，环境不适合开凿为由表示反对。但宋徽宗依然下令开凿，几年后运河凿通，宋徽宗大赏群臣，曾孝蕴推辞不受。第二年，雨季到来后运河果然被泥沙堵塞。召为户部侍郎。有一次，徽宗偶然问起右曹储粮几何，疾作不能对。徙工部，以显谟阁待制知杭州。其后，又因其兄得罪蔡京而被牵连，连遭贬削黜，至贬安远军节度副使。

宣和二年（1120），始复天章阁待制、知歙州。方腊起兵青溪，孝蕴约敕郡内，无得奔扰，并分兵守扼塞，人稍恃以安。会移青州，既行而歙陷，道改杭州。宣和三年（1121），进显谟阁直学士，又加封龙图阁学士。卒年六十五，赠通议大夫。其子曾浩，字德充，通判南池。

曾孝序　字逢原，泉州晋江人，曾公亮族侄。以荫补将作监主簿，监泰州海安盐仓，因家泰州。累官至环庆路经略、安抚使。他曾与蔡京议论政事，说："天下之财贵于流通，取民膏血以聚京师，恐非太平法。"[1]因而招致蔡京嫉恨。当时，蔡京正推行结籴、俵籴之法，大肆搜刮民财以充数。孝序认为此法不妥，上疏曰："民力殚矣。民为邦本，一有逃移，谁与守邦？"[2]蔡京越发恼怒，命御史宋圣宠罗织罪名弹劾他，追逮其家人，严刑拷问，却一无所获。蔡京只好另外找个理由，将曾孝序削职，迁往岭南。蔡京罢相后，曾孝序授显谟阁待制、知潭州。当时，道州猺人叛乱，乘高恃险，横絫以守。孝序夜遣骁锐攀援而上，率军平定叛乱。进龙图阁直学士、知青州。缮修城池，训练士卒，储峙金谷，有数年之备，金人不敢犯。高宗即位，迁徽猷阁学士，升延康殿学士，召赴行在。因青州民挽留，仍知青州。临朐土兵赵晟聚众为乱，孝序派遣将官王定率兵千人去平息叛乱，王定失利而归，遭到孝序的斥责，王定便胁迫败卒，夺门斩关入厅事，曾孝序与其子皆遇害，年七十九。后赠光禄大夫，谥"威愍"。

曾慥　字端伯，曾公亮曾孙，自号至游子、至游居士。初任尚书郎，

---

① 《宋史》卷四百五十三《曾孝序传》，第13319页。
② 《宋史》卷四百五十三《曾孝序传》，第13319页。

直宝文阁奉祠,进右文殿修撰。绍兴九年(1139)任户部员外郎。十一年(1141),擢太府正卿、江西转运判官,知虔州、荆门、庐州。曾慥生活在高宗时期,目睹奸臣当国,山河破碎,于是选宋朝自寇准以来至僧珏二百余家诗,博采旁搜,尤取颖秀者,悉表而出,力求匡扶民族之正气。著有《类说》五十卷,他在自序中说道:"小说可观圣人之训也。余侨寓银峰,居多暇日,因集百家之说,采摭事实,编纂成书。分五十卷,名曰《类说》,可以资治体、助名教、供笑谈、广见闻。"①另有《皇宋诗选》、《乐府雅词》、《道枢》四二二卷、《高斋漫录》一卷、《至游子》二卷等。

曾　怀　字钦道,曾孝宽之孙、曾诚之子。以父荫,宋高宗建炎初年知真州。训导民兵,纪律严明,张俊督师,大感惊奇。孝宗乾道二年(1166),擢户部侍郎。他善于理财,"量入为出,使天下之财,足天下之用"②。五年(1169),升任户部尚书,知婺州。在任时,对各州郡钱粮的出入情况都了如指掌,为孝宗所倚重。乾道九年(1173),赐同进士出身,参知政事,代梁克家为右丞相,封鲁国公。怀尝言:"事之大者视之以小,小者视之以无,天下无复事矣!"③曾怀为官,秉公处事,尽忠效力,推贤扬善,因此后人评价他"以清约自持"④,"为相侃侃,得大臣体"⑤。淳熙初,因言官中伤,曾怀避嫌求退,以观文殿大学士奉祠。有《少保文集》存世。

曾　恬　字天隐,曾孝纯之孙。幼从杨时、刘安世习存心养性之学。宋高宗绍兴中期,任大宗正丞。当时秦桧当权,曾恬不愿与之苟合,便请求外放台州。与胡安国共同辑录谢良佐言行,著为《上蔡语录》。

曾从龙(1175—1236)　字君锡,曾公亮四世孙。宋宁宗庆元五年(1199)己未科状元,当时曾从龙年仅二十五岁。仕宁宗、理宗两朝,累官至枢密副使、参知政事。

曾从龙初名一龙,出身科第世家,自幼不事华饰,刻苦攻读。宁宗庆元

---

① (宋)曾慥:《类说》卷首《序》,《北京图书馆古籍珍本丛刊》,书目文献出版社,1998年,第62册,第6页。
② (明)黄仲昭:《八闽通志》(修订本)下册,福建人民出版社,2006年,第569页。
③ 黄仲昭:《八闽通志》(修订本)下册,第569页。
④ 曾肇:《曾太师公亮行状》,曾枣庄、刘琳主编:《全宋文》卷二千三百八十二,第105页。
⑤ 转引自曾阆、李灿煌主编:《晋江历史人物传》,海峡文艺出版社,1997年第2版,第51页。

五年(1199)，擢进士第一，廷对"独占天下第一之选"，为宁宗称赏，认为他"有经纬之文章，乃天下之贤才"，故御赐"从龙"，寓君臣相得之意。授签书奉国军节度使判官厅公事，累迁兵部员外郎、左司郎中、起居舍人兼太子右谕德。曾从龙既蒙"希世宠遇"，自然精神振奋，感激莫名，作《对御唱第》诗一首，云："惭无高论裨天听，愿有微衷动帝尊。王陛传胪叨首选，誓坚一节报君恩。"①高宗渡江以来，南宋蜗居半壁河山，忍辱偷生。曾从龙怀抱洗雪国耻之心，悉心辅政。嘉定元年(1208)，他作为南宋使节出使金国，不卑不亢，执礼不挠，维护了国家尊严。使金还，擢刑部尚书。上任伊始，他就向朝廷上疏，整顿吏治，他说："州郡累月阙守，而以次官权摄者，彼惟其摄事也，自知非久，何暇尽心于民事？狱讼淹延，政令玩弛，举一郡之事付之胥吏。幸而除授一人，民望其至如渴望饮，足未及境而复以他故罢去矣。且每易一守，供帐借请少不下万缗。郡帑所入，岁有常数，而频年将迎，所费不可胜计。然则轻于易置，公私俱受其病。"②他建议朝廷明诏二三大臣，"郡守有阙，即时进拟。有求避惮行者，悉杜绝其请"③。嘉定六年(1213)，阴雨连绵不绝，他又提出"修德政，蓄人才，饬边备"④的主张，受到宁宗的称赞。不久，进端明殿大学士，签书枢密院，改任参知政事。次年，宁宗就让他主持贡举，把选拔人才的大任交付给他。他上疏说："国家以科目网罗天下之英隽，义以观其通经，赋以观其博古，论以观其识，策以观其才。异时谋王断国，皆由此其选。比来循习成风，文气不振，学不务根底，辞不尚体要，涉猎未精，议论疏陋，缀缉虽繁，气象萎薾。愿下臣此章，风厉中外，澄源正本，莫甚于斯。"⑤曾从龙忠心谋国，深受宁宗器重，朝政也大有起色。理宗继位后，宠信史弥远，朝政无论巨细，都由史弥远一手掌控。对于史弥远的擅政弄权，曾从龙极为痛恨，绝不依附，因而得到正人贤士的敬重。后因弹劾胡榘，贬谪建宁府。适逢母丧，曾从龙便辞官奔丧。服丧期满，起为

① 转引自曾阅、李灿煌主编：《晋江历史人物传》，第67页。
② 《宋史》卷四百十九《曾从龙传》，第12547页。
③ 《宋史》卷四百十九《曾从龙传》，第12547页。
④ 《宋史》卷四百十九《曾从龙传》，第12547页。
⑤ 《宋史》卷四百十九《曾从龙传》，第12548页。

湖南安抚使。

　　曾从龙在朝公忠体国,鞠躬尽瘁,在地方更是体恤民瘼,造福一方。如宁宗开禧年间,曾从龙出知信州,"戍卒行掠境内,从龙置于法,索得妇人衣,命枭于市"[1],一时全境肃然。他在任湖南安抚使期间,因为不堪州县盘剥,一些少数民族百姓纷纷揭竿而起,他示以威信,兴学养士,并创平籴仓,平抑物价,通过这些行之有效的措施,很快安定了湖南的社会秩序,曾从龙也得到了湘人的拥戴。湘人为之"勒石纪德",称颂其德政。由于政绩卓著,端平元年(1234)授资政殿大学士、沿江制置使兼知建康府兼行宫留守。不久,拜参知政事兼同知枢密院事。这时,蒙古军队开始南侵,窥伺襄、淮。端平二年(1235)冬,曾从龙受命以枢密使身份督视江淮荆襄军马。正当曾从龙积极备防的时候,朝中一些人又以财政困难、边用不足为由,鼓动理宗召回了曾从龙。曾从龙壮志难酬,于端平三年(1236)含恨而逝,享年六十二岁。曾从龙病逝后,朝廷追赠"少师"。著有《曾少师诗集》。

　　曾从龙有弟三人:曾用虎、曾天麟、曾治凤,皆历显任。曾用虎,字君遇,曾从龙之弟。任职兴化军,首创城堤,既卫护城池,又防止水患;重修太平废坡,使百姓大获其利,称太平坡为"曾公坡"。后任江西提刑点狱,累迁工部郎中。曾治凤,字君仪,曾从龙之弟。宋宁宗开禧元年(1205)登进士第。历官东提刑、知袁州,复直焕章阁、帅广东。曾治凤性情简朴,不喜杀戮,对于民众叛乱,主张用招抚的办法去平息,而不是严酷镇压。端平二年(1235),擢为直微猷阁,改知建宁。

三、章贡曾氏名人

　　章贡,汉时为赣县,隋唐属虔州,北宋时又名章贡,南宋绍兴年间改称赣州。曾氏家族自曾据南迁江右,散居于吉、赣、临、抚、泉、广、韶、交之间,年代既久,支派益繁。然曾氏子弟入赣,早在东汉初年就已开始。据曾氏族谱记载,曾据有二子,长子阐,次子场。场生三子:长子厚、次子永、三子

---

[1]《宋史》卷四百十九《曾从龙传》,第 12547 页。

猗。曾永,汉和帝时举孝廉,徙赣州。章贡曾氏,即曾永之后。[①] 至北宋时期,衣冠鼎盛,章贡曾氏"一门四进士",名闻天下。

曾 准 字中行,生于宋康定元年(1040),卒于大观二年(1108)。少刻励勤学,在屋壁题书曰:"予欲读书,惟虑力不足耳。"[②]宋嘉祐二年(1057)进士,调武功判官,摄理狱事。迁江陵通判,明慎刑狱,颇有官声。卒,赠少师。子四:曾弼、曾懋、曾开、曾几,均为进士出身,才德闻名于世。

曾 几(1084—1166) 字吉甫,自号茶山居士。其先赣州人,徙河南府。未冠之年,随兄长官郓州,补试州学为第一。后入太学,学习十分努力,屡中高等,在太学诸生中有很高的名望。宋徽宗时,其兄曾弼赴任京西南路学事,渡江落水遇难。因曾弼无后,朝廷特恩赐曾几为将仕郎。宋大观初年,吏部特铨试五百人,曾几列优等,赐进士出身,升国子正兼钦慈皇后宅教授,迁辟雍博士兼编修道史检阅官。

曾几为人正直,刚正不阿。方士林灵素以道术惑徽宗,深得宠幸。林灵素将自己编写的符书《神霄录》献于朝廷,群臣争相前往捧场,只有曾几、李纲、傅崧卿等人称疾不往。他在任应天府少尹的时候,宦官奉旨取金,但是却没有带公文,府尹徐处仁召集府僚商议,准备变通处理此事,曾几力争不可。虽然徐处仁最后没有采纳他的建议,但对他正直的人品却尤加敬服。

靖康初年,曾几任提举淮东茶盐。高宗时,改提举湖北,徙广西运判、

---

① 《石门荣庆堂曾氏族谱》载曾永一支世系为:曾参……曾据—曾炀—曾永—曾万……曾准—弼、懋、开、几。但清道光二十五年王训所作《二修族谱总序》又说曾几为曾略之后。见《江西省赣州府长宁县圹田曾氏二修族谱》,上海图书馆藏清光绪二十七年(1901)木活字本。曾略之远祖可上溯至曾据长子曾阐,与曾炀实为两支。《石门曾氏族谱》又载,曾准与曾平为兄弟,同为曾辟之子。但宋陆游《曾文清公墓志铭》明载曾平为曾几之祖,曾准为曾几之父,可知《石门曾氏族谱》所载不确。见《渭南文集》卷三十二,《四库全书》集部第1163册,第558页。《赣州长宁族谱序》云,曾几二传至佑孙,再传至广新、广达、广德、广海。实际上,曾佑孙是曾惇之孙,则《赣州长宁族谱》所载亦误。广东《大万曾氏族谱》也说曾几是曾略之后,并记其世系为:曾略—曾炀—曾咏—曾筠—曾洪立—曾仁旺—曾致尧—曾易知—曾准—曾几—曾鉴—曾恕—曾徽—曾逮—曾楚山—曾纡—曾惇—曾仲辉—曾佑孙。见曾观来总编辑:《大万曾氏族谱》,中国文史出版社,2008年,第65—72页。虽然《大万曾氏族谱》所载曾准、曾几的父子关系与《曾文清公墓志铭》的记载相对应,但其所载曾几之祖、曾几之子与《曾文清公墓志铭》又皆不合。年月既久,世次莫稽,相比而言,《石门曾氏族谱》所载,稍有线索可寻,今暂从。

② 《石门荣庆堂曾氏族谱·源流行实》。

江西提刑。这个时候,他的哥哥曾开担任礼部侍郎,因为反对秦桧与金议和,触怒秦桧,曾几也受牵连与曾开一起被贬职。但秦桧初掌国柄,畏惮天下公议,所以不久又恢复了曾几官职,任为广南西路转运副使,徙京南路,再贬主管崇道观。其后,曾几侨居上饶七年。

绍兴二十五年(1155),秦桧死。曾几起为浙西提刑,处死滑吏张镐,民众称快。次年,知台州。黄岩县令纵容手下两小吏肆意受贿,中饱私囊,后为两吏所要挟,便将两吏置狱,一夕皆死。曾几追查此事,欲治其罪。有人偷偷告诉曾几说,这个黄岩令是当今左丞相的门下客,劝他不要因此而危及自身前途。但曾几毫不姑息,抓紧审理此案,最终将黄岩令绳之以法。

南宋偏安江南,不思进取。曾几多次劝谏宋高宗任用贤能,他说:"士气久不振,陛下欲起之于一朝,矫枉者必过直,虽有折槛断鞅、牵裾还笏、若卖直干誉者,愿加优容。"[1]高宗认为曾几之言很有道理,命其为秘书少监。此时,距曾几去馆职已有三十八年。后擢升礼部侍郎。曾几之兄曾懋、曾开都曾担任过礼部侍郎一职,而曾几又为礼部侍郎,一门三兄弟,相继任职,朝野上下一时传为美谈。

绍兴二十七年(1157),吴越地区发生洪灾、地震。曾几建议朝廷抓紧救灾、赈抚,以安定民心。高宗悯其年老任事,擢集英殿修撰、提举洪州玉隆观。又三年,升敷文阁侍制。适逢金军南犯,朝野震惊,高宗欲遣散百官,浮海避之。左仆射陈康伯坚主抗金,但有人建议用金帛结好金国以求和。曾几说:"增币请和,无小益,有大害,为朝廷计,正当尝胆枕戈,专务节俭,经武外一切置之,如是虽北取中原可也。且前日诏诸将传檄数金君臣,如叱奴隶,何辞可与之和耶?"[2]曾几的慷慨陈词,重新鼓起了高宗抗金的勇气。绍兴三十一年(1161),南宋军大败金军于采石渡口,金军全线溃退。南宋迎来了十余年的和平时期。

宋孝宗即位后,曾几又上疏数千言,论治国、平乱诸事。年老,以通奉大夫致仕。乾道二年(1166)卒,享年八十二岁,谥"文清"。

---

① 《宋史》卷三百八十二《曾几传》,第11768页。
② 《宋史》卷三百八十二《曾几传》,第11769页。

　　曾几侍奉父母至孝,曾几父亲去世时,他才十余岁,已经能执丧如礼,终丧不肉食。母亲去世后,他箪衣素食十五年。每遇父母生辰,"拜家庙,未尝不流涕也"①。曾几为官清廉,平生取予,一断以义。三仕岭表,家无南物。曾几学问渊博,笃学力行,不哗众取宠,陆游《曾文清公墓志铭》说他:"贯通六经,尤长于《易》、《论语》。夙兴,正衣冠,读《论语》一篇,迨老不废。孝悌忠信,刚毅质直,笃于为义,勇于疾恶,是是非非,终身不假人以色词。"②曾几为文纯正雅健,诗尤工,以杜甫、黄庭坚为宗。南宋偏安后,所作诗悲愤时事,忧国忧民,尤为陆游所敬重。有《经说》二十卷、《茶山集》三十卷、《易释象》五卷、《论语义》二卷、《曾几集》十五卷。

　　曾几有三子:曾逢,字原伯,历官朝散大夫、尚书左司郎中、司农卿、大理卿;曾逮,字仲躬,历任朝奉大夫,充集英殿修撰、户部侍郎,终敷文阁待制;曾迅,字叔迟,通直郎,主管台州崇道观。曾几之孙出仕为官者,有如下数人:曾槃,字乐道,迪功郎,监户部赡军乌盆酒库;曾桌,承务郎,知平江府长洲县,淮西总领;曾梁,从政郎,监户部赡军诸暨酒库,知定海县;曾棨,迪功郎,监建康府提领所激赏酒库,知常熟县,通判建康府;曾概,宣教郎,通判建康府;曾棐,修职郎,监明州支监仓;曾棠,迪功郎,湖州长兴县尉。③

　　曾　开　字天游,曾几之兄。好学善属文,崇宁二年(1103)登进士第,调真州司户,累迁国子司业,擢起居舍人,暂充中书舍人。因为皇帝起草的诏令常常与丞相蔡京之意相左,贬太常少卿,管理大宁监盐井。虽然官职低微,但曾开毫不自卑。钦宗即位,召还,知颍昌府,兼京西安抚使。后夺职,奉祠。建炎初,召为刑部侍郎。

　　时秦桧专主和议,曾开看到秦桧所定国书有辱国体,与之争论,秦桧不听。遂请罢,改兼侍读。秦桧为了拉拢曾开,特意对他说:"主上虚执政以待。"曾开则义正词严地说:"儒者所争在义,苟为非义,高爵厚禄弗顾也。

---

①　陆游:《曾文清公墓志铭》,《陆游集》第5册,中华书局,1976年,第2306页。
②　陆游:《曾文清公墓志铭》,《陆游集》第5册,第2305页。
③　陆游:《曾文清公墓志铭》,《陆游集》第5册,第2305页。

愿闻所以事敌之礼。"秦桧说:"若高丽之于本朝耳。"①看到秦桧如此丧失气节,屈身事敌,曾开气愤地斥责秦桧说:"现在皇帝刚即位,你位居丞相,本该强兵富国,尊主庇民,为什么非要这样使我们的国家蒙受屈辱呢?"随后,他又引经据典,列举以前的事例来劝诫秦桧。秦桧大怒,说:"曾侍郎知道以往的事,难道我就不知道吗?"过了几天,朝廷再次召集大臣商议。曾几上疏指出,国家面临危境,"但当修德立政,严于为备,以我之仁敌彼之不仁,以我之义敌彼之不义,以我之戒惧敌彼之骄泰,真积力久,如元气固而病自消,大阳升而阴自散,不待屈己"②。曾几认为,只有全国上下众志成城,才能打败敌人,稳固国家。但秦桧则强调和议关乎国家安危,仍主议和。曾开大声疾呼:"今日不当说安危,只当论存亡。"③曾开这种临大节而不可夺的气概使满朝文武为之动容。朝会之后,枢密院编修胡铨痛斥秦桧,对曾开极力赞扬,秦桧相当恼怒,将胡铨免职,并将曾开贬为宝文阁待制,知婺州。后又遭秦桧同党弹劾,褫职。后复秘阁修撰。绍兴二十二年(1152)卒,享年七十一岁。桧死,始复宝文阁待制。

曾　懋　字叔夏,曾准长子。曾懋自幼聪颖,常常落笔千言,士子为之惊叹。宋哲宗元符三年(1100)登进士第,知兴化县。金灭北宋后,他拥戴高宗即位,以延续宋室大统。后来,因为卫护隆祐皇太后有功,累官至吏部尚书。著有《内外制》十卷,《东宫日记》十卷。

曾　逮　曾几次子,字仲躬,号习庵,世称"习庵先生"。宋孝宗隆兴二年(1164),以恩荫入仕太常丞,累迁右朝奉郎知温州。乾道九年(1173)任户部员外郎,终敷文阁待制。著有《习庵集》。

四、其　他

曾三复　字无玷,临江人,宋孝宗乾道六年(1170)进士。淳熙末年,为主管官告院,迁太府寺簿、太府丞。宋光宗绍熙初年,出知池州,改常州,召为御史检法,拜监察御史,转太常少卿,进起居舍人,迁起居郎兼权刑部侍

---

① 《宋史》卷三百八十二《曾几传》,第11770页。
② 《宋史》卷三百八十二《曾几传》,第11770页。
③ 《宋史》卷三百八十二《曾几传》,第11771页。

郎,以疾告老。曾三复性格耿直,狷介自守,以投机钻营为耻,不谄媚权贵。虽然长期得不到升迁,但他仍保持正直的品格,为官持论平正通达,不偏激冒进,也不随意附和,颇受当时人的称赞。

曾三聘　字无逸,临江人,曾三复之弟,宋孝宗乾道六年(1170)进士。调赣州司户参军,累迁军器监主簿、秘书郎。

淳熙十六年(1189),宋孝宗禅位。但是光宗即位后,好像把孝宗这个太上皇给忘掉了,好长时间都不去重华宫看望他,朝野上下议论纷纷。曾三聘写信给丞相留正,请他以丞相的身份出面劝说宋光宗,尽孝道以为天下表率。后来,他又看到光宗总去玉津院游玩,就再次上疏指陈时事,劝谏光宗以国事为重。宁宗即位之后,曾三聘被任命为考功郎、知鄞州。庆元五年(1199),枢密院直省官蔡璉揭发前丞相赵汝愚,说他执政时定策有异谋。当时担任丞相的韩侂胄认为曾三聘是赵汝愚的心腹,便让大理寺将彭龟年、曾三聘等人逮捕,罢其官。过了很久,才恢复他的职务。把他差遣到偏远的郴州去做知州,后又改提点广西、湖北刑狱,他都以身体有病为由没有去赴任。宁宗开禧三年(1207),韩侂胄被朝廷诛杀,以前遭韩侂胄贬黜的大臣相继被召用。由于曾三聘官职不高,朝廷没有顾及到他,但曾三聘始终没有为自己申辩。嘉定三年(1210),曾三聘去世。宁宗特准恩荫曾三聘的子弟三人入仕,封赠直龙阁学士,赐谥"忠节"。

曾乾度　字顺承,曾文照之子。宋太宗淳化三年(992)登进士第,两任大理寺推官,三次担任县令,五次管理州郡,以太常少卿致仕。他退休之后,回到家乡,率领当地诸生兴建学校,教以孝悌,乡里士子、百姓引以为荣。

曾奉先　字绍宗,自幼笃志求学,登进士,任罗源通判。为政有清名,深受欧阳修所推重。后升职贺州法曹。

曾朝阳　江西永丰人,宋庆历年间中进士。他担任石首县令的时候,宽免百姓赋税,成绩斐然。调任忠州,大力发展教育、文化事业。著有文集二十卷,已佚。

曾　肃　北宋江西泰和人,字温夫,嘉祐进士。黄庭坚在泰和做地方官的时候,称许其为"清高处士"。他在父亲去世之后,守墓数年,有慈乌来巢,人们都认为这是由于他的孝行感动上天所致,一时传为美谈。他有四个儿子:曾安辞、曾安止、曾安中、曾安强,皆登进士第。曾安辞,字长吉,大观三年(1109)进士。辟室以居,绘古逸士十人于壁,而徜徉其间,号十一居士。曾安止,字移忠,熙宁中,两次中第,曾任彭泽令,授宣德郎。但他不愿做官,挂冠归隐,号"屠龙君"。著有《禾谱》五卷。据周必大《曾氏农器谱题辞》记载:"绍圣初元,苏文忠公轼南迁,过太和,邑人宣德郎致仕曾公安止献所著《禾谱》,文忠美其温雅详实,为作《秧马歌》,又惜不谱农器。时曾公已丧明,不暇为也。"①曾安中,字舜和,元符二年(1099),年仅十七八岁的时候,就考中进士。他关心国家大事,常上书议论时政,被蔡京编入党籍,贬官,仕止清川丞,号青城山人。曾安强,字南夫,元符三年(1100)进士,仕止湖南常平使者,号秀溪居士。他在担任成都路常平仓提举的时候,哀悯百姓,曾将暴露野外的荒骨三十余具归葬入土。曾安强被时人称为博学之士,《文忠集》卷五十二《曾南夫提举文集序》记载:曾安强"自幼读书,五行俱下,稍长,遍抄经史传记,虽大寒暑,未尝辍。著六经、语、孟、老子通论数千言,凡圣贤蕴奥,古今成败,无不究极,下至星辰、历数,皆为之说。乡先生刘弁、韦明许可严甚,每谓精博不可及"②。曾肃与其四子被后人称为"文溪曾氏五君子"③。曾安止侄孙耒阳令曾之谨承其遗志,续著《农器谱》三卷,"凡耒耜、耨镈、车戽、蓑笠、铚刈、葆篑、杵臼、斗斛、釜甑、仓庾,厥类惟十,附以杂记,勒成三卷。皆考之经传,参合今制,无不备者"④。陆游对二书颇为推重,有诗赞曰:"曾侯奋笔补多稼,儋州读罢深咨嗟。一篇《秧马》传海内,农器名数方萌芽。令君继之笔何健,古今一一辨等差。我今八十归抱来,西编入手喜莫涯。神农之学未可废,坐使末俗渐浮华。"⑤

---

① (南宋)周必大:《文忠集》卷五十四,《四库全书》第1147册,第570页。
② 周必大:《文忠集》卷五十二《曾南夫提举文集序》第1147册,第555—556页。
③ (南宋)徐鹿卿:《清正存稿》卷五《文溪曾氏五君图赞并序》,《四库全书》第1178册,第917页。
④ 周必大:《文忠集》卷五十四《曾氏农器谱题辞》,《四库全书》第1147册,第570—571页。
⑤ 陆游:《耒阳令曾君寄〈禾谱〉、〈农器谱〉二书求诗》,《御选唐宋库醇》卷四十七,《四库全书》第1448册,第934页。

曾　敭　宋神宗元丰年间,知润州。在润州任上,他采集各家诗集,得东汉至南唐诗、歌、赋、赞五百余篇,著成《丹阳类稿》十卷。

曾　升　字孟高,福建福州人。最初的时候,他是通过向官府输粟捐纳,做了一个小吏。宋钦宗靖康年间,金军攻掠南下,一直打到楚州,当地好多官员都逃跑了,但曾升却奋不顾身,率领士卒、百姓守卫楚州,最后战死。楚州百姓专门建庙来祭祀他。

曾　伋　字彦思,绍兴三十二年(1162),以大理寺丞出知袁州。他为官清正,一意为民。宋孝宗隆兴初年,朝廷下旨让江西籴粮百万石,转输丹阳。朝廷官员没有认真讨论便命江西各州郡照章办理。曾伋便上疏宋孝宗,指出这样做会加重百姓负担,不利于江西全境的安定,请求将这项额外加派废除。宋孝宗接到奏报,经过认真考虑,免除了袁州的籴粮,并下旨褒奖曾伋。

曾　渐　字鸿甫,南城人。宋光宗绍熙年间,登进士第,官至吏部侍郎。曾渐立朝有风骨,为人有气节,去世后被赠少师,谥"文壮"。

曾如骥　字德清,泰和人,曾任宝庆通判、邵州通判。南宋末年,元军攻打邵州,部属劝他投降,但他宁死不屈,大书"舍生取义"四字于壁,然后登上城头,投滨江而死。宋端宗景炎年间,追赠敷文阁待制,谥"忠愍",立庙祀。

曾民瞻　字南仲,江西永丰人。宋徽宗宣和年间,登进士第,任南昌尉。他通晓天文,认为以日晷测定时间存在差讹,便变更测量方法。他的办法是:"箭旁为二木偶,左者昼司刻,夜司点,则击板以告。右者昼司晨,夜司更,则鸣钲以告。"①曾民瞻认为,自己的这种办法可补古人之缺。

曾可立　湖北丰城人,永明知县。他上任时,轻车简从,单骑前往,有人问他为什么要这样做? 他说:"我不忍心让迎来送往这些事情,骚扰我地方父老子弟啊。"所以,他上任以后,一心一意地为百姓办事,整顿吏治,裁撤冗兵,免除苛捐杂税。永明百姓感其恩德,尊称他为"曾母"。

曾　德　元代渔阳人,母早亡,父续娶左氏为妻。曾德在随父亲迁往襄阳的途中,继母因兵乱走失。曾德用了五年的时间,终于找到了他的继

---

① 转引自昌彼得等编:《宋人传记资料索引》第 4 册,台北鼎文书局,1987 年,第 2822—2823 页。

母，迎回后赡养终身。事见《元史·孝友传》。

曾冲子 字圣和，金溪人。南宋末，累迁至知南安军。因得罪权相贾似道，被罢职。元世祖至元二十四年（1287），程巨夫奉诏在全国各地召纳贤才，向朝廷推进了他，授为福建按察司金事，最后升任奉议大夫。

曾先之 字从野，江西庐陵人。举乡贡，登进士第。著有《十八史略》十卷。

曾　瑞 字瑞卿，号褐夫，元代大兴人（今属北京市），后移居杭州。元代戏曲家、画家。曾瑞神采卓异，经常优游于市井之间采风、写作。著有杂剧《误元宵》（已散失）、《留鞋记》（现存）等。《留鞋记》是一出爱情喜剧，写的是胭脂铺女子王月英和郭华相爱的故事。题材新颖，情节生动，为元代同类剧中所罕见。明代传奇《胭脂记》、地方戏剧《郭华买胭脂》等故事都是据此演化而来。

曾瑞擅长写隐语小曲，编有散曲选《诗酒余音》。他的散曲题材较为广泛，套曲《青杏子·骋怀》反映了宋元书会艺人们的生活与思想，《集贤宾·宫词》则写出了妃嫔幽居后宫的苦闷心情，流露出对世事的感慨。

曾瑞的画也十分传神。他师从范宽，工山水画，善花鸟。传世之作有《神龙卧沙图》等。

第四节 明 朝 时 期

朱元璋建立明朝之后，充分认识到儒家思想修齐治平的政治功能，正如他所说：“圣人之道，所以为万世法。……武定祸乱，文致太平，悉此道也。”[①]于是他对孔子顶礼膜拜，用儒家学说普及教化，使得明朝建国之初便出现了盛况空前的尊孔崇儒的思潮。对于圣裔家族，明代统治者也给予了非常优厚的礼遇和恩宠。嘉靖十八年（1539），授曾子第五十九代孙曾质粹为翰林院五经博士，子孙世袭，以主曾子祀事。这是曾氏家族发展史上的

---

① （明）余继登：《典故纪闻》卷一，中华书局，1981年，第3页。

标志性事件。自曾子十五代孙曾据挈族南迁,人代浑更,曾氏之宗亦不免拓线如丝发,而累朝恩礼之盛,曾氏独缺。直到明嘉靖年间,曾氏才与孔、颜、孟并称四氏,列于世官,乃得焕然一新,既晦而复明。

一、曾质粹

曾质粹,字好古,曾子五十九代孙,长于江西吉安府永丰县,后奉诏回山东嘉祥。明成化初年,山东嘉祥县发现曾子墓,朝廷下令善加修筑保护。嘉靖十二年(1533),吏部左侍郎兼翰林院学士顾鼎臣上疏说:"尧、舜、禹、汤、文、武、周公之道,至孔子而大明,其德与功垂之万世,直与天地同其高深矣。孔子传之曾子,曾子传之子思,子思传之孟子。……曾子传道之功优于颜子,而孟子私淑于曾子、子思。今颜孟子孙皆世袭博士,而曾子之后独不得沾一命之荣,岂非古之缺典也?"①顾鼎臣的建议被朝廷采纳,通令各地,访求曾子嫡嗣。江西永丰曾氏后裔曾质粹经合族共推,抱谱应诏,江西抚按访查清楚后,上报朝廷。十四年(1535),下诏命曾质粹回嘉祥,以衣巾奉祀。十八年(1539),又比照颜孟二氏例,授曾质粹为翰林院五经博士,子孙世袭。曾氏后裔袭封翰林院五经博士,就是从曾质粹开始的。嘉靖三十九年(1560)卒,祀崇德祠。娶杨氏,子曾昊,因早卒,没有承袭翰林院五经博士。

二、曾继祖

曾继祖,字绳之,山东嘉祥人。宗圣六十一代孙,貤封修职郎、翰林院五经博士。少病目,又遭父祖连丧,迁延稽迟,没有及时请袭世职。江西永丰龙潭族人曾袞看到有机可乘,便谋夺其职,给事中刘不息、御史刘光国等上疏纠劾,被削夺官爵,押回原籍,宗圣祀事仍归曾继祖主持。曾继祖事母孝,母卒,庐墓三年,被朝廷旌表为"孝子"。卒后祀于崇德祠。娶薛氏,子二:曾承业、曾承祐。

---

① 吕兆祥:《宗圣志》卷十二《顾鼎臣请采访曾子后裔疏》,四川大学古籍整理研究所编:《儒藏》史部第8册,第343、344页。

三、曾承业

曾承业，字洪福，号振吾，山东嘉祥人。万历二年(1574)七月，科道官刘不息等奏称，曾继祖双目矇瞽，曾氏之嗣，当属继祖之子承业。但当时承业年仅十三，便命令先送习学。万历五年(1577)，曾承业年十六，袭翰林院五经博士。因为翰博旷袭日久，到曾承业承袭五经博士的时候，朝廷所拨祭田，因为无人管理都被官民所占，户役也散应民差。万历十七年(1589)，曾承业疏请于朝，请求朝廷清查复额，原拨祭田、户役才重新回到曾翰博的管理之下。天启四年(1624)，熹宗视学，承业陪祀太学。袭职期间，曾承业奏请大修曾庙，奠定了曾庙的基本规模。又邀请学者创修《宗圣志》，自辑《曾子全书》，百废俱举。娶杨氏，继娶孔氏。子一：曾弘毅。

四、曾弘毅

曾弘毅，字泰东，山东嘉祥人。崇祯元年(1628)八月，承袭翰林院五经博士，主奉祀事。时有会稽生员曾益托名曾巩之后，冒争袭职。弘毅累次上疏陈明，礼部尚书黄士俊等也斥责曾益人更四代，时阅百年，忽起而争，实在是不应该。曾益惭阻而退，此后，曾氏世袭翰林院五经博士一职再也没有发生过争袭之事。弘毅为人有胆略。崇祯三年(1630)，他陪祀太学后返回嘉祥县，在经过德州的时候遭遇流寇，虽然身中流矢，但他毫不畏惧，跃马奔驰与寇盗相战。崇祯七年(1634)，嘉祥县人二麻子作乱，曾弘毅又率领民众登城守御，将二麻子击退。曾弘毅后来因为得了痨疾，三十一岁就去世了。娶鲁藩王之女朱氏，副室陈氏。子三：曾闻达、曾闻迪、曾闻道。

五、曾　鼎

曾鼎，字元友，江西泰和人。祖父曾怀可、父曾思立都是很有名气的学者。元朝末年，兵荒马乱，曾鼎带着母亲四处躲避。有一次，遇到元军，曾鼎的母亲被元军抓走。曾鼎哭泣着向元军求情，请求以身代母。元军十分恼怒，要杀死他的母亲，曾鼎就奋不顾身地扑到母亲身上，尽管他的头、肩、足都被砍伤，但他仍然紧紧地护住母亲。元军的头目被他的孝行所感动，让人将他们母子二人抬到军营中治疗,直至痊愈。元朝行省的官员听说后,认为曾鼎是一个贤德的人,就任命他为濂溪书院的山长。

明洪武三年(1370),泰和知县郝思设立社学,请他主持教育。曾鼎好学不倦,善诗工书,对数学也有一定的研究。曾鼎一生以孝事亲,为后人楷模,《明史》将其事迹收入《孝义传》,流名青史,遗教后世。

六、曾　鲁

曾鲁(1317—1372),字得之,江西新淦人。七岁的时候就能背诵五经,一字都不差。他的父亲曾顺在元代任韶州路教授,当时有人想以"神童"荐曾鲁于朝,曾顺没有答应。曾鲁年龄稍长,博通经史,潜心濂、洛、关、闽之学,数千年来的国体治乱、人才忠佞、制度沿革,没有他不知道的,故以学识渊博而知名。元末,天下大乱,他组织青壮年保卫家乡。由于他处世公允,大家都遵从约束,没有敢为非作歹的,所以他的家乡被当时的人称为"君子乡"。

明太祖洪武二年(1369)二月,太祖下诏修《元史》,遣使召曾鲁为总裁官。《元史》修成后,明太祖论功行赏,赐金帛,以曾鲁得赐最为优厚。曾鲁原本打算辞职回乡,从事于著述,明太祖没有允可。当时,天下初定,礼法制度还不完备。当众人在某件事上拿不定主意时,曾鲁总是能够引经据典,说服大家依照正确的礼仪来处理事情。因为他非常熟悉古今礼制,明太祖就让他做礼部主事,主管明初礼法的修订。洪武三年(1370)九月,礼书修成,太祖赐名《大明集礼》。

曾鲁心思细密,理政严谨。洪武二年(1369),明朝开国元勋常遇春暴病身亡,高丽派遣使臣来吊唁。曾鲁要求先看一下祭文,但是高丽使者不想拿出来。在曾鲁坚持下,高丽使者不得已,才将祭文交给曾鲁。曾鲁发现高丽文书"外袭金龙黄帕,文不署洪武年号",曾鲁义正严辞地对使者说:"龙帕可能属于误用,但高丽对明朝纳贡称藩而不奉正朔,君臣之义在哪里呢?"[1]高丽使者顿首谢过,马上命令将不合适的地方改过来。洪武四年

---

[1] 原文见《明史》卷一百三十六《曾鲁传》,第3935页。

（1371），安南（今越南）权臣陈叔明篡夺国王陈日煃的皇位，因为害怕被明王朝讨伐，派遣使臣借入贡之机来观察明太祖对安南政权变化的意向。当时，负责接待贡使的礼部官员已经接受安南使者的贡表。在朝见之前，曾鲁取来安南贡表副本再次阅看，发现贡表中安南的国王是陈叔明，他对安南使臣说："我记得安南王陈日煃，现在安南没有正式变更国王公文，为何将陈日煃改为陈叔明？"安南使臣不敢隐瞒，便把真实情况告诉了他。曾鲁马上向明太祖汇报，明太祖叹道："没有想到安南如此狡狯！"①于是，便没有接收安南的贡品，打发使者回国去了。这两件事后，明太祖更加器重曾鲁。

　　洪武五年（1372）二月，太祖偶尔向丞相问及曾鲁现在是什么官职，丞相回答说仅仅是礼部主事。明太祖大为吃惊，一天之内把曾鲁的品级提升了六级，拜中顺大夫、礼部侍郎。春夏间，明军在沿海捕获了一名倭寇，明太祖下令朝臣起草诏书对倭寇提出警告，并释放俘虏让他把诏书带回去。明太祖看到曾鲁草拟的诏书中有"中国一视同仁"之语，大喜，高兴地对朝臣说："礼部尚书陶凯起草的诏书已经让朕相当满意，没想到曾鲁的文章比陶凯的文章还要好，可见天下文运之昌盛。"八月，诏命曾鲁主管京畿乡试。入考院之后，忽吐血一升，但曾鲁仍然阅卷不息。此后，曾鲁身体就奄奄不振。十一月，病情更加严重。十二月，引疾辞归，道卒，享年五十四岁。

　　曾鲁为人平和，与人相交，不见忿戾之色。曾鲁事亲克孝，在父亲去世的时候，他哀毁致疾，过了一年多身体才恢复过来。生平轻财仗义，常常周济贫弱。其出仕为政，知无不为，凡朝廷典礼涉于制度者，必经曾鲁损益然后才最终确定。故宋濂称赞他为"济世之学者"②，淳安徐尊生则将曾鲁与宋濂并称，称颂说"南京有博学士二人，以笔为舌者宋景濂，以舌为笔者曾得之也"③。

　　曾鲁为文，不留底稿，他的弟子虽然有所辑录，但没有成书。流传至今的只有《守约斋集》、《六一居士集考异》。

---

① 原文见《明史》第一百三十六《曾鲁传》，第3935页。
② 宋濂：《礼部侍郎曾公神道碑》，（明）徐纮：《明名臣琬琰录》卷七，《四库全书》，第453册，第75页。
③ 《明史》卷一百三十六《曾鲁传》，第3936页。

七、曾秉正

曾秉正,江西南昌人。明太祖洪武初年被举荐为海州学正。洪武九年(1376),天下大旱,明太祖命全国官员上书言事。曾秉正上疏说:"古代圣君贤主并不以天无灾异为喜庆,而只以违反民意遭受天谴为戒惧。陛下自兴兵到现在已经有二十多年了,天下百姓向往国家太平的心已经很久,迫切希望天下大治、安居乐业。从历史上说,创业和守成之政是不同的。开创基业的时候,应该推行富国强兵之术,任用那些能够征战沙场、建功立业之人。国家一旦建立,大局已定,那么普天之下,凡是有水土的地方,凡是有人居住的地方,都是为国家积蓄财力、物力、人力的仓库。从哺乳的幼儿到白发满头的老翁,都是国家应该善加保护的民众。对于国家来说,不害怕国家不富裕,只担心国家难以长治久安。所以,应当变革旧的不合理的东西,以适应百姓安居乐业的心理,与民休息,才能感动上天,安抚百姓,只有这样做,才能迅速取得实效啊。"他接着又说,既然上天示警,那就说明国政还有很多需要改进的地方。明太祖看后,很是赞赏,将他提升为思文监丞,没多久,又改任刑部主事。

洪武十年(1377),曾秉正被擢升为陕西参政。不久国家设立通政使司,以曾秉正为通政使,刘仁为左通政。曾秉正上任之初,明太祖专门对他说:"政犹水也,欲其常通,故以'通政'名官。卿其审命令以正百司,达幽隐以通庶务。当执奏者勿忌避,当驳正者勿阿随,当敷陈者毋隐蔽,当引见者毋留难。"①在这一职位上,曾秉正数次上书言政,明太祖对他十分优容。但后来,曾秉正还是因为忤犯皇帝的旨意而被罢职。由于为官清正,家无积蓄,曾秉正被罢官后,一家人竟然连回故乡的路费都没有。无奈之下,曾秉正只好卖掉四岁的女儿。明太祖听说此事后,大怒,将曾秉正处以腐刑。之后,曾秉正不知所终。

八、曾凤韶

曾凤韶,江西庐陵人,明洪武末年进士。惠帝建文初年,任监察御史。

---

① 《明史》卷七十三《职官志》,第1781页。

建文帝的叔叔燕王朱棣有次进京朝见，从御道入，曾凤韶见之不拜，对朱棣说"朝廷之上宜展君臣之礼，宫中乃叙叔侄之俗"①，对朱棣僭越礼制的行为非常不满。后来燕王起兵，率军到了淮河北岸，遣使诏曾凤韶，凤韶又劝说他罢兵归国。朱棣很欣赏他的正直敢言，登极后，就任命曾凤韶为监察御史，但曾凤韶没去赴任。又以侍郎的职位召他就任，曾凤韶知道再拒绝就会惹恼朱棣，于是在衣襟上写下血书曰："予生庐陵忠节之邦，素负刚鲠之肠。读书登进士第，仕宦至绣衣郎。慨一死之得宜，可以含笑于地下，而不愧吾文天祥。"②他嘱咐妻子，不要给他更换衣服，然后就自杀了，年仅二十九岁。南明弘光年间，赠太仆卿，谥"忠毅"。

九、曾 棨

曾棨，字子启，号西墅，江西永丰人。生于明洪武五年（1372），卒于明宣德七年（1432）。明永乐二年（1404）甲申科状元及第，授修撰，累官至詹事府少詹事。

曾棨幼聪颖，少负才名，博闻强记，诗词文章都很出色。明永乐二年（1404），曾棨参加殿试时，下笔万言，一气呵成。明成祖惊异他的才华，御批其廷试对策曰："贯通经史，识达天人，有讲习之学，有忠爱之诚。擢魁天下，昭我文明，尚资启沃，惟良显哉！"③钦取第一甲第一名，授翰林院修撰。这时，朝廷正组织人手编撰《永乐大典》，大学士解缙选取以曾棨为首的进士二十八人进入文渊阁，参与编撰《永乐大典》。永乐三年（1405），曾棨被任命为副总裁。《永乐大典》编成后，任侍讲，授承直郎。

几年后，曾棨因母亲去世，丁忧回乡，不久夺情起复。永乐十一年（1413），成祖巡幸北京，命曾棨扈从。十二年（1414），担任北京乡试官。十三年（1415），又充任殿试读卷官。二十二年（1424），任会试考官。曾棨性至孝友，尤喜奖掖后进。一时名士，多出其门。

明仁宗洪熙元年（1425），擢升为左春坊大学士兼翰林院侍读学士。明

① （清）黄叔璥辑：《南台旧闻》卷十三，《续修四库全书》第746册，第458页。
② 《明史》卷一百四十三《曾凤韶传》，第4055页。
③ 焦竑：《玉堂丛语》卷六《科试》，中华书局，1981年，第209页。

宣宗宣德元年(1426),奉召修订《太宗实录》、《仁宗实录》,两朝《实录》修订完成后,赐金织袭衣、银币等,升为詹事府少詹事。

曾棨为人温雅英迈,文学充瞻,朝野上下,一致赞扬。他赋诗作文,兴之所至,奋笔疾书,一气呵成。杨士奇曾称赞曾棨的文章"如源泉浑厚,沛然奔走,一泻千里;又如园林得春,群芳奋发,组绣烂然"[1]。馆阁中自解缙、胡广之后,朝廷重要文稿多出其手。永乐帝每与群臣论文士,总要问:"得如曾棨否?"[2]曾棨的书法极佳,草书雄劲奔放,有晋人风度,独步当时。

曾棨相貌堂堂,身材魁伟,善饮酒。明焦竑的《玉堂丛语》记载了这样一则故事:有一年交趾贡使入京,按惯例朝廷要设宴款待,但这两个贡使酒量绝人,朝臣无人敢去陪宴。曾棨听说之后,自请前往。帝问曰:"你的酒量有多大?"曾棨豪言说:"款此二使足矣,不必尽臣量。"于是,与二贡使饮彻夜,二使皆醉,抱愧而去。次日上朝,帝听说之后,大喜,说"不论你的文章,只是酒量,难道不也可以做我大明状元吗!"故时人又称曾棨为"酒状元"。[3]

宣德七年(1432),卒,享年六十一岁,赠礼部侍郎,谥"襄敏"。著有《西墅集》。

十、曾鹤龄

曾鹤龄(1383—1441),字延年(一字延之),号松坡,江西泰和人。自幼勤于学习,与哥哥曾椿龄(一作曾春龄,明杨士奇《东里集·续集》卷三十二有《曾春龄墓表》)在永乐三年(1405)同时乡试中举。其兄曾椿龄于永乐四年(1406)中进士,授庶吉士,不久病故。曾鹤龄在家授学以自给,奉养双亲,扶养兄长遗孤,孝悌的名声闻于远近。

永乐十八年(1420),三十九岁的曾鹤龄北上应试,和一些浙江举子同

---

[1] (明)杨士奇:《詹事府少詹事曾公墓碑》,徐纮:《明名臣琬琰录》卷二十一,《四库全书》第453册,第230页。

[2] 杨士奇:《詹事府少詹事曾公墓碑》,徐纮:《明名臣琬琰录》卷二十一,《四库全书》第453册,第230页。

[3] 焦竑:《玉堂丛语》卷七《豪爽》,第242页。

舟赴京,那些人大都是年少狂生,但曾鹤龄为人简默,不刻意显示自己的才能,同舟举子故意问他一些问题,他都谦虚地说自己不知道。那些人都瞧不起他,嘲笑说:"夫(一作愚)夫也,偶然与荐耳。"①于是,给他起个外号叫"曾偶然"。等到会试发榜,那些嘲笑他的人都没能考中,但曾鹤龄却高中状元。为此,他写了一首诗,送给那些士子们:"捧领乡书谒九天,偶然趁得浙江船。世间固有偶然事,不意偶然又偶然。"②

曾鹤龄状元及第后,授职翰林院修撰。明宣宗宣德元年(1426),他奉皇帝的诏命祭祀南岳和舜陵,参与修撰《太宗实录》。宣德五年(1430),升任翰林院侍读。次年,因母亲病逝,丁忧回乡为母守墓。

明英宗正统元年(1436),曾鹤龄复职,参与修撰《宣宗实录》。正统三年(1438),《宣宗实录》修成,升翰林院侍讲学士,掌南京翰林院事,不久又升迁为奉训大夫,主持顺天府乡试。这次初试当晚,考棚突起大火,许多已呈交的试卷被火烧得残缺不全。当时的一些官员担心朝廷怪罪,不敢向上面报告,只想着赶快把考棚重新修葺一下,结束考试。但曾鹤龄力排众议,他说,只有重新考试,才能消除各种弊端。否则,即使我们没有私心,但有些考卷已被烧毁,考生必然落榜,这样的话我们一定会招致怨谤。再说,朝廷也不会因为考试晚几天而怪罪我们。于是,他将实情上奏,请朝廷准予重新考试,使得这次乡试比较圆满地完成。正统六年(1441)卒,终年五十九岁。

曾鹤龄一生从职翰林院二十余年,从政、治学相当勤奋,经常到晚上很晚才去休息,第二天照常处理政事。曾鹤龄有强烈的家族观念,为人济贫重义,曾"分上赐金买田以给先祀,积俸余以周族人之贫者,亲故亦多蒙其惠。与人交,初若难合,久而益亲"③。他教育弟子首重德行,"欲其必先本领,毋徒徇外欲速,以自小其志。故经其指引者,无分达与未达,俱有儒者

---

① 焦竑:《玉堂丛语》卷八《谐谑》,第269页。
② 焦竑:《玉堂丛语》卷八《谐谑》,第269页。
③ (明)刘球:《侍讲学士曾公行状》,徐纮:《明名臣琬琰续录》卷三,《四库全书》第453册,第312页。

风"①。曾鹤龄为人"说理明畅,条理有法",无论诗歌、词赋、颂赞,还是传、记、序、说,"皆出新意,得古法,无所袭于外而有益于道德仁义之说为多"②,故被天下人传颂。著有《松坡集》、《臞叟集》。

十一、曾　泉

曾泉,江西泰和人,明成祖永乐十八年(1420)进士,选翰林院庶吉士,不久改任御史。宣德初年,都察院都御史邵玘甄别属员,曾泉遭人诬陷,被贬为汜水典史。

虽然被贬官,但曾泉却勤勉任事,不因降黜而有偷惰之心。汜水地处偏僻,土地瘠薄,他带领百姓"辟荒土,收谷麦,伐材木,备营缮",解决百姓基本的生活问题,然后又"造舟楫","通商贾"③,发展当地经济,使得官有储积,民无科扰,深受百姓爱戴。曾泉去世的时候,全城老幼巷哭,哀痛不已。甚至曾泉去世三年后,当地的百姓还在念叨他的恩惠,一谈起他,就痛哭流涕。

正统四年(1439),河南参政孙原贞巡察汜水,所到之处,无不感受到曾泉给汜水百姓带来的好处,他想假如朝廷能够得到曾泉这样的循吏分治郡邑,那么百姓一定能够安居乐业。但曾泉做出这样的成绩,却"奖录未及,官阶未复,使泉终蒙贬谪之名,不获显于当世"④,实在是不公平。于是,他奏请朝廷追复了曾泉官爵。

十二、曾　翚

曾翚,字时升,江西泰和人,明宣宗宣德八年(1433)登进士第。正统十三年(1448)迁刑部郎中,擢升广西右参政。明代宗景泰年间,迁河南御史。明英宗天顺五年(1461),迁山东右布政使。明宪宗成化元年(1465),转左布政使。成化四年(1468),召拜刑部左侍郎,巡抚浙江考察官吏,后以资议

---

① 刘球:《侍讲学士曾公行状》,徐纮:《明名臣琬琰续录》卷三,《四库全书》第453册,第312页。
② 刘球:《侍讲学士曾公行状》,徐纮:《明名臣琬琰续录》卷三,《四库全书》第453册,第312页。
③《明史》卷二百八十一《曾泉传》,第7206页。
④《明史》卷二百八十一《曾泉传》,第7206—7207页。

大夫致仕。

曾翚为官清正,明察秋毫。他入仕之后,曾代表朝廷给永兴王治丧,拒绝工部官员的贿赂和永兴王府的馈赠。升职为刑部员外郎后,时任刑部尚书的金濂对他非常器重,让他处理各地上报的奏牍。每当刑部有大案重狱,其他侍郎议决不定时,都交由曾翚处理。有一次秦王攻讦陕西巡抚陈镒狎妓,曾翚经过详细调查后,认为这是一起藩府诬陷大臣的案件,便上奏皇帝,使陈镒得还清白。他在任河南御史期间,发现好多士兵为了谋取自身利益,构陷百姓,曾翚查明情况后,将受冤屈的百姓释放了出来。当时,河南南阳出现了很多流民,地方官员想把这些流民驱逐出南阳。一时间人心惶惶。曾翚力排众议,认为如果这样做,将不利于社会安定,于是他和河南巡抚一起到南阳对流民进行了安抚,并制定措施以遏制土地兼并的蔓延,使河南地区平静了下来。

天顺五年(1461),曾翚升任山东布政使。他到任后发现许多皇亲贵戚霸占百姓土地强买强卖,如果百姓不同意把地卖给他们,便勾结污吏将土地指认为闲田,或加重课赋,使百姓不堪重负。曾翚把情况上报给朝廷,朝廷派户部官员查证,曾翚对查访官员说:"按照祖制,百姓垦荒得来的土地,永不科税,可现在皇帝贵戚却要强夺这些土地,这怎么能行呢?"户部官员在调查完后,如实向明英宗汇报了情况,百姓才从那些皇亲贵戚手中拿回了自己的土地。成化初年,曾翚再次担任河南左布政使。当时河南大旱,他奏请皇帝开仓平籴,救济灾民,河南百姓这才渡过了灾荒。

成化四年(1468),曾翚拜刑部左侍郎。六年(1470),奉诏巡抚浙江,考察官吏,访军民疾苦。他明察暗访,上奏罢免的不称职官员达百余人。

曾翚操行谨严,所至之地,都有很好的政声。他致仕之后,家无余财,生计萧然。家乡的人都称赞他是一位贤德之人。

十三、曾　鉴

曾鉴,字克明,明英宗天顺八年(1464)进士,授刑部主事。他在担任这一职务期间,通州地区发生一起案件,当地有十多人被指认为盗匪,经过审讯,这些人已经都认罪了。但这一案件上报到刑部,曾鉴在审核时却发现了一些疑点,便将案件发回通州重审。没过多久,真正的罪犯果然被擒获,曾鉴也因此受到褒奖。明宪宗成化末年,曾鉴升为右通政使,累迁为工部左侍郎。明孝宗弘治十三年(1500),晋工部尚书。

明孝宗在位期间,国家相对无事,海内乐业,但皇室的靡费也相应加大。弘治三年(1490),内府官员对皇帝说,宫中的龙毯、素毯已经陈旧,要更换一百多件。曾鉴听说之后,明确表示发对,他说:"龙毯、素毯虽然只是一个小物件,但要制作这些东西,却要征用毛毳于山东、山西、陕西等地,采集绵纱于河南,征召工匠于苏州、松山等地。不仅耗费的东西多,浪费的人力也相当大,弊端不少,祈请陛下停止采办。"①但明孝宗却置若罔闻。不久,内府针工局请求招收幼年的工匠千人,学习针工。曾鉴再次上奏说:"以前尚衣监曾经招收工匠千人,于是引起兵仗局的仿效,招收了两千人。军器局、司设监也仿效,各增千人。如果此次针工局的奏请被批准的话,那么这种弊端一开,内府各局都会群起仿效,内府人员的增多,将会给国家的财政带来很大的负担。"②这次,孝宗皇帝的态度有所改变,命针工局、尚衣监、军器局、司设监等将役用人员各减一半。弘治十五年(1502)太监李兴向皇帝奏请元宵期间置办烟火。因曾鉴的劝谏,弘治帝下诏以减省为原则,最后也免去元宵期间的放烟火活动。次年,弘治皇帝接受大臣们的建议,打算召回派往全国各地织造局的宦官。但宦官邓璿却对皇帝说,如果撤销了织造局,皇室用度将大为减少,还是不要裁撤的好,弘治帝就打消了裁撤制造局的念头。曾鉴等大臣却一再上疏皇帝,说明在各地设立织造局对国家财政的影响,终于使皇帝将全国的织造局减免了三分之一。同年冬,由于水旱频发,酷吏为害,百姓起义的很多,曾鉴奏请皇帝免去明年的营缮、烟火及一些用度,节省资金,救灾防变,以平息百姓的怨气。他的这些建议都被弘治帝所采纳。

明武宗正德元年(1506),南京报恩寺塔被雷击毁,守备中官傅容请求

---

① 原文见《明史》卷一百八十五《曾鉴传》,第 4901 页。
② 原文见《明史》卷一百八十五《曾鉴传》,第 4901 页。

修复此塔。曾鉴劝谏武宗皇帝说，塔被震毁是上天对我们的警示，现在国力不足，不应该再大兴土木劳民伤财。一次，御马监宦官陈贵奏报皇帝，说马房陈旧不利于御马的喂养，请求迁移。钦天监官员倪谦奉命去考察后，也同意迁移马房。给事中陶谐却指责陈贵假公济私，钦天监倪谦阿附宦官。曾鉴看到这样一件小事，引起如此轩然大波，上疏说马房的建造历来都是由钦天监负责，这次是因故迁址，不是毫无原因任意增设。以后再有任意增置者，必须拆毁改正，并罚相关官员自己出资，来承担建筑经费。此后，内府织染局奏请增设苏州、杭州织造府，也因为曾鉴的极力阻止，而使苏杭两府贡锦数量缩减了一半。

孝宗末年，朝廷阁部大臣皆极一时之选，而曾鉴尤其以办事公正著称。正德三年（1522），曾鉴因病致仕，不久去世。赠太子太保。

十四、曾　铣

曾铣，字子重，江都人。明世宗嘉靖八年（1529）进士，授长乐县知县。征为御史，巡按辽东。当时正值辽阳发生兵变，先前朝廷派都御史吕经安抚叛军，却被叛军挟持。曾铣接到消息，立即命令副总兵李鉴赶赴辽阳，并上书朝廷暂时罢免吕经，以消除叛军讨价还价的资本，同时向朝廷建议叛乱平息之后赦免乱兵，以稳定局势。叛军得知吕经被罢免，就将他放回，但是当吕经行至广宁时，又被叛兵于蛮儿挟持。同月，抚顺也发生了兵变，叛兵挟持了抚顺指挥使刘雄父子。辽阳、抚顺叛军勾结起来，局势更为动荡。曾铣设计将十多名叛兵首领一起擒获，处以极刑，并悬首边城示众。辽东叛乱被平定后，曾铣被提拔为大理寺丞，迁右佥都御史，巡抚山东。为防范北方蒙古俺答部的侵扰，他在临清等地修筑外城，以遏制蒙古骑兵的南侵。工程完工后，曾铣升任副都御史。三年后，迁往山西。由于他的积极备战，俺答部不敢轻易犯边，这样边境地区出现了一段长时间的平静。朝廷认为这都是曾铣的功劳，晋升为兵部侍郎，兼抚山西。

嘉靖二十五年（1546），曾铣兼任总督三边军务。同年五月，俺答十万骑从宁塞入慢，剽掠延安、庆阳等地。曾铣紧缩防线，率数千兵士移驻塞门，派遣军前参将李珍夜袭俺答巢穴马梁山，斩首百余骑。俺答军军心不稳,溃退而走。十月俺答再入塞,明军连遭败绩。曾铣整饬军队,选择精兵,多次击溃俺答军,稳定了三边局势。朝廷下令增俸一级,赏赐银帛。

曾铣有建功立业之志,又蒙朝廷知遇之恩,为彻底消除边患,他向朝廷条陈守边方略十八事,建议出兵收复河套,并修筑边墙千里以御寇。辅臣夏言欲倚恃曾铣以成大功,对他极力支持。嘉靖帝也认为曾铣提议可行,先行拨发修边费二十万。但与夏言有矛盾的严嵩坚持认为河套必不可复,又指使咸宁侯仇鸾诬告曾铣掩败不奏,克扣军饷巨万。虽然没有直接证据,却蒙蔽了嘉靖皇帝。随后,嘉靖帝下令将曾铣逮捕,以交结近侍律斩。既殁,家无余资。

明穆宗即位后,给事中辛自修、御史王好问上疏为曾铣辩诬,曾铣之冤终得昭雪。诏赠曾铣兵部尚书,谥"襄愍"。

十五、曾 钧

曾钧,字廷和,江西进贤人。嘉靖十一年(1532)进士,授行人,擢南京礼科给事中。曾钧性格刚直、清正廉洁、对社会丑恶现象十分痛恨。他第一次上书,就罢劾参赞尚书刘龙。随后,又参劾翊国公郭勋、礼部尚书严嵩、工部侍郎蒋淦、延绥巡抚赵锦等人,并将江都御史柴经参劾罢职。曾钧的正直威猛,名镇朝野。

嘉靖中期,他被任命为云南布政副使。他担任这一职务时,看到当地官员进见黔国公时都行廷谒之礼,便劝说黔国公厘正相见礼仪。几年后迁任四川参政,在四川任上平定了当地的寇乱。之后,转任河南左布政使。

嘉靖三十一年(1552),曾钧以右副都御史的身份总理河道。当时徐、邳等十七州县连受水灾,嘉靖帝十分忧虑。曾钧上疏仔细阐述治河方略,奏请疏浚刘伶台至赤庙八十里河道,修筑草湾、老黄河口河堤,扩充高家堰长堤,修缮新庄等地旧闸。数月后,工程完工,他也因此迁任工部右侍郎,专门负责全国河道的治理。

他在工部侍郎任上,治河四年,很有成绩。后改任南京刑部右侍郎,因病致仕。家居十余年卒。赠刑部尚书,谥"恭肃"。

十六、曾　翀

曾翀,字习之,霍邱人,以进士授南京刑部主事,后改任御史。嘉靖十四年(1535)九月,曾翀和御史翁溥等弹劾尚书汪宏,他在奏疏中说:"汪宏骄横不法,弹劾他是御史、诤臣的责任,但现在御史、诤臣已经将近三年没有奏疏了。陛下如果堵塞言路,将会危害国家。"性格刚愎,以明察自矜的嘉靖帝看到曾翀的奏疏,大为恼怒,让曾翀收回自己的奏疏,曾翀不从。嘉靖帝便施之以廷杖,垂毙之际,曾翀说:"臣言已行,臣死何憾。"①至死,神色无变。明穆宗隆庆元年(1567),赠太常少卿。

十七、曾同亨

曾同亨,字于野,江西吉水人,明云南布政使曾存仁之子。世宗嘉靖三十八年(1559)进士,授刑部主事。不久改任礼部,再迁吏部文选主事。他凡事亲躬亲为,大力荐举贤能,深得朝野上下的称赞。隆庆初年,升任吏部文选郎中,晋太常少卿。

明神宗万历初年,曾同亨被任命为大理寺少卿,之后又担任了顺天府尹,以右副都御史的身份巡抚贵州。万历四年(1576),辽东巡按御史刘台上书万历皇帝,指责首辅张居正辅政的失误,被张居正贬逐。因为曾同亨是刘台的姐夫,于是给事中陈三谟也将曾同亨一并弹劾,说曾同亨身体羸弱,不能胜任职务。朝廷将曾同亨调回南京,并让他在家中休养。万历九年(1581)京察拾遗时,给事中秦耀、御史钱岱等人为了讨取张居正的欢心,再次弹劾曾同亨。于是,曾同亨被勒令致仕。

万历十年(1582),张居正去世,曾同亨被重新任命为南京太常卿。不久,又召回京师,担任大理卿,再迁工部右侍郎,奉命为两宫皇太后督造寿宫。在工程中曾同亨精打细算,节约了工费三十余万。他也因此升职为工部左侍郎,再升工部尚书。任职期间,曾同亨提倡节约,反对奢靡之风。他建议将全国的织造局裁减一半,以减轻百姓负担。他发现内府的工匠在隆

① 《明史》卷二百九《曾翀传》,第 5523 页。

庆年间有一万五千八百人,经过多次裁汰去掉了二千五百人,但是皇宫之中的宦官却增多不少,这些宦官,在各地设卡征税,严重扰乱了国家的经济秩序,于是他向皇帝上疏建议撤除厘卡,整顿税收制度。曾同亨的这些措施,引起了一些人的强烈反对。曾同亨不得已,被迫上书朝廷请求致仕,被万历帝拒绝。九门工成,加太子少保。由于他对朝政已经灰心,连续多次上疏请辞,万历皇帝只好同意了他的请求。

万历二十六年(1598),再召曾同亨担任南京吏部尚书。后改任工部尚书,以太子太保致仕。万历三十五年(1607)六月,曾同亨在家中去世,终年七十五岁。赠少保,谥"恭端"。

曾同亨从政近五十年,以清绩著称于世。他初入吏部的时候,首辅严嵩是他的同乡,而吏部尚书则是他父亲的同年,但曾同亨从来没有曲意逢迎。他的正直敢言、为民谋利的精神都为世人所称道。

十八、曾乾亨

曾乾亨,字于健,曾同亨之弟。明神宗万历五年(1577)进士,被任命为合肥知县,不久调任休宁知县,擢升为御史。

万历九年(1581),给事中冯景上书弹劾辽东总兵李成梁在辽东战败,被贬逐。曾乾亨认为尚书张学颜偏袒李成梁,于是他又上书参劾张学颜、李成梁。因为这件事触怒了万历帝,曾乾亨被贬为海州判官。几年后,才迁为大名推官、光禄少卿。

万历十八年(1590)冬天,曾乾亨擢升监察御史,阅视大同军务,参劾罢免总兵以下十多人。在巡视的过程中,他发现大同兵士粮饷共计一万两千石,但这些粮饷并非朝廷下拨,而是由大同兵营自己征收,大同一地百姓不胜其扰。曾乾亨上奏皇帝,建议大同一地留兵二百维持治安,余下的一并裁辙。之后,他又屡次向皇帝上书,请求朝廷裁冗兵、裕经费,许多建议都非常切合实际。

万历三十三年(1605),吏部考功郎赵南星因官吏考察事招致辅臣斥责,曾乾亨仗义执言,触怒了辅政大臣。后来,朝廷众臣三次推荐他出任巡抚,都因辅臣从中阻挠而没被任用。曾乾亨便以身体有病为由,辞官归里。

曾乾亨言行不苟,为官刚正,与其兄曾同亨并以名德著称于世。

十九、曾 樱

曾樱,字仲含,峡江人。万历四十四年(1616)进士,授工部主事,迁郎中。

明熹宗天启二年(1622),曾樱升任常州知府。他在任时,御史、巡盐、仓监、漕运、提学、屯田等各衙门几乎每天都有文书下发,地方官员疲于奔命,不胜其扰。曾樱便向南京都察院报告说:"其他地方的知府、知县,行政上只听一位巡抚的命令,只有南京附近的府县是多头管理,请戒饬各衙门官员,不要借机牟取私利。"都御史熊明遇接信后上奏皇帝,对这一现象给予了整顿。

曾樱为官清廉,为政恺悌公平,不畏强暴。有一次,屯田御史让他上报应当罢职的属吏姓名,曾樱没有理会。御史恐吓他,曾樱回答说:"下属不称职者都已处理,再也没有可纠参的了,如果说还有不称职的官员的话,那就只有我知府本人了。"于是,曾樱便在官员考察时,自评为不称职,杜门待罪。在江苏抚按官员的劝说下,曾樱才重新任职。明朝熹宗时,宦官魏忠贤有宠,掌东厂,跋扈日甚。当时各地都设有以宦官为首的织造局,这些宦官十分骄横,强迫各地知府行下属礼,但身为常州知府的曾樱,坚决不屈从。

崇祯元年(1628),他以右参政的身份守卫漳南,当时九莲山上的土匪袭击上杭,他招募勇士将土匪击退。随后率兵夜袭九莲山,捣毁匪巢,将土匪扫除尽净。上杭的士民为曾樱建造生祠,以感念他的功德。这一年,因母亲去世,曾樱丁忧回乡。三年后,仍授右参政,守卫兴州、泉州二府,不久升任按察使,分巡福州、宁波。这时,荷兰殖民者已经占据台湾,常常派兵侵扰福建。曾樱推荐副总兵郑芝龙担任将军,抗击荷兰殖民者的侵扰。

崇祯十年(1637),东厂宦官诬陷曾樱行贿,谋求升官,崇祯皇帝信以为真,命将曾樱逮捕进京。福建士民数千人跟着一起到了京城,为曾樱击鼓喊冤。御史叶初春曾经是曾樱在苏州的属吏,知道曾樱为官相当廉洁,于是上书皇帝为曾樱辩白。真相大白后,曾樱仍旧以故职巡视海道。

湖广衡阳、永州等地出现民乱后，朝廷改任曾樱为湖广按察使，并特别赐予他统兵之权，负责湖广地区军事。当时有十多个州县已被农民军攻破，形势危急，曾樱举荐苏州同知晏日曙、归德推官万元吉担任永州军政长官，同时又从福建调郑芝龙入湖广。经过几番征战，湖广局势终于稳定下来。曾樱随后升任山东右布政使，分守登州、莱州。

崇祯十四年（1641）春，他被提升为右副都御史，巡抚各地。十五年（1642），迁南京工部右侍郎。清人关后，明唐王朱聿键在福州称帝，改元隆武，郑芝龙举荐曾樱任工部尚书兼东阁大学士，不久又升职为太子太保、吏部尚书、文渊阁大学士，成为唐王的首辅大臣。顺治三年（1646），清兵陷绍兴，随即攻入福建，陷福州，曾樱携家至中东卫。五年后，兵败自杀。

二十、曾亨应

曾亨应，字子嘉，江西临川人，广东布政使曾栋之子。明思宗崇祯七年（1634）进士，被授予吏部文选主事。累官至吏部考功郎。

崇祯十五年（1642）秋，皇帝下诏起复一些以前被罢免的官员。曾亨应将毛士龙、李右谠、乔可聘等十人上书推荐上去。御史张懋爵上疏参劾他受贿行私，曾亨应也上疏辩解。但张懋爵连上三疏力攻，曾亨应最终被罢职。

清顺治二年（1645），福王朱由崧在凤阳总督马士英的拥戴下即位于南京，改元弘光。但福王昏庸无知，纵情声色，以致朝政一天不如一天。不久，清军渡江，一路南下，江西许多城池都被清军攻破。曾亨应让他的弟弟曾和应带着父亲先到福建去，他和艾南英、揭重熙共同守城。当时正值明藩王永宁王朱慈炎招募的连子峒土兵数万人收复建昌，朱慈炎写信给曾亨应，让他招兵备战，和建昌相互呼应。曾亨应遂招募勇士数百人，建军营，与永宁王成犄角之势。后为清军所捕获，他坚决不投降，被清军杀害。曾亨应和他的叔父曾益、曾杙，弟弟曾和应，儿子曾筠都死于明末之役，人称"曾氏五节"。

二十一、曾异撰

曾异撰，字弗人，福建晋江人，家居侯官。他的父亲是诸生，在他还没出生的时候就去世了。曾异撰幼时家境贫寒,他的母亲靠纺纱织布补贴家用。曾异撰侍母至孝,每到灾荒之年他宁肯吃薯叶杂糠,也要让他的母亲吃饱。曾异撰性格耿直,有气节。当地官吏知道他贫穷,想分给他一些土地,但他对此不屑一顾。吴兴潘曾纮担任福建学政时,向皇帝上书表彰他母亲的节行,得到朝廷的旌表。曾异撰为诸生,潜心研究经世之学。他所写的诗,很有气魄。明崇祯十二年(1639),他乡试中举时,已经四十九岁,第二年会试结束后不久,就去世了。著有《纺授堂集》二十七卷。

二十二、曾 坚

曾坚,字子白,金溪人,曾严卿的儿子。元顺帝至正十四年(1358)登进士第,曾任国子助教、翰林修撰。至正十八年(1358)被选授江西行省员外郎,累迁至中大夫、翰林学士。明朝建立,明太祖授曾坚为礼部侍郎。因为熟悉典章制度,曾坚为明太祖所倚重,明初的许多朝议、典章制度等方面的事情大多征询他的意见。著作有《曾学士文集》。

二十三、曾 泰

曾泰,江夏人,很有学问。明太祖洪武初年,以秀才征。慷慨论事,言无不从,明太祖非常信任他。十五年(1382)八月,被破格擢升为户部尚书。

二十四、曾 棨

曾棨,字日章,他的先祖是溧水人,父亲曾朴曾任吴江知县。曾棨少时跟随其父在郡学读书。

明太祖洪武十七年(1384),以岁贡授为黄陂知县。为政期间由于勤于理事,执事公允,不久政声大振,在吏部考核中被列为甲等。洪武二十五年(1395),荐擢翰林侍读。

明成祖永乐元年(1403),曾棨参与编撰《永乐大典》。次年,受命出使安南。此时安南权臣黎氏篡位,曾棨宣读谕旨时黎氏出言不逊,被曾棨严词驳斥。回国后,曾棨向永乐皇帝上奏说,安南黎氏篡立,应当予以讨伐。永乐四年(1406)四月,他和新城侯张辅、西平侯沐春等一起统兵征伐安南。

军中文檄皆出其手,其参赞军务,为平定安南作出了很大贡献。永乐五年(1407),安南平后,曾燨回京向皇帝告捷,后返回军中,因病去世。

二十五、曾 彦

曾彦,字士美,江西泰和人。年少时就好学不倦,遍读经史。但他自二十多岁投身科场,却屡试屡败,先后七次受挫于乡闱,直到明宪宗成化七年(1471)才考中举人,这时曾彦已经五十多岁了。

中举后他又先后于成化八年(1472)、成化十一年(1475)两次参加会试,都没有考中。成化十四年(1478),已近花甲之年的曾彦终于如愿以偿。这一年,因为在廷试时对策简约,被明宪宗赏识,擢为第一甲第一名,状元及第。

明朝至成化年间,开国已近百年,天下太平,文风靡丽。许多人的文章重于形式而轻于内容,当政者很想扭转这种文风,而曾彦之文内容充实,文风朴实,正好适合了这种需要。曾彦及第后,被授予翰林院修撰。后来,数次担任会试考官。成化二十三年(1487),晋为翰林院侍读。明孝宗弘治初年,曾彦因修撰《宪宗实录》得力,被升迁为左谕德。弘治七年(1494)擢升为侍讲学士兼南京翰林院事。弘治十年(1497),因年老致仕。

二十六、曾守约

曾守约,字子如,广东归善人。明世宗嘉靖八年(1528)登进士第,授行人。选授江西道御史,巡视江西粮库,后升任广西按察使。他任广西按察使的时候,严厉整肃广西官场,打击收受贿赂的贪官污吏和横行乡里的不法之徒,使得广西政风、民风为之一变。

嘉靖十七年(1538),武定侯郭勋奉命修筑嘉靖帝陵墓。郭勋为人骄横不法,依附于他的党徒很多。曾守约奉皇帝旨意巡视山陵,对山陵的修筑提出了许多意见。郭勋认为曾守约故意为难他,十分恼怒,于是上疏嘉靖帝指责曾守约延误工程进度。曾守约便将自己了解的郭勋不法行为向嘉靖皇帝作了汇报,并条奏郭勋欺纵不法数大罪。但嘉靖皇帝看后,将曾守约的奏疏留中不发,没有对郭勋进行惩处。

嘉靖十九年（1540），曾守约升为大理寺右丞，他上书皇帝请求致仕。回到家乡，奉养母亲，以至终老。

二十七、曾廷芝

曾廷芝，字子先，湖北汉阳人，嘉靖三十二年（1553）登进士第。初任昌邑知县，擢升工科给事中。官至浙江巡抚。

曾廷芝为官恪尽职守，在他担工科给事中的时候，他多次向皇帝上疏，奏请修筑河防，增加屯田，兴建水利工程等，这些建议都被嘉靖皇帝所采纳。后来，湖北巡抚推荐他担任汉阳知府，他下力气革除汉阳旧弊，抑制豪强，扶助贫弱，发展文教，使汉阳气象一新。

二十八、曾朝节

曾朝节，字直卿，湖广临武人。明神宗万历五年（1577）进士，殿试探花，授翰林院编修。在翰林院直史局任职三年，后迁翰林院侍读。

万历十九年（1591）担任南京乡试主考官，之后升任国子监祭酒。南京礼部侍郎，回京后改任南少宰，再迁北少宗伯、协理詹事府、侍经筵，教习庶吉士。万历二十五年（1597）擢升为资政大夫、礼部尚书充东宫侍讲。万历三十二年（1604）去世，赠为太子太保，谥"文恪"。

曾朝节性格温恭，为人谨慎，熟悉典章制度。著有《紫园集》、《易测臆言》、《古本大学解》等。

第五节　清　朝　时　期

清朝建立统一政权后，为了巩固统治、缓和尖锐的民族矛盾，在文化领域采取了恩威并施、宽猛相济的双重政策。一方面，极力推崇儒家学说，实行科举，笼络汉族士人；另一方面，又禁结盟社，大兴文字狱，摧残士气。这种怀柔与高压政策并用的结果，就是大多数士大夫为清室所用。因为，自唐宋以来，中国士大夫的唯一出路便是科举入仕。在这样一种情况下，尊崇儒学、优遇圣裔家族,自然具有非常重要的文化象征意义。清顺治初年,就定每月初一日在孔庙行释菜礼,恢复衍圣公及四氏博士封爵。尤其是康、雍、乾三朝,统治者对儒学的推崇以及对孔、颜、曾、孟四氏家族的眷顾,都是史无前例的。可以说,清代是曾氏家族在历史上最受尊崇的时期,也是曾氏家族更趋兴盛的时期。尤其是随着湘乡曾氏的崛起,曾氏家族门第鼎盛,一门贵显,跻身世家大族行列,涌现出许多杰出人物。

一、曾闻达

曾闻达,字象舆,山东嘉祥人,曾子六十四代孙,崇祯十四年(1641)八月袭翰林院五经博士。入清之后,顺治帝下诏准许照旧袭封。顺治三年(1646),改授内翰林国史院五经博士。顺治九年(1652),陪祀太学。顺治十四年(1657),改隶翰林院,仍称翰林院五经博士。曾闻达是清朝建立之后,曾氏家族受封的第一个翰林院五经博士。

二、曾毓塝

曾毓塝,字注瀛,山东嘉祥人,曾子六十九代孙,乾隆二十六年(1761)袭翰林院五经博士。袭职期间,他编纂《武城家乘》十卷,募银一千余两,修葺宗圣林庙及书院。又著有《家诫》一篇。王定安辑《宗圣志》赞扬他说:"凡庙林、书院、家庙粘补最勤。纪事碑版亦多,俾后有可查考。宗子功德,承业翰博后,此为再见。"乾隆五十年(1785),封曾毓塝为征仕郎。

三、曾纪瑚

曾纪瑚,字六华,山东嘉祥人,曾子七十一代孙,四氏学廪生,嘉庆十八年(1813)拔贡生。由于曾氏袭封翰林院五经博士曾纪琏因事被革职,经衍圣公会同礼部具题,曾纪瑚承袭翰林院五经博士。他袭封之后,上疏朝廷请修曾子林庙,并募集资金修葺宗圣书院,呕心沥血,因过于劳瘁而病逝。

四、曾衍东

曾衍东,字青瞻,号七如,又号七如居士、七道士,山东嘉祥人,曾子六十七代孙。曾衍东仕途坎坷，他于乾隆五十七年（1792）中举，六十年（1795）为乡邑推荐为贤良方正。直到清仁宗嘉庆三年（1798），已近五十岁的曾衍东才以举人身份任湖北江夏知县，后调任咸宁、当阳、巴东等地知县。他任职期间安抚百姓，教育士子，为百姓所称颂。但他个性倔强，每每忤逆上官。嘉庆十九年（1814），因触怒巡抚，被免职，流放温州羁管。由于他从政清廉，家无资财，免官后竟落到"穿也无衫，食也无餐"的地步。清道光元年（1821），大赦天下，他才被准携家回乡，但因贫不能行，只得寓居温州。十年后，在温州去世。终年八十岁。

曾衍东博学多才，擅长书法，工于绘画，"笔墨狂放，大致以奇怪取胜。镌图章，摩古出奇"①。他曾说："夫人之于画，能画人之所皆画，亦能画人之所独画。我能画人之所不画，而人终不能画我之所画。"②又有诗曰："前人曾以诗作画，我意翻将画作诗。画里诗同诗里画，一般神趣少人知。"③他书画俱佳，本可衣食无忧，但他又颇为清高，不与俗人为伍，他曾说："人索我画，我却不画；人不索画，我偏要画。"④当那些富商巨贾求画时，他一概拒绝，以致穷愁一生。

曾衍东著有《武城古器图说》、《小豆棚》，诗集《哑然诗句》、《古榕杂缀》、《七道士诗抄》，随笔《日长随笔》，画论《七如题画小品》等。《小豆棚》是曾衍东的最重要作品，此书写作历时三十余年，主要记载了一些逸闻轶事，内容涉及忠臣烈妇、文人侠士、仙狐鬼魅、善恶报应等事。此书记事以清代为主，间或有明朝的轶事、遗闻，地域上以济宁一带为多，也涉及湖、广、苏、闽等地的轶闻。语言简洁，叙事婉曲，妙趣横生，不失为清人笔记小说中的一部佳作。

五、曾受一

曾受一，字正万，广东东安人，学者。清高宗乾隆三年（1738）进士，乾

---

① （清）彭左海：《曾衍东传》，（清）曾衍东著，杜贵晨校注：《小豆棚·附录》，中州古籍出版社，1989年，第386页。
② 曾衍东：《七如题画小品》，曾衍东著，杜贵晨校注：《小豆棚·附录》，第396页。
③ 曾衍东：《七如题画小品》，曾衍东著，杜贵晨校注：《小豆棚·附录》，第408页。
④ 曾衍东：《七如题画小品》，曾衍东著，杜贵晨校注：《小豆棚·附录》，第395页。

隆二十五年(1760),代理珙县知县。

他在珙县创建南广书院,兴办教育。他自创《劝学诗》百句,增加书院学生的津贴,鼓励学子读书。为鼓励农耕,他在农忙时经常到城外巡视田野村庄,作《劝农》、《悯农》歌,并让儿童们传唱。由于颇有政绩,他被提升为江津县知县。江津是四川有名的难以治理的县,他到任之时恰好又逢灾年,困难重重。他一反过去那种只靠行政命令来施政的老办法,组织江津百姓成立"救命会",用有余济不足,开展自救活动。第二年又号召已有收成或有盈余的百姓捐粮,共得粮千石。然后他用这些粮食设立义仓,救济更为贫困的灾民,终于使江津县渡过了危机。乾隆四十三年(1778),曾受一告老还乡。由于他在珙县、江津、巴县任职多年,且清正公允,老百姓都很感谢他,江津县还专门为他建了一座生祠,称之为"曾夫子祠"。

曾受一著述颇丰,著有《四书解义》、《朱子或问》、《语类文集义纂》、《易说》四卷、《春秋解义》四卷。

六、曾国藩

曾国藩,原名子城,字伯涵,号涤生,湖南湘乡人。死后被追谥"文正",所以后人又称他为曾文正公。

曾国藩生于清嘉庆十六年(1811)十月,据说他出生的时候,他的祖父梦见巨蟒飞入室中,惊醒后就听到曾国藩出生的消息,便认为这是曾氏家族将要光大的瑞兆,因此对他格外钟爱。曾国藩的父亲曾毓济是个塾师秀才,曾国藩自八岁起就在父亲的严格督导下,诵习举子业。道光十四年(1834),他进入长沙岳麓书院读书,同年考取举人。清道光十八年(1838),他考中进士,殿试列三甲第四十二名,赐同进士出身。因为朝考时成绩名列高等,幸运地进入翰林院,做了一名庶吉士,开始了十余年的京官生活。进京之后,曾国藩眼界大开,他认识到天下学问可学者甚多,所以他广为交游,与程朱理学、桐城学派、经世学派等各家知名人物相交往,精心研究历代典章制度。他在京城的仕途一帆风顺,官运亨通,中进士两年后,授翰林院检讨。道光二十七年(1847)擢升内阁学士兼礼部侍郎,此后,历任吏、工、刑、吏等各部侍郎。十年之中,迭次升迁,连跃十级,成为朝廷二品大员。他对此颇为得意,在给弟弟的信中说:"三十七岁至二品者,本朝尚无一人。"①尽管如此,他并未一味迎合,而是恪尽职守,数度应诏陈言,极力图报。咸丰二年(1852)六月,曾国藩受命为江西乡试正考官,七月,因母亲去世,回乡奔丧守制。他在家守制时,正值太平军由广西进入湖南,围长沙,克武昌,声势大张之时。咸丰帝下诏强起曾国藩办理湖南团练,曾国藩由此开始了他一生最为重要的事业,同时,也为自身和家族的命运带来了极大的转变。

鉴于八旗、绿营已腐败不堪,曾国藩效仿明代戚继光的"束伍"成法,编定训练章程,本着"但求其精,不求其多;但求有济,不求速效"②的原则,网罗一批有"忠义血性"的儒生为将领,招募朴实勇敢的农民为士兵,经过一年多的苦心经营,编练起一支新的地主武装——湘军。此后,曾国藩即凭恃这支武装与太平军在湘赣之间相持。咸丰四年(1854)春,曾国藩率湘军水陆师出击太平军,水师先败于岳州,再败于靖港,但是陆军却在湘潭取得大胜。七月,再次出战,连克岳州、武汉。九月,克武昌。赏兵部侍郎衔,进围九江。五年(1855),补兵部右侍郎。七年(1857)二月,曾国藩在江西瑞州督军,得父死讯,回籍奔丧。八年(1858),石达开率大军由江西转攻浙江、福建。复出治军的曾国藩坚持"取建瓴之势"的战略,逐步扫清太平军在湖北、江西的势力。九年(1859),因为安徽战局危急,曾国藩与湖北巡抚胡林翼制定了以湖北为基地的四路图皖方略。十年(1860),太平军集中兵力二破清军江南大营,苏州、常熟相继陷落。清廷授曾国藩署理两江总督,总统四省军务,并令其驰援苏南。他上疏力陈攻占安庆不仅关系淮南之全局,且为将来克服金陵之张本,坚持不撤安庆之围,自率一军进驻安徽祁门,准备进军苏南。湘军长期围困安庆,终于调动太平军自东线来援,经艰苦鏖战,湘军终于在咸丰十一年(1861)八月攻克安庆。安庆一战的胜利,使得安庆下游的太平军大本营金陵直接处于湘军的直接控制之下,曾国藩的先定武昌,顺势东下,直捣金陵的战略已经初步实现。清廷赏曾国藩为

① 曾国藩:《致澄弟沅弟季弟》,《曾国藩全集·家书一》,岳麓书社,1985年,第149页。
② 曾国藩:《敬陈团练查匪大概规模折》,《曾国藩全集·奏稿一》,岳麓书社,1987年,第41页。

太子太保,统辖江苏、安徽、江西、浙江四省军务,巡抚、提、镇悉归节制。

　　同治元年(1862),曾国藩以安庆为大本营,本着"欲拔本根,先剪枝叶"①的战略方针,进行进攻天京的部署:派两江总督、协办大学士曾国荃率水师沿江东下,直逼天京;浙江巡抚左宗棠率湘军自江西进攻浙江;由江苏巡抚李鸿章率淮军自上海进攻苏南,对太平军实行战略大包围。继李、左所部相继攻占苏南、浙江之后,曾国荃部于同治三年(1864)六月攻陷天京。经过十年作战,湘军终于取得最后的胜利。曾国藩因功赏加太子太保衔,封一等毅勇侯,登上了个人事业的顶峰。克复金陵的曾国荃也被封为一等威毅伯。兄弟二人各得五等之爵,为清代二百年来所未见,湘乡曾氏的声名远播全国。

　　同治五年(1866),曾国藩调任直隶总督,尽管他体力日衰,但仍然勤勉奋励,整顿军务,清减赋税,并督师剿捻。十二月,因"聚兵防河"围歼捻军的计划没有成功,朝廷命曾国藩回两江总督任。六年(1867),补体仁阁大学士。九年(1870),奉命查办天津教案。他在向朝廷的奏疏中提到保全和局的原则,认为此时应当"坚持一心,曲全邻好。惟万不得已而设备,乃所以善全和局。兵端决不可自我而开,以为保民之道,时时设备,以为立国之本"②,但他处决首犯、赔偿外人损失的做法招致朝野的强烈抨击,湘籍京官联名致书咒骂,早年治学好友也贻书绝交。朝廷只得让他回任两江总督,以安抚清议。曾国藩后来也认识到处理教案的做法不妥,在家书中提及此事,每有"内负疚于神明,外得罪于清议,远近皆将唾骂,而大局未必能曲全,日内当再有波澜"③等语,但他深知"中外兵势强弱,和战利害"④,唯自引疚,始终没有为自己做任何辩解。

　　但是,这件事情也给曾国藩以极大的刺激,所以在两江总督任上,他大力推动洋务运动,支持李鸿章创建江南机器制造总局和金陵机器制造局,

①　曾国藩:《遵旨统筹全局折》,《曾国藩全集·奏稿四》,第 2072 页。
②　(清)文庆等纂:《筹办夷务始末(同治朝)》卷七十三,沈云龙主编:《近代中国史料丛刊》第六十二辑,文海出版社,1966 年,第 6805 页。
③　《曾国藩全集·家书二》,同治九年(1870)六月二十四日,谕纪泽,第 1375 页。
④　《清史稿》卷四百五《曾国藩传》,第 11917 页。

并设译书馆,翻译有关机器制造、使用及火器原理的书籍,调湘淮军将领训练装备近代武器的京畿练军,以期富国强兵,挽大厦于既倒。但在各项措施之中,尤其值得称道的是,他和李鸿章联名奏请,每年选送三十名聪颖幼童出洋留学,这一措施不但很大程度上影响了中国的未来,对于曾氏家族本身的发展也有很大的意义。

同治十一年(1872)二月,曾国藩病逝,享年六十二岁。赠太傅,谥"文正"。其侯爵由长子曾纪泽袭封,次子曾纪鸿、孙子曾广钧均被特赏举人。有《曾文正公全集》传世。

七、曾国荃

曾国荃,曾国藩的四弟,在曾氏诸兄弟排行第九,字沅圃,号叔纯。十六岁时随父亲到京师,跟随长兄曾国藩读书。在曾氏兄弟中,曾国藩和他最合得来,而曾国藩也认为在兄弟五人中,曾国荃最为优秀。道光二十七年(1847),二十四岁的曾国荃以府试第一名考取秀才。咸丰二年(1852),举优贡。

咸丰三年(1853),他跟随曾国藩办理团练。六年(1856),当曾国藩的湘军在湖口惨败,被太平军围困在南昌的时候,他在吉安知府黄冕的帮助下,劝捐募勇三千人往援江西,连续攻克安福等地,屡战屡捷。八年(1858)九月,曾国荃率军攻占吉安,升知府。十年(1860),他率湘军八千人在水师配合下进围安庆,挖长壕二道,内壕围城,外壕拒援。城内太平军屡次出城作战,湘军都坚守壕垒,极力抵御,大大挫伤了太平军的锐气。十一年(1861),在对峙一年零三个月之后,湘军一举攻克太平军固守多年的安庆。曾国荃因攻克安庆有功,授浙江布政使。

同治元年(1862)四月,曾国荃率湘军一万九千人在水师配合下,向太平天国都城天京(今南京)进军,于五月底进驻雨花台。他采取挖壕筑垒的方法,在天京城外深挖壕沟,广筑工事,同时加紧攻势,在同治三年(1864)初,完成了合围天京的目标。五月,攻占地保城,居高临下,俯攻城内。并且督率士卒挖掘地道,以火药轰城墙。六月,湘军终于轰塌城墙二十余丈,攻占天京,生擒太平军统帅李秀成。曾国荃以功封一等威毅伯,赏加太子少保。

但曾国荃攻克天京，不但没有得到朝野赞誉，却成为众矢之的，招致口诛笔伐，原因就是传说他在攻克天京后将太平天国所藏金银搜刮一空。在各方诘责之下，曾国荃百口莫辩，只得请求开缺回籍养病，其所部军士尽遭遣散。

同治五年（1866），清廷再度起用曾国荃，授湖北巡抚，率湘军万余协同淮军联合镇压东捻军。但在剿捻之役中，曾国荃连遭失败，再次称病辞职。十三年（1874），清廷再次起用曾国荃担任陕西巡抚，光绪三年（1877）改任山西巡抚。他在担任山西巡抚期间，适逢山西大旱，数月不雨，他多方借款筹粮，竭力救荒，当地百姓因此而获救者达六百多万人。

光绪十六年（1890），曾国荃病逝于两江总督任上，享年六十七岁，谥"忠襄"。有《曾忠襄公奏议》存世。

八、曾纪泽

曾纪泽，字劼刚，曾国藩长子。他出生于道光十九年（1839），这一年曾国藩考中进士，馆选翰林院庶吉士。曾纪泽自幼随父亲在京师长大，曾国藩虽然公务繁忙，但他仍然将课子读书当作每天必做的一件事。在父亲的严格督导下，他饱览经史子集，少年时便以文才出众而闻名。虽然少负隽才，但曾纪泽考运不佳，两次应试，均告落第。因此他绝意科举，转而潜心研究经世致用之学。因曾国藩剿太平天国有功，他被恩荫为户部员外郎。

曾国藩在两江总督任上筹办各项洋务，幕宾中通晓洋务者人才济济，这为曾纪泽的学问开启了新的天地。同治二年（1863），数学家李善兰将《几何原本》翻译成中文，曾国藩为之校勘，曾纪泽奉父命为该书作序，他在序中实事求是地指出西学的长处。曾国藩对他这篇序非常满意，认为用笔流畅，表达清楚。当时以洋务自负的郭嵩焘对这篇序的评价也相当高，这说明曾纪泽的西学水平在同代人中已属出类拔萃。经过几年的熏陶，曾纪泽对于办洋务尤其是办理对外交涉有了初步看法。同治九年（1870），曾国藩受命处理天津教案一事，曾纪泽就提出办理对外交涉人才最重要。他说："近年中外交接，洋人所以日强，华人所以日弱者，其弊在于无人。方今谈夷务者,有两种人:其一不揣事势,非议和局,但欲拒绝通商,屏斥洋货,言中国修德力政,而远人自然宾服者,此迂远而阔于事情者也;其一稍识夷情,挟以自重,助夷而猾夏,叛孔孟而乐道异端,借其小智末枝以成汉奸者,各处之通事皆然,各处之洋商经纪皆然,而食禄任职之士,亦复难免也。中外之语言文字,恃译而明,而通事惟利是趋,但有左袒洋人,不闻有赤心为国者。此则中国无穷之忧,非特一时之患而已。故所谓自强者,不在于行伍之整齐,器甲之坚利,而在于得人。所谓得人者,当得忠孝气节之士,而复能留意于外国语言文字、风土人情者,是在平时搜访而乐育之,然后临事能收其效耳。"①由此可以看出,曾纪泽对于清朝的外交困境有着深刻的认识,同时也显示出他立志献身于此的决心。

为了更加透彻地了解西方,寻求富国强兵之术,曾纪泽在三十三岁时开始自学英语。在为父亲守孝的日子里,在偏僻的湘乡,他靠着英文字典,狠下苦功,最终掌握了这门语言。三年守孝期满,他进京承袭侯爵时,已经可以和同文馆中的英美籍教师自由交谈了。光绪四年(1878),在郭嵩焘的推荐下,曾纪泽被任命为出使英法大臣,补太常寺少卿,从此开始了他的外交生涯。曾纪泽使欧期间,其外交上的最大成就首推中俄伊犁交涉案。

中俄伊犁交涉起因于左宗棠平定新疆叛乱之后,清王朝意图一并收回俄国强行占据的伊犁。光绪六年(1880),清廷派崇厚到俄国谈判,由于他缺乏外交识见,又不了解伊犁的实际情况,在俄人的威逼利诱下,签订了丧权辱国的条约。国内得知消息后,众议沸腾,崇厚因此被革职逮问。曾纪泽在这一特殊时期被派往俄国,与俄国重新议定条约。曾纪泽认为,伊犁之事,解决的办法有三种,即战、守、和。俄国为强邻,兵端一开后患无穷。而如果放弃伊犁边境,一味采取守势,也将危及国家安全。因此,"战"和"守"都不合时宜,只有"和"才是唯一的办法。所以曾纪泽到俄国之后,首先致力于缓和中俄间的紧张关系以利谈判的顺利进行,其次确立重界轻商的原则。经过十个月的艰苦谈判,清廷收回了南境乌宗岛山、阿克楞诸城、

---

① 《曾纪泽家书》,同治九年(1870)六月二十四日,(清)曾麟书等撰,王澧华等整理:《曾氏三代家书》,岳麓书社,2002 年,第 612—613 页。

伊犁等地,维护了国家的领土和主权,使中国所受损失减低到了最小限度。

　　中法战争期间,曾纪泽又奉命办理中法越南交涉。与办理中俄伊犁交涉不同,曾纪泽在这件事情上始终坚持以强硬的态度对抗法国,但由于清廷并没有明确的立场,又不专心讲求战备,使得局势日益恶化,曾纪泽也被迫从驻法使臣的岗位上离职。尽管如此,他仍然坚持不赔款、不割地的原则。光绪十年(1884)他升任兵部侍郎,在与英国商定洋药税时又为国家争回每年关税六百多万两白银。十二年(1886),曾纪泽交卸使英、使俄两职,任职于总理各国事务衙门。曾纪泽办理外交虽然很有成绩,但回国之后常为昏庸之辈排挤和掣肘,无从施展其外交才能。他曾经怅然慨叹:"一腔热血,何处可洒!"光绪十六年(1890),曾纪泽在愤郁孤寂中去世,时年五十一岁。光绪皇帝赏加太子太保衔,谥"惠敏"。

九、曾纪鸿

　　曾纪鸿,字栗诚,曾国藩之子。自幼就十分聪颖,禀赋极高,九岁时已遍读九经,他曾经将五经及注从头到尾抄录一遍,当时就被世人称之为"神童"。但曾国藩对他一直不甚满意,原因是曾国藩有一次到他书房去,竟然发现了一副骨牌,认为他不能专心于学问。而曾纪鸿的天分恰恰在天文和算学方面。他著有《圆率考克图解》,把圆周率推算到小数点后二百多位,并对当时著名的算学家李善兰的著作多有校正。天文方面,据说他能精确推算出数千年后地球自转的累差以及太阳自转的速率。除了专精天文算学之外,曾纪鸿还跟随长兄曾纪泽学习英文。应当说,就曾纪鸿的资质和成就而言,他本可以成为杰出的学者或者洋务方面的专家。但是,他最终还是选择了科举之路。然而不幸的是,他却没能考中进士。最后经由长兄曾纪泽和李鸿章的帮助,才捐得郎中。后来,因为科考再次落第,曾纪鸿郁郁寡欢,光绪七年(1881)在北京病逝,年仅三十三岁。

十、曾广钧

　　曾广钧,字重伯,号环远,一号约思,又名伋安,曾国藩的长孙,曾纪鸿之子。他幼负隽才,在曾国藩的孙辈中,最受曾国藩的喜爱。他六岁的时候,在祖父督署中小住,随家人上街游玩,已经能读出许多匾额楹联上的字了。他的父亲曾纪鸿在世时一直以未能考中进士为憾,并因此而抑郁以终,于是曾广钧在母亲的督责下发奋用功,终于在光绪十五年(1889)考中进士,授为翰林院编修,成为翰林苑中最年轻的一员,时年二十三岁。其父科第未中的遗憾,终于由他来得以弥补。

中日甲午战争期间,湖南巡抚吴大澂自请督率湘军出战,年轻的曾广钧按捺不住内心的激愤,一月之内两次上疏,力主抗日。在这种情况下,曾广钧受命随同吴大澂出关迎敌。但是,这支军队刚出山海关没多久,中日就议和了。甲午海战的失败以及《马关条约》的签订,使得举国上下救亡图存的呼声大起,曾广钧也加入到维新变法的行列里。湖南新政期间,他与维新人物谭嗣同、唐才常交相往来,鼓吹新政。因此,戊戌政变时,他也被视作新党,所幸没有受到株连。辛亥革命后,他就离职回籍,从此再没有出仕。

曾广钧诗学成就较高,以典雅富赡见长。王闿运曾经称赞他为"湘中又一诗家",梁启超对他的诗作评价也很高。曾广钧有《环天室诗集》、《环天室外集》、《环天室支集》存世。

虽然曾国藩之后的第三代曾氏子弟不免沾染世家子弟的习气,但曾广钧的思想却是非常开放的。他的女儿曾宝荪在杭州一家教会学校读书的时候,有加入教会的想法,又担心家中阻拦。没想到曾广钧却没有阻止,并给她写了一封长信,列举徐光启、利玛窦等人开学利民的好处,介绍她看严复的《天演论》等著作。他认为西方学问包罗万象,宗教也是其中的一方面。后来,曾宝荪接受洗礼,成为一个基督教徒,并随同校长巴路女士到英国留学。

十一、曾广铨

曾广铨,字靖彝,号敬怡,曾纪鸿次子。因曾纪泽长子早殇,由曾国藩做主将曾广铨过继给曾纪泽作长子。曾广铨从小深得曾纪泽夫妇的疼爱,生活优裕。七岁的时候,曾纪泽出使英法,一直将他带在身边。曾广铨在英法等国生活了七年之久,初步接触到了西方科学知识,成为中西兼备之才。随同曾纪泽回国后,他先在兵部做事。曾纪泽去世后,他承父荫,由荫生特赐兵部主事员外郎,后任兵部主事、兵部员外郎等职。光绪三十年(1904),曾广铨被任命为出使韩国大臣,两年后返国。相继担任福建兴泉永兵备道、云南粮储道等职,其间又被任命为出使德国大臣,未就任。辛亥革命爆发后,他辞官归里,终老于家。曾广铨与章太炎合译过《斯宾塞尔文集》。

十二、曾　钊

曾钊,字敏修,广东南海人,清宣宗道光五年(1825)拔贡,授合浦县教谕,调任钦州学正。

曾钊笃学好古,深究经史。他每读一书,必先校勘书中错字和脱落的文句,遇到秘本或者雇人影印,或者自己亲自抄写,这样积累了七八年,得书几万卷。曾钊一生著述颇丰,著有《周易虞氏义笺》七卷、《周礼注疏小笺》四卷、《诗说》二卷、《毛诗郑笺异同辨》一卷、《毛诗经文定本小序》一卷、《考异》一卷、《音读》一卷、《虞书命羲和章解》一卷、《论语述解》一卷、《读书杂志》五卷、《面城楼集》十卷,还辑有《杨议郎著书》一卷、《异物志》一卷、《交州记》一卷、《始兴记》一卷等。

曾钊并不是一味地沉浸在故纸堆中,他对国家大事也十分关心。鸦片战争爆发后,清廷任用祁贡为两广总督抗击英军。为阻击英军炮船,番禺举人陆殿邦献策用大石堵塞内河航道。两广总督就派人征询曾钊的意见,曾钊说,御敌要根据实际情况来决定对策,英军窜犯内地,首先应当防备他们沿内河而进。但更重要的是加强防守,加固城墙,加强省城守备。只有城池加固后,才可以由内而外布置防御。于是总督委任曾钊巡察河道,加强布防。道光二十三年(1843),当两广总督商议增修虎门炮台时,他又进呈《炮台形势议》十条。道光末年,曾钊被举荐担任廉州知州。清文宗咸丰四年(1854)在家中去世。

第七章 文化遗存

——曾子故里史迹

清乾隆《兖州府志》说："邹、鲁、滕、薛之间，古帝王圣贤之墟也。左史之所载，图经之所传，三代而上，汉唐而下，故国旧邑何地无之！故虽颓稚荒堞，残丘废苑，奥显殊状，洪纤异迹，莫非神明之遗绪，侯王之永图，会遇之坛场，著作之林薮也。"①曾子故里南武城为鲁国旧地，丰富的物质文化遗存载负着深厚的文化内涵，曾子庙、曾子墓、曾子书院等，无不散发着浓郁的儒家文化气息。曾子作为孔子之后儒家发展史上的重要人物，与曾子有关的文化遗存，无疑是曾子故里文化遗存中最集中、最核心的内容，也是历代曾氏族人心灵的归依。

一、南武城

司马迁《史记·仲尼弟子列传》记载："曾参，南武城人。"②南武城，为春秋鲁国下邑，宗圣曾子家于此。吕兆祥《宗圣志》曰："武城，古兖州之域。《禹贡》'大野既潴'，则在徐州，今巨野即其地。唐宋以来，皆为任城县地。金大定末，置嘉祥县，属济州，盖取获麟之义。元属东平路，至元属济州，后属单州。明兴，改属济宁州。武城，即嘉祥所统之地也，故名曰'宗圣里'。"③明人东野武有诗赞曰："曾子居武城，经以孝而行。晨昏常晤对，城

---

① 觉罗曾尔泰修，陈顾联纂：乾隆《兖州府志》卷十九《古迹志》，《中国地方志集成·山东府县志辑》第 71 册，第 388 页。
② 《史记》卷六十七《仲尼弟子列传》，第 2205 页。
③ 吕兆祥：《宗圣志》卷二《世家志》，第 284 页。

喜同其名。"①南武城故址在今嘉祥县满硐乡阿城村北 500 米,呈方形,面积约 25 万平方米。现存城东墙,南北长约 100 多米,宽约 8 米,残高近 3 米。经山东省文物部门考查,从残存的城墙夯土层中发现了具有春秋时代特征的棍夯窝,并在夯土层中发现了少量西周晚期和春秋早期的陶片。其时代风格与曲阜鲁国故城等同期城墙极为相似,筑造时间应不晚于春秋中晚期。

嘉祥南武城,当地群众呼为阿城。乾隆《兖州府志》曰:"南武城,世传曾子故里也。在(嘉祥)县南四十里,以其在南武山下,故名。其后改为阿城。"②《康熙字典》引《韵会小补》曰:"阿,又音屋"③,古时"阿"、"武"音相近,阿城就是武城。嘉善人丁鑛有《南武城》诗曰:"昔闻南武旧,今说是阿城。贮有圣门第,人高天下名。颓闉孝云古,委巷道风清。何当卜居此,通吾梦寤诚。"④

二、南武山

《兖州府志》记载:"南武山,在(嘉祥)县南四十五里,与黄路山连脉。相传即古南武城地也。"⑤南武山,汉代简称南山(见汉武梁碑),东西走向,东有黄路山,西连水牛山,由四座山头组成,主峰海拔 210 米,面积 3.8 平方千米。因此山在附近最大,群众也呼为大山。山阳有曾子庙和南武山村。相传曾参曾经在此山打柴。北宋昭文馆大学士曾公亮所作《曾氏族谱序》有"曾西祷于南武山"之语。明人吕元美有《南武山》诗曰:"我来寻故实,击眼晓山新。怪此一拳碧,能生百世人。细知书剩草,高忆孝留椿。近挹尼岩翠,逾看灵气真。"⑥

---

① (明)东野武:《南武城》,吕兆祥:《宗圣志》卷十二《艺文志四》,第 409 页。
② 觉罗曾尔泰修,陈顾联纂:乾隆《兖州府志》卷十九《古迹志》,《中国地方志集成·山东府县志辑》第 71 册,第 393 页。
③《康熙字典》卷三十二,《四库全书》第 231 册,第 377 页。
④ 吕兆祥:《宗圣志》卷十二《艺文志四》,第 412 页。
⑤ 于慎行:《兖州府志》卷三《山水志·嘉祥县》,第 21 页。
⑥ 吕兆祥:《宗圣志》卷十二《艺文志四》,第 411 页。

三、曾　庙

曾庙,又称曾子庙、宗圣庙,是祭祀宗圣曾子的专庙,位于嘉祥县城南18千米南武山之阳,北临玄武山,东抚青龙山,西依白虎山,南边是广阔的平原,山环水绕,松柏参天,置身其中,睹物崇圣,如沐春风。

曾庙始建年代不详。明正统九年(1444),经嘉祥县教谕温良奏请重建,次年建成,称宗圣公庙。重建后的曾庙规模尚小,仅有正殿三间,寝殿三间、东西两庑各三间,戟门三间。后又于曾庙右侧增建莱芜侯祠。明弘治十八年(1505)至正德九年(1514)年间,又陆续奏请扩修,宏敞壮丽,已具有颜庙、孟庙的规模。明嘉靖、隆庆年间,曾庙两次毁于兵火,至万历七年(1579),曾子六十二代孙、世袭翰林院五经博士曾承业奏请重修,由当时山东巡抚赵贤、巡按钱岱等督修,当年九月动工,年底竣工。这次重修大扩旧制,奠定了曾庙现在的布局和规模。此后,清康熙、乾隆、光绪年间又曾进行过多次修缮。

曾庙是一处规模宏伟、巍峨壮观的古建筑群,保留了鲜明的明代建筑风格。曾庙坐北朝南,四周围以红墙,平面呈长方形,南北通长230米,东西宽120米,占地面积27600平方米。主建筑布局在中轴线上,以中轴线为基准,分中、东、西三路,共三进院落。其主要建筑有:

三坊:位于曾庙大门外,均为四柱三楹的石坊,中坊与曾庙第一道垣墙平行,正对宗圣门(曾庙大门),上镌"宗圣庙"三个楷书大字。坊前为照壁,绿瓦覆顶,上饰吻首,朴实无华。其他两坊,东西相对,东石坊上镌"三省自治",西石坊上刻"一贯心传",皆为楷书。

宗圣门:为曾庙大门,是一座三开间悬山式建筑,长12.8米,宽8.1米,高7.5米。绿色琉璃瓦覆顶,上饰鸱吻、吻首、仙人,门扉六扇,楣饰阀阅。在照壁映衬下,宗圣门庄严肃穆。宗圣门内为第一进院落。院内两侧有二门东西相对,东为"景胜门",西为"育英门",均为三开间悬山式建筑,灰瓦覆顶,上饰吻首,门扉两扇,门阀四只。在古代,前来拜谒曾子的一般官员都从景胜门和育英门进入。门内北侧各有厢房三间,为曾庙执事人住宿和拜谒曾庙者休息之处。

戟门：为曾庙二门，建筑形式与宗圣门相同，门内为曾庙第二进院落。门侧有对联："述格致诚正修齐治平之传万世咸承阙训，超德行言语政事文学而外一人独得其宗。"古代皇帝遣官致祭曾子或举行春秋丁祭等重大祭祀活动时，宗圣门和戟门才会打开，平时拜谒曾庙的官员都只能从景胜门、育英门和戟门两侧的角门出入。

慎独门：与戟门平行，在戟门东侧，通向三省堂院内，为曾庙东路。"慎独"取《大学》"诚于中，行于外，君子必慎其独"①之意，赞美曾子的道德修养功夫。

咏归门：与戟门平行，在戟门西侧，通向莱芜侯殿院内，为曾庙西路。"咏归"取《论语》"浴乎沂，风乎舞雩，咏而归"②之意，赞扬曾点之志向。

宗圣殿：曾庙主体建筑，位于第二进院落的后部。大殿立于石砌台阶上，七楹五间，面阔34米，进深18.85米，高15.35米。大殿为歇山式结构，重檐，绿琉璃瓦，彩绘斗拱，脊上浮龙曲折蜿蜒，顶角吻首千姿百态，栩栩如生。大殿四周回廊有22根水磨石柱擎托架梁，大殿正面两根石柱上雕云龙戏水，其余平雕莲花牡丹花卉，雕刻技艺精湛，形象生动。前后门窗均透镂梅花，殿门上方高悬"道传一贯"巨匾，为清雍正皇帝御书，意在颂扬曾子传道之功。门侧有对联："扩弘毅之襟期积久能通直拔群贤而入圣，具见知之学识迎机立化允师万代以称宗。"大殿天花板中央雕有八角盘龙藻井，龙口含珠，与孔庙形制略同。殿内正中置神龛一座，内塑曾子彩色坐像，冠冕衮服，神态庄严。神龛两侧红漆圆柱上刻有对联："止善明德诸贤授受推之衍作十章则开来者道传思孟，执中精允列圣渊源约言之统于一贯故从往者法绍唐虞。"东西两侧塑有子思、孟子像，皆冠冕衮服。殿前有月台，位于九层台阶之上，高约1.5米，东西长18米，宽13.8米，围以雕工精致的石栏，是举行曾子祭祀大典的地方。

寝殿：位于宗圣殿后的第三进院落，为五脊歇山式建筑，原祀有曾子及夫人公羊氏的塑像，毁于20世纪60年代。2003年重建，又刻《曾子圣迹图》于殿内墙壁四周，详尽介绍曾子生平事迹。

---

① 朱熹：《四书章句集注》，第7页。
② 刘宝楠：《论语正义》，第474页。

两庑：位于宗圣殿两侧，东西相对，皆为五间单檐硬山式建筑。各长18米，宽9米，高6.8米。东庑从祀9人：先儒阳肤，先贤公明仪，先儒公明高、公明宣、孟仪、曾元、曾华、宋儒曾巩、清儒曾侗庵；西庑从祀9人，先儒乐正子春、沈犹行、单居离、公孟子高、子襄，曾申、曾西、明儒顾鼎臣、清儒曾国藩。两庑从祀共18人，皆木主。

乾隆御碑亭：位于宗圣殿正前方，亭内置《宗圣曾子赞碑》一座，碑文为乾隆御撰《宗圣曾子赞》。该亭建于乾隆二十五年（1760），为双檐四角攒尖式建筑，黄色琉璃瓦，七彩斗拱，堂皇富丽。原碑亭在20世纪60年代遭破坏，2003年重建。

万历碑亭：位于中轴线东侧，戟门左前方，两檐八角攒尖式建筑，有12根石柱擎托，绿色琉璃瓦。内置《万历重修南武山宗圣公庙记碑》，碑文为明史科都给事中刘不息撰，记述了万历七年（1579）曾庙重修的经过。为保护此碑，万历年间曾子六十二代孙曾承业修建碑亭。原碑亭在20世纪60年代遭破坏，1981年将碑修复，2003年重建碑亭。

涌泉井：相传曾子的父亲曾点去世时，曾子哀痛不已，泪如泉涌，水浆不入口者七日，以后每读《丧礼》，就泪下沾襟。所以曾子六十九代孙世袭翰林院五经博士曾毓墫于乾隆四十九年（1784）在曾庙内建涌泉井，以此作为对曾子"事亲至孝"的纪念。涌泉井位于万历碑亭前方，口径约1米，井水清澈见底，久旱不干，井右侧立石碑一座，上刻"涌泉井"三个隶书大字。

三省堂：曾庙东路主建筑，取曾子"三省吾身"之意。清末倒圮，2003年重建。

莱芜侯祠：曾庙西路主建筑，是供奉曾子之父曾皙的祠堂。顶覆绿瓦，五间歇山式建筑，东西长20米，进深10米，高8米，殿前有月台。始建于明正统十年（1445），明万历七年（1579）扩修。祠中有曾皙彩塑像。祠门匾额题"沂水春风"，门两侧有对联："磊落天资志异三子之撰，渊源家学道启一贯之传。"莱芜侯祠前有报功祠、崇德祠，两祠东西相对，均为三开间硬山式建筑，各长11米，宽6.5米，高6米。报功祠主要是奉祀历来长官之有功林庙者，崇德祠主要是奉祀曾氏故宗子之有德者。

曾庙共有主要建筑物30多座，殿、庑、亭、堂70余楹。庙内古柏参天，肃穆壮观。1992 年,山东省人民政府公布为省级重点文物保护单位。2006年 5 月,国务院公布为第六批全国重点文物保护单位。

四、曾子墓

曾子墓位于曾庙西南、南武城故址之西的元寨山东麓。明天顺四年(1460)礼部侍郎许彬所撰《正统重建宗圣公庙记》有庙"西南有曾子墓"的记载。成化初年,山东守臣上言:"嘉祥县南武山西南,元寨山之东麓,有渔者陷入穴中,得悬棺,碣曰'曾参之墓'。"①明宪宗下诏加以修建,"奉诏封树丘陵,筑建享堂、神路,旁树松柏,缭以周垣。墓在嘉祥,始此"。② 弘治十八年(1565),山东抚按金洪又奏请重修,新建享堂三间、东西斋房各三间、中门一座、左右角门二座、大门一座、石坊一座,缭垣周峻,茂林森阴。以后又多次重修。

曾子墓林垣南北长 117 米,东西宽 60 米,占地 10 余亩。林门题"宗圣公之墓",林门前有石人、石马、石猪、石羊等石仪。林内中门一座,额"宗圣林"。曾子墓高 3 米,墓前双碑,前碑为清康熙十九年(1680)立,题曰"宗圣曾子墓",后碑为明嘉靖三十五年(1556)立,题曰"宗圣公墓"。墓碑前飨堂三间,东配斋房三间,西配更衣所三间。1985 年济宁市人民政府公布为市级重点文物保护单位。2006 年 12 月,山东省人民政府公布为第三批全省重点文物保护单位。

五、耘瓜台

耘瓜台位于嘉祥南武山曾子墓东边,相传为曾子耘瓜处。明万历《兖州府志》载:"南武山南有曾子墓,墓前有祠,其左有二丘相对,世谓之耘瓜台,曰曾子耘瓜处也。"③《曾子书》载:"其台有二,高仞许,南北相峙,南者约五亩,北者约三亩。"④吕大器《莱芜侯像赞》有"耘绿台边,浴春沂上"⑤,

① 《明史》卷二百八十四《曾质粹传》,第 7301 页。
② 于慎行:《兖州府志》卷七《圣里志中·四配世家·曾子》,第 5 页。
③ 王慎行:《兖州府志》卷三《山水志·嘉祥县》,第 21 页。
④ 冯云鹓:《圣门十六子书·曾子书》,四川大学古籍整理研究所编:《儒藏》史部第 7 册,第 338—339 页。
⑤ 吕兆祥:《宗圣志》卷四《追崇志下》,第 310 页。

其中"绿台"即指耘瓜台。明人吴矶有《耘瓜台》诗："当年受杖不含哀,千古道旁瓜满台。试探绿阴青莓底,孝孙应有负锄来。"①20世纪70年代村民平整土地时,耘瓜台被夷为平地。

六、曾子琴堂

曾子琴堂位于嘉祥县城东北隅,萌山之阳,相传为曾子鼓琴处,始建年代不详。琴堂后有篆文石刻铭记:金章宗太和七年(1207),苏思忠重建。穴地三尺余,铺以大石,上砌石台,南面砌九级石阶,台上建堂,上圆下方,形制如亭。堂前有甘泉清池,名琴台坑。明嘉靖九年(1530),知县王时佐取琴堂石为泮宫桥,其堂遂毁。

七、曾子书院

曾子书院位于嘉祥县南武山之阳,曾庙之东,相传原为曾子读书处,始建年代不详。明万历《兖州府志·学校志》载:"曾子书院,在县南武山下,相传曾子读书处。考元时吴氏墓碑有'东至曾子书院'之文,岁久遗址不存。"②万历二十六年(1598),曾子六十二代孙、世袭翰林院五经博士曾承业以距县城较远,瞻仰不便为由,将曾子书院移建于距县城较近的萌山之阳。万历三十年(1602),书院落成,名曰"大学书院",也称"宗圣书院"。建有正殿五间,内奉曾子像,两侧子思、孟子配享,四周围以院墙。清康熙、雍正、乾隆年间多次重修,为嘉祥县城一大景观。现已不存。

八、曾子故里坊

清乾隆三十九年(1774),分巡山东兖沂曹兵备道观察松龄,在倡导捐资修曾子庙林及大学书院后,以余项在南武城遗址之右建石坊一座,上镌"曾子故里"四个大字。据《宗圣志》记载,嘉祥有"曾子故里石坊一座,在嘉祥、金乡南北道之西"③。1977年,嘉金公路修好后,移于公路西、南武山

---

① 吕兆祥:《宗圣志》卷十二《艺文志四》,第417页。
② 于慎行:《兖州府志》卷十六《学校志·嘉祥县》,第7页。
③ 曾国荃重修,王定安辑:《宗圣志》卷五《邑里》,第234页。

村东。

九、曾　府

　　曾府即御赐曾氏世袭翰林院五经博士府第，又称"曾翰博府"。坐落在县城内南隅，北面隔街与原嘉祥县衙相对，占地 10 余亩。明嘉靖十八年（1539），特旨拨公款，比照颜孟二氏例，由山东巡按蔡经监修。后又多次重修、续修。曾府坐北朝南，门悬"翰博府"匾额，门外照壁一座。大门里为前院，东西厢房各三间。二门三间，左右二角门。二门里为中院，建有大堂五间，中悬清世宗御赐世袭翰林院五经博士曾尚溶"省身念祖"匾额。影壁一座，东西配房各三间，抱厦三间，前坊一座。大堂东书房名"近圣居"，西书房名"墨轩"，左穿廊，右暖房。大堂后为内宅。今已不存。

十、曾氏中兴祠

　　曾氏中兴祠位于嘉祥县城曾府西侧，为曾氏大宗家庙。始建于明万历四十年（1612），清乾隆年间重修。有正殿五间，名"影堂"，内祀始受封曾子五十九代孙曾质粹及现任翰林院五经博士的高、曾、祖、父四代神主。大门三间，影壁一座。二门三间，东便门一座。今被改建他所。

附　　录

一、曾氏宗子世系表①

世代	名	字号	备　注
二	曾元	子元	
三	曾西	子照	
四	曾钦	子敬	
五	曾旱	若得	旱，一作"昪"
六	曾羡	学馀	
七	曾遐	子盛	
八	曾炜	子美	炜，一作"伟"
九	曾乐	训韶	训，一作"舜"
十	曾浼		浼，一作"浣"
十一	曾旃	申劝	
十二	曾嘉		
十三	曾宝	惟善	
十四	曾琰		
十五	曾据	恒仁	
十六	曾阐		

---

① 此表据吕兆祥《宗圣志》、王定安《宗圣志》及所见《曾氏族谱》整理。

（续表）

世代	名	字号	备 注
十七	曾植		
十八	曾耀		耀，一作"燿"。汉谏议大夫
十九	曾培	本固	
二十	曾德		
二十一	曾珣	贵文	
二十二	曾涣		
二十三	曾粹	伯琦	粹，一作"梓"
二十四	曾缌		镇南君司马
二十五	曾端	正翼	
二十六	曾铉	道远	
二十七	曾海		一名炅。任襄州录事参军
二十八	曾璜		
二十九	曾兴	兆发	
三十	曾隆	迪蕙	
三十一	曾钧	洪举	给事中
三十二	曾谋	以忠	
三十三	曾丞		司空兼尚书令
三十四	曾珪	子玉	
三十五	曾宽		
三十六	曾庄	子苣	唐侍御史，江州都押衙
三十七	曾庆		唐御史大夫
三十八	曾骈		曾庆长子曾伟，次子曾骈。明吕兆祥《宗圣志》以伟为三十八代，曾骈之子曾耀为三十九代。清同治二年《溧阳曾氏族谱》以曾伟为三十八代，伟子曾辉为三十九代。曾骈之孙曾崇范为四十代。王定安《宗圣志》云："耀非伟子，伟已留为南宗。骈之二十二代孙质粹至嘉祥受世官，自应桃伟而祖骈。"此依王定安辑《宗圣志》

（续表）

世代	名	字号	备　注
三十九	曾耀		南唐宫检司,拜真州刺史
四十	曾崇范	则模	家藏九经子史,灶薪不属,读书自若,南唐郡侯贾匡皓荐为太子洗马、东宫使
四十一	曾延膺	膺修	荫授部驿使兼资库使,升左班殿直、果州兵马都监
四十二	曾硕	伟夫	宋淳化三年(992)登第,历官黄州从事、南雄州军事判官、荣州观察判官、道江知县、朝奉郎、大理寺丞
四十三	曾承昌	雍行	
四十四	曾万敌	惟仁	
四十五	曾公整	容庄	
四十六	曾九思	成义	又字"得之"
四十七	曾文杰	卓庵	
四十八	曾好古	信前	
四十九	曾尚忠	省己	
五十	曾敬父	存诚	好学力行,孝友著于郡邑
五十一	曾元德	旋吉	元,一作"沅"。府庠生
五十二	曾价翁		名琢,以字行。邑庠生
五十三	曾汝霖		雨苍
五十四	曾崇文	益雅	
五十五	曾利宾	翼甫	邑庠生,性孝友,好施与,乡邦称之
五十六	曾辅志	思修	邑庠生
五十七	曾德胄	好懿	邑庠生

（续表）

世代	名	字号	备　注
五十八	曾奋用	志行	邑庠生,贯通经史,性好施,有高祖风
五十九	曾质粹	南武	翰林院五经博士
六十	曾昊	钦一	早卒,未袭封
六十一	曾继祖	绳之	
六十二	曾承业	洪福	一说字"振吾"。翰林院五经博士
六十三	曾弘毅	泰东	翰林院五经博士
六十四	曾闻达	象舆	翰林院五经博士,改授内翰林国史院五经博士
六十五	曾贞豫	字和庵,号麟野	一说字"麟野"。翰林院五经博士
六十六	曾尚溶	字汇伯,号松涛	翰林院五经博士
六十七	曾衍橚	字雍若,号乔麓	翰林院五经博士
六十八	曾兴烈	字光绪,号起祚	一说字"起祚"。翰林院五经博士
六十九	曾毓墫	字注瀛,号庭献	翰林院五经博士
七十	曾传镇	巨山	翰林院五经博士
七十一	曾纪连	字仲鲁,号小山	翰林院五经博士
七十一	曾纪瑚	字六华,号石舟	曾传镇仲弟传锡之子,翰林院五经博士
七十二	曾广芳	汝陟	一说字"屺瞻"。翰林院五经博士。早卒,以弟广甫长子昭嗣承桃
七十三	曾昭嗣	纂庭	四氏学生员。未及袭
七十四	曾宪祐	奉远	翰林院五经博士,因案革职
七十五	曾庆源	养泉	翰林院五经博士
七十六	曾繁山	静斋	宗圣奉祀官(1935)

二、曾子封谥表

封号	封谥年代	备　　注
太子少保	唐高宗总章元年(668)	
太子太保	唐睿宗太极元年(712)	
郕伯	开元二十七年(739)	
瑕丘侯	宋真宗大中祥符二年(1009)	
武城侯	宋徽宗政和元年(1111)	改封
郕国公	宋度宗咸淳三年(1267)	晋"四配",配享孔庙,元、明、清相沿不变
郕国宗圣公	元文宗至顺元年(1330)	

三、曾子历代颂赞(选录)

嘉祥武梁祠汉画像石曾子画像赞

曾子质孝,以通神明。贯感神祇,著号来方。
后世凯式,以正抚纲。谗言三至,慈母投杼。

曾 子 赞

(唐)苏颋

百行之极,三才以教。圣人叙经,曾氏知孝。
全予手足,动斯容貌。事君事亲,是则是效。

曾 参 赞

（宋）佚名

圣人之道，一以贯之。允矣子鲁，堂奥斯窥。
惟帝登岱，克陈上仪。追封侯社，沂水之湄。

宗 圣 赞

（宋）张齐贤

孝乎惟孝，曾子称焉。唐虞比德，洙泗推贤。
服膺授旨，终身拳拳。封峦饬赠，永耀青编。

御制宗圣赞[①]

（宋）高宗赵构

大孝要道，用训群生。以纲百行，以通神明。
因子侍师，答问成经。事亲之实，代为仪刑。

御书圣贤赞·曾子

（宋）理宗赵昀

守约博施，反躬三省。孝为德先，禄仕不忍。
圣德正传，意会神领。一唯忠恕，门人深警。

---

① 《圣贤像赞》题目误为"宋理宗绍定三年（1230）御制赞"。

元成宗颁《初献郕国公章》

（元）成宗铁穆耳

心传忠恕，一以贯之。爰述《大学》，万世训彝。

惠我光明，尊闻行知。继圣迪后，是享是宜。

元加封郕国宗圣公制

（元）文宗图帖睦尔

朕惟孔子之道，曾氏独得其宗，盖本于诚身而已也。观其始于"三省"之功，卒闻"一贯"之妙，是以友于颜渊而无愧，授之思孟而不湮者与！朕仰慕休风，景行先哲，爰因旧爵，崇以新称。於戏！圣神继天立极以来，道统之传远矣。国家化民成俗之效，《大学》之书具焉。其相予之修齐，兹式彰于褒显。可加封郕国宗圣公。

宗圣颂（五首）

（明）陈龙正

（一）

卓尔已亡，鲁者颖绝。一呼一唯，如响偕彻。

惟子最少，于道孤传。坤以立诚，乃达乎乾元。

（二）

志学逾几，笃行非久。乃质乃志，敦艮自守。

授之一贯，先定厥宗。由兹积累，乃靡杂靡穷。

（三）

闻道居前，累仁居后。譬彼灵雨，时无定遘。

或化其苗，或化其秀。一底于成，承化工之茂。

（四）

上承大道，克毅克宏。亦风亦咏，出于渊冰。

立教罔疏,曰开思孟之朋。何率非慎,何觉非凝。

（五）

好学永叹,盖未得子。及既得子,如或后矣。
因言识默,圣学存矣。谓如果亡,良知孰起。

圣贤道统曾子赞

（明）陈凤梧

守约而博,学恕以忠。圣门之传,独得其宗。
一贯之旨,三省之功。格致诚正,万世所崇。

明改封郕国宗圣公为宗圣曾子制

（明）世宗朱厚熜

朕少读子书,长行其道,无非仰往古以佐治也。自昔以来,达而在上,三代传列圣洪模;舍之则藏,六经仰前贤雅范。溯渊源于泗水,绵道脉于武城。《大学》篇章,载百世治平之要;《孝经》问答,具万民感化之机。省身严于日三,慎其独也;传道捷于唯一,妙乃贯之。故超赐"非也"而有余,即并颜"庶乎"而无愧。精英自乾坤钟毓,赫然为含灵秉曜之宗;神爽与日月光辉,炜矣称神明普照之圣。兹尊为宗圣曾子,钦承荣封,以昭师表。

宗圣颂（四首）

（明）周玉显

（一）

知识繁争,民生非婴。斯文未丧,愚没鲁赓。
渊深源清,冰泮履亨。维彼鲁者,天亶聪明。

（二）

省忠省信,与心俱传。此呼彼唯,问答历然。

由斯以往，非言所诠。启手以后，一贯以前。

（三）

进取不为，作述似异。孟也探源，独表养志。
战兢精微，通乎咏归。即诚得乐，充实而辉。

（四）

陋巷洋洋，为邦孔臧。格致诚正，治平亦彰。
乃体乃用，内圣外王。启中和之绪，发仁义之藏。
谁曰圣学云亡。

宗圣像赞（二首）

（明）吕元善

（一）

天寄儒统，时方丙申。毓灵南武，文在斯人。
身大惟本，经创自亲。郕国宗圣，千秋万春。

·（二）

日三其省，指十戒手。何以完孝，大杖则走。
曾从后贤，登台步囿。谓枣与瓜，昔副亲口。

孔曾授受赞

吕元善

惟岁渊献，哀纪之五。才二八龄，远师迈楚。
纯固性成，实资于鲁。唯醒一声，贫甘三釜。
学大以人，撰垂侍坐。晤对传心，不隔今古。

曾思授受赞
吕元善

得师之教，能令弟酬。步祖之武，能作孙谋。
有曾之实，成思之快。匪悟庸深，何知学大。

宗 圣 像 赞
（明）张居仁

道远之器，壁立之仪。鲁哉参也，诚以自持。
一趋一步，范我驱驰。身肩道统，迹印宣尼。

孔曾授受图赞
张居仁

聚彼群贤，骀才与质。七十三千，惟曾入室。
省身者三，贯道则一。衣钵宣尼，曰颜与曾。

请所与图赞
（明）佚名

孝也养志，奚必美炙。若以口体，风焉斯下。
先意承之，方舜之驾。然诺家庭，声高太华。

宗 圣 像 赞
（明）吕维祺

十载及门，传师最要。故与之鲁，忽承一贯。
尤藉大年，垂经以得。学即会心，亦凭手撰。

宗圣曾子赞

（清）圣祖爱新觉罗·玄烨

洙泗之传，鲁以得之。一贯曰唯，圣学在兹。
明德新民，止善为期。格致诚正，均平以推。
至德要道，百行所基。纂承统绪，修明训辞。

四贤赞（并序）

（清）高宗爱新觉罗·弘历

《御制四贤序》：圣门弟子三千，其贤者七十有二人。《史记》、《家语》各为纪其姓氏，考其事迹，以垂之后世。而能契夫子之心传，得道统之正脉者，则惟颜、曾、思、孟四人。颜子得克己复礼之说，曾子与闻一贯之传，亲炙一堂，若尧、舜、禹之相授受，夐乎尚矣。子思师事曾子，发明中庸之道，而归其功于为己谨独。孟子当战国横流之时，私淑子思，距杨墨，闲圣道，而养气之论，为前圣所未发。昌黎韩子以为其功不在禹下，有以也。庚戌（雍正八年[1730]）秋，偶阅有宋诸儒传，因思宋儒所宗者，孔子之道也。孔子之道赖颜、曾、思、孟而传。今圣庙祀典，四子升配堂上，为百代之楷模，因各系以赞，用志景行之私云尔。

宗圣曾子赞

宣圣辙环，在陈兴叹。孰是中行，授兹一贯。
曾子孜孜，惟圣依归。唯而不疑，以鲁得之。
会友辅仁，任重道远。"十传"释经，超商轶偃。
念彼先子，沂水春风。渊源益粹，笃实春容。
临深履薄，得正以终。三千虽多，独得其中。

四、曾 庙 碑 记

重建宗圣公庙记

（明）许彬

　　郕国宗圣公自有封谥以来，载在祀典，春秋配享孔子庙庭，血食天下后世者，在在有之。而此庙则在故里南武城，旧为邑，即子游作宰处，在今兖之西嘉祥、金乡县界，庙南北去县各四十五里，南武山之阳。邑人以义起之，不知所始，历岁滋久，风雨震陵，而兴废补敝者不知其几也。正统甲子，今上皇帝在御，特敕天下有司修治应祀神庙，而嘉祥教谕温良乃以兹庙倾圮，奏请修葺，诏赐俞允。时山东金宪萧公启命、兖郡太守焦公福督两县吏民，并工重建。经始于乙丑之秋八月，落成于丙寅之春二月。栋宇翚飞，一新营建，木不特斫而已，有节棁之华焉；壁不特圬之而已，有丹膢之饰焉。庙既成，像宗圣公于前殿，以莱芜侯暨夫人于寝殿，而宗圣公、曾元并坐于左右，各以夫人配之。又明年丁卯，山东大参、今户部侍郎马公谅进谒是庙，观位次失序，心有未安，遂绘为图，出俸金，命兖郡同知姚公昱、金乡主簿方伯辉，即其庙左，创建新庙，迁莱芜侯夫妇像而祀之。曾元、曾申位于两庑，东西相向，各以夫人配焉，宗圣公独居旧庙。天理民彝于是乎正，父子、夫妇于是乎安矣。今年春，兖郡节推范公雯造谒其庙，读所记石刻，乃金乡教谕卢与龄所作《莱芜侯庙记》，而宗圣公庙记则缺如也。归语太守郭公鉴曰："宗圣公契一贯之奥旨，得道统之心传，天下后世仰而尊之，不可尚已。今庙既立，不可无文以彰之。"于是二公乃以《记》属予，且道其详曰："正殿三间，中设宗圣公像，东西则列门人子思、阳肤、沈犹行、公明高、子襄、公明仪、乐正子春、公明宣之数子配食焉。寝殿三间，公偕夫人，而旁以曾西侍之。至于两庑、中间戟门，各以三间。而规模则甚宏远也。"

　　予按《史记·孔门弟子列传》称："曾子名参，字子舆，南武城人。少孔子四十六岁。孔子以其能通孝［道］，故授之业，作《孝经》十八章。"今庙东南有"耘瓜台"，西南有曾子墓，其家世南武城也明矣。当此时，以北有武城，故云南尔。当夫杏坛设教之时，从游三千，速肖（一作"名贤"）七十，而道统之传得其宗者，惟曾氏焉。其嘉惠天下后世者，昭如日星，千万年犹一日也，岂浅学所敢议其万一哉！特以二公之命不可辞，仅以所闻所知者记之于右，后之欲知兹庙重建之由者，盍于此乎考征焉？

时天顺四年庚辰冬十月记。

——吕兆祥：《宗圣志》

创建莱芜侯庙记
（明）卢与龄

武城在嘉祥之南、金乡之北，界二邑之治，各相距四十五里，而曾氏庙在焉。轲书所谓"曾子居武城"，即其故地也。盖曾氏实家于此。当杏坛设教、木铎声扬之日，立孔氏之庭者三千，陪洙泗之席者七十，而道统之传，独得其宗者，惟曾氏焉。其嘉言善行，皎如日星，昭如云汉，光乎前圣，训乎后学，视万亿年犹一日也。建庙庭，崇祀典，以享天下无穷之报也，宜矣。奈何世系既远，庙貌倾摧，虽累朝葺治，而兴替不能无也。大明正统甲子，皇帝敕天下所司修治应祀神庙，嘉祥儒学教谕温良以郕国宗圣公庙宇倾坏，奏请修理，上允其请。乃以正统乙丑秋八月兴工，越明年丙寅二月落成。于时山东提刑按察司宪金江右萧公启总督其事，暨兖州府太守焦公福，嘉祥县知县宋善，主簿张嘉议，典史赵宗，教谕吕仕华，训导卜傅，同心协力，越半载而庙成。涂塈黝垩之完美，妆塑相貌之俨雅。曾父、曾母位于寝殿之中，宗圣公、曾元并坐于左右，而各以夫人配焉。曾申、曾西侍坐于两旁，而东西向焉。位次配拊，盖因其旧而厝之也。又明年，山东承宣布政使司右参议和阳马公谅，按临二邑，躬亲谒庙，睹兹席次，乃曰："嗟夫！天叙之典未正，人心有所不惬；天秩之礼未明，神灵有所不安。"遂绘为图，捐俸廪，命兖州府同姚公昱领其事，金乡主簿方伯辉督其成。复于宗圣公庙之东，创建莱芜侯庙东西两廊。经始于丁卯冬，鸠以工匠，抡以材木，陶以砖瓦，量期以役之，计工以佣之。捐俸米、具饔飧以供饲之，出锾币、设酒肴以犒劳之，由是工各效能，人各效力。以岁戊午正月癸卯既望，越四日丙午立焉，不日而庙貌之峨也，墍盖之新也，丹腹之涂也。独置宗圣公同夫人像于寝殿不动，而曾西侍焉。曾母、曾父移之新庙中，坐而南向焉。曾元、曾申位于两廊，而东西向焉。然后父子之伦灿然而尊卑定，夫妇之别肃然而内外分。古今尊崇，遐迩瞻仰，吾道增光，斯文出色。吁！非大参马公之卓识，则典礼无以明。非府同姚公之赞襄，县簿方君之效勤，则庙宇无以成。庙宇既成，典礼以明，人情允惬，神灵安妥，非唯当时之幸，实天下后世人伦大幸也。愚也，忝与斯文，恐久而磨灭，谨述其创构之由于夫更置之故，及诸劳勋之职名，拜手书于碑石之右云。

大明正统十三年岁次，戊辰春三月吉日立石。

——吕兆祥：《宗圣志》

重建宗圣公庙记
（明）刘不息

圣贤之道，与元气相流行；圣贤之泽，与天地相终始。中间虽圣贤后裔，亦有幸有不幸者，遇也，数也。我国家尊崇道德，超轶前代，海内郡邑，罔不春秋时祀吾夫子，而配享者，颜、曾、思、孟四大贤。四大贤在鲁境内，相去二百里。今阙里孔颜及邹孟之祠庙俱修举，废坠不移时，常焕然在人目，而曾庙之在嘉祥南武山者，独久废不治。颜孟之后，自宣庙以来，各世袭五经博士，有祭田以供时享、庙户以供洒扫。曾子之后，泯然无闻，是不为曾氏之一大不幸耶？肃皇帝念及四贤一体，皆有大功于吾道，而曾独无后，非缺典欤？诏所在有司，搜访曾氏之后可继者，于是江西曾质粹家以谱出，所司核其非赝，得旨授博士，世袭如颜孟二家例，给祭田、庙户，亦如二家例。于是宗圣之裔，得与三贤并恩矣。是不为曾氏之一大幸哉！未几，质粹没。子幼而孤，江西之派遂有乘间冒袭其爵者，是又不为曾氏之一不幸耶？适予承乏吏科，质粹孙承业叩阙自吁，诸寮寀闻之，大为不平，乃立论为承业疏奏。略云：质粹犹始封之国君，质粹有孙次派，固有递袭之理，合改正如例，罪其冒者。命下如议。令承业世世继袭，冒者姑革置，而曾氏之后始定。窃以曾氏之袭,先出肃皇帝之特恩,今出皇上之乾断,固曾子在天之灵,有以启之,予敢贪天功以为己力? 然向非予之论奏,则曾氏之后不绝如线者,几何不为奸宄冒夺耶? 予以为曾氏于此,盖有奇遇,又不为一大幸哉! 承业既定职,还嘉祥,祀宗圣公,东郡士大夫罔不忻慰称快。然公论虽定,而庙宇犹未修。时抚东省者中丞赵公贤、按东省者侍御钱公岱及分守参议查公志立、分巡佥事詹公沂,下檄所司,出帑金,一撤南武山之庙而新之。经始于万历己卯之九月,成于是年十一月。于是,宗圣公庙貌又得与颜孟二庙并观,其为曾氏宗大幸,又何如耶! 嘉祥令毛君进德,以予悉曾氏颠末者,请《记》。嗟夫! 宗圣公不嗣盖三十年矣。质粹、承业,可不谓曾氏一中兴哉! 是庙之修,与会记者,则东昌同知刘饶卿、金乡县令杨辑、武城令王都、滋阳簿韩应麒。督役者,则嘉祥幕夏正宗、济宁仓曹宋之诰、义官刘焕。俱于曾氏有功,例得书。

万历七年己卯十二月,吏科都给事中刘不息撰。

——吕兆祥:《宗圣志》

重修宗圣庙记

(清) 金一凤

熙朝重道崇儒,凡圣贤祀典,庀饬唯谨,守土之官得以奉扬休美,岁时遵其成宪。余以癸巳秋承命来守是邦,首谒先师庙于阙里,释菜既成,即拟瞻列圣诸贤祠宇垄墓。缘以簿书鞅掌,未得即遂其私。

乙未冬,以军务查马公事,遍历所辖,乃于嘉邑谒宗圣庙。见栋宇颓倾,廊庑圮败,不特有失观瞻,而且何以慰宗圣在天之灵耶? 况吾侪读圣贤书,出身吏治,犹睹玉者常思昆岗,卖珠者不忘合浦,于义难辞其责。

今特首先倡捐,谋之令尹宋君,告于同事兹土者共襄其事,而宋君立董其成。于是朽者易之,倾者正之,颓败者葺之,圮废者完之。材取其良,甓取其精,卜吉鸠工,不日告竣。严严翼翼,壮丽辉煌,较诸往昔,焕然改观。上稍推广乎朝廷重道崇儒之典,下亦少伸夫受德报本之忱云尔。宋君因落成而乞余一言,余不揣觊缕而记其事。

康熙五十六年兖州府山阴金一凤撰。

——曾国荃重修,王定安辑:《宗圣志》

重修宗圣庙碑记

(清)顾琮

粤稽尧、舜、禹、汤、文、武、周公之道,立训垂教,虽有不同,然其心传,皆本乎一中。至孔子得其心传而集大成,道该一贯。当时孔门弟子有七十之贤,三千之盛,而一贯之道,惟曾子得之,因得圣学之宗,谥曰"宗圣"。仔肩道统传之思孟,以广洙泗之脉,复开濂、洛、关、闽之源,其为功烈,巍乎大哉!万世之久,四域之远,咸奉颜、曾、思、孟四氏,配飨孔子庙庭,以崇其祀,而重其道也。三氏皆有特庙,而宗圣庙在故土,屡见殄剥,莫妥厥灵者,何也?盖由后裔避新莽之乱远迁,而庙墓于焉不守。阅岁浸远,其制遂湮。至前明始征宗圣五十九代孙质粹,予同三氏世秩,俾主庙祀,于是庙之废者复兴,祀之绝者复续,可谓苟完矣。

自我皇清列圣相承,丕积成宪,凡先圣、先贤、忠臣、孝子祠墓,靡不毕治。今天子师尊圣道,加意右文,念宗圣得圣学之宗,宜崇庙貌,特颁内府金万镒,革故鼎新,广殿中峙,修廊外列,丹彩焕发,蔚为伟观。乾隆十有三年春二月廿五日,驾幸阙里,躬谒林庙,大礼庆成,推恩四氏,特命儒臣撰文赐祭,并亲制御赞,寿之贞珉,益以祭器若干,俾得罔有遗缺。而翰林博士兴烈,尤蒙优眷,锡赉有差。由是荣胄有爵,守庙有户,供祭有田,陈奠有器。凡诸典礼,与三氏埒隆,诚圣朝之盛典也。

翰林博士因新庙往经敕建,征记于余。【余谓庙祀废兴绝续之故,前人述之详矣。而以宗圣之学言之:尝闻宗圣之楚,受学于孔子时,年甫十六。从游最后,闻道独先。在孔门自始要终,孔子每深嘉与。其立言制行,见之《学》、《庸》、《论》、《孟》、《孝经》、《戴记》诸书甚备,而其要本乎立诚,故由三省之勤,深契一贯之旨。当是时颜子已没,惟宗圣得孔子之心传。程子谓:"传孔子之道,曾子一人而已。"孔子之有曾子,其道益彰。曾子之宗孔子,其道乃大。如日月之永照,江汉之恒流,亘古今而莫之息也。故万世之久,四域之远,学者咸遵守之,况于故土乎? 况于后裔乎?

　　余幸莅邹鲁之乡,接圣贤之裔,仰大道之弥光,睹斯文之在兹。固知翰林博士,克承宗圣一贯之学、三省之训,而推斯道以广之,行于家,行于国,行于天下。自身而国,而天下,安往而非道哉! 夫成性继善,受一贯之道,淳邹鲁之风,广唐虞之化,以继孔子之道统,与天地而无极矣。}故为之记。

　　乾隆十有四年己巳春三月庚午,总督河东河道兵部右侍郎兼都察院右副都御史顾琮撰。

——曾国荃重修,王定安辑:《宗圣志》

参 考 文 献

一、著作

曾毓塝等纂修:《武城曾氏重修族谱》,上海图书馆藏清嘉庆十二年(1807)
　　木活字本。

曾兴逊等纂修:《武城曾氏重修族谱》,上海图书馆藏清道光二十年(1840)
　　木活字本。

曾崇球纂修:《吉阳曾氏族谱》,上海图书馆藏清咸丰间抄本。

曾鹗荐等纂修:《温陵曾氏族谱》,上海图书馆藏清咸丰五年(1855)刻本。

佚名:《溧阳曾氏族谱》,上海图书馆藏清同治二年(1863)木活字本。

曾六岭、曾南波纂修:《太平曾氏谱》,上海图书馆藏清同治十二年(1873)
　　木活字本。

曾伯总等纂修:《曾氏宗谱》,上海图书馆藏清光绪七年(1881)写本。

曾达文纂修:《虞阳曾氏谱稿》,上海图书馆藏清光绪八年(1882)稿本。

佚名:《(镇江)润城西门外曾氏重修族谱》,上海图书馆藏清木活字本。

佚名:《邕江宗圣源祠族谱》,广西曾氏宗亲联合会藏清光绪二十二年
　　(1896)抄本。

曾传禄等纂修:《石莲曾氏七修族谱》,上海图书馆藏清光绪二十七年
　　(1901)木活字本。

曾唤文纂修:《江西省赣州府长宁县圹田曾氏三修族谱》,上海图书馆藏清

光绪二十七年（1901）木活字本。

曾广銮等修：《武城曾氏重修族谱》，上海图书馆藏清光绪三十一年（1905）
　　木活字本。

曾宗乾等修：《邵阳太平曾氏支谱》，上海图书馆藏清宣统三年（1911）木活
　　字本。

曾准南等纂修：《湘乡曾氏重修族谱》，上海图书馆藏清木活字本。

佚名：《武城曾氏重修族谱》，上海图书馆藏清木活字本。

曾德申等纂修：《武城曾氏重修族谱》，上海图书馆藏民国三年（1914）木活
　　字本。

曾修三、陈少泉纂修：《江阴曾氏续修宗谱》，上海图书馆藏民国七年
　　（1918）木活字本。

佚名：《鲁国郡曾氏宗谱》，上海图书馆藏民国九年（1920）木活字本。

纪燮总修：《武城曾氏彰户四修族谱》，上海图书馆藏民国九年（1920）木活
　　字本。

曾燦光等纂修：《武城曾氏族谱》，上海图书馆藏民国十一年（1922）石
　　印本。

曾炽繁纂修：《富顺西湖曾氏祠族谱》，上海图书馆藏民国十一年（1922）石
　　印本。

曾达文等纂修：《海虞曾氏家谱》，上海图书馆藏民国十三年（1924）铅
　　印本。

曾龙翔等主修：《益阳曾氏贵房五修族谱》，上海图书馆藏民国十八年
　　（1929）木活字本。

曾广契等主修：《武城曾氏重修族谱》，上海图书馆藏民国十八年（1929）木
　　活字本。

曾宪才等纂修：《湘潭淦田曾氏六修族谱》，上海图书馆藏民国三十一年
　　（1942）木活字本。

曾德安主修：《新化箖竹曾氏十修宗谱》，上海图书馆藏民国三十二年
　　（1943）木活字本。

佚名：《武城曾氏重修族谱》，上海图书馆藏民国木活字本。

佚名:《武城曾氏椰山族谱》,上海图书馆藏民国木活字本。

《武城曾氏重修族谱》,山东嘉祥曾氏宗亲联合总会藏1995年自印本。

于慎行编纂:万历《兖州府志》,齐鲁书社,1985年影印本。

觉罗普尔泰修,陈顾联纂:乾隆《兖州府志》,《中国地方志集成·山东府县志辑》,凤凰出版社,2004年,第71册。

徐宗幹修,许翰纂:道光《济宁直隶州志》,《中国地方志集成·山东府县志辑》,凤凰出版社,2004年,第76、77册。

《重修台湾省通志》,台湾省文献委员会,1996年。

《史记》,中华书局,1982年。

《汉书》,中华书局,1962年。

《后汉书》,中华书局,1965年。

《三国志》,中华书局,1982年。

《新唐书》,中华书局,1986年。

《宋史》,中华书局,1985年。

《元史》,中华书局,1976年。

《明史》,中华书局,1974年。

《清史稿》,中华书局,1977年。

曾国荃重修,王定安辑:《宗圣志》,《孔子文化大全》,山东友谊书社,1989年影印本。

吕兆祥:《宗圣志》,四川大学古籍整理研究所编:《儒藏》史部第8册,四川大学出版社,2005年影印明崇祯刻清康熙增修本。

陈镐:《阙里志》,《孔子文化大全》,山东友谊出版社,1989年影印本。

吕元善:《圣门志》,《孔子文化大全》,山东友谊出版社,1990年影印本。

吕兆祥:《陋巷志》,四川大学古籍整理研究所编:《儒藏》史部第8册,四川大学出版社,2005年影印本。

吕兆祥:《三迁志》,四川大学古籍整理研究所编:《儒藏》史部第9册,四川大学出版社,2005年影印本。

夏洪基:《孔门弟子传略》,四川大学古籍整理研究所编:《儒藏》史部第7

册,四川大学出版社,2005 年影印本。

佚名撰:《孔门儒教列传》,四川大学古籍整理研究所编:《儒藏》史部第 7
　册,四川大学出版社,2005 年影印本。

吕维祺:《圣贤像赞》,四川大学古籍整理研究所编:《儒藏》史部第 7 册,四
　川大学出版社,2005 年影印本。

冯云鹓:《圣门十六子书》,四川大学古籍整理研究所编:《儒藏》史部第 7
　册,四川大学出版社,2005 年影印本。

沈德湉:《圣门志考略》,四川大学古籍整理研究所编:《儒藏》史部第 7 册,
　四川大学出版社,2005 年影印本。

孔继汾:《阙里文献考》,四川大学古籍整理研究所编:《儒藏》史部第 2 册,
　四川大学出版社,2005 年影印本。

熊赐履:《学统》,四川大学古籍整理研究所编:《儒藏》史部第 124 册,四川
　大学出版社,2008 年影印本。

郑樵:《通志二十略》,中华书局,1995 年。

马端临:《文献通考》,中华书局,1986 年。

王溥:《唐会要》,中华书局,1955 年。

吴兢:《贞观政要》,《四库全书》第 407 册,上海古籍出版社,1987 年影
　印本。

王泾:《大唐开元礼》附《大唐郊祀录》,民族出版社,2000 年。

长孙无忌等:《唐律疏议》,中华书局,1983 年。

李焘:《续资治通鉴长编》,中华书局,2004 年。

《明实录》,"中央研究院"历史语言研究所影印本。

《清实录》,中华书局,1986 年。

永瑢等:《钦定四库全书总目提要》,中华书局,2003 年。

王定安:《曾子家语》,《续修四库全书》第 932 册,上海古籍出版社,2001 年
　影印本。

阮元:《十三经注疏》,中华书局,1980 年影印本。

阮元:《清经解》,上海书店出版社,1988 年。

王先谦:《清经解续编》,上海书店出版社,1988 年。

王引之：《经义述闻》,江苏古籍出版社,1985 年。

孔广森：《大戴礼记补注》,中华书局,1985 年。

孙诒让：《大戴礼记斠补》,中华书局,2010 年。

孔安国：《古文孝经孔氏传》,《四库全书》第 182 册,上海古籍出版社,1987
　　年影印本。

司马光：《古文孝经指解》,《通志堂经解》本,江苏广陵古籍刻印社,1996 年
　　影印本。

朱鸿：《孝经总类》,《续修四库全书》第 151 册,上海古籍出版社,2001 年影
　　印本。

黄道周：《孝经集传》,《四库全书》第 182 册,上海古籍出版社,1987 年影
　　印本。

孙希旦：《礼记集解》,中华书局,1989 年。

孙诒让：《周礼正义》,中华书局,1987 年。

朱熹：《四书章句集注》,中华书局,1983 年。

朱熹撰,黎靖德编,王星贤点校：《朱子语类》,中华书局,1985 年。

朱熹著,朱杰人、严佐之、刘永翔主编：《朱子全书》,上海古籍出版社、安徽
　　教育出版社,2002 年。

陆德明：《经典释文》,中华书局,1983 年。

卢文弨：《经典释文考证》,《抱经堂丛书》本,北京直隶书局,民国十二年
　　(1923)影印本。

王筠：《说文释例》,武汉市古籍书店,1983 年影印本。

杜预：《春秋释例》,《四库全书》第 146 册,上海古籍出版社,1987 年影
　　印本。

汪克宽：《春秋胡传附录纂疏》,《四库全书》第 165 册,上海古籍出版社,
　　1987 年影印本。

顾栋高：《春秋大事表》,《四库全书》第 179 册,上海古籍出版社,1987 年影
　　印本。

高士奇：《春秋地名考略》,《四库全书》第 176 册,上海古籍出版社,1987 年
　　影印本。

江永:《春秋地理考实》,《四库全书》第 181 册,上海古籍出版社,1987 影印本。

阎若璩:《四书释地》,《四库全书》第 210 册,上海古籍出版社,1987 年影印本。

赵佑:《四书温故录》,《续修四库全书》第 166 册,上海古籍出版社,2001 年影印本。

周柄中:《四书典故辨正》,《续修四库全书》第 167 册,上海古籍出版社,2001 年影印本。

王应麟撰,张三夕、杨毅点校:《汉制考·汉艺文志考证》,中华书局,2011 年。

沈钦韩:《汉书疏证》,《续修四库全书》第 265 册,上海古籍出版社,2001 年影印本。

江藩:《国朝汉学师承记》,中华书局,1983 年。

高似孙:《子略》,《丛书集成初编》,商务印书馆,1939 年。

姚际恒:《古今伪书考》,《丛书集成初编》,商务印书馆,1939 年。

马国翰:《玉函山房辑佚书》,上海古籍出版社,1990 年。

宋衷注,秦嘉谟等辑:《世本八种》,商务印书馆。1957 年。

林宝:《元和姓纂》,中华书局,1994 年。

邵思:《姓解》,《丛书集成初编》本,中华书局,1985 年。

邓名世撰,邓椿年编:《古今姓氏书辩证》,江西人民出版社,2006 年。

王应麟:《姓氏急就篇》,《四库全书》第 948 册,上海古籍出版社,1987 年影印本。

陈士元:《姓觿》,《丛书集成初编》本,中华书局,1985 年。

凌迪知:《万姓统谱》,上海古籍出版社,1994 年。

王应麟:《小学绀珠》,《丛书集成初编》本,商务印书馆,1935 年。

洪恩波:《圣门名字纂诂》,金陵官书局影印光绪二十三年(1897)刊本。

王先谦:《荀子集解》,中华书局,1988 年。

郭庆藩:《庄子集释》,中华书局,1961 年。

佚名:《国语》,《四部备要》本,中华书局,1989 年。

许嵩:《建康实录》,中华书局,1986 年。

罗泌:《路史》,《四部备要》本,中华书局,1989 年。

董诰等:《全唐文》,中华书局,1983 年影印本。

韩愈:《韩愈全集》,上海古籍出版社,1997 年。

柳宗元:《柳宗元集》,中华书局,1979 年

皮日休著,萧涤非、郑庆笃整理:《皮子文薮》,上海古籍出版社,1981 年。

欧阳修:《欧阳修全集》,中华书局,2001 年。

张载:《张子全书》,《四库全书》第 697 册,上海古籍出版社,1987 年影印本。

程颢、程颐著,王孝鱼点校:《二程集》,中华书局,1981 年。

陆九渊著,钟哲点校:《陆九渊集》,中华书局,1980 年。

杜大珪:《名臣碑传琬琰之集》,《四库全书》第 450 册,上海古籍出版社,1987 年影印本。

佚名:《京口耆旧传》,《四库全书》第 451 册,上海古籍出版社,1987 年影印本。

叶适:《习学记言序目》,中华书局,1977 年。

王十朋:《王十朋全集》,上海古籍出版社,1998 年。

王安石:《临川先生文集》,中华书局,1959 年。

陆游:《渭南文集》,《四库全书》第 1163 册,上海古籍出版社,1987 年影印本。

洪迈:《容斋随笔》,中州古籍出版社,1994 年。

黄震:《黄氏日抄》,《四库全书》第 708 册,上海古籍出版社,1987 年影印本。

吴澄:《吴文正集》,《四库全书》第 1197 册,上海古籍出版社,1987 年影印本。

虞集:《道园学古录》,《四库全书》第 1207 册,上海古籍出版社,1987 年影印本。

黄溍:《文献集》,《四库全书》第 1209 册,上海古籍出版社,1987 年影印本。

刘诜:《桂隐文集》《四库全书》第 1195 册,上海古籍出版社,1987 年影

印本。

胡助:《纯白斋类稿》,《四库全书》第 1214 册,上海古籍出版社,1987 年影印本。

何乔新:《椒邱文集》,《四库全书》第 1249 册,上海古籍出版社,1987 年影印本。

王直:《抑庵文集》,《四库全书》第 1242 册,上海古籍出版社,1987 年影印本。

李时勉:《古廉文集》,《四库全书》第 1242 册,上海古籍出版社,1987 年影印本。

章定:《名贤氏族言行类稿》,《四库全书》第 933 册,上海古籍出版社,1987 年影印本。

徐纮:《明名臣琬琰录》,《四库全书》第 453 册,上海古籍出版社,1987 年影印本。

方孝孺著,徐光大校点:《逊志斋集》,宁波出版社,2000 年。

焦竑:《玉堂丛语》,中华书局,1981 年。

顾炎武著,黄汝成集释:《日知录集释》,上海古籍出版社,2006 年。

钱大昕著,吕友仁标校:《潜研堂集》,上海古籍出版社,1989 年。

钱大昕著,陈文和主编,孙开萍等点校:《嘉定钱大昕全集》(贰),江苏古籍出版社,1997 年。

阮元:《揅经室集》,《丛书集成初编》本,商务印书馆,1935 年。

崔述著,顾颉刚编订:《崔东壁遗书》,上海古籍出版社,1983 年。

赵翼:《陔余丛考》,商务印书馆,1957 年。

俞正燮:《癸巳类稿》,辽宁教育出版社,2001 年。

劳格:《读书杂识》,《续修四库全书》第 1163 册,上海古籍出版社,2001 年影印本。

皮锡瑞:《六艺论疏证》,《续修四库全书》第 171 册,上海古籍出版社,2001 年影印本。

陈澧著,杨志刚校点:《东塾读书记》,生活·读书·新知三联书店,1998 年。

蓝鼎元:《东征集》,《四库全书》第369册,上海古籍出版社,1987年影印本。

洪业:《洪业论学集》,中华书局,1981年。

梁启超:《古书真伪及其年代》,中华书局,1955年。

梁启超:《饮冰室合集》,中华书局,1989年。

曾国藩:《曾国藩全集·家书》,岳麓书社,1985年。

曾麟书:《曾氏三代家书》,岳麓书社,2002年。

张集馨:《道咸宦海见闻录》,中华书局,1981年。

王鹤鸣:《上海图书馆馆藏家谱提要》,上海古籍出版社,2000年。

罗香林:《中国族谱研究》,香港中国学社,1971年。

徐扬杰:《中国家族制度史》,人民出版社,1992年。

冯尔康:《中国古代的宗族与祠堂》,商务印书馆,1996年。

苏绍兴:《两晋南朝的士族》,联经出版事业公司,1987年。

王善军:《宋代宗族和宗族制度研究》,河北教育出版社,1999年。

常建华:《明代宗族研究》,上海人民出版社,2005年。

陈支平:《近五百年来福建的家族社会与文化》,中国人民大学出版社,2011年。

高明士:《东亚传统家礼、教育与国法:家族、家礼与教育》,华东师范大学出版社,2008年。

罗新慧:《曾子研究》,商务印书馆,2013年。

贾庆超:《曾子校释》,山东大学出版社,1993年。

济宁市地方史志办公室:《曾子及其里籍》,中华书局,2001年。

宫衍兴、王莉:《曾子故里研究》,齐鲁书社,2000年。

李乔编著:《曾姓史话》,江西人民出版社,2000年。

李启谦:《孔门弟子研究》,齐鲁书社,1987年。

徐振贵、孔祥林:《孔尚任新阙里志校注》,吉林人民出版社,2004年。

王瑞功:《曾子志》,山东人民出版社,2009年。

胡平生:《孝经译注》,中华书局,1996年。

汪受宽：《孝经译注》，上海古籍出版社，2004 年。

陈铁凡：《孝经学源流》，台北编译馆中华丛书，1986 年。

杨天宇：《礼记译注》，上海古籍出版社，2004 年。

王梦鸥：《礼记今注今译》，新世界出版社，2011 年。

黄怀信主撰：《大戴礼记汇校集注》，三秦出版社，2005 年。

李泽厚：《论语今读》，安徽文艺出版社，1998 年。

杨伯峻：《春秋左传注》，中华书局，1981 年。

陈奇猷：《韩非子新校注》，上海古籍出版社，2000 年版。

许维遹：《吕氏春秋校释》，中华书局，2009 年。

陈奇猷：《吕氏春秋新校释》，上海古籍出版社，2002 年。

范祥雍：《战国策笺证》，上海古籍出版社，2006 年。

张宗祥：《论衡校注》，上海古籍出版社，2010 年。

向宗鲁：《说苑校证》，中华书局，1987 年。

陈广忠译注：《淮南子》，中华书局，2012 年。

王利器：《新语校注》，中华书局，1986 年。

陈荣捷：《王阳明传习录详注集评》，台湾学生书局，1983 年。

杨朝明、宋立林主编：《孔子家语通解》，齐鲁书社，2009 年。

王钧林、周海生译注：《孔丛子》，中华书局，2009 年。

叶瑛：《文史通义校注》，中华书局，1985 年。

王利器：《颜氏家训集解》（增补本），中华书局，1993 年。

孙猛：《郡斋读书志校证》，上海古籍出版社，1990 年。

张心澂：《伪书通考》，商务印书馆，1939 年。

刘汝霖：《周秦诸子考》，北平文化学社，1929 年。

钱穆：《先秦诸子系年》，商务印书馆，2001 年。

罗根泽编著：《古史辨》（四），上海古籍出版社，1982 年。

蒋伯潜：《诸子通考》，岳麓书社，2010 年。

邓之诚：《东京梦华录注》，中华书局，1982 年。

肖群忠：《孝与中国文化》，人民出版社，2001 年。

臧知非：《人伦本源——〈孝经〉与中国文化》，河南大学出版社，2005 年。

钱世明:《儒学通说·说忠孝》,京华出版社,1999 年。

钱穆:《中国文化史导论》,商务印书馆,1994 年。

梁漱溟:《中国文化要义》,上海人民出版社,2011 年。

杨朝明:《鲁文化史》,齐鲁书社,2001 年。

胡适:《中国古代哲学史》,安徽教育出版社,1999 年

冯友兰:《中国哲学史》上册,中华书局,1961 年。

侯外庐主编:《中国思想通史》,人民出版社,1957 年。

郭沫若:《十批判书》,人民出版社,1954 年。

王钧林:《中国儒学史》(先秦卷),广东人民出版社,1998 年。

陈戍国:《中国礼制史》,湖南教育出版社,2011 年。

毛汉光:《中国中古社会史论》,上海书店出版社,2002 年。

白寿彝主编:《中国通史》,上海人民出版社,1999 年。

郑杰祥:《夏史初探》,中州古籍出版社,1988 年。

何光岳:《楚灭国考》,上海人民出版社,1990 年。

吕思勉:《隋唐五代史》,上海古籍出版社,1984 年。

陈寅恪:《唐代政治史述论稿》,商务印书馆,2011 年。

余英时:《士与中国文化》,上海人民出版社,2003 年。

阎步克:《士大夫政治演生史稿》,北京大学出版社,1996 年。

牟宗三:《中国哲学的特质》,上海古籍出版社,1997 年。

牟宗三:《政道与治道》,广西师范大学出版社,2003 年。

黄进兴:《圣贤与圣徒》,北京大学出版社,2005 年。

雷闻:《郊庙之外——隋唐国家祭祀与宗教》,生活·读书·新知三联书
　店,2009 年。

刘贡南:《道的传承》,华东师范大学出版社,2011 年。

李学勤:《重写学术史》,河北教育出版社,2002 年。

郭沂:《郭店竹简与先秦学术思想》,上海教育出版社,2001 年。

李维武编:《徐复观文集》(第三卷),湖北人民出版社,2009 年。

陈登原:《国史旧闻》,中华书局,2000 年。

骆承烈:《石头上的儒家文献——曲阜碑文录》,齐鲁书社,2001 年。

《曲阜孔府档案史料选编》第 3 编第 2 册,齐鲁书社,1980 年。

《曲阜孔府档案史料选编》第 3 编第 3 册,齐鲁书社,1981 年。

[日] 津田左右吉:《论语と孔子の思想》,东京岩波书店,1946 年。

[德] 黑格尔著,王造时译:《历史哲学》,生活·读书·新知三联书店,
　　1957 年。

二、论文

常建华:《二十世纪中国宗族研究》,《历史研究》1999 年第 5 期。

杨东荃:《中国家谱起源研究》,中国谱牒学研究会编:《谱牒学研究》第一
　　辑,书目文献出版社,1989 年。

常建华:《试论中国族谱的社会史资料价值》,中国谱牒学研究会编:《谱牒
　　学研究》第一辑,书目文献出版社,1989 年。

黎小龙:《从民族学资料看家谱的起源》,中国谱牒学研究会编:《谱牒学研
　　究》第三辑,书目文献出版社,1992 年。

文师华、包忠荣:《曾巩家族的〈二源曾氏族谱〉》,《文学遗产》2007 年第
　　5 期。

李学勤:《孔孟之间与老庄之间》,《文物中的古文明》,商务印书馆,
　　2008 年。

姜广辉:《郭店楚简与道统攸系》,《中国哲学》第二十一辑。

曾振宇:《曾子思想体系论纲》,《辽宁师范大学学报》1993 年第 3 期。

王钧林:《从孔子到孟子的儒家“修己”思想》,《孔子研究》1994 年第 4 期。

罗新慧:《试论曾子对于儒家伦理思想的发展及其意义》,《陕西师范大学
　　学报》1996 年第 3 期。

颜炳罡:《“儒家八派”的再审视》,庞朴主编:《儒林》第一辑,山东大学出
　　版社,2005 年。

梁涛:《“仁”与“孝”——思孟学派的一个诠释向度》,庞朴主编:《儒林》第
　　一辑,山东大学出版社,2005 年。

钟肇鹏:《曾子学派的孝治思想》,《孔子研究》1987 年第 2 期。

刘红霞:《曾子及其学派研究》,博士学位论文,山东大学,2008 年。

刘光胜:《〈大戴礼记·曾子〉研究》,博士学位论文,清华大学,2010 年。

王铁:《〈曾子〉著作时代考》,《中国哲学史研究》1987 年第 1 期。

张涛:《〈孝经〉作者与成书年代考》,《文史》1999 年第 4 辑。

彭林:《子思作〈孝经〉说新论》,《中国哲学史》2000 年第 3 期。

舒大刚:《〈孝经〉名义考——兼及〈孝经〉的成书时代》,《西华大学学报》
2004 年第 2 期。

梁涛:《〈大学〉早出新证》,《中国哲学史》2000 年第 3 期。

罗新慧:《曾子与〈大学〉》,《济南大学学报》1999 年第 6 期。

贾庆超:《曾子领纂〈论语〉说》,《东岳论丛》2003 年第 1 期。

杨朝明:《新出竹书与〈论语〉成书问题再认识》,《中国哲学史》2003 年第
3 期。

王中江:《早期儒家的"慎独"新论》,梁涛、斯云龙编:《出土文献与君子慎
独——慎独问题讨论集》,漓江出版社,2012 年。

后　记

当我开始写这篇后记的时候，心头掠过一丝轻松，但更多的是忐忑不安。自从 2010 年 5 月承接本书的写作任务，转眼之间，已三年有余。由于嘉祥曾氏的资料相当有限，所以本书试图将嘉祥曾氏置于整个曾氏家族发展的大背景中来进行考察，以求展现嘉祥曾氏的家族文化特色。但因水平所限，常感力有未逮，以致此书的写作几度迟滞。有赖丛书主编王志民先生、副主编王钧林先生的鼓励与宽容，本书得以最终完成，在此谨致诚挚的谢意。

在本书的写作过程中，我的导师骆承烈先生给予了多方指导和帮助。经骆老介绍，我得以结识嘉祥曾氏宗亲联合总会的常务副会长兼秘书长曾令霞女士和李养进先生，借到曾氏宗亲联合总会所藏《武城曾氏族谱》等一批书籍，为本书的写作提供了不可多得的家族史资料。山东大学儒学高等研究院曾振宇教授得知我在写作本书后，将收藏的《武城曾氏资料》复印一份送我；广西曾氏宗亲联合会的曾明阳先生，也惠赠《广西邕江祠族谱》复印本及相关图片；上海图书馆谱牒研究中心的陈乐民先生，为查阅家谱资料提供了热情、周到的服务。诸位师长、贤达的深情厚谊，自当铭记心中。

我的博士后导师、山东大学儒学高等研究院颜炳罡先生常常问及写作的进展，在我遇到困难的时候总是予以耐心的指导和帮助，先生的君子风范、淡泊名利的精神时常激励着我奋发向前。我所在单位的王洪军教授在书稿结构设计、史料考订等方面给我许多指点，黄怀信教授、修建军教授、成积春教授对本书的写作也十分关心。在此，一并表示衷心的感谢！

　　我的研究生尹春光、任媛媛等同学为我搜集资料、校对书稿，付出了很多辛苦，我也谢谢他们的帮助。

周海生

2013 年 8 月